全国高等教育自学考试指定教材

城市社会学

（含：城市社会学自学考试大纲）　　课程代码　13378

（2024 年版）

全国高等教育自学考试指导委员会　组编

主　编　陈那波　冯仕政
副主编　李　丁

中国人民大学出版社
·北京·

组编前言

21 世纪是一个变幻莫测的世纪，是一个催人奋进的时代。科学技术飞速发展，知识更替日新月异。希望、困惑、机遇、挑战，随时随地都有可能出现在每一个社会成员的生活之中。抓住机遇，寻求发展，迎接挑战，适应变化的制胜法宝就是学习——依靠自己学习、终生学习。

作为我国高等教育组成部分的自学考试，其职责就是在高等教育这个水平上倡导自学、鼓励自学、帮助自学、推动自学，为每一个自学者铺就成才之路。组织编写供读者学习的教材就是履行这个职责的重要环节。毫无疑问，这种教材应当适合自学，应当有利于学习者掌握和了解新知识、新信息，有利于学习者增强创新意识，培养实践能力，形成自学能力，也有利于学习者学以致用，解决实际工作中所遇到的问题。具有如此特点的书，我们虽然沿用了“教材”这个概念，但它与那种仅供教师讲、学生听，教师不讲、学生不懂，以“教”为中心的教科书相比，已经在内容安排、编写体例、行文风格等方面都大不相同了。希望读者对此有所了解，以便从一开始就树立起依靠自己学习的坚定信念，不断探索适合自己的学习方法，充分利用自己已有的知识基础和实际工作经验，最大限度地发挥自己的潜能，达到学习的目标。

欢迎读者提出意见和建议。

祝每一位读者自学成功。

全国高等教育自学考试指导委员会

2022 年 12 月

目 录

全国高等教育自学考试

城市社会学
自学考试大纲

全国高等教育自学考试指导委员会　制定

大纲前言

为了适应社会主义现代化建设事业的需要，鼓励自学成才，我国在 20 世纪 80 年代初建立了高等教育自学考试制度。高等教育自学考试是个人自学、社会助学和国家考试相结合的一种高等教育形式。应考者通过规定的专业课程考试并经思想品德鉴定达到毕业要求的，可获得毕业证书；国家承认学历并按照规定享有与普通高等学校毕业生同等的有关待遇。经过 40 多年的发展，高等教育自学考试为国家培养造就了大批专门人才。

课程自学考试大纲是规范自学者学习范围、要求和考试标准的文件。它是按照专业考试计划的要求，具体指导个人自学、社会助学、国家考试及编写教材的依据。

为更新教育观念，深化教学内容方式、考试制度、质量评价制度改革，更好地提高自学考试人才培养的质量，全国考委各专业委员会按照专业考试计划的要求，组织编写了课程自学考试大纲。

新编写的大纲，在层次上，本科参照一般普通高校本科水平，专科参照一般普通高校专科或高职院校的水平；在内容上，及时反映学科的发展变化以及自然科学和社会科学近年来研究的成果，以更好地指导应考者学习使用。

全国高等教育自学考试指导委员会

2024 年 1 月

I　课程性质与课程目标

一、课程性质和特点

“城市社会学”课程是全国高等教育自学考试城市管理（专升本）、社会学（专升本）、城乡规划（专升本）等专业的一门课程，是为培养和检验自学考试应考者的城市社会学基本理论与知识而设置的一门专业课程。

城市社会学是一门研究城市社会基本规律的应用社会学分支。它以城市社会与空间环境为对象，重点介绍城市化与发展过程、城市的区位和社会结构、城市社会组织、城市生活方式、城市社会文化与心理、城市社会问题、城市社会分层与流动、城市社会隔离与融合、城市空间生产与规划、城市空间分析、社会调查研究方法、调查报告编制等。

二、课程目标

本课程设置的目标是使考生能够：

1. 清楚城市的定义与特征；
2. 明白城市化和城市发展的过程；
3. 了解城市社会学研究的不同理论视角和方法；
4. 掌握城市社会的社会环境和空间环境的特征及影响；
5. 把握城市社会分层、社会组织、社区治理、社会问题的特征；
6. 了解城市社会文化及城乡关系的特征；
7. 将上述内容与中国国情和最新发展情况联系起来；
8. 为进一步学习城市管理、社会学方面的知识打下基础。

三、与相关课程的联系与区别

“城市社会学”以辩证唯物主义和历史唯物主义为指导，借鉴使用了多种社会学理论和方法，并一定程度上结合了生态学、经济学、管理学等学科的理论和方法。因此，熟悉和了解“社会学概论”“社会研究方法”“城市管理学”“城市生态学”“城市经济学”等课程内容可以更好地理解和把握本课程内容。

四、课程的重点和难点

本课程的重点内容包括：绪论，城市社会学的理论视角，城市发展与城市化，城市治理体制，城市空间与规划，城市社会分层与流动，城市社区治理，城市社会组织，城市社会问题，城乡关系。

本课程的难点内容包括：城市社会学的理论视角，中国的城市化进程与特征，中国城市治理体制的发展，当前中国城市治理体制的实践与创新，城市社会空间，城市规划，城市规划与社会发展，城市社会分层，城市社区治理研究的理论，城市社区的治理模式，城市社会组织的定义，类型与功能，城市文化的内涵，城市社会问题概述，我国城乡二元结构问题。

Ⅱ　考核目标

本课程在考核目标中，按照识记、领会、简单应用和综合应用四个层次规定其应达到的能力层次要求。四个能力层次是递进关系，各能力层次的含义如下。

识记（Ⅰ）：要求考生记忆本课程中城市化、社区等名词、概念、原理、知识的含义，并能正确认识或识别。

领会（Ⅱ）：要求考生能够领悟和理解本课程中有关城市社区治理的概念、原理、方法的内涵及外延，并能根据相关知识对城市社区治理状况进行逻辑推理和分析，例如城市社区治理特征的影响因素分析。

简单应用（Ⅲ）：要求考生能够根据城市社会特征，运用比较简单的社会学研究方法，进行简单的城市社会问题分析，并提供简单的政策建议。

综合应用（Ⅳ）：要求考生能够将所掌握的城市社会学的基本理论和方法，正确运用到现实情景之中，分析城市社会现象与问题，把握城市发展和治理的规律，根据实际情况提出合理的意见和建议。

Ⅲ　课程内容与考核要求

第一章　绪论

一、学习目的与要求

通过本章的学习，应了解社会学的发展历史、学科视角、学科领域；理解社会学在中国的发展历程；掌握城市社会学的研究对象、研究内容、研究方法。

二、课程内容

（一）社会学的学科特色

1. 社会学概况
2. 中国社会学概况
3. 社会学的学科领域
4. 社会学的学科特色

（二）城市社会学概述

1. 城市社会学的研究内容与特色
2. 城市社会学在我国的发展
3. 城市社会学研究的意义

（三）城市社会学研究方法

1. 城市社会学研究方法论
2. 城市社会学研究方式
3. 城市社会学具体研究方法与技术

三、考核知识点与考核要求

（一）社会学的学科特色

1. 识记：（1）社会学的发展阶段；（2）中国社会学的发展阶段；（3）社会学的学科领域。

2. 领会：（1）社会学的研究对象；（2）社会学的学科特色。

（二）城市社会学概述

1. 识记：城市的特征。

2. 领会：（1）城市社会学的主要研究内容；（2）城市社会学的学科特征；（3）中国城市社会学的主要研究领域。

（三）城市社会学研究方法

1. 识记：（1）实证主义的核心主张；（2）定量研究的主要特征和做法；（3）定性研究的主要特征和做法；（4）调查研究的基本做法；（5）实地研究的基本做法；（6）个案研究的基本做法。

2. 领会：城市社会学研究的基本程序。

3. 简单应用：应用某种社会学研究方法开展城市研究课题设计。

4. 综合应用：综合利用多种城市社会学研究方法开展城市研究。

四、本章重点与难点

本章重点：社会学的学科发展阶段、学科领域、学科特征；中国社会学的发展阶段与主要研究内容；城市的定义与特征；城市社会学的研究内容；城市社会学的研究方法。

本章难点：社会学和城市社会学的学科特色；城市社会学的研究方式；城市社会学的具体研究方法与技术。

第二章　城市社会学的理论视角

一、学习目的与要求

通过本章的学习，应对城市社会学的理论脉络有较全面的了解与认识；重点掌握马克思主义有关城市的论述；了解古典社会学有关城市社会的论述；对城市生态学理论、新城市社会学及其他城市研究的理论视角有基本了解；对中国城市社会学的最新发展和成果有所了解。

二、课程内容

（一）马克思主义与城市社会学

1. 城市是生产力发展的结果

2. 城乡分离与城乡对立

3. 城市促进了阶级集中与阶级不平等

4. 城市社会问题及根本出路

5. 城市空间结构的考察

（二）古典社会学中的城市思想

1. 滕尼斯的共同体与社会思想

2. 涂尔干的机械团结与有机团结

3. 齐美尔对城市社会关系与精神生活的分析
4. 韦伯的城市共同体与东西方城市比较研究

（三）芝加哥学派与人类生态学

1. 古典人类生态学理论
2. 新正统生态学理论
3. 文化生态学理论

（四）新城市社会学

1. 空间政治经济学理论
2. 结构马克思主义理论
3. 新韦伯主义理论

（五）其他理论视角

1. 社区的权力模式
2. 符号互动论
3. 社会网络理论
4. 消费社会学理论

三、考核知识点与考核要求

（一）马克思主义与城市社会学

1. 识记：马克思、恩格斯对城市社会学的主要贡献。
2. 领会：（1）资本主义与城乡对立；（2）城市与阶级不平等。
3. 简单应用：马克思主义对城乡关系和城市发展的核心论述。

（二）古典社会学中的城市思想

1. 识记：（1）古典社会学的主要代表人物；（2）滕尼斯的“共同体”概念；（3）涂尔干的“机械团结”与“有机团结”概念。

2. 领会：（1）齐美尔对城市社会关系和精神生活特征的分析；（2）韦伯对城市的定义；（3）韦伯对城市的分类。

3. 简单应用：共同体的概念及意义。

4. 综合应用：韦伯对东西方城市差异的比较。

（三）芝加哥学派与人类生态学

1. 识记：（1）人类生态学的核心主张；（2）人类生态学的发展阶段。

2. 领会：（1）帕克的人类生态学主张；（2）麦肯齐的四种城市生态过程；（3）城市性的概念；（4）新正统生态学理论；（5）文化生态学理论。

3. 简单应用：运用同心圆理论等城市空间结构理论分析城市空间形态。

4. 综合应用：人类生态学的发展阶段及其主要观点。

（四）新城市社会学

1. 识记：（1）空间生产的含义；（2）集体消费的含义；（3）住房阶级的含义；（4）城

市经理人的含义。

2. 领会：(1) 列斐伏尔对城市空间的分析；(2) 哈维关于资本主义和城市的主要观点；(3) 社会空间理论的主要观点；(4) 集体消费危机与城市社会运动的关系；(5) “城市经理人”理论的主要内容。

3. 简单应用：集体消费危机、城市社会运动与资本主义之间的关系。

4. 综合应用：城市空间环境的影响因素。

(五) 其他理论视角

1. 识记：(1) 精英控制模式的主要观点；(2) 社区权力多元论的主要观点；(3) 弱关系的含义；(4) 嵌入性的含义；(5) 社会资源理论的主要内容；(6) 有闲阶级的含义；(7) 炫耀性消费的含义；(8) 符号消费的含义；(9) 消费社会的含义；(10) 文化资本的含义；(11) 场景的概念。

2. 领会：(1) 城市社区的权力模式的主要类型；(2) 社会资本理论的主要内容；(3) 文化资本理论的主要内容。

3. 简单应用：(1) 城市社区权力结构的主要类型；(2) 社会资本在城市社会中的作用；(3) 消费社会理论对城市发展的主要启发。

四、本章重点与难点

本章重点：城市社会学的主要理论视角与观点；马克思主义的城市社会学思想；古典社会学中有关城市的思想；人类生态学理论的主要观点；新城市社会学的主要观点；社区权力模式的其他理论视角。

本章难点：人类生态学理论的主要观点；古典人类生态学、新正统生态学、文化生态学的异同；新城市社会学的主要代表及其观点；城市符号互动论、社会网络理论、消费社会学理论的主要观点。

第三章　城市发展与城市化

一、学习目的与要求

通过本章的学习，应对古代城市起源与发展有初步了解；掌握城市化的概念、过程、动力、类型；对发达国家、发展中国家的城市化历程与特征有基本了解；准确掌握中国城市化的主要阶段与特点。

二、课程内容

(一) 城市的起源与发展

1. 城市的起源
2. 古代城市的发展
3. 近现代城市的兴起与发展

（二）城市化概述

1. 城市化的概念
2. 城市化的过程
3. 城市化的动力
4. 城市化的类型

（三）发达国家的城市化

1. 西欧的城市化与城市发展
2. 美国的城市化与城市变迁
3. 日本的城市化
4. 发达国家城市化的特点

（四）发展中国家的城市化

1. 发展中国家城市化的现状
2. 发展中国家城市化的特点

（五）中国的城市化进程与特征

1. 中国城市化的进程
2. 中国城市化的特点

三、考核知识点与考核要求

（一）城市的起源与发展

1. 识记：（1）中国古代城市的发展特点；（2）近代中国城市的类型与特点。

2. 领会：（1）关于城市起源的主要观点；（2）欧洲中世纪城市发展的特点；（3）近代城市发展特征；（4）现代城市发展特征。

3. 简单应用：近代和现代城市发展的特点及时代背景。

4. 综合应用：分析不同时期城市发展特征的异同。

（二）城市化概述

1. 识记：（1）城市化的概念；（2）城市化的过程。

2. 领会：（1）城市化的动力；（2）城市化的类型。

3. 简单应用：结合城市化的过程与动力分析中国城市化的特征。

（三）发达国家的城市化

1. 识记：发达国家城市化的特点。

2. 领会：（1）西欧国家（英国、法国）的城市化进程与影响因素；（2）美国城市化进程与发展；（3）日本城市化的特征。

3. 简单应用：比较主要发达国家（英国、法国、美国、日本）城市化的异同。

（四）发展中国家的城市化

1. 识记：发展中国家城市化的特点。

2. 领会：发展中国家城市化现状。
3. 简单应用：发展中国家城市化过程中面临的主要问题。

（五） 中国的城市化进程与特征

1. 识记：中国城市化发展的主要阶段。
2. 领会：中国城市化的特点。
3. 简单应用：中国城市化特征的成因分析。

四、本章重点与难点

本章重点：近现代城市的兴起与发展；城市化的概念、过程、动力与类型；发达国家城市化的特征；发展中国家城市化的现状与特征；中国城市化发展的进程与特征。

本章难点：城市化的过程、动力与类型；发达国家城市化的特征；发展中国家城市化的特征；中国城市化发展的进程与特征。

第四章　城市治理体制

一、学习目的与要求

通过本章的学习，应对中国和西方城市治理发展的历史、西方城市治理体制的主要类型、中国当前城市治理体制的地方实践情况有基本了解，从而更好地把握城市治理与国家-地方治理模式的关系，以及城市管理在城市治理中的角色；需要重点掌握城市治理体制的概念、中国和西方城市治理体制发展规律、西方城市治理体制的主要类型和分类标准、当前我国地方城市治理的创新实践情况，从而更好地适应城市治理发展方向。

二、课程内容

（一） 西方城市治理体制的发展与模式

1. 城市治理体制的概念
2. 西方城市治理体制的发展简史
3. 西方城市治理体制的主要模式

（二） 中国城市治理体制的发展历程

1. 传统中国的城市治理体制
2. 近代中国的城市治理体制
3. 新中国成立后的城市治理体制

（三） 当前中国城市治理体制的实践与创新

1. 北京的实践："接诉即办"
2. 上海的实践："一网统管"
3. 广州的实践："红棉指数"
4. 杭州的实践："城市大脑"

三、考核知识点与考核要求

（一）西方城市治理体制的发展与模式

1. 识记：（1）古希腊城邦管理体制的特征；（2）中世纪城市自治体制的特征；（3）西方城市治理体制中的增长模式的主要特征。

2. 领会：（1）工业化时期的城市治理体制的变化；（2）当代西方城市治理体制发展的新趋势；（3）西方城市治理体制的主要类型。

3. 简单应用：（1）传统西方城市治理体制对其当前治理体制的影响；（2）西方城市治理体制的主要模式及其特征。

（二）中国城市治理体制的发展历程

1. 识记：（1）里坊制的特征；（2）厢坊制的特征；（3）保甲制的特征；（4）单位制的特征；（5）社区制的特征。

2. 领会：（1）传统中国城市治理体制的类型与特征；（2）晚清城市治理体制的新变化；（3）民国时期城市治理体制的新元素；（4）计划经济时期城市治理体制的特征；（5）改革开放后中国城市治理体制的主要变化；（6）新时代中国城市治理体制的新变化。

3. 简单应用：新中国成立以来，中国城市治理体制的主要变化。

（三）当前中国城市治理体制的实践与创新

1. 识记：（1）“接诉即办”的主要做法；（2）网格化管理的特征。

2. 领会：（1）北京“吹哨报到”与“接诉即办”的主要内容及试图解决的问题；（2）上海“一网统管”的主要做法及效果；（3）广州“红棉指数”的主要内容及作用；（4）杭州“城市大脑”增强城市治理体制运行效能的核心机制。

3. 综合应用：我国不同城市治理体制创新的共性特征。

四、本章重点与难点

本章重点：城市治理体制的概念；西方城市治理体制的发展变迁与特征；西方城市治理体制的主要模式与特征；中国城市治理体制的发展；当前中国城市治理体制的创新。

本章难点：西方城市治理体制的主要模式；当前中国城市治理体制的创新与特征。

第五章　城市空间与规划

一、学习目的与要求

通过本章的学习，应对城市空间的演变和城市规划有较全面、正确的了解与认识；重点掌握城市空间的概念与特点、城市规划的概念、中西方城市规划思想的主要内容、城市规划中的社会发展相关内容、城市社会空间的概念和演变等内容。

二、课程内容

（一）城市空间

1. 城市空间的概念
2. 城市空间的分类与特点
3. 城市空间与社会的关系

（二）城市社会空间

1. 城市社会空间的概念
2. 西方城市社会空间的演变
3. 中国城市社会空间的演变

（三）城市规划

1. 城市规划的概念
2. 中国传统的城市规划思想
3. 西方近现代城市规划思想
4. 中国当代城市规划实践

（四）城市规划与社会发展

1. 城市规划中的社会发展理念
2. 城市规划中的公众参与
3. 城市社区规划

三、考核知识点与考核要求

（一）城市空间

1. 识记：城市空间的概念。

2. 领会：（1）城市空间的分类；（2）城市空间的特点。

3. 简单应用：城市空间与社会的关系。

（二）城市社会空间

1. 识记：城市社会空间的概念。

2. 领会：（1）后工业时代西方城市社会空间的演变；（2）后单位时代中国城市社会空间的演变。

3. 简单应用：我国城市社会空间的特征与原因。

（三）城市规划

1. 识记：（1）城市规划的含义；（2）田园城市思想的主要内容；（3）明日城市的主要设想；（4）城市美化运动的概况；（5）邻里单位规划思想的主要内容；（6）有机疏散理论的主要内容；（7）新城市主义规划思想的主要主张。

2. 领会：（1）城市规划的基本要素；（2）城市规划的特点；（3）中国传统的城市规

划思想；（4）西方近现代代表性的城市规划思想和实践。

3. 简单应用：中国传统城市规划中“天人合一”思想。

4. 综合应用：各种城市规划思想的主要内容及其对中国城市规划建设的参考价值。

（四）城市规划与社会发展

1. 识记：（1）社会公正的含义及社会公正在城市规划中的体现；（2）社会包容的含义及社会包容在城市规划中的体现；（3）公众参与的意义；（4）社会可持续发展的含义；（5）社区规划的概念。

2. 领会：（1）城市规划中社会发展理念的核心内容；（2）城市规划中公众参与的意义和作用；（3）公众参与的基本原则；（4）公众参与的主要形式；（5）社区规划的原则；（6）社区规划的主要内容；（7）社区规划的操作程序。

3. 简单应用：（1）城市规划中如何实现社会可持续发展；（2）在社区规划中如何促进公众参与。

4. 综合应用：在城市规划中通过坚持哪些原则和做法来推动社会发展。

四、本章重点与难点

本章重点：城市空间与城市社会空间；城市空间与社会的关系；城市规划的概念；中国传统的城市规划思想；城市规划中的社会发展理念；城市规划中的公众参与；城市社区规划；中国城市社会空间的演变。

本章难点：城市空间与社会的关系；西方近现代城市规划思想；城市规划中的社会发展理念；城市规划中的公众参与；城市社区规划。

第六章　城市社会分层与流动

一、学习目的与要求

通过本章的学习，应对社会分层和社会流动的概念和理论有较全面、正确的了解与认识；重点掌握社会分层和社会流动的概念、基本理论，以及中西方城市社会分层与社会流动的基本状况和变迁。

二、课程内容

（一）社会分层与流动的基本理论

1. 社会分层的定义与意义

2. 社会分层的经典理论

3. 社会流动的基本理论

（二）城市社会分层

1. 西方城市社会分层

2. 我国城市社会分层

（三）城市社会流动

1. 西方城市社会流动
2. 我国城市社会流动

三、考核知识点与考核要求

（一）社会分层与流动的基本理论

1. 识记：（1）社会分层的定义；（2）社会平等的含义；（3）分类别的阶层模型的主要做法；（4）分等级的阶层模型的主要做法；（5）社会流动的含义；（6）阶层固化的含义。

2. 领会：（1）结构功能主义视角下的社会分层；（2）冲突论视角下的社会分层；（3）马克思的阶级理论；（4）韦伯的分层理论；（5）涂尔干的分层理论；（6）结构性流动的含义；（7）相对流动的含义；（8）文化再生产理论的主要内容。

3. 简单应用：（1）社会阶级和阶层划分的理论依据与标准；（2）社会流动的主要类型；（3）地位获得模型对社会不平等的解释；（4）文化资本理论对社会不平等的解释；（5）社会流动的影响因素。

（二）城市社会分层

1. 识记：（1）地位群体的含义；（2）文化资本的概念；（3）社会极化的含义与后果；（4）居住隔离的含义；（5）士绅化的概念。

2. 领会：（1）西方社会阶级区隔和阶级文化的关系；（2）西方城市贫困的基本情况；（3）西方城市居住隔离的变迁。

3. 简单应用：（1）我国户籍和城市分层的关系；（2）我国单位制度和城市分层的关系；（3）我国改革开放后社会分层结构的变迁情况。

（三）城市社会流动

1. 识记：社会经济地位指数的概念。

2. 领会：社会流动研究三个时期的主要做法。

3. 简单应用：（1）改革开放前我国代际继承的特征与原因；（2）改革开放后我国社会流动的特点。

4. 综合应用：结合社会分层和流动的理论，概括我国城市社会分层与社会流动的主要特征与变迁。

四、本章重点与难点

本章重点：社会分层的基本概念，包括结构功能主义视角和冲突论视角下的社会分层；社会分层的基本理论，包括马克思的分层理论、韦伯的分层理论和涂尔干的分层理论；社会流动的基本概念，包括垂直流动和水平流动、代际流动和代内流动、结构性流动和非结构性流动、相对流动和绝对流动；社会流动的基本理论，包括地位获得模型、文化再生产与文化流动理论。

本章难点：阶级和阶层的划分方式和理论依据；社会分层的经典理论；社会流动的基本理论；改革开放后我国社会阶层划分与社会结构特征；改革开放后我国社会流动的变化。

第七章　城市社区治理

一、学习目的与要求

通过本章的学习，应对城市社区类型与治理有较全面、正确的了解与认识；重点掌握城市社区的概念、城市社区治理主体、城市社区治理研究的理论视角、城市社区的治理模式等内容。

二、课程内容

（一）城市社区概述

1. 社区的概念与类型
2. 中国城市社区的概况与历史

（二）城市社区治理概述

1. 城市社区治理的概念与特征
2. 城市社区治理的主体

（三）城市社区治理研究的理论视角

1. 国家与社会关系视角
2. 治理理论视角
3. 社会资本视角

（四）城市社区的治理模式

1. 城市社区治理转型：从威权式治理到参与式治理
2. 传统的城市社区治理模式
3. 城市社区治理模式的创新
4. 城市社区治理的现状、问题和挑战

三、考核知识点与考核要求

（一）城市社区概述

1. 识记：（1）社区的概念；（2）城市社区的特征。
2. 领会：（1）城乡社区的差别；（2）中国城市社区的概况与历史。
3. 简单应用：中国城市社区在不同阶段的形式和变化。

（二）城市社区治理概述

1. 识记：（1）城市社区治理的概念；（2）社区党组织的作用；（3）社区居民委员会

的职责；(4) 业主大会与业主委员会的含义。

2. 领会：(1) 城市社区治理的特征；(2) 物业服务的含义和物业管理公司的角色。

3. 简单应用：我国城市社区治理的核心主体及其作用。

(三) 城市社区治理研究的理论视角

1. 领会：(1) 国家与社会关系视角的讨论重点以及主要观点；(2) 治理理论视角的讨论重点以及主要观点；(3) 社会资本视角的讨论重点以及主要观点。

2. 简单应用：城市社区治理不同理论视角的主要观点和启发。

(四) 城市社区的治理模式

1. 识记：(1) 威权式治理的特征；(2) 参与式治理的特征。

2. 领会：(1) 城市社区治理模式的转型；(2) 政府主导模式的特点及弊端；(3) 市场主导模式的特点及弊端；(4) 社会自治模式的特点及弊端；(5) 专家参与模式的特点及弊端。

3. 简单应用：(1) 城市社区治理模式的创新趋势；(2) 科技因素在当前城市社区治理创新中的作用及面临的挑战。

4. 综合应用：当前城市社区治理面临的问题和挑战，以及改进方式。

四、本章重点与难点

本章重点：城市社区与城市社区治理的概念和特征；城市社区治理的主体；传统的社区治理模式；城市社区治理模式的创新。

本章难点：城市社区治理研究的理论视角；城市社区治理模式的创新；城市社区治理面临的困境与挑战。

第八章　城市社会组织

一、学习目的与要求

通过本章的学习，应对城市社会组织有较全面、正确的了解与认识；重点掌握城市社会组织的定义、类型、发展、功能等内容。

二、课程内容

(一) 城市社会组织的定义、类型与功能

1. 社会组织的定义与分类

2. 城市社会组织的定义与分类

3. 城市社会组织的功能

(二) 国外城市社会组织的发展

1. 美国城市社会组织的发展

2. 英国、德国、日本城市社会组织的发展

（三）我国城市社会组织的发展

1. 我国古代的城市社会组织
2. 我国近代的城市社会组织
3. 新中国成立初期的城市社会组织
4. 改革开放后的城市社会组织
5. 当前城市社会组织的管理特征和发展趋势

三、考核知识点与考核要求

（一）城市社会组织的定义、类型与功能

1. 识记：（1）社会组织的特征；（2）民政登记的三类社会组织；（3）城市社会组织的类型；（4）公地悲剧的含义；（5）“搭便车”问题的含义。

2. 领会：（1）公共物品特性与后果；（2）公共治理的特征。

3. 简单应用：（1）城市社会组织在供给公共服务中的作用；（2）城市社会组织参与公共治理的必要性；（3）城市社会组织对增进社会资本的作用。

4. 综合应用：城市社会组织在提供公共服务、参与公共治理方面的作用与理论基础。

（二）国外城市社会组织的发展

领会：（1）美国城市社会组织的发展历程和作用；（2）英国、德国、日本城市社会组织发展概况。

（三）我国城市社会组织的发展

1. 识记：（1）社会组织的双重管理体制的含义；（2）民办非企业单位的定义。

2. 领会：（1）事业单位和民办非企业单位的区别；（2）当前我国城市社会组织发展的概况；（3）当前我国社会组织的管理方式与特征。

3. 简单应用：（1）改革开放后我国城市社会组织管理与发展概况；（2）当前各地推动社会组织发展的主要做法。

4. 综合应用：新中国成立以来我国城市社会组织发展的主要阶段与概况。

四、本章重点与难点

本章重点：城市社会组织的定义和分类；城市社会组织的功能；改革开放后城市社会组织的发展；当前我国城市社会组织的管理与发展趋势。

本章难点：城市社会组织在供给公共服务中的作用；社会组织参与公共治理的作用；城市社会组织在构筑社会资本方面的作用；改革开放后城市社会组织的发展。

第九章　城市文化

一、学习目的与要求

通过本章的学习，应对城市文化有较全面、正确的了解与认识；重点掌握城市文化的

内涵、基本构成、功能、城市文化建设和城乡关系等内容。

二、课程内容

（一）城市文化的内涵

1. 文化与城市文化
2. 城市文化的元素
3. 城市文化的特征

（二）城市文化的构成及功能

1. 城市文化的构成
2. 城市文化的功能

（三）城市文化建设

1. 人文城市的特点
2. 城市建设中的文化考量
3. 城市文化特色的建构

三、考核知识点与考核要求

（一）城市文化的内涵

1. 识记：文化和城市文化的内涵。
2. 领会：城市文化的元素。
3. 简单应用：（1）城市文化的基本元素；（2）城市文化的特征。

（二）城市文化的构成及功能

1. 识记：（1）城市物质文化的含义；（2）城市精神文化的含义；（3）城市制度文化的概念。
2. 领会：城市文化的基本构成。
3. 简单应用：城市文化的功能。
4. 综合应用：城市物质文化、城市精神文化和城市制度文化的异同。

（三）城市文化建设

1. 识记：人文城市的特点。
2. 领会：（1）城市建设中文化的作用；（2）城市文化特色的建构路径。
3. 简单应用：城市建设与城市文化建设的关系。
4. 综合应用：我国不同城市文化特色建构的可能路径。

四、本章重点与难点

本章重点：城市文化的内涵、元素和基本特征；城市文化的构成；城市文化的功能；人文城市的特点；城市文化建设和城市建设的关系；城市文化特色的建构。

本章难点：城市文化建设和城市建设的关系；城市文化特色的建构。

第十章　城市社会问题

一、学习目的与要求

通过本章的学习，应对城市社会问题有较全面、正确的了解与认识；重点掌握城市社会问题的含义、特征、成因与变化趋势，对主要的城市社会问题，包括人口问题、住房问题、教育问题、就业问题、交通问题、贫困问题、犯罪问题、生态环境问题等概况和解决思路有所理解。

二、课程内容

（一）城市社会问题概述

1. 城市社会问题的含义及特征
2. 城市社会问题的成因
3. 当前我国城市社会问题的变化趋势

（二）城市社会问题与治理对策

1. 城市人口问题
2. 城市住房问题
3. 城市教育问题
4. 城市就业问题
5. 城市交通问题
6. 城市贫困问题
7. 城市犯罪问题
8. 城市生态环境问题

三、考核知识点与考核要求

（一）城市社会问题概述

1. 识记：城市社会问题的含义。

2. 领会：（1）城市社会问题的特征；（2）城市社会问题的成因；（3）当前我国城市社会问题的变化趋势。

3. 综合应用：当前我国城市社会问题的成因分析。

（二）城市社会问题与治理对策

1. 领会：（1）城市人口问题的成因与治理对策；（2）城市住房问题的成因与治理对策；（3）城市教育问题的成因与治理对策；（4）城市就业问题的成因与治理对策；（5）城市交通问题的成因与治理对策；（6）城市贫困问题的成因与治理对策；（7）城市犯罪问题的成因与治理对策；（8）城市生态环境问题的成因与治理对策。

2. 简单应用：城市主要社会问题的成因及治理对策。

四、本章重点与难点

本章重点：城市社会问题的含义、特征；城市社会问题的基本形势与成因；现代城市中的主要社会问题与治理对策。

本章难点：城市主要社会问题及治理对策。

第十一章　城乡关系

一、学习目的与要求

通过本章的学习，应对城市、农村的特征，城乡关系的概念、类型、影响因素有较全面的了解与认识，对城乡二元结构中的城镇化问题、农民工问题、城中村问题有深入了解；明白城乡一体化和融合发展的基本要求；重点掌握中国城乡关系的特征和发展趋势问题。

二、课程内容

（一）城乡关系概述

1. 城市与乡村
2. 城乡关系的主要模式

（二）我国城乡二元结构问题

1. 城镇化与城市发展问题
2. 农民工与人口市民化问题
3. 城中村与基层治理现代化

（三）城乡一体化与融合发展

1. 城乡融合发展的含义
2. 城乡融合发展的路径

三、考核知识点与考核要求

（一）城乡关系概述

1. 识记：乡村社会的主要特征。
2. 领会：城乡关系的主要模式。
3. 简单应用：城市和乡村的异同。

（二）我国城乡二元结构问题

1. 识记：（1）城镇化中的突出问题；（2）城中村的含义。
2. 领会：（1）农民工问题及其成因；（2）城中村的问题与解决对策。
3. 简单应用：（1）城镇化问题的解决对策；（2）农民工问题的解决对策；（3）城中村问题的解决对策。

（三）城乡一体化与融合发展

1. 识记：城乡融合发展的含义。
2. 领会：城乡融合发展的路径。
3. 简单应用：如何综合推动城乡融合发展。

四、本章重点与难点

本章重点：城市和乡村；城乡关系的主要模式；城乡二元结构问题；城乡融合发展的含义与路径。

本章难点：城乡二元结构问题；城乡融合发展的含义与路径。

Ⅳ 关于大纲的说明与考核实施要求

一、课程自学考试大纲的目的和作用

课程自学考试大纲是根据城市管理专业自学考试计划的要求，结合自学考试的特点而确定的。其目的是对个人自学、社会助学和课程考试命题进行指导和规定。

本课程自学考试大纲明确了课程学习的内容以其深度和广度，规定了课程自学考试的范围和标准。因此，它是编写本课程自学考试教材和辅导书的依据，是社会助学组织进行自学辅导的依据，是自学者学习教材、掌握课程内容知识范围和程度的依据，也是进行自学考试命题的依据。

二、课程自学考试大纲与教材的关系

课程自学考试大纲是进行学习和考核的依据，教材则包含了学习掌握课程知识的基本内容与范围，教材的内容是大纲所规定的课程知识和内容的扩展与发挥。课程内容在教材中可以体现一定的深度或难度，但在大纲中对考核的要求一定要适当。

大纲与教材所体现的课程内容应基本一致；大纲里面的课程内容和考核知识点，教材里一般也要有。反过来，教材里有的内容，大纲里就不一定体现。如果教材是推荐选用的，其中有的内容与大纲要求不一致的地方，应以大纲规定为准。

三、关于自学教材

《城市社会学》，全国高等教育自学考试指导委员会组编，陈那波、冯仕政主编，中国人民大学出版社，2024 年版。

为方便考生自学，本教材综合借鉴使用了国内主要的《城市社会学》本科教材中大量成说和资料，包括但不限于马克思主义理论研究和建设工程重点教材《城市社会学》，向德平主编《城市社会学》，夏建中主编《城市社会学》，蔡禾主编《城市社会学讲义》，蔡禾主编《城市社会学：理论与视野》，顾朝林与刘佳燕主编《城市社会学》，戈特迪纳著《新城市社会学》，刘珊编著《城市社会学》等。考生可依据考试大纲要求进一步学习参考上述本科教材内容。

四、关于自学要求和自学方法的指导

本大纲的课程基本要求是依据专业基本规范和专业培养目标而确定的。课程基本要求还明确了课程的基本内容，以及对基本内容掌握的程度。基本要求中的知识点构成了课程内容的主体部分。因此，课程基本内容掌握程度、课程考核知识点是高等教育自学考试考核的主要内容。

为有效地指导个人自学和社会助学，本大纲已指明了课程的重点和难点，在章节的基本要求中一般也指明了章节内容的重点和难点。对各部分内容掌握程度的要求由低到高分为三个层次，依次是：了解、理解、掌握。

本课程共 4 个学分。在自学过程中应注意以下几个方面：

1. 全面、系统地学习教材内容。

本课程考试是以考办指定教材的内容为命题范围。因此，考生必须认真通读该教材，并熟悉教材内容。考生对整本教材，在理解的基础上，记住基本概念、基本理论。考试教材是整理融合多本《城市社会学》教材形成的，如果要更好地理解相关理论和分析，可以根据参考文献等线索进行更深入的阅读。

教材的内容丰富，涉及多种理论视角，包括国际和国内的情况，考生不用死记硬背，而应在历史发展、对比研究和逻辑理解基础上进行记忆，特别注意将相关概念、理论同马克思主义及中国城市发展和治理的实际情况结合起来，提高认识、研究和解决中国城市问题的能力。

2. 突破重点和难点。

教材中的许多内容是考试的重点内容，重点内容在考试大纲及教材等指定参考书中都有较明确的提示。在复习时，对重点内容要多阅读和理解，力求熟练掌握。难点内容往往理论性比较强，事实及逻辑比较复杂，是考试中失分较多的地方，因此，考生要花更多的时间与精力去突破。认真阅读教材相关的内容，理解论述的层次与思路，有利于把握关键内容。在此基础上，如果能将相关内容融通，并与现实情况结合起来思考，能起到事半功倍的效果。

五、对考核内容的说明

1. 本课程要求考生学习和掌握的知识点内容都作为考核的内容。课程中各章的内容均由若干知识点组成，在自学考试中成为考核知识点。因此，课程自学考试大纲中所规定的考试内容是以分解为考核知识点的方式给出的。由于各知识点在课程中的地位、作用以及知识自身的特点不同，自学考试对各知识点分别按四个认知层次（或称能力层次：识记、领会、简单应用、综合应用）确定其考核要求。

2. 在考试之日起 6 个月前，由全国人民代表大会和国务院制定或修订的法律、法规都将列入相应课程的考试范围。凡大纲、教材内容与现行法律、法规不符的，应以现行法律法规为准。命题时也会对我国城乡社会经济发展的重大方针政策的变化予以体现。

六、关于考试方式和试卷结构的说明

1. 本课程的考试方式为闭卷，笔试，满分 100 分，60 分及格，考试时间为 150 分钟。

2. 本课程在试卷中对不同能力层次要求的分数比例大致为：识记占 20%，领会占 30%，简单应用占 30%，综合应用占 20%。

3. 要合理安排试题的难易程度，试题的难度可分为：易、较易、较难和难四个等级。必须注意试题的难易程度与能力层次有一定的联系，但二者不是等同的概念。在各个能力层次中对于不同的考生都存在着不同的难度。

4. 课程考试命题的主要题型一般有：单项选择题、多项选择题、辨析题、简答题、论述题、案例分析题等题型。

附录　题型举例

一、单项选择题（在每小题列出的备选项中只有一项是最符合题目要求的，请将其选出）

1. 提出“机械团结”和“有机团结”这对概念并用其分析城市社会的社会学家是

A. 滕尼斯　　B. 涂尔干　　C. 齐美尔　　D. 韦伯

2. 由社会因素导致的大规模的群体社会地位变化的社会流动是

A. 相对流动　　B. 代际流动　　C. 垂直流动　　D. 结构性流动

二、多项选择题（在每小题列出的备选项中至少有两项是符合题目要求的，请将其选出。错选、多选或少选均无分）

3. 滕尼斯将共同体分成的不同类型有

A. 血缘共同体　　B. 趣缘共同体　　C. 地缘共同体　　D. 情感共同体

E. 社会共同体

4. 城市规划中的社会发展理念涵盖的方面有

A. 以人为本　　B. 社会公正　　C. 社会包容　　D. 公众参与

E. 社会可持续发展

三、辨析题（判断正误，并说明理由）

5. 马克思主义认为城市推动了城乡对立和城乡分离，促进了阶级不平等，在历史发展中没有进步作用。

6. 橄榄型社会结构是一种理想的社会结构类型。

四、简答题

7. 简述凡勃仑提出的“炫耀性消费”概念。

8. 简述城市规划过程为什么具有长期性和经常性。

五、论述题

9. 论述单位制度对我国城市社会流动变迁的影响。

10. 论述我国当前城市社区治理的现状以及面临的问题和挑战。

六、案例分析题

11. 材料一　农民工随迁子女理论上已经拥有在城市接受教育的机会，但他们接受的教育质量与原有城市居民之间仍然有差距，农民工子女能就读的学校往往是排名靠后的学校。而且，中国基础教育包含几个阶段的竞争性考评，对农民工子女也很不友好。如果没有户口，只有居住证，在很多地方都无法参加小升初、中考等竞争性考试，从而会导致农民工随迁子女的就学连续性很差，而教育的连续性和稳定性都会影响到教育的质量。清华

大学的一项研究发现，农民工子女从进入小学到高中毕业，平均转学次数超过了 4 次。——《经济观察报》

材料二　小武是出生在上海的流动儿童。作为来沪人员，小武一家人的户口在安徽农村，父亲是一名货车司机，母亲是一名售货员。2012 年，小武在上海一所公立小学上学，三年级的时候，因为各种原因，小武的父母没有申请到上海居住证。小武失去了在上海上学的资格。父母只能把小武送回老家上学，但为了让小武接受到更好的教育，小武的父母没有让小武回到乡镇念书，而是选择了让小武在合肥一家口碑不错的九年制民办寄宿制学校就读。考虑到小武的发展，夫妻二人宁愿在大城市节衣缩食，也要让小武在一个环境、教学质量相对较好的学校继续学业。——《澎湃新闻》

问题：

（1）材料一反映了当前城市发展和城乡关系中的什么问题？如何解决？

（2）同农村留守儿童和城市流动儿童相比，材料二体现了当下农民工子女流动的什么新现象？这对当前城镇化建设提出了怎样的新要求？

大纲后记

《城市社会学自学考试大纲》是根据《高等教育自学考试专业基本规范（2021年）》的要求，由全国高等教育自学考试指导委员会公共管理类专业委员会组织制定的。

全国高等教育自学考试指导委员会公共管理类专业委员会对本大纲组织审稿，根据审稿会意见由编者做了修改，最后由公共管理类专业委员会定稿。

本大纲由中国人民大学陈那波教授、冯仕政教授、李丁副教授编写；参加审稿并提出修改意见的有南京大学孙亚忠教授、中山大学蔡禾教授、华中科技大学向德平教授。

对参与本大纲编写和审稿的各位专家表示感谢。

全国高等教育自学考试指导委员会
公共管理类专业委员会
2024年1月

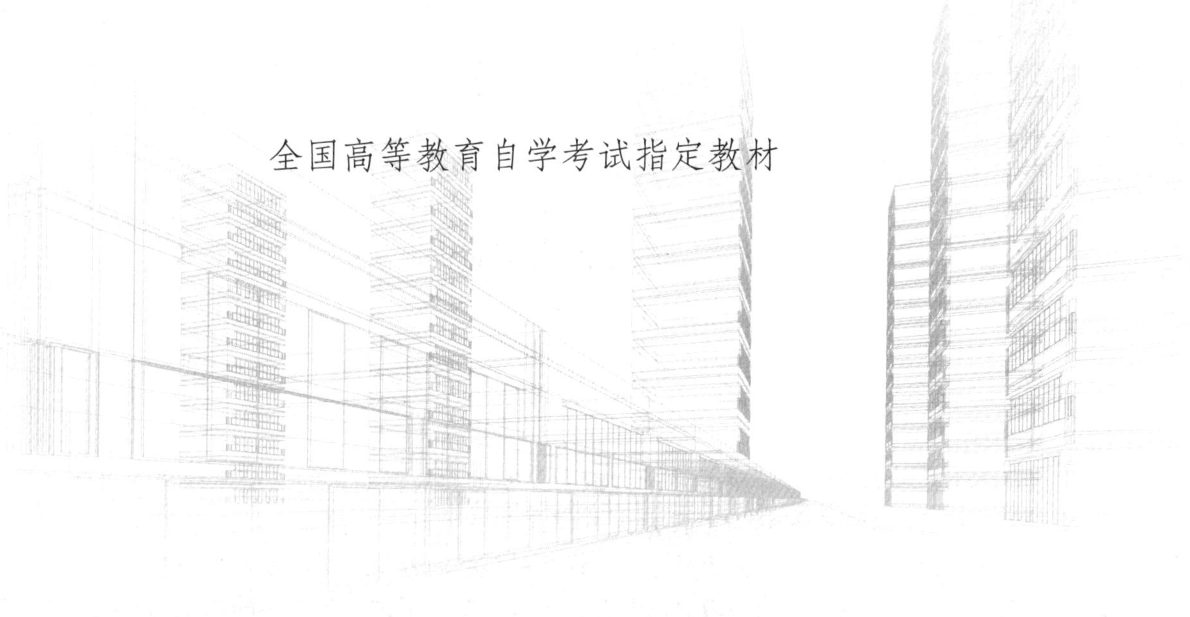

全国高等教育自学考试指定教材

城市社会学

全国高等教育自学考试指导委员会　组编

编者的话

本书是根据全国高等教育自学考试指导委员会最新制定的《城市社会学自学考试大纲》编写的自学考试教材，主要是为方便自考考生自学掌握城市社会学的基础内容。因此，本书涵盖普通本科“城市社会学”课程的核心内容并采用学界成熟的观点，基础部分主要内容来自对国内外成熟教材的整合。没有这些前辈过去数十年的积累和改进，我们不可能在短时间内完成本书。对于一些新情况、新变化，本书参考了一些较新的论文和研究，有关观点可能还存在一些争议，但可以为大家提供参照。为了适应城市管理实务需要，本书突出了城市治理方面的内容。同时为了帮助考生们更好地把握城市社会的复杂性和我国城市发展和治理的特殊性，本书编入了多种城市社会学理论，对于同一概念和问题的不同论述，全球不同地区的城市发展情况，及欧美国家学术研究的不同结论，希望考生们能够以马克思主义科学方法为指导，认识到知识本身就是社会的产物，批判性地参考和使用。

本书由中国人民大学社会学院陈那波教授、冯仕政教授担任主编，李丁副教授为副主编，中国人民公安大学胡宝荣，华南理工大学管兵，清华大学刘佳燕，中国人民大学教师王筱昀、王亚鹏、陆益龙、金嘉云及博士生欧阳材泓、沈牧、韩梦娟等做了大量工作。各章具体编写人员为：第一章由李丁、金嘉云编写，第二章和第三章由李丁、欧阳材泓编写，第四章由陈那波、沈牧编写，第五章由刘佳燕编写，第六章由王亚鹏编写，第七章由管兵、叶思婷编写，第八章由王筱昀编写，第九章由陆益龙、韩梦娟编写，第十章由胡宝荣编写，第十一章由胡宝荣、陆益龙、韩梦娟编写。李丁、陈那波对前后各章节内容进行具体修改，并负责统稿工作。

编者

2024 年 1 月

第一章　绪论

中国快速的城镇化和城市发展与治理需要科学研究和指导。社会学围绕城市化及城市社会开展了大量研究，对我们认识城市社会，开展城市规划、建设、管理，解决城市问题具有重要指导意义。

第一节　社会学的学科特色

社会学作为一门学科，是人类面对现代化需要的产物。经过长期积累，其理论体系、研究方法与规范得到了巨大发展。

一、社会学概况

“社会学”（Sociology）最早由法国哲学家、社会学家奥古斯特·孔德于 1838 年在《实证哲学教程》（第 4 卷）中正式提出，是一门研究人类社会基本规律的学科，主张通过科学研究探索和总结人类社会的规律。我国社会学家郑杭生先生概括认为，社会学是关于社会运行和社会发展的条件和机制，特别是关于社会良性运行和协调发展的条件和机制的综合性具体社会科学。[①] 王思斌认为，社会学是从社会整体出发，通过社会关系和社会行为来研究社会结构及其功能、社会过程及其原因和规律的社会科学。这些定义都强调了社会学的科学性、整体性。

社会学研究始终围绕着社会行为、社会关系、社会结构、社会秩序与社会变迁等方面的基本问题。个人与社会的关系方面的基本问题包括：人的行为和社会关系分为哪些类型，有着怎样的影响？为什么个人要加入各种社会群体成为社会之一员？自然人如何变成社会人？其内在的机制是什么？自我是如何产生的？个人与社会的互动关系是怎样的？社会互动的机制是怎样的？在社会互动中，社会文化和现实环境的作用是什么？人在社会互动中遵循什么规则？社会结构与社会秩序方面的基本问题包括：社会的基本结构是什么？人们生活在其中的基本群体形式有哪些？初级社会群体有何意义？它对社会运行的功能是什么？社会组织在现代社会的地位怎样，它依据什么样的规律发展变化？社会的纵向结构是怎样的？社会阶层有何作用，如何变迁？哪些制度在维持社会秩序或促进社会结构的变迁？社会制度发挥作用的机理是什么？社会制度是如何发生变化的？社会变迁方面的基本问题包括：社会变迁的主要动因是什么？它的基本形式有哪些？社会问题对于社会变迁有何意义？人类社会发展的前景如何？社会发展或现代化有什么规律？社会变迁对人的生存

---

① 郑杭生．社会学概论新修．5 版．北京：中国人民大学出版社，2021.

和发展意义何在？等等。

围绕着这些基本问题，社会研究者做了长期的探索和积累。国务院学位委员会社会学学科评议组专家概括认为，社会学的发展经历了古典社会学、现代社会学和当代社会学三个阶段。

古典社会学：从19世纪30年代到20世纪20年代是社会学形成阶段。这一时期，在欧洲形成了以涂尔干为代表的实证主义传统，以韦伯为代表的人文主义传统，以马克思为代表的唯物史观传统。这三大传统对社会学后来的发展影响巨大。

现代社会学：20世纪30年代到70年代是社会学发展阶段。在这个时期，社会学研究中心由欧陆扩展到美国。受美国本土实用主义传统及当时资本主义危机导致的社会问题影响，社会学研究旨趣从重理论思辨转向重经验研究和应用研究，力求以自然科学的精确方法分析社会现象，探索解决社会现实问题。这期间形成了众多很有价值的、基于美国本土化特征的社会学理论，如结构功能理论、冲突理论、社会交往理论、符号互动论等。以芝加哥学派为代表的城市社会学理论在这一时期大放异彩。

当代社会学：20世纪80年代至今是社会学在世界范围内广泛传播和发展的阶段。随着现代化和全球化的推进，社会学在各主要国家快速发展，涌现出不同的理论思潮。社会学家在传统-现代、客观-主观、宏观-微观、社会-个人、行动-结构的关系等核心问题上进行了大量论述，在研究主题和研究方法上相互对话，形成了彼此借鉴和互相渗透的融合趋势。其中发展中国家的社会学学科建设加快，社会学理论显著发展，现代化、本土化等问题得到大量讨论。

社会学的研究对象是社会和社会现象，又可以进一步细分为研究社会结构、社会行为、社会心理、社会组织、社会关系、社会文化、社会运行和社会变迁等内容。其中，社会结构包括阶层结构、阶级结构和制度文化结构。社会行为包含个体行为和群体行为。社会心理包括个体心理和群体心理。社会关系指人类社会的一切联系或社会互动现象，社会群体、社会组织中蕴含社会关系，社会网络也反映着社会关系。社会文化是与自然现象不同的、被人类赋予意义的社会活动的一切成果。社会运行则强调社会有机体的整体运动。社会变迁指人类社会从既定结构向新生结构的转型过程。社会学将上述方面作为具体入手点，宏观与微观，静态与动态等多个层面结合，增进了人类对于社会的认识。

围绕这些议题，社会学形成了自己独特的理论学说和理论流派。在马克思、韦伯、涂尔干、托克维尔、滕尼斯等古典社会学理论及实证主义、人文主义、批判主义三大传统基础上，帕森斯综合形成了结构功能主义的社会学理论，试图通过一个整体性的理论来解释各种社会现象。这种综合性的做法被其后的理论家所反思和批判，发展出多样化的理论流派，包括交换论及理性选择理论等新功利主义理论，象征互动论、常人方法学等诠释主义理论，新功能主义与社会冲突论。此后，哈贝马斯、卢曼、吉登斯等试图对社会学理论进行新的综合，发展了批判理论、沟通行动理论、系统论和结构化理论，而福柯、利奥塔、卡斯托利亚斯、图海纳、利科等围绕结构主义形成了结构主义、后结构主义、反结构主义、实践论等观点。此外，随着发展中国家的发展议题研究的发展，女性的平等化及女性社会科学家的发展以及理论家对现代性的反思及未来社会特征的概括，形成了诸如现代化理论、全球化理论、女性主义理论，以及风险社会、后工业社会、网络社会等理论。当代西方社会学理论在实证主义主流之外出现了多元化或非主流化的转向、后现代转向、女性主义转向、文化转向、身体转向、情感转向、语言学转向、历史学转向、全球化转向。多元化的社会学概念体系与人类行为的多样性、复杂性相关，它们并没有带来完全的混乱，而是可以促进交流和理解，相关的理论和视角为研究提供了丰富的思想资源，将研究者从各种定论中拯救出来，激发了理论想象力，觉察不同群体的苦难与意义，看到人的自由与尊严①。

二、中国社会学概况

19 世纪末 20 世纪初，社会学传入中国。1891 年，康有为将“群学”列入万木草堂的教学大纲。1897 年，严复开始翻译斯宾塞的《社会学研究》（*The Study of Sociology*），于 1903 年以《群学肄言》足本出版。1916 年，康宝忠在北京大学开讲社会学。在 20 世纪上半期，中国学者不断推进社会学研究，产生了一批具有重要影响的科研成果和社会调查，引起国际社会的广泛关注，初步形成了中国特色的理论社会学、应用社会学、人口学、人类学、民俗学和社会心理学研究方向，社会学初步发展并扎根中国。但在 1952 年学科调整过程中社会学被取消。

改革开放以来，社会学迅速恢复与重建，在引进西方社会学理论和方法，开展本土化研究，解释和解决中国社会现象和问题方面进行了大量探索。参照美国社会学家布洛维的观点，社会学可以分为专业社会学、政策社会学、批判社会学和公共社会学四种基本的知识形态，这四种形态展现出不同的实践倾向。中国社会学自恢复重建以来的 40 余年发展历程，总的来说富有实践精神，但实践意识的表现高低起伏。社会学恢复初期的 20 世纪 80 年代，社会学的基本原理和方法被广泛用于了解和解释中国社会的各种现象，为改革开放和经济发展提供新知识和新思路，具有较强的“政策社会学”特征。90 年代，高校社会学学科增多变强，社会学的专业研究者对西方社会学的方法和理论有了更加系统和深刻的把握，社会学在关注社会实践的同时，更在意成果的学术积累意义，“专业社会学”快速崛起。进入新时代以来，社会学中国化、时代化进程加速，社会学的理论研究与方法研究快速发展，相关研究成果为党和政府的重大决策，如国家治理的现代化提供了坚实的学理支撑，“政策社会学”强势回归。总体而言，社会学中的“专业社会学”与“政策社会学”竞相发展，社会学者在党的领导下始终围绕中国社会的现实情况和发展需要，不断提升学术自觉，使得理论水平和实践意识都得到了更高水平的发展。

经过多年的积累和发展，中国社会学逐渐成长为一门学科领域广泛、学科知识体系完备、研究方法和理论建构相对完整的成熟学科，形成了“志在富民”和“构建和谐社会”的研究趋向。在社区研究、社会分层与流动、组织社会学、人口流动、城市化、单位制与国企改革、集体行动、政府行为与公共治理等方面进行了大量研究，在全面建成小康社会和消除农村绝对贫困、社会建设和社会治理创新、以中国式现代化全面推进社会主义现代化强国建设、谱写经济快速发展和社会长期稳定两大奇迹方面作出了贡献。

新时代，中国社会学参与承担了从理论上廓清中国现代化实践的时代性和民族性，为

① 文军．西方社会学理论：当代转向．北京：北京大学出版社，2017：102.

全面把握中国式现代化的历史实践奠定价值论和认识论基础的重要任务。从西方引进的许多社会学的理论、方法和模型是基于西方独特的实践过程和历史经验的，有着自身独特的问题意识，并不完全切合中国社会实际和实践的需要。中国社会学研究必须坚持马克思主义指导、中国共产党领导、中国特色社会主义制度的政治性，以及政治性所统领的建设性、社会性和人民性。始终坚持一般的科学原则和学术规范，坚持与时俱进，与中国实际相结合，努力提高研究的质量和水平，促进科学知识的累积性生产。

三、社会学的学科领域

社会学的研究范围是非常广泛的，这与社会学的研究对象——社会和社会现象——的复杂性和多样性直接相关。社会成员的社会行动，他们之间的相互关系，社会的宏观及微观结构与过程都属于社会学的研究范围。社会学的研究涵盖了人类活动的各种领域及相关问题，形成了各种分支，包括社会分层与社会流动，经济社会学、政治社会学、法律社会学、家庭社会学、教育社会学、科学技术社会学、宗教社会学、人口社会学、劳动社会学、艺术社会学、知识社会学、环境社会学、发展社会学等。按照人群属性分为青年社会学、老年社会学、女性问题与性别研究等；按照人类活动组织形式分为家庭社会学、组织社会学、企业社会学、民族社会学等；按照人类活动的地域形成了农村社会学、城市社会学、西部社会学；等等。随着相关领域社会学的专业知识的积累、系统化、专业化，加上研究队伍的壮大及领域重要性的提高，相关研究都有可能形成一个学科分支。在我国《研究生教育学科专业简介及其学位基本要求》中，将社会学分为 9 个二级学科，可以作为我们认识社会学研究领域的基准参照①。

（一）社会学理论与方法

社会学理论与方法主要关注社会现象的理论分析与理论概括，进而对社会学的研究对象、学科性质、理论体系、作用地位、方法手段、历史发展作出理论分析与概括。理论社会学既可从逻辑角度作横向研究，又可从历史角度作纵向研究。不同时代、不同国家、不同社会学家会以不同方法对社会现象进行深层分析与概括，建构不同的社会学理论，形成不同的社会学流派，对社会学研究形成不同的话语影响。社会学理论对应用社会学的发展提供指导，又在应用社会学的发展中不断完善并推动社会学理论与方法的深化发展。理论社会学的发展与社会学研究方法及范式的革命密切相关。

（二）应用社会学

应用社会学主要将社会学理论的原理、原则、观点和方法论运用于具体社会现象和社会问题研究，以获得对社会现象和社会问题的发生、发展的规律性认识并提出相应解决办法。应用社会学主要运用有关社会具体问题的“中层理论”开展研究，这包括越轨行为理论、社会变迁理论、社会分层理论、社会组织理论、种族关系理论、移民与城镇化理论、社会资本理论、网络社会理论、符号理论、消费社会理论等。在方法上，应用社会学经常

① 以下内容引自《研究生教育学科专业简介及其学位基本要求》中“社会学”部分，载于中国学位与研究生教育学会官网。

会综合利用定量研究方法、定性研究方法和混合研究方法开展研究。城市社会学是应用社会学的重要领域。

（三）人口学

人口学（Demography）是一门研究人口现状、人口过程、人口发展规律以及人口与其他非人口变量互动关系的科学。人口学研究基本可分为两类：一是围绕三个人口基本要素，即出生、死亡、迁移开展的有关人口规模、人口结构、人口分布、人口变动的研究，形成人口统计方法及相关理论；二是研究人口系统与社会、政治、经济、文化、环境等外部系统的互动关系，形成一系列与之相关的交叉学科，诸如人口社会学、人口经济学、人口地理学、人口生态学、人口教育学、计算人口学等。在新时代和新的人口形势下，人口学主要聚焦优化人口发展战略和实施积极应对人口老龄化国家战略，聚焦人口长期均衡发展问题。中国式现代化是人口规模巨大的现代化，必须以人口高质量发展作为支撑。这为中国人口学的理论发展及人口学助力社会主义现代化国家建设等奠定了坚实的理论基础和实践基础。

（四）人类学

人类学（Anthropology）一词于16世纪末出现在英文中，最初主要关注人类体质及人类进化问题。19世纪末之后，人类学强调原始文化和欧洲之外的“他者”文化，对这些民族和文化的研究构成所谓的“社会/文化人类学”。第二次世界大战后，人类学除研究人类社会文化和生物属性外，还将其研究对象逐步扩展至人类与自然界多物种的协调共生关系上。人类学注重从跨文化和整体观视角探求人类社会生活的多种可能性，并以此促进不同文化间的沟通和理解。人类学主要通过田野调查获取资料和提炼理论，并以民族志（Ethnography）这种文本形式来呈现研究成果。人类学在铸牢中华民族共同体意识研究中发挥着重要作用。顺应网络社会和数字化发展趋势，网络民族志近年来得到了迅速发展。

（五）民俗学

民俗学（Folklore，含民间文艺学）是研究各国、各民族长期传承的关于自然、社会和人生的知识系统及其物质产品和相关风俗习惯的学科。主要记述和研究民众日常生活模式，涉及物质民俗、社会组织民俗、精神民俗、语言民俗、民间叙事和表演等具有传承性的人类文化现象。民俗学包含历史民俗学、理论民俗学与应用民俗学三个分支。通过对民众生活传统的历史与当代实践研究，巩固全民文化记忆，增强社会整合，维护民族文化主体性，促进跨文化交流。

（六）社会治理与社会政策

社会治理与社会政策（Social Governance and Social Policy）是近年兴起的系统研究社会秩序与社会稳定机制的基本规律和一般方法的新兴学科。它利用社会学的理论和方法研究如何通过制定社会政策与法律，创新社会治理体制机制，以达到协调社会关系、规范社会行为、解决社会问题、化解社会矛盾、促进社会公正、应对社会风险、保持社会稳定、推动社会发展、增进民生福祉、提高人民生活品质的目的。

（七）社会工作

社会工作（Social Work）遵循助人自助的价值理念，注重以专业知识和技能指导社会服务，运用个案方法、小组方法、社区方法等专业方法，帮助有困难和需求的个体、家庭、群体、社区等发挥自身潜能，增强其自助能力，进而促进社会正义、社会和谐、社会发展，使人民共享社会发展权利，增加民生福祉。社会工作的研究和专业应用可以分为涉及个体的微观社会工作，涉及家庭及其他群体的中观社会工作，涉及组织和社区乃至社会整体的宏观社会工作。

（八）社会心理与社会认知

社会心理与社会认知是将个体和群体的心理和行为置于社会情境中予以探讨的社会学与心理学的交叉学科领域。该领域既研究人们的社会心态、思想感情、价值观念、态度行为等在社会情境中通过与他人的实际或想象互动而形成的过程，又探讨人们如何根据社会情境中的信息对他人的心理状态、行为动机、意向目标等形成认识的过程，以及这些认知对人们参与社会互动、群体行为的影响。该分支领域注重从社会学的理论视角出发，并融合心理学的相关理论，将个体和群体心理、个体和群体行为视为社会现象和社会过程加以探讨，注重人们心理现象和行为的社会基础和文化基础，建立了具有相对独立性的理论和知识体系。在研究方法上，既运用社会调查，又运用心理学实验法进行研究。近年来，该领域进一步与计算社会科学、人工智能、脑科学等学科交叉融合，开辟了新的议题、探寻了新的方法。

（九）老年学

老年学是一门研究个体和群体老龄化的科学，从社会、心理、生物等多学科视角，研究人类个体老龄化和人口老龄化的现状、过程和规律，研究人类的老龄化与生活环境之间的本质联系及社会和个人如何积极适应老龄化进程。老年学理论既包括老年学自身发展的理论，如衰老理论、老龄化理论等，也包括源自其他学科但在老年学中获得发展的理论，如脱离理论、活动理论、老年亚文化群理论、代际关系理论、年龄分层理论等。老年学研究涉及微观、中观和宏观多个层面的社会理论和实证分析，根据研究问题，综合运用社会学、经济学、人口学、管理学、心理学等多学科的理论和分析方法。中国老年学发展以助力实现中国式现代化为目标，以中国独特的经济社会和人口发展历程为背景，致力于将基础研究发现应用于实践干预和政策制定，致力服务于积极应对人口老龄化国家战略。

社会学研究领域要比上述 9 个学科方向宽泛得多，这些二级学科分类是国家为了规范研究生教育的专业设置而人为划定的，且可以随着社会发展而变化。近年来社会治理和社会政策变得相对重要，被列入二级学科，老年学也因为中国老龄化问题越来越严重而得到越来越多学校的重视。从这个意义上讲，从领域上圈定社会学的范围是不合适的，学科划分本身是社会的产物，一些具体研究领域会因为社会重要性变化以及多学科研究成果的积累、交融、专门化而有可能发展成为独立的学科，例如犯罪学、城市学、科学学等。看起来社会学的研究范围似乎变得更小，变成了所谓“剩余学科”，实际上，社会学的理论和视角得到了进一步的拓展和应用，社会学和社会学家应该坚持社会学的学科特色，积极孵化新的学科。

四、社会学的学科特色

（一）整体性

社会学的整体性观点认为，社会、社会现象内部存在着复杂的联系，因此不能独立研究它的组成部分，更不能将社会还原为某些简单的因素。无论是研究宏观社会还是研究微观社会或各种社会现象，都要把它放在复杂的关系之中，分析各种因素的相互影响，从中找到主要的关系和次要的关系，以探讨社会现象之所以如此的原因。

（二）综合性与交叉性

社会学研究的问题十分广泛，需要运用多种知识。社会学的整体性观点意味着在研究社会现象时不能局限于某一局部和某一视角，而必须采取多重综合视角。社会学研究常常以社会学知识为主，综合利用其他学科的知识与方法，例如在研究城市发展时，除运用社会学的观点外，还综合运用经济学、地理学、管理学、生态环境学等方面的知识；除采用实证主义研究方法外，还运用建构主义、批判主义的方法。在主流实证主义经验研究及功利性解释基础上，社会学的研究通常会强调非正式制度、文化、合法性、人的动机和能动性等因素对社会行动和社会结构的影响。正是因为这种综合性和交叉性，今天社会学成为经济学、心理学、精神病学、管理学、法学、政治学、历史学等不同学科交流的桥梁，也成为这些学科学术理论发展和创新的重要源泉。

（三）科学性与规范性

科学性是现代社会科学的一般要求，这是科学知识区别于观点、意见、意识形态的关键。社会学作为现代社会科学的一部分，同样坚持研究方法的科学性和规范性原则。孔德提出的社会学之所以被认为是社会学学科的开始，除明确了这门学科的独特研究对象外，更重要的是指出了研究社会的科学方法，即实证研究方法。社会学理论课程会介绍大量非实证主义理论，激发学生的社会学想象力，重点在于提高学生研究和观察社会时的敏感性和批判性，具体的社会学经验研究，研究对象已经非常具体，各种研究方法也比较科学化和系统化。近 20 年来，相对标准化的定量研究方法推广以及定性研究方法进一步规范化和改进，都大大提高了社会学学科研究的科学水平。越来越多的研究者认识到定量研究和定性研究的争论核心是研究质量的争论，并开始尝试结合两种风格的研究，推动对于研究对象更加深入、全面的认识。

（四）实践性与应用性

实践性是社会学学科的基本品格。强烈的实践意识，即强调立足真实、鲜活的生产和生活实践去观察、把握和建设社会，是社会学学科建设的内在要求，也是社会学作为一门学科应当具备的基本品格和精神气质。这一特征是社会学的学科属性所决定的。社会学的诞生就是思想家和学者们开始自觉地把实践尤其是普罗大众的实践置于思考和研究的中心的结果，当代社会学的实践转向对于日常生活的强调与此密切相关。如孔德所言，社会学关于社会的研究是一场认知革命，这门学科开始摆脱以崇拜为基础的神学模式和以思辨为中心的玄学模式，而转向以事实为基础的科学模式。与此同时，这一认知革命中还蕴含着价值革命，即以前被认为只不过是精英之附属物的普罗大众开始被看见、被尊重，普通百姓开始走入学术研究的视野。

从实践出发去理解社会生活的本质也是马克思主义世界观的重要组成部分，是马克思主义社会学的逻辑起点。在马克思主义看来，实践是一个充满矛盾，从而充满张力的过程，包括但不限于主观与客观、感性与理性、行动与结构、个人与社会的矛盾。对于这四组矛盾的把握可以提纲挈领地把握实践在社会学知识体系演进过程中的地位。首先，实践是一个主观见之于客观的过程，蕴含主观与客观的矛盾。其次，实践是一个兼有感性与理性成分的过程，充满感性与理性的矛盾。再次，实践是一个在行动与结构之间反复互构的过程，存在行动与结构的矛盾。最后，实践是一个人与人既合作又竞争的过程，必然导致个人与社会/集体的矛盾。基于实践的观点，社会应当被理解为一个由矛盾驱动的辩证发展过程，一个有规律可循的自然历史过程，一个以人民为中心的群众创造过程。从马克思主义的实践观点出发，社会学应当始终保持革命性、科学性和人民性的有机统一。

社会学实践性还体现在社会学的应用性上。在美国，社会学的应用性体现为在实用主义基础上对于城市化、犯罪、种族矛盾冲突、社会运动等各种社会问题的研究，并为社会和政府提供解决方法。在中国，社会学的应用性意味着相关研究及成果必须来源于实践且服务于实践，来源于人民并服务于人民。在中国社会学发展过程中，著名的社会学家费孝通、雷洁琼、郑杭生、陆学艺无不强调社会学的应用性，强调理论与应用的结合，专业化与本土化的对话。在社会学学科建设、理论及方法学习进入新水平、新时期的背景下，近年来社会学对社会治理、社会政策、社会工作的重视和发展正是这种应用性和实践性的重要体现。

（五）批判性与建设性

社会学建立之初就有维护改良和革命批判两种取向。孔德创建社会学以及涂尔干、韦伯研究西方社会时有批判的成分，但总体上是改良性的、建设性的。在结构功能主义那里，维护和改良的特点就更加明显。更彻底的批判传统来自马克思对于资本主义制度的批判，他揭示了资本主义条件下生产力与生产关系矛盾的不可调和，批判资本主义制度对于人性的压抑，以及人在资本主义制度下的异化，对资本主义制度做了深刻的、实质性的批判。这种批判传统影响了大量社会主义国家的社会科学家，也包括西方马克思主义者和新马克思主义者。他们从不同的角度进一步批判资本主义的制度和文化，批判西方现代性的局限。总体而言，当代社会学理论多种转向存在较强的批判性。我们需要看到这种批判性和建设性之间的依存关系，批判是建设的前提，认识到社会中存在的问题并分析清楚其中的原因是社会进步的前提。社会学家指出社会的弊端时，具有一定的批判性，其发心通常是希望建立消除这些弊端的社会，有着很强的建设性，他们有着深刻的人道主义信念，深爱社会中的多元主体及多样性。他们从不同的视角和立场指出的这些问题实际上是社会中已然存在的，他们只不过是用相对比较准确的概念和系统的理论将其表述了出来。

在中国，社会学同样兼具批判性和建设性。科学研究的创新性必须有批判的勇气和反思精神作为基础，社会制度的进步和社会治理的改善同样需要有批判性的研究提供支持和动力。批判不仅仅是革命性的否定，也包括善意地指出社会的不足。中国社会学者对于中国社会的批判和学习，与引进西方社会学理论时习得的批判性传统有一定的关系，也与中国改革开放过程中与全球资本主义体系接轨、重启市场经济、向现代化转型的历史进程中的一些冲突和矛盾有一定的关系，但需要注意西方与中国在社会性质和制度上存在根本差异。西方社会学对资本主义社会的批判只停留于批判本身，无法或不愿改变资本主义制度。但中国已经建立了社会主义基本制度并探索出建设中国特色社会主义道路，社会学就不能只停留于批判性，而应该更多注重建设性。马克思主义的批判在西方表现为对资本主义社会的批判，在中国则应该表现为对社会主义社会的建设和改良。费孝通早在恢复重建社会学之初就明确提出："为现代化建设服务，这是我们建设社会学的宗旨。"郑杭生也明确提出，马克思主义社会学有"革命批判性"和"维护建设性"两种形态，并以后者为当代中国的主要形态。

中国社会学需要牢牢站稳中国特色社会主义的基本立场，首先是坚持马克思主义指导、中国共产党领导和中国特色社会主义制度的政治性，同时也包括政治性所统领的建设性、社会性、人民性。就方法论而言，中国特色社会主义社会学应该坚持问题导向、吸收借鉴、坚持创新、重视实践，这些方法也适用于更广泛意义上的中国特色社会科学。只有以政治自觉引领文化自觉和理论自觉，中国社会学才能与中国特色社会主义伟大事业一起繁荣昌盛。[①] 专业社会学、批判社会学、政策社会学、公共社会学需要以建设为主，协调发展，共同促进社会进步。

第二节 城市社会学概述

城市社会学是社会学的分支学科，它是社会学在城市研究方面的应用，集中关注城市发展变迁与城市社会生活。城市社会学的发展也推动了社会学的发展。

一、城市社会学的研究内容与特色

（一）城市的定义与特征

城市是人类居住及活动在空间上的聚落，是相对于农村而言的人类生活共同体。全球各国对城市的界定标准并不统一。联合国成员国有一半以上是从行政界定城市的，即行政当局规定哪些聚集点是城市。如布隆迪政府规定，国家的首都或省会城市才是城市，其中的居民才是城市人口。部分国家根据居住点的人口密度和规模来界定城市和乡村人口，如乌干达规定 100 名居民以上的居住点是城市，而丹麦规定 250 名居民以上的集中居住地为城市。还有一些国家根据一个区域内人口及经济活动来界定城市，如刚果规定人口在 2 000 人以上、主要经济功能为非农业的居住地区是城市。联合国建议 2 万人口以上的聚集地是城市，在此规模以下的聚集地为农村，人口 50 万以上的城市为"大城市"。因此在进行城市化率的历史和跨国比较时，往往会存在口径不一的问题，需要留意。

我国也是从行政区划上规定哪些地方属于城市、哪些地方属于农村，城乡属性不同，隶属关系、管理权限、政府机构编制、土地的产权属性与居民的户籍属性和社会保障待遇等都可能存在一定差异。《关于统计上划分城乡的规定》以国务院关于我国市镇建制的规定和我国现行的行政区划为依据，将我国地理区域划分为城镇和乡村。城镇是指在我国市镇建制和行政区划的基础上划定的区域，分为"城市"和"镇"。其中城市指经国务院批准设市建制的城市市区，包括设区市的市区和不设区市的市区。具体包括：(1) 设区的人

---

① 李骏．中国特色社会主义社会学的立场、方法和重心．社会科学，2022 (9).

口密度在1 500人/平方公里及以上的市辖区全部行政区域；（2）设区的人口密度不足1 500人/平方公里的市辖区的人民政府驻地和区辖其他街道办事处地域；（3）设区的市辖区人民政府驻地的城区建设已延伸到的周边建制镇（乡）的全部行政区域；（4）不设区的市人民政府驻地和市辖其他街道办事处地域；（5）不设区的市人民政府驻地的城区建设已延伸到的周边建制镇（乡）的全部行政区域。镇是指经批准设立的建制镇的镇区，包括县及县以上（不含市）人民政府、行政公署所在的建制镇的镇区。镇区指镇人民政府驻地和镇辖其他居委会地域，镇人民政府驻地的城区建设已延伸到周边村民委员会的驻地的，其镇区还应包括该村民委员会的全部区域。城镇地区以外的工矿区、开发区、旅游区、科研单位、大专院校等特殊地区，常住人口在3 000人以上的，按镇划定。城镇地区以外的其他地区为乡村，包括集镇（指非建制镇）和农村。可以看到，我国行政区划和编制上的城镇、统计中的城镇、实际的城市建成区还存在细微差异，对于人口城乡属性的划分还存在常住地类型和户籍类型的不同。大规模的人口流动导致我国城市常住人口中存在大量农业户籍人口，同时随着农村基础条件的改善，一些城市户籍人口也开始常住农村，甚至很多地方开始取消城乡户籍区分，统一为居民户口。

不同学科对城市的定义也因为理论视角不同而存在一定差异。《中国大百科全书・地理学》把城市定义为规模大于乡村和集镇，以非农业活动和非农业人口为主的聚落。《中国大百科全书・社会学》认为城市是“大量异质性居民聚居，以非农职业为主，具有综合功能的社会共同体”。经济学一般认为城市是工业和服务业经济活动高度聚集的结果，是市场交换的中心。在政治学看来，城市是“权力精英”统治地方社区生活的组织形式。尽管存在差异，但各个学科的研究者基本上都同意城市“表明了人口、生产工具、资本、享受和需求的集中这个事实”①。在社会学看来，城市具有以下特征：

（1）城市有较大规模的人口，人口异质性强。

（2）城市人以聚居形式生活，人口密度高。

（3）城市人主要从事非农职业活动，职业活动多样化，使城市在一个地区、国家发挥着综合性功能。

（4）城市中人与人的关系、群体与群体的关系有着不同于农村社会的特征。

城市是生产力和社会经济发展的结果。现代城市是工业化等因素推动的城市化的结果，其核心是产业结构和就业结构的变动，主要表现为人口的空间转移和城市人口的增长。

（二）城市社会学的研究对象

城市社会学是社会学分支方向，是随着现代社会学一起发展起来的。1892年成立的芝加哥社会学系是美国第一个社会学系，20世纪20—30年代在罗伯特・帕克的带领下，使用社会学的调查研究方法研究芝加哥城市的社会生活、外来移民、反社会群体、越轨行为，发展了个案研究、参与观察等社会学、人类学研究方法。这种从经验出发、从实际问题出发、注重调查研究和应用的做法对美国社会学的实证传统和现代社会学的发展影响很

① 马克思，恩格斯．马克思恩格斯文集：第1卷．北京：人民出版社，2009：556.

大，也奠定了城市社会学的人类生态学研究范式。

城市社会学诞生以来，先后从生态社区群、文化形式、资源分配系统、集体消费单位等不同视角来研究城市，以确定研究对象，形成了不同的观点。我国学者向德平综合诸多学者的论述，发现学者们一般认为城市社会学研究对象包括：

1. 城市生态系统

城市被当作一个以人类社会为主体的自然-经济-社会-生态系统，是城市居民与其生存环境相互作用构成的综合体。城市社会学着重研究城市系统内部各种要素之间的联系以及城市与周边环境之间的相互制约与相互影响。

2. 城市社会问题

城市发展过程中会出现一系列问题，如人口增长、就业困难、住房拥挤、交通堵塞、污染严重等。城市社会学研究这些问题产生的原因、表现与解决方法。

3. 城市化

城市化指农村人口向城市集中，农村地区演变为城市区域，城市不断增多和扩大的过程。城市社会学关注城市化的进程、形式、内容与动力机制，通过比较不同城市化阶段、不同地区的城市化，把握城市化的规律。

4. 城市生活方式

城市意味着一种不同的生活方式，城市社会学研究城市生活方式的特点、起源、变迁、传播与辐射。

5. 城市社会关系

城市社会关系是城市生活中发生的人与人的关系，即在城市经济生活、政治生活、文化生活及群体生活中形成的人与人的关系，也包括城市与城市、城市与农村以及城市不同区域间的关系。

也有学者将城市社会学的研究内容概括为：城市生态系统构成要素研究（城市社会结构、城市空间）、城市社会变迁研究（城市化、城市社会问题）、城市社会发展与管理研究（城市发展、城市规划、城市管理）几个方面。

（三）城市社会学的学科特征

由于城市的特殊性和社会学的学科属性，概括而言，城市社会学具有如下学科特征。

1. 强调整体性

整体性是社会学的学科特点，认为社会是一个有机整体，社会各个部分间存在密切联系，因此不能孤立研究，更不能还原为某种具体要素。城市社会学作为社会学的分支，其研究对象城市无论是作为一种独特的社会形态，还是作为空间区位，都属于整个社会的一部分，内部也存在复杂的对象和关联，随着社会的变迁和发展而变化。这就要求对于城市的研究必须整体考虑这些内在联系，不能脱离城市系统、城乡关系开展研究。

2. 强调综合性

由于城市的复杂性，城市社会学研究不仅需要用到社会学的知识，也需要综合利用经济学、管理学、地理学甚至生态学，对于城市的理论和方法开展综合性研究，注重不同理论、视角之间的交流对话。

3. 强调应用性

城市社会学自诞生开始就将城市问题作为研究重点，芝加哥学派以城市为研究基地，研究犯罪、移民、城市社会结构和生活方式等，以解决城市中的各种问题，具有很强的实用性和应用性。在我国，城市社会学也是应用社会学的重要组成部分①。

4. 全球性与本土性结合

城市体量巨大，变迁缓慢，需要放在更大的时空尺度中进行研究。发达国家城市化历史较早，城市治理经验和城市社会问题为我们认识城市发展和治理规律提供了参考，而发展中国家的城市化过程和城市社会问题因殖民历史、世界经济体系、产业转移及本国政治经济体制、城乡二元结构等影响呈现出不同特征，可以为单个城市的研究以及城市体系的研究提供对比。中国的城市化和城市治理具有自己鲜明的特色，城市社会学的研究应该结合本土实践，同时也需要考虑城市发展的全球一般规律，以及全球城市体系对于中国城市体系和具体城市的影响。

5. 强调科学性与社会正义

一方面，城市社会学研究是基于经验的现代社会科学，非常强调科学研究的基本规范和经验证据的重要性；另一方面，城市社会学坚持站在最广大人民群众根本利益的立场上，积极主张社会正义，关心弱势群体和人的尊严与全面自由发展，促进社会和谐发展。

二、城市社会学在我国的发展

（一）我国城市社会学的早期探索

20 世纪初中国社会面临深刻的社会矛盾，一些进入中国的海外学者、传教士以及学成归国的青年学者在中国讲授西方社会学、建设社会学专业的同时，开始利用西方统计学、社会学、人类学方法调查研究城市及郊区人们的经济社会生活状况。早期的研究具有鲜明的经世救国实用导向，以认识和解决社会问题、寻找国家和社会治理出路为目标。1914—1915 年，美国人步济时（J. S. Burgess）主持的《北平 302 名洋车夫生活状况调查》，由步济时设计问卷，北平实进会学生调查搜集资料，北大社会学系陶孟和教授分析撰写调查报告，步济时做补充说明。1915 年陶孟和发表《中国乡村与城市生活》英文版，是中国社会学本土著作的里程碑。此后一段时间，中西方学者在中国高等院校，指导学生在北京、广州、昆明等城市及郊区做了许多调查②，了解民众特别是底层各类群众如职业妇女、人力车夫、乞丐、疍民的生计状况③。

城市社会学在社会学学科建设过程中不断发展。20 世纪 20 年代末期到 40 年代，吴文藻、费孝通、林耀华等社区学派开展的研究工作，梁漱溟、晏阳初、李景汉等乡村建设学派的实践行动，以及以毛泽东同志为代表的共产党人为探索中国革命的出路，以马克思主义为指导所开展的社会调查研究与革命根据地建设实践工作，共同开启了社会学中国化的

① 李强．应用社会学．3 版．北京：中国人民大学出版社，2020.

② 水延凯．论西方近代社会调查方法之传入．社会学视野网，2014.

③ 黄晓星．城市变革、边缘社群与地方社会：岭南地区早期社会学的一个研究进路．中山大学学报（社会科学版），2020，60（6）.

进程①，对今天中国社会学研究和城乡治理仍有着重要影响。这一时期，中国城市社会学科发展还处于发轫阶段，主要是以介绍和借鉴西方城市社会学的理论为主，并在理论和技术上都受到美国芝加哥学派人文生态学范式影响。1927 年孙本文在复旦大学开设“都市社会学”课程。1928 年吴景超从芝加哥大学毕业后回国，在金陵大学社会学系任教，他主编的《都市社会学》于 1929 年出版，是我国学者自己编撰的、较早的城市社会学教材。1934 年邱致中在暨南大学任教时，编著了一套八本的《都市社会学丛书》，在《都市社会学原理》一书中，邱致中给都市社会学下了一个定义：“都市社会学是研究都市社会之起源、分类、环境、构造、问题、政策，以及未来预算的科学”，可以算是中国学者第一次给都市社会学定义。金陵大学、复旦大学在 20 世纪 40 年代就将城市社会学列为社会学必修课程。1944 年在国民政府教育部修订的“全国高校社会学系课程设置”中，城市社会学被列为必修课之一。除教材出版外，这一时期还形成了一批城市社会学研究成果。吴景超的博士论文《唐人街：共生与同化》传入国内，成为影响颇为深远的城市社区研究学术著作，他还著有《近代都市化的背景》。在吴景超的影响下，金陵大学姚佐元于 1932 年秋天撰写《南京城内农家之分析研究》，发表在 1934 年出版的南京金陵大学农学院《农林新报》第 29 期、32 期。邱致中、马元放、刘光华等都著有或者翻译一些都市社会学相关的作品。50 年代后，城市社会学因为院系调整而暂停了发展。

（二）社会学恢复以来城市社会学的发展

中国城市社会学研究随着 20 世纪 80 年代社会学恢复，逐渐发展起来。

1. 社会学家开展了大量调查，关注城市发展中的现实问题

社会学重建后，社会学者围绕城市社会开展了大量的抽样调查研究，并且形成了一些持续开展的城市社会调查，成为社会学区别于其他学科的特征。例如，中国社会科学院社会学研究所在 1982 年、1992 年、2008 年三次开展全国五城市家庭调查和全国七城市调查；天津社科院在 1983 年开展天津市千户调查；1996 年中国人民大学与海外学者合作开展当代中国的生活史和社会变迁调查。这些调查数据对社会学者研究改革开放前城市社会的分层与不平等，以及中国的市场化转型的影响意义巨大。此后，中国社会学界开展了一系列的大型学术调查，这包括中国人民大学从 2003 年开始采集的“中国综合社会调查”数据，中国社会科学院从 2005 年开始采集的“中国社会状况综合调查”数据，北京大学从 2008 年开始的中国家庭跟踪调查，中山大学从 2012 年开始的“中国劳动力动态调查”，西安交通大学实证社会科学研究所从 2009 年开始的“大城市社会网络与求职过程”调查，以及吴晓刚教授指导的在香港、上海等城市开展的都市社会调查。除抽样调查外，社会学者还以民族志或定性研究的方式，带领学生深入城市社区和人群开展了大量的经验研究，为我们了解城市化时期不同群体的状况及社会问题提供了丰富的资料和深刻的分析。这包括杨圣敏和王汉生的北京“新疆村”调查，王卫华等的北京回族社区牛街调查，项飙等的北京“浙江村”调查，陈映芳对于上海棚户区的调查分析，何艳玲的“乐街”调查，蓝蕴宇等进行的广州城中村调查，等等。此外，还有郑也夫、陈映芳、李强、张鸿雁等通过城

---

① 郑杭生，李迎生．中国社会学史新编．北京：高等教育出版社，2000：第四章．

市社会学课堂组织学生们开展一系列的城市调查和研究，出版了《都市的角落》《移民上海：52 人的口述实录》《棚户区：记忆中的生活史》《城市社会学：北京城市社会生活调查》《城市角落与记忆丛书》等著作。

2. 城市社会学学科建设快速发展

社会学恢复之初，在南开大学举办的社会学讲习班上，在“社区分析”课程中介绍了城市社会学和农村社会学两部分类型。费孝通在社会学恢复之初就强调要加强城乡社会学的研究，开设“城乡社会学”课程。20 世纪 90 年代后，中国城市化加速和高校社会学专业的大发展推动了城市社会学的快速发展。城市社会学进入几乎所有社会学专业的课程体系，现在已经被列入教育部普通高校社会学专业教学指导委员会制定的社会学本科专业培养方案的必修课目录。全国拥有社会学硕士或博士点的高校，都有从事城市社会学教学研究的专业人员以及城市社会学培养方向。中国社会学会城市社会学专业委员会于 2004 年开始筹备，2008 年正式成立。全国涌现了一批城市社会学学科的带头人，包括南京大学张鸿雁、清华大学李强、中山大学蔡禾、复旦大学张乐天、吉林大学田毅鹏、华中师范大学江立华、华东师范大学及上海交通大学陈映芳等。这些学者关于城市社会学相关研究的论文与著作数量多、质量高，培养的博士研究生数量多，学术成绩和影响力大，有一定的学派气象①。在 2013 年前后，张鸿雁、李强、陈映芳等相继出版了具有一定影响力的著作或推出国家社科重大项目研究成果。

城市社会学的发展还体现在城市社会学教材建设上。20 世纪 80 年代城市社会学教材主要翻译自国外且主要来自芝加哥学派。90 年代，国内学者编写的城市社会学教材开始问世，21 世纪初涌现了一大批城市社会学教材，将更多城市社会学知识介绍到国内，并结合中国城市研究进行一定的概括总结，包括张钟汝、章友德等编著的《城市社会学》（上海大学出版社，2001 年版）；郑也夫的《城市社会学》（中国城市出版社，2002 年版）；向德平的《城市社会学》（武汉大学出版社，2002 年版）；顾朝林的《城市社会学》（东南大学出版社，2002 年版）；许英的《城市社会学》（齐鲁书社，2002 年版）；蔡禾的《城市社会学：理论与视野》（中山大学出版社，2003 年版）；王颖的《城市社会学》（上海三联书店，2005 年版）；夏建中的《城市社会学》（中国人民大学出版社，2010 年版）；等等。2010 年之后，公共管理学、城市规划专业等兄弟学科教师编写的城市社会学教材大量出版，包括张嵩主编的《城市社会学》（大连理工大学出版社，2011 年版）；刘珊等编著的《城市社会学》（清华大学出版社，2013 年版）；荣玥芳、高春凤编写的《城市社会学》（华中科技大学出版社，2012 年版）；等等。与此同时，一些国外的新版城市社会学教材被翻译引进中国，包括马克·戈特迪纳、雷·哈奇森的《新城市社会学》（上海译文出版社，2011 年第三版）、2018 年第四版，约翰·J. 马修尼斯、文森特·N. 帕里罗的《城市社会学：城市与城市生活》（中国人民大学出版社，2016 年版）。2022 年，蔡禾教授牵头主编的教育部马克思主义理论研究和建设工程教材《城市社会学》，经过多年编写修改最终出版。这些教材为我们编写本书提供了参考，尤其是第二章、第三章的学科基础内容主要来自这些教材。

① 胡小武．中国城市社会学研究的发展轨迹与地域格局．中国名城，2017（11）．

3. 中国城市社会学的主要领域

社会学恢复 40 年来，社会学学者形成了大量城市社会学研究成果，研究领域主要涵盖如下方面：

（1）城市化/城镇化研究。城市化问题是城市社会学的核心命题，也是改革开放以来我国城市社会学研究的热门领域。研究者主要围绕城市发展战略问题和城市化进程开展研究。费孝通在 20 世纪 80 年代中期提出了“小城镇、大问题”的观点，试图通过本地工业化实现城乡协调发展，突破西方城市先污染后治理及大城市病频发的模式；强调各地应依据自身的特色与优势，即“因地制宜，多样模式”，并论及苏南模式、温州模式、耿车模式、民权模式等区域性模式①。这种观点对中国城市发展战略产生了重要影响。2014 年国家提出新型城镇化战略，强调大中小城市协调发展，城乡一体化发展，小城镇仍然在其中占有相当地位。大量研究者通过纵向历史的梳理和横向跨国对比，对中国城镇化发展、新型城镇化理论和模式，以及城乡空间一体化和城乡研究一体化背景下的学科建设问题予以关注，对中国城市化历程、模式、特征有了较为清晰的认识。

（2）城市社会问题研究。随着现代化和城市化的发展，我国城市社会也涌现出大量社会问题，分析这些问题的现状、特征、原因，探讨这些问题的解决之道成为城市社会学研究的重要课题。学者们围绕流动人口/农民工问题、犯罪问题、下岗与劳动就业问题、贫困群体问题、劳动过程与工人群体进行了大量研究，并提出了一些有价值的对策建议。其中社会学家针对农民工群体的研究被看作中国城市社会学研究的一部分，这个群体的规模、结构、变化、分布、权益、思想观念和群体行动成为关注重点。随着农民工群体的扩大，学术机构、国家统计局、农业部、劳动与社会保障部门等都加强了对农民工及流动人口的监测调查，对农民工（流动人口）的规模、人口结构、来源地结构、输入地分布、行业结构、收入和社会保障情况等有了更清晰的了解。

（3）城市社区研究。社区研究是社会学透视中国社会结构和变迁的重要方法。大量研究者将城市社区视为其他社会力量发生互动博弈的“载体”和“容器”，“是一个不同行动者进行角力的场所”与“场域”，是“人们在‘大社会’的背景下进行实践的舞台”，可以透视其他宏观社会问题如国家-社会关系、社会运动、阶级形成、民主化进程等②。社会学家、人类学家的城市社区研究，也让我们对中国城市社会结构、治理模式、社会变迁和发展有了深刻的认识，这包括项飙关于“浙江村”、李培林对广州城中村、折晓叶等关于非农化社区的个案研究，上海大学李友梅及其团队关于上海及城市社会治理的系列研究，郑杭生团队对全国多个城市社区治理经验的考察研究，李强教授及清华大学团队对新清河实验、社区营造与更新的研究，也包括黄晓星、陈家建、吴莹、盛智明等学者对城市社区过程、城市化过程中的农村社区、村转居社区、小区物业治理等问题的深入研究。在城市社区治理的综合性研究方面，夏建中、吴晓林等的著作很有启发。

（4）城市社会不平等与社会结构研究。社会学家进行社会调查，对城市社会的社会分

---

① 张江华，沈关宝．深入与反思：费孝通的小城镇理论与 30 年来的中国城镇化实践．北京：社会科学文献出版社，2015.

② 肖林．“‘社区’研究”与“社区研究”：近年来我国城市社区研究述评．社会学研究，2011（4）.

层与不平等情况开展了大量研究，其中影响最大的是倪志伟等开启的中国由再分配型经济向市场化经济转型过程中社会分层和流动机制变迁特征的调查研究，一大批学者使用量化研究的方法，基于城市样本数据讨论了包括收入、职位晋升、住房获得、阶层认同等问题。这种量化研究范式对我们认识城市居民的社会分层、流动、不平等有着重要的影响。

（5）城市社会组织研究。主要集中体现为对城市化过程中的乡镇企业研究、市场化改革中的单位制的研究，以及围绕城市基层政府行为的研究和社会组织的研究上。

（6）城市文化与城市生活研究。城市的文化是多元的、变动的，社会学者围绕城市中的各类人群的生计、生活与文化娱乐开展了大量的研究。这既包括流动人口和工人群体的生产生活状况，也包括中产阶层的酒吧消费，退休女性的广场舞，少数群体、边缘群体的文化与生活实践，青年人群的网络生活与城市生活等。这些研究很多时候也被归为其他的社会学分支，如消费社会学、青年社会学、文化社会学、劳动社会学、性社会学、社区研究等。

可以看到，城市社会学的研究内容存在着“城市”研究和“在城市里”开展研究的融合。过于宽泛的界定会将任何在城市范围开展的研究或者针对城市要素的研究归为城市社会学的研究。在吸纳各类城市社会现象研究成果，增进对于城市社会生活的理解的同时，城市社会学也许应更多地聚焦于城市与城市体系本身的研究。

（三）中国城市社会学发展趋势

应对中国城市发展和治理的需求，随着中国城市社会学的成长，以及与其他学科城市研究的交融，中国城市社会学近年来的发展呈现下面的趋势。

1. 系统总结中国城镇化和城市发展变迁的总体模式，讲好中国发展故事

改革开放后我国城市化速度快，在短短几十年内完成了举世震惊的基础设施建设，建成了高效的大中小城市体系，经历了大规模的人口迁移和流动，实现了治理体系的现代化转型，系统总结了相关的经验和理论，不仅可以更好地归纳中国从乡土社会走向城市社会具有重要的历史过程和机制，也可以为全球发展中国家提供参考。中国城市社会学在充分吸收政府研究、财政研究、地理学研究成果的基础上，正深入调查研究并结合多样化的理论视角总结和探索中国城镇化和城市发展治理的一般经验。

2. 在社区研究的基础上扩展市域研究

社区研究是中国社会学研究的看家本领和基本底盘。一方面，自社会学创始，社区研究就成为社会学研究的重要方法和切入点，社区成为透视社会结构、社会行动、社会变迁的重要舞台；另一方面，社区又是社会构成的基本单元，对社区建设和治理有着重要意义，社区是重要的研究实体和建设实体，“社区主义”深刻地镌刻在社会学的基因中。随着国家对于基层治理和社区建设的重视，社区研究仍将成为城市社会学研究的重要方法和内容。与此同时，由于社区治理嵌在自上而下的国家治理体系特别是市域治理中，因此了解乡镇街道、区县及市级政府部门的行为逻辑与治理结构变得日益重要。随着社会学及其他学科关于国家及政府体系研究的发展，以及社会学家对于更高层次政府部门和更大范围内的经验资料的掌握，城市社会学正在积极突破社区范围，从不同角度切入市域研究，与地方政治、地方治理、区域发展与变迁有更多的交流和对话，进入城市政治、城市金融、

城市规划更新、市域治理等主体领域。

3. 坚持问题导向和实践品格

城市社会学自诞生以来就密切关注中国城市的发展和治理问题，探索适合中国国情的城市化道路和城市治理模式。当前中国城市化水平已经达到一定程度，但是城市治理体系建设及人的市民化、现代化工作还远远没有完成。在党和国家高度重视城市社会治理，强调以人民为中心，以问题为导向，将论文写在祖国大地上的倡导下，中国城市社会学将进一步坚持问题导向和实践品格，关注城市发展和治理中的核心问题，并通过介入实验研究、社区建设、社会政策倡导、社会工作等方式参与城市治理实践。

4. 坚持城乡一体的视角和理念

社会学学科重建之初，费孝通先生就极力主张城市研究和乡村研究的统一与融合，设定城乡社会学课程。多年来，中国城市社会学的研究始终注意城乡二元体制、城乡人口流动、城乡土地制度、人的乡土性等对于城市生活及城市发展治理的影响，对于城乡协调发展高度关注，追求超越西方的城市化发展路径和城市治理模式。一大批社会学家始终坚持开展农村研究，强调乡土文明及农村对于中国社会发展的战略价值和重要意义，这些研究对中国城市社会学的风格和发展有着重要影响。近年来有学者提出扎根城市化等概念，以概括中国农民的城市化过程不同于其他国家的特征，如田毅鹏参照日本地域社会学发展呼吁城市社会学研究要关注城乡，往地域社会学方向迈进。① 在可以预见的时期内，我们国家仍然会坚持乡村振兴和城乡协调发展的战略，我国行政管理和公共服务仍会坚持统合城乡的县域体制，农村及乡土因素（包括市民的乡土情结和习惯）仍然会是影响城市发展和治理的最重要因素，城市社会学也将始终坚持城乡一体的视角。

5. 充分利用大数据等新方法，多学科交叉融合开展城市研究

随着数字化的全面深入发展，数字经济的进一步发展和数字政府建设的全面展开，我们将有越来越多的新数据、大数据为研究者和管理部门提供城市中各类人群的行为和互动的信息，各种设施设备的状况和运行信息，从而增进我们对城市整体发展和运行规律的认识。越来越多来自不同学科的城市研究者开始使用这些数据和信息开展城市研究，他们对于社会学的理论和视角非常重视，而城市社会学的研究者对于新方法、新工具、新数据的使用也越来越熟练。此外，社会学与城市规划、城市管理、城市与区域经济、人文地理学正在不断交叉融合，不同学科共同围绕城市问题开展研究，共建城市科学的趋势非常明显。

6. 越来越注重与全球其他国家和城市的深入比较研究

21 世纪是城市化的世纪，城市化水平在发展中国家快速提升，全球人口的主体将居住生活在城市，城市发展和治理是全球面临的共同问题，不同规模和影响力的城市构成全球城市网络，凭借自身的资源、人力、科技、金融、人文等因素在全球各地区扮演着不同的角色。一方面，中国城市的发展离不开全球城市体系，全球城市体系特别是世界城市将对中国城市发展产生巨大影响，这要求我们在全球视野下来看中国城市的发展；另一方

---

① 田毅鹏．地域社会学：何以可能？何以可为？：以战后日本城乡“过密-过疏”问题研究为中心．社会学研究，2012，27（5）.

面，总结中国城市发展和治理的经验模式，发现其特殊性和一般性，为全球城市特别是发展中国家城市的发展与治理，人类命运共同体的建设增砖添瓦。随着城市社会学研究者科学基础的进一步增强，以及全球交往和研究能力的提高，这种深入的跨国比较研究会越来越多。近年来人类学的海外民族志项目研究，社会学的海外田野课堂项目、个案研究及跨国比较研究为城市社会学研究的发展奠定了基础。

三、城市社会学研究的意义

中国正处在城市化深化发展和国家治理现代化转型的关键期，中国城市文明形态如何将深刻影响中国人民乃至世界人民的福祉。城市社会学对于推动城市研究和建设有着巨大的学科意义和社会价值。

城市社会学研究可以从社会学角度揭示城市和城市体系的发展规律，增进对于城市的认识。城市是一个规模巨大的复杂系统，存在非常多的主体、关系、面向和维度。社会学的城市研究注重经验实践，理论视角多元，关注社会公平与人的尊严、自由、发展，具有很强的科学属性及人文属性。城市社会学研究的发展可以让我们更好地理解城市社会是如何可能的，城市社会还有哪些可能。从更多元的视角及更科学的方式记录和分析我国城市体系、城乡关系、城市系统的发展演化、治理结构、城市生活及文化特征，增进对城市的认知和理解。城市社会学的发展也可以为社会学理论和方法的进一步发展提供支持。

城市社会学研究能够为城市规划、城市管理、城市社会治理等应用学科和治理实践提供科学依据。中国城市化面临的挑战很多，包括决策思想的挑战，适应中国本土化的城市理论建构的挑战，对城市生长机理、模式和特质认知的城市化方法论的挑战，城市治理理论与治理模式现代化的挑战，城市规划更新理论、理念及规划决策方式的挑战，国际化和本土化融合的城市研究、管理人才的挑战①。中国城市社会学研究有强烈的问题导向意识，始终关注城市化和城市发展治理中的社会问题，所完成的学术研究可以为我们进行城市规划、城市管理、城市社会治理提供理论支持，也为其他学科的研究工作以及城市治理工作者的实践提供指导，推动城市治理的发展。

第三节　城市社会学研究方法

城市社会学的研究方法包括研究方法论、资料收集方法、资料分析方法等。研究方法论包括实证主义方法论、反实证主义方法论、批判主义方法论。资料收集方法包括社会调查方法、实地研究方法（访谈与观察）、实验法与文献收集方法。资料分析方法包括统计分析法、内容分析法和历史比较法等。

一、城市社会学研究方法论

在方法论上，西方社会学一直存在实证主义与反实证主义两种传统。实证主义主张社会学的研究对象和自然科学的对象一样，都是纯客观的，社会现象背后存在某种必然的因

① 张鸿雁，等．城市化理论重构与城市化战略研究．北京：经济科学出版社，2012.

果规律，所以实证主义坚持与价值无关的客观研究，试图探求社会现象之间客观因果联系，具有自然主义的倾向。人类生态学、结构功能主义、理性选择理论具有较强的实证主义色彩。与之不同，反实证主义反对简单套用自然科学方法研究社会，认为社会现象并非完全客观，社会由人所构成，人的行动既有客观方面，也有主观方面，人赋予行动的意义对人类活动、社会关系、社会结构和社会发展有着重要影响，因此强调从个人的、主观的动机或体验的认识中寻找认识社会的方法。新康德主义社会学（如马克斯·韦伯的理解社会学、齐美尔的形式社会学、阿尔弗雷德·韦伯的文化社会学及曼海姆的知识社会学），法兰克福学派，现象学社会学（A. 舒茨的现象学批判和对于日常经验实在的重视，加芬克尔的民俗学方法及对于日常生活研究），符号互动论（G. H. 米德关于心灵、自我与社会在社会互动过程中的产生与发展的研究和 H. G. 布鲁默对符号互动论的进一步发展等），诠释主义或建构主义理论与研究，都具有反实证主义的倾向。

马克思主义的辩证唯物主义和历史唯物主义超越了实证主义和反实证主义的二分立场，认为社会存在决定社会意识，社会意识反作用于社会存在，是一种历史的、辩证的关系。社会意识和社会存在相互作用，共同影响，形塑城市的社会、经济、政治、文化特征。"马克思主义是科学的理论，创造性地揭示了人类社会发展规律。"① 自成立以来，中国共产党坚持将马克思主义基本原理同中国具体实践相结合，同中国优秀的历史相结合，不断推进马克思主义中国化。马克思主义，特别是马克思主义中国化最新成果，是我们开展城市社会学研究的指导思想。坚持马克思主义，要求我们做到如下几点：

（1）从社会发展的基本规律出发认识城市社会及其变迁。正确认识生产力和生产关系的关系，正确认识社会存在与社会意识的关系。认识到"由生产力和生产关系统一而成的物质生产方式，是社会生活发展变迁的决定力量，任何复杂的政治现象和思想文化现象都能在物质生产方式的矛盾运动中找到根源。这就是社会存在决定社会意识的历史唯物主义基本观点，也是马克思主义社会学分析社会生活的基本原则"②，坚持以历史的眼光考察城市发展及其特征。

（2）坚持从人是一切社会关系总和的观点来研究城市社会结构。城市是社会生活的共同体，人口高度聚集，规模大，异质性强，密度高，具有复杂的社会关系和群体组织，对于人的认识是研究城市社会的基础。马克思主义认为，人"是处在现实的、可以通过经验观察到的、在一定条件下进行的发展过程中的人"③，"人的本质不是单个所固有的抽象物，在其现实性上，它是一切社会关系的总和"④。因此，对城市社会的研究不能从抽象的、孤立的人的角度出发，而应该从作为整体的社会关系的总和去认识和把握城市中的人、群体、社区、阶层与社会组织。

（3）坚持从马克思主义交往理论出发研究城市社会互动。城市作为经济、政治、文化中心，有着更为复杂和广泛的社会互动，是社会学研究的重要内容。马克思主义的交往理

① 习近平．在纪念马克思诞辰200周年上的讲话．人民日报，2018-05-05（2）．
② 刘少杰．马克思主义社会学的学术地位和理论贡献．中国社会科学，2019（5）．
③ 马克思，恩格斯．马克思恩格斯文集：第1卷．北京：人民出版社，2009：525．
④ 同③501．

论强调交往的实践性，以及生产交往活动在各类人类交往活动中的基础性地位。这种交往理论不仅是理解人与人之间的关系的理论，也是理解地区与地区之间、民族与民族之间，乃至全球化的理论。这一理论可以指导我们从实践活动出发，在人与人之间、群体与群体之间复杂的社会互动中找到城市社会发展变迁的根本性因素和规律，增进城市社会交往，减少社会隔离，构建和谐城市，共建人类命运共同体。

（4）坚持从全面发展的观点来把握城市社会发展的方向。马克思主义认为随着生产力发展到一定阶段，人类将进入共产主义社会，实现全面发展。所谓全面发展，是指人的自由全面发展，即人们摆脱了对人和对物的依赖关系，实现人的自由个性发展；人与人、群体与群体之间的关系不再是对立或剥削的关系；生产力高度发达，文明成果由全体人民共享；人口、资源、环境之间协调可持续发展，城乡融合发展，经济、政治、社会、文化、生态共同发展。这种全面的发展观点是指导和评价城市发展和城市研究的重要指导思想。

党的二十大报告明确以中国式现代化全面推进中华民族伟大复兴。城市在推动发展、解决问题、回应挑战方面扮演着极为重要的角色。探索新时代中国特色的城市社会发展道路是中国城市社会学的学科使命。完成这一使命必须坚持把马克思主义与新时代中国国情相结合，坚持以习近平新时代中国特色社会主义思想为指导，建立起对中国城市社会发展的道路自信、理论自信、制度自信和文化自信。

二、城市社会学研究方式

城市社会学研究依据资料收集和分析的方式与风格的不同分为定量研究和定性研究两类。

定量研究，侧重将社会现象数量化，通过统计汇总和模型分析研究对象的一般特征，分析变量之间的相关或因果关系，由此得出社会现象的量的规定性。社会调查（Survey）是定量研究最常见的观测模式或资料收集方式。主要方法是从总体中抽取一定数量的样本，利用相对标准化的问卷向研究对象获得数据信息，然后利用统计方法推论研究总体的特征。城市居民文化水平较高，在取得信任和支持的情况下，通过自填问卷收集信息和资料非常方便。但由于城市居民原子化程度高，彼此熟悉程度低，对陌生人具有较强的提防心理，比农村居民更容易拒绝参与调查。高拒访率和入场难是城市社会学研究面临的难点之一。此外，人口的高流动性也导致追踪类城市社会研究比较困难。这导致严格随机抽样的大规模社会调查成本高昂。随着数字化的发展，网络文本、图片视频等多媒介信息、社交关系网络数据、时间空间位置信息等大数据也被更多地运用在城市研究中，这些研究通常具有更强的量化风格，对研究者的计算机及统计方法水平提出了更高的要求。

定性研究是研究人员深入社区及人群，将自己作为资料采集和分析的工具，通过亲身体验、观察和访谈等方式了解研究对象，收集信息资料，并在此基础上对社会现象进行概括，对社会行动者的行为意义进行理解和分析的过程。这类风格的研究往往不需要调查大量的研究对象，组织成本相对较低。通过系统参与观察、深度访谈、长期的民族志方法采集的资料通常比较深入和细致，可以帮助研究者对所研究的对象有更深入的认识和理解。但由于过程具有高度的不确定性，研究结果容易受到研究者自身的能力、身份、偏见等主观性因素影响，相关结论往往会遭遇代表性方面的挑战。研究者通常只能以类型代表性或理论代表性的方式进行说明。

定性和定量研究各具优点和缺点，研究者根据研究目的和人员、经费等情况，多数会综合使用定量和定性的研究方法。一种常见的方式是，在前期研究中使用定性研究摸清初步情况，确定研究的焦点和假设，检验资料收集方法和论证方法的可行性，然后通过抽样调查方式采集更多研究对象的信息进行统计分析。更为融合的混合性研究，不仅在资料收集环节采用不同的调查方式，在资料分析和呈现的环节也会充分使用两类资料及对应的论证方式。

无论是定量研究还是定性研究，城市社会学的研究都应该坚持科学规范和伦理要求。在资料和信息收集过程中使用科学、系统、稳定、客观的测量工具和手段，以保证测量的信度和效度。抽取调查对象时，要尽量通过严格的随机抽样或理论抽样保证代表性。在资料分析过程中避免因研究者的利益、偏见而筛选、剪裁研究资料来论证自己的观点，尽量保证中立、客观、全面，以更可靠的数据或分析方法来得出研究结果。在研究中要坚持系统化，将所研究的对象放在其所处的系统之中，借助多种方法系统考察与研究对象相关联的因素之间的相关性和因果机制。要遵守学术伦理，保证资料收集、使用过程中尊重研究对象，保护被研究者的隐私和利益。

测量（Measurement）是经验研究的关键步骤，是根据一套人定法则将研究对象依据其属性或特征分成一定的类型或水平，并用数字或符号表示出来的过程。研究者可以使用各种测量工具，如相对标准化的问卷、量表工具、观察记录表，将研究对象（如个体、家庭、社区）等分到特定的类别（如男性、女性）、等级（如非常好、比较好、一般、比较差、非常差）或水平（如物业费每月×××元）上，由此得到定量、定序、定距、定比层次的测量信息，也可以通过多方深度访谈、参与观察、长期人类学的调查等方式，了解一个社区中不同主体口述历史、事件过程及互动情况，从而对个体、家庭、社区、事件形成全面的、深入的、综合性的归纳和判断。

对研究对象的选择是研究不可回避的问题。根据研究对象是否包括全体对象，社会调查分为全面调查和抽样调查。全面调查又叫普查，是对研究总体中的全部研究对象进行调查和测量，最常见的全面调查是我国每十年一次的人口普查。由于全面调查涉及的调查范围广，并且要求全部调查对象在同一时间节点，使用统一的方法进行测量，因此组织成本、经济成本都非常高。抽样调查则是选取研究总体中的一部分研究对象进行调查，通过这一部分样本的特征来推断总体状况。因此样本的代表性及抽样的波动性问题在抽样调查中影响较大。经过长期的探索和实践，科学界已经发展出一套科学、成熟的抽样理论和方法来应对抽样调查中的样本代表性问题，区分出概率抽样和非概率抽样两大类抽样方法。其中概率抽样是依据概率论原理随机抽取样本的方法。这里的随机不是随意，而是在选择具体案例的过程中完全排除主观意志的影响，由此才可以基于概率原理估计随机波动的程度和可能影响。非概率抽样则主要依据研究者的主观判断、便利性来选取研究对象，可能存在研究者意识不到的偏差，使得总体中有一些元素会因此获得更大或者为零的抽中概率，但并不确切知道具体概率多大，因此无法使用概率论来估计抽样波动性及样本的代表性问题。在具体抽样实践中，我国社会学长期实践的地图抽样法较好地应对了我国城市化快速发展、人口流动快的现实。

定性研究虽然直接观察和测量的对象较少，但同样面临着抽样问题。在样本量很小的情况下，随机抽样的波动性较大，而且深度访谈、参与观察对研究对象的配合度要求比较高，完全概率抽样抽中的样本不一定具备调查入场条件，因此通常会根据既有资源和条件，采用方便抽样或理论抽样方式。前者依据现有便利的资源开展研究，后者则依据理论或研究的需要，框定好研究对象的类型或特征，再根据可行性及理论潜力确定具体的研究对象。基于个案研究所得出的结论的代表性或者可推广性，是无法依靠概率论的，更多要依靠个案在理论上的典型性或代表性。社会学关于拓展个案法的讨论为此提供了论证。

三、城市社会学具体研究方法与技术

城市社会学可以使用社会科学的各种研究方法，大家可以参考风笑天教授的《社会研究方法》。这里概要介绍城市社会学研究使用得比较多的几种具体的方法，这些具体方法分类和命名不是从资料收集和抽样方式的角度来分类的，而是根据主要依赖的理论、工具、资料类型及分析方法来命名的。

（一）城市社会学研究具体方法

1. 系统研究法

这种方法将城市看作一个完整的、有机的系统，其各个子系统承担着不同的功能，并相互联系、制约和适应，彼此存在着信息和能量交换机制。系统之间的矛盾和冲突会导致整个系统的运行不畅或变迁。这里的一种典型方法是利用系统动力学或微观模拟等方法对城市系统和城市过程进行模拟和预测。

2. 空间研究法

城市人口密度高，空间稀缺，不同区位具有不同的交换价值和使用价值，是城市中各种主体，特别是资本和普通市民博弈的重要标的。城市社会学不仅关注不同人类活动的空间分布和变化，也非常关注城市空间的社会生产过程及其背后的政治经济关系。为此社会学使用了多种方法和理论。地理信息系统（GIS）能够系统地记录和分析研究城市中不同要素的位置、分布和关系，空间数据和空间方法近年来在城市社会学研究中也被更多地使用。和地理学主要强调呈现城市人文现象的空间特征和规律不同，城市社会学对这些特征背后的社会原因和机制，包括政治、经济、社会、文化根源更为关注。

3. 历史研究法

社会学的历史研究，不同于历史学研究，重点不在于史实的还原和论证，而在于利用历史文献资料总结和梳理历史发展演变的社会学规律。例如，通过还原芝加哥热浪灾难发生过程来展示都市不同群体的脆弱性与社会不平等，或者为了更好地理解和解释当前的社会问题，追溯问题早期形成和变化的历史过程，寻找当下问题和历史因素之间的相关性或因果关系。例如，为了更好地理解城市当前的空间格局特征，回溯城市规划设计和建设的具体历史过程，了解相关主体可能的选择集合，主导其选择的制度背景、关系格局、文化观念、动机及意向等。

4. 比较研究法

比较是科学研究的重要方法，正是基于一定标准的比较，科学家才能更好地观察研究对象的异同，探索异同之间的共变关系或因果关系。比较可以分为历史比较或横向比较。前者侧重关注一个或多个城市在不同历史条件下的状况、特征、变化与进程，例如不同历史时期城市公共参与及社区社会资本状况；后者包括城市内部不同区位、不同群体的比较研究，以及不同城市之间的比较，例如北京、巴黎等不同城市旧城保护中政治经济学差异。

5. 民族志研究法

人类学的民族志研究法是一种实地调查研究方法。这种研究方法坚持人类学的整体观，将研究问题嵌入一个有边界的整体体系（如社区、团伙、族群），研究者进入其内部，通过观察与访谈的方式“自内而外”地来展示这个整体，对其中各种元素的意义和各种行为进行说明，是一种“深描”的方法。马林诺夫斯基（Bronislaw Kaspar Malinowski）在1922年出版的《西太平洋的航海者》一书中创立了撰写民族志的系统方法，以此研究美拉尼西亚群岛的土著社会。民族志研究中的人被视为一种整体或系统的存在，社区、类型、情境、结构、网络作为工具和素材被用来定位人及其所处的整体和系统，能够对主体、关系、结构及其变迁进行很好的归纳和描述。通过民族志方法对各类城市社区和少数群体进行研究，可以大大加深我们对于城市社会多样性的认识。

6. 大数据研究法

在数字化发展快速推动下，越来越多的人类活动及城市部件、设施的信息被数字化并被存储下来，相关的信息为我们测量城市运行特征及城市中不同主体的行为、特征提供了可能，从而可以开展城市及城市社会现象的描述、相关关系及因果关系的探索。那些掌握了大量数据的互联网公司和平台更好地把握了城市居民的特征与生活消费习惯，获取商业价值；城市政府也基于各种公共数据及数字政府服务性痕迹数据了解了城市治理和公共服务的需求与状况，从而更好地指导城市管理与服务；城市社会学的研究者也在努力利用各种数据开展城市社会现象规律的研究。

（二）城市社会学研究基本程序[①]

城市社会学研究的基本程序包括四项：确定研究目的、设计研究计划和方案、收集与分析研究资料以及撰写研究报告。在城市社会学研究中，研究者的目的不同，研究方案设计、研究对象、研究资料收集与分析的方法等均有所不同，这也构成了各不相同的城市社会学研究类型。

1. 确定研究目的

根据研究目的不同，研究工作可以归纳为三类，分别是探索性研究（Exploration Research）、描述性研究（Descriptive Research）以及解释性研究（Explanatory Research）。

探索性研究的目的在于对所研究的问题或者现象进行初步了解和认识，为之后的研究提供基础。一般来说，开展探索性研究一般由于所研究的现象或者问题比较新鲜、前人研究成果较少或者是研究者本人对所要研究的现象或问题了解甚少，需要通过探索性研究对其有一个初步的认识。

---

① 本部分由中国人民大学社会与人口学院金嘉云老师编写。

描述性研究旨在对研究对象有一个总体状况和分布特征上的描述和认识，具有系统性、结构性和全面性的特征。它与探索性研究的区别在于，探索性研究一般而言样本规模相对较小，并且目的在于对研究对象进行初步认识，而描述性研究所需的样本规模更大，是在探索性研究的基础上对研究现象和问题进行更为全面和系统的反映。例如，对城市流动人口的总体规模、结构、受教育程度等信息进行全面描述。

解释性研究是为了寻求现象背后的原因，揭示差异性现象背后的形成规律。这种差异既可以从理论出发，分析已有理论与实际现象之间的差异并探究背后的原因，也可以从现象出发，通过分析现象内部间的差异并试图用理论予以解释。例如，研究城市流动人口的融入程度的差异情况，为何有的流动人口融入得更好而另一些融入得差？分析影响这种融入程度差异背后的因素就是解释性研究。

2. 设计研究计划和方案

确定研究目的之后，需要根据研究的问题从理论和实际两个方面做准备。理论准备需要查阅相关文献，包括相关著作、论文以及统计资料和档案资料。根据研究目的查阅和分析相关文献，了解在这个问题上已有的研究进展，阅读时需要带着审视和评论的眼光而非盲目接受已有文献的观点，我们才可能从中产生新的思考和提出自己的问题，这有助于启发我们发展出新的、有价值的研究。通过从较为宽泛的阅读文献到阅读更为专门的文献，我们的研究问题也得到了进一步明确。在针对社会现象的经验研究中，除了理论准备之外，还需要对所研究对象的实际情况进行初步了解。

在对文献和实际情况有充分了解的基础上，可以开始撰写研究计划书。研究计划书是以书面的形式呈现自己的研究计划，包括使用何种研究途径、方法来解答什么样的研究问题，并据此制定详细的工作步骤和研究方案。完整的研究计划书包括以下内容：

（1）陈述研究背景及意义：这一部分应当阐明研究的背景和具体的研究问题，对研究问题相关的文献进行回顾，并根据已有文献论证自己研究的空间。除此之外，还需要说明研究的具体内容以及研究的意义，即为什么要进行这项研究，它在理论上和实际中有什么重要价值。

（2）设计具体的研究框架：这一部分应当对研究中涉及的基本概念进行界定，并且确定研究展开的理论框架，根据理论框架推演出自己所要验证的研究假设。当然，并非所有研究都需要研究假设，解释性研究的目的在于回答“为什么”，因此其研究计划书中需要对理论假设进行陈述和说明，探索性研究、描述性研究则不需要。

（3）陈述具体的研究设计：研究设计应该说明具体的调查对象、具体的调查地点的选择及其原因，并根据研究问题和研究方法的不同设计相应的调查问卷或访谈提纲（定量研究一般使用问卷调查较多，定性研究则较多使用访谈提纲）。除此之外，还应当对研究资料的收集方法、资料分析方法进行说明和论证。研究团队的组成以及成员的分工也应当涉及。

（4）制订详细的工作计划：包括不同阶段具体的工作内容，各阶段工作内容的执行时间的把控、经费预算、设备采购以及人员分工等。当进行大规模的城市社会调查时，工作计划还应当涉及前期的调查员培训。如果需要进行城市入户调查，还应当提前做好和基层政府或者相关单位进行联系等准备工作，获得基层政府或相关单位的支持、取得正当的入户调查的合法性与配合，这些都有助于调查的顺利进行。

3. 收集与分析研究资料

资料收集是通过访谈提纲、调查问卷等方式向调查对象获取研究问题相关的信息，也可以通过查阅现有的文献资料检索相关信息。资料收集方法有不同的形式，每种方法都有其优点和不足，适应的研究条件和场合也各不相同。收集到的资料类型包括数据、文本等形式。随着数据分析技术的发展，图片也逐渐成为社会科学的分析资料。

对于收集来的原始资料，在进行分析之前需要进行资料的整理和清洗。对于文字资料，需要检查资料的完整性并辨别资料的可靠程度，将文字资料中的重要信息提取和归纳；对于数字资料，需要检查数据单位的统一、完整性，检查答案之间是否存在逻辑错误，并根据已有的问卷选项对数据进行编码处理。

在数据分析过程中，根据研究目的不同，采用的分析方法也不同。探索性研究一般使用定性的分析方法，描述性研究较常使用描述统计和推论统计的分析方法，解释性研究则适用于变量之间的相关和回归分析等统计方法。一些统计分析软件可以帮助我们更好地处理数据，社会学常用的统计软件如 SPSS、Stata，可以解决大部分的数据统计分析需求。随着计算社会科学方法的发展和推广，R、Python 等也逐渐为社会学等社会科学领域的研究者所运用，每一种数据分析软件都有其独特长处，如 R 在画图方面有出色表现，也可以用来分析词汇、文本等。定性研究的分析也开始越来越多地使用软件，如 NVivo 就具有强大的编码及分析功能。

4. 撰写研究报告

研究报告是以书面形式对自己的研究发现进行描述、归纳和总结，标志着研究过程的结束。根据研究报告的读者群体的差异，研究报告可分为学术性研究报告和应用型研究报告，前者一般专业性比较强，从研究设计、研究方法到结果的论证都需要详细的说明和逻辑关联；应用型研究报告侧重对研究结果的描述和分析，并且根据研究结果提出相应的对策和政策建议。

思考题

1. 社会学大体经历了哪几个发展阶段？
2. 社会学的学科特色有哪些？
3. 相对于农村，城市有哪些特征？
4. 我国城市社会学有哪些发展趋势？

第二章　城市社会学的理论视角[①]

社会学从不同维度切入城市社会和城市问题研究，形成了非常丰富的理论成果。城市社会学的理论视角有助于我们更好地理解和解释城市社会现象，我们可以在马克思主义科学理论的指导下，抓住城市发展和治理中的主要矛盾及矛盾的主要方面，批判地学习、运用、发展它们。

第一节　马克思主义与城市社会学

马克思、恩格斯对资本主义城市社会的论述与研究对城市社会学的长远发展影响巨大。这主要体现在两个方面：一是关于社会存在决定社会意识、生产力决定生产关系、经济基础决定上层建筑等历史唯物主义的基本原理，关于人类社会形态划分及一般发展规律的观点，为城市社会学提供了科学的立场、观点和方法论指导。二是对资本主义社会展开的研究涉及城市的产生和发展、城乡关系、城市社会阶级结构和城市社会空间结构、城市社会问题等城市社会学领域的重要问题，为城市社会学的发展提供了基准和启发。本章后面论述的新城市社会的很多观点都受到马克思主义的重要影响。

一、城市是生产力发展的结果

在马克思、恩格斯看来，城市是一定历史阶段的产物，是人类文明的标准，是生产力发展和劳动分工的结果。从古代到资本主义社会，城乡关系在不断发展和变化，城市的性质也不同。古代社会虽然存在城市，但以土地财产和农业为基础，有城而无市。真正意义上的城市产生于人类进入奴隶社会后。城市和乡村的分离是“第一次社会大分工”，是商业、手工业和农业分工的结果。中世纪的商人阶级以及他们建立起来的城镇对于促进不同城市的劳动分工、工场手工业发展和资本主义生产制度产生了重要作用。到了资本主义社会，“资产阶级使农村屈服于城市的统治。它创立了巨大的城市，使城市人口比农村人口大大增加起来，因而使很大一部分居民脱离了农村生活的愚昧状态。正像它使农村从属于城市一样，它使未开化和半开化的国家从属于文明国家”[②]。

---

① 本章内容主要来自国内外社会学本科专业教材，如教育部马克思主义理论研究和建设工程教材《城市社会学》、夏建中《城市社会学》、向德平《城市社会学》、蔡禾《城市社会学讲义》、蔡禾《城市社会学：理论与视野》、顾朝林《城市社会学》、马克·戈特迪纳和雷·哈奇森《新城市社会学》、刘珊等《城市社会学》等。

② 马克思，恩格斯．共产党宣言．北京：人民出版社，2018：32.

二、城乡分离与城乡对立

马克思、恩格斯对城市的讨论始终置于城乡关系的历史脉络中。他们认为，在私有制条件下，城乡分离是与城乡对立相伴随的，城乡分离促进了劳动分工的发展和社会的进步，也造成了城乡对立和城乡差别。这是因为，“城市和乡村的分离，立即使农村居民陷于数千年的愚昧状况，使城市居民受到各自的专门手艺的奴役。它破坏了农村居民的精神发展的基础和城市居民的肉体发展的基础。”① 马克思、恩格斯进一步指出，资本主义生产使资本和劳动力越来越集中在城市，“一方面聚集着社会的历史动力，另一方面又破坏着人和土地之间的物质变换”②。资本主义制度下的城乡对立已成为社会发展的严重羁绊，而这是资本主义制度无法克服的，原因是城乡之间的对立只有在私有制的范围内才能存在。要消灭城乡对立就要消灭私有制，消灭旧的社会分工。

三、城市促进了阶级集中与阶级不平等

马克思、恩格斯坚持从生产力发展、劳动分工等方面来认识城市社会结构。他们认为，在古代社会，城市里的社会分工相对简单，等级秩序也没有乡村分明。而产业革命让工业化和城市化交织并起，越来越多的人口从农业生活中分离出来，被吸纳进入居于城市的现代化工厂而成为产业工人。这些失去土地进入城市的农民成为彻底的无产者，靠出卖劳动力维持生活。同时在资本主义大工业的挤压下，越来越多的小商人、小业主、小企业主破产，进入无产阶级队伍中。城市社会日益分裂为无产阶级和资产阶级两大阶级。相对于早期城市，资本主义城市社会的阶级结构更为简单，但是阶级分化日益加深。工人阶级与资产阶级之间的不平等不断扩大，阶级矛盾更加尖锐，由此引发的城市社会问题也日益严重。

四、城市社会问题及根本出路

恩格斯通过大量的社会调查揭示了资本主义的城市社会问题并提出了解决问题的根本出路。在《乌培河谷来信》《英国工人阶级状况》《论住宅问题》《社会主义从空想到科学的发展》等著作中，恩格斯对劳动境遇、生活贫困、住宅短缺、空气污染、公共卫生、犯罪等一系列呈现在资本主义城市中的社会问题作了极为翔实的描述，为我们展现了那个时代城市工人阶级的悲惨境遇。恩格斯认为，尽管“大城市人口集中这件事本身就已经引起了不良后果”③，但是导致资本主义城市社会问题的根本原因在于资本主义生产方式与社会制度的不合理，只有推翻资本主义制度，城市问题才能从根本上得到解决。正如恩格斯在讨论解决城市住宅问题时指出：“当资本主义生产方式还存在的时候，企图单独解决住宅问题或其他任何同工人命运有关的社会问题都是愚蠢的。解决办法在于消灭资本主义生产

---

① 马克思，恩格斯．马克思恩格斯选集：第3卷．3版．北京：人民出版社，2012：679.

② 马克思，恩格斯．马克思恩格斯全集：第42卷．2版．北京：人民出版社，2016：518.

③ 马克思，恩格斯．马克思恩格斯文集：第1卷．北京：人民出版社，2009：409.

方式，由工人阶级自己占有全部生活资料和劳动资料。”① 城市造成了工人阶级的集中，有利于工人阶级的团结和联合，有利于他们意识到自己的受压迫地位，为工人运动提供了条件，从自在的阶级转变为自为的阶级。

五、城市空间结构的考察

马克思主义对城市社会学的理论贡献还体现在恩格斯“对资本主义社会结构与城市空间结构，以及这种社会地理和劳动阶级之间关系的阐述”上。在恩格斯的笔下，曼彻斯特城市中心有一个巨大的商业区，围绕着这个中心的是一个平均宽度一英里半的带状工人住宅区，这里人口高度密集，街道乱七八糟，卫生条件恶劣，房子摇摇欲坠，工人阶级苦苦求生。在工人住宅区之外，靠得较近的是有着整齐街道的中产阶级居住区。再远一些、地势再高一些的是上层阶级的别墅，他们生活在花园环绕、华丽舒适的住宅里，享受着对健康有益的乡村空气，而且有便利的公共马车将他们与城市中心连接起来。正如艾拉·卡茨纳尔逊所指出的：“在对曼彻斯特这种社会形态学的陈述中，恩格斯开辟了对城市空间结构的分析，其中包括城市的分区与辐射轴；住宅的地理和状况；公共交通和上班线路；郊区与中心商业区的开发，工作场所与住宅之间的关系；阶级内部与阶级之间社会互动的空间布局。”

马克思、恩格斯对于资本主义城市的研究和批判可以为我们更好地研究和发展社会主义城市提供指导。在中国共产党领导下，坚持以人民为中心的发展，城市发展和治理有了比西方资本主义国家更好的社会制度基础，但同样还会面临各种实际问题，包括科技创新和生产力持续发展以推动城市稳定、可持续发展问题，城乡分离与协调发展问题、城市内部的阶层与社会不平等问题、城市空间结构优化与城市社会问题等。我们要坚持马克思主义的立场和科学方法论，批判地吸收其他城市社会学的理论和思想，更好地为最广大人民的利益服务，为社会主义城市的发展和治理服务。

第二节　古典社会学中的城市思想

古典社会学阶段是指19世纪中叶到20世纪初，代表人物包括著名的古典社会学家滕尼斯、涂尔干、齐美尔、韦伯等。在这一阶段，作为专门研究方向的城市社会学还没有正式形成，但城市化是工业革命引发的宏观社会变迁的最重要表现之一，城市化及其所引发的各种社会问题成为古典社会学家普遍关注的焦点，他们关于社会学一般理论的建构中包括诸多与城市社会相关的论述，这为后来城市社会学的发展提供了丰富的思想资源。

一、滕尼斯的共同体与社会思想

斐迪南·滕尼斯（Ferdinand Tönnies）是德国社会学家，其一生历经了德国和其他欧洲国家工业革命带来的城市化急剧变迁。1887年他出版了 *Gemeinschaft und Gesellchaft* 一书，译为《共同体与社会》、《礼俗社会与法理社会》或《社区与社会》。他将社会类型

① 马克思，恩格斯．马克思恩格斯选集：第3卷．3版．北京：人民出版社，2012：197.

划分为共同体和社会两种类型，其差别在于把人们结合为一个整体的社会关系类型不同。共同体可以在亲属关系、邻里关系和友谊关系的基础上形成，对应划分为血缘共同体、地缘共同体和情感共同体三种类型。社区强调人与人之间所形成的亲密关系和共同的精神意识，以及对社区的归属感、认同感。而社会是基于现代契约和法律规范所形成的。乡村属于共同体类型，城市则属于社会类型。

滕尼斯认为，在以农村为代表的共同体中，经济与分工不发达，价值观比较一致，流动性很低；人与人之间的关系建立在情感、传统和共同纽带的基础上，人与人之间亲密性高、情感联系紧密、道德约束感强，彼此之间的认同和"我们"意识较强烈。以城市为代表的社会则建立在工具理性、个人主义和情感祛魅的基础上，家庭、邻居等自然纽带作用松弛，传统习俗和情感的作用变得软弱无力，人们唯我独尊、自私自利、关心自己胜过关心他人。在大城市，法团组织代替传统组织成为社会的组织基础，契约和法律是把人们约束在一起的主要规范，维护着社会的秩序。

滕尼斯认为，伴随着城市化发展，社会会无可避免地取代共同体成为主导类型，对共同体的偏好和怀念，视其为富有生机的整体，对社会则持批评态度，认为其只是机械的聚合和人工制品。对于共同体的这种偏好和强调在后来发展出所谓的"社区主义"，它不满足于将社区作为研究和透视社会现象的材料和方法，而是将社区本身的维持、发展和建设作为追求的目标。今天中国语境下的社区，不仅有相对于社会的社区，还有相对于社团的社区，相对于单位的社区，相对于村庄的社区，相对于政府的社区，相对于不动产小区的社区①。

二、涂尔干的机械团结与有机团结

埃米尔·涂尔干（Émile Durkheim）是法国社会学家，与滕尼斯同时代，他目睹了欧洲19世纪下半叶，封闭传统的农业社会在工业化和城市化的浪潮中迅速瓦解，整个社会处于一种过渡时期的大动荡之中。为了考察这种变化的社会根源及对社会结构的影响，涂尔干在其著作《社会分工论》中提出了"机械团结"与"有机团结"这对概念。

在涂尔干看来，社会类型可以分为机械团结型社会（以乡村社会为代表）和有机团结型社会（以现代城市社会为代表），并认为人类社会存在从机械团结型社会向有机团结型社会变化的趋势，而分工是导致这一变化的动因。在机械团结型社会里，劳动分工不发达，人们从事的是大致相同的工作，有着共同的生活方式、价值信仰、风俗习惯，强烈的集体意识将人们团结在一起，法律凸显的是对违反集体意识的惩罚。而在有机团结型社会里，人与人之间的劳动分工复杂化，彼此从事不同类型的职业与工作，人们需要依靠别人来使自己的需要得到满足，形成有机联系，集体意识的强度和控制范围缩小，法律和惩罚强调的是对是非的认识及对客观秩序的恢复。

涂尔干认为，复杂的劳动分工体系给现代城市社会带来了两个方面的社会后果。第一，劳动分工削弱了集体意识，使现代城市社会产生了许多问题。集体意识是建立在社会成员同质性基础上的，而劳动分工降低了人们在生活经历、生活方式和价值观念、道德规

① 陈鹏．"社区"概念的本土化历程．城市观察，2013（6）．

范等方面的同质性，使得人们相对独立，个体在生活中有了更多的选择，因而职业的专门化削弱了集体意识。城市发展由于集体意识的削弱而产生了许多问题，如人际关系疏远、异质化、尔虞我诈式的竞争，极端的个人主义使人们缺乏对社区的信任感等。第二，城市社会功能性整合和互相依靠。劳动分工造成了社会各个组成部分之间的相互依赖，以及在此基础上形成的职业道德有利于社会整合。涂尔干将分工看作现代社会中的社会组织化过程，而非纯粹的资本竞争的结果。多样性的职业伦理与均一性的公民道德共同构成了每个历史时代的公共的规范生活。

三、齐美尔对城市社会关系与精神生活的分析

格奥尔格·齐美尔（Georg Simmel）是德国社会学家，与滕尼斯、涂尔干同时代，是最早认识到城市生活具有自身特点和研究价值的学者之一，可称为第一个学科史意义上的城市社会理论家。他对城市社会学突出的贡献体现在他对大城市与人的精神和心理特征之间关系的讨论上。

第一，齐美尔关于社会形式的分析有助于我们理解一般社会关系。他认为要区分人类行为的内容和形式，前者要从心理学角度分析，而后者则属于社会学现象。他专门对两人群体与三人群体在社会互动方面的差异进行了研究。在他看来，三个人之间的交往关系形式要远比两个人之间的关系复杂，正是从“3”开始，群体直接性交往关系的原生态被打破，参与者之间可以形成不同的互动形式，群体第一次对个体占有优势，并导致非直接的、超个人的社会制约因素和新社会关系形式的产生。社会形式既是个人行为的表现手段，也是约束个人的来源。个人存在于社会中，社会也存在于个人中。群体的统一性不再由成员的直接交往关系来维持，而必须以正式的控制工具，诸如各种法律机构来代替。如果说基于情感的传统习俗是维系小群体社会的黏合剂，那么基于理性的法律制度则是维系大群体社会的纽带。而在精神与情感生活上，群体的规模越大，社会交往关系的情感成分和个性化程度就越低。

齐美尔在1903年出版的《大城市与精神生活》论文集中认为，人口聚居规模、社会分工和货币经济及理性对现代都市人的精神生活影响巨大，由此产生了四种相互关联的特征：(1) 理性化。城市居民用他们的头脑代替了心。(2) 精于计算。居民彼此间的往来往往以权衡利弊得失为先。(3) 厌倦。对与自己无涉的事情漠不关心。(4) 彼此间缺乏真情实感。居民退却到自己的保护屏后，很少流露真实的情感。城市社会生活的特点就是把许多陌生人赶在一起聚居相处，但个体却是“孤独地走在人群中”。人群规模的扩大虽然增加了对个人的社会性制约，但也给个人创造了与不同社会圈子交往的机会与自由，同时也对个性的形成和发展有积极意义。人口聚居规模还带来的一个后果是，生活在其中的人们经受着高度的神经刺激，城市人采取了两种方式（“分割”和“对象化”）来应付潜在的不可预料的刺激，也在这种应对高度社会心理刺激的环境过程中形成了一种对其他一切漠然视之的态度以及“非个人化”。

第二，齐美尔分析了现代社会分工对城市社会关系及精神生活的影响。首先，极度的社会分工打碎和分割了社会生活的同一性，导致社会交往关系的暂时性、非个人化和表面化。在城市中的职业角色是非个人的、标准的和无感情作用的。其次，社会劳动分工在分

割个人化交往的同时，推动个性意识的觉醒。相对瞬息万变的社会环境和形势，唯一不变的是个人的独特性，人的自我意识和个性知觉被凸显，个人主义膨胀。最后，劳动分工的发展促使个人与其所创造的文化世界分离异化，异化是现代性不可避免的后果。

第三，齐美尔从货币经济与理性的角度解释和分析了城市社会关系及精神生活。齐美尔认为，货币经济是一种金钱理性，是大都市理性及理智活动的来源和表现，在城市生活中操纵着一切。在对人对事的态度上，货币与理性都显得务实，而这种务实态度在事实上呈现为一种形式上的冷酷与公正。货币或金钱作为联系城市人的媒介，在人际交往中以一种异常频繁和冷漠的方式出现。金钱交换就像一架冷酷的“校平器”，以其苍白、冷漠的特征成为一切价值的共同标准，它不可避免地挖空了事物的核心、特殊价值和不可比性。因此，在理性的人际关系中，人被视作一个数字，只有客观上可以定量的成就才能兑换成利益和价值。在这种情形下，城市人形成了一种理性、斤斤计较、复杂和老于世故的人格特征。

齐美尔开创了都市文化、心理和都市人格的研究，具备了同代人无法匹敌的捕捉现代性基本体验的能力，对美国芝加哥学派的城市研究影响巨大。在沃思用来概括都市生活方式的“城市性”的概念中，可以发现齐美尔都市现代性分析的脉络与影响。

四、韦伯的城市共同体与东西方城市比较研究

马克斯·韦伯（Max Weber）是德国社会学家，他借助理想型方法从历史社会学的角度研究了西方古代与中世纪城市的形成，主要观点体现在其作品《非正当性的支配——城市类型学》中。

韦伯主要从社会、经济、政治三个方面来定义城市。从社会角度看，韦伯认为城市是一个巨大的、居住密集的聚落，主要从事非农业活动，各家各户紧密相接，但彼此之间熟悉度不高。从经济角度看，韦伯认为城市最重要的因素是市场的存在，市场是城市的经济中心，每一个城市都是市场的聚落，在这个聚落里，居民利用交易取得商品，满足日常生活的物质需要。从政治角度看，城市应该有“自己的法庭以及——至少部分的——自己的法律”和“至少得有部分的自律性和自主性”。在此基础上，市民以行会等地方性团体形式组织起来，以某种形式参与市政，一个代表市民的共同体得以形成。在韦伯看来，市民对城市政治事务的参与、相对独立的自律和自治共同体的形成是西方城市得以形成和发展的关键。

韦伯对城市的分类对城市社会学的发展有很好的借鉴意义。他根据城市居民收入的主要来源将城市分为四种类型：消费城市、生产城市、商业城市和农耕城市。在消费城市中，“各种大型消费者的存在，对当地工业生产者及商人的营利机会具有举足轻重的地位”，消费城市具体包括君侯城市、官僚城市、地主和掌权者的城市等。生产城市的特点在于“人口和购买力的增长取决于建于当地的工厂或家庭手工业”。商业城市主要是指“商业中介城市”。农耕城市以市场为中心，除存在典型的市区工业外，市民还生产粮食供自己消费，有时也满足市场所需。

韦伯从城市共同体的角度对东西方城市的比较具有很好的启发。他指出，东西方城市虽然都有市场或防御功能，但在城市共同体所应具备的其他特征方面存在着明显差异：

(1) 东方城市并没有像西方城市那样有一套特殊的、适用于市民的实体法或诉讼法，不受外来干预的自己的法院机关。(2) 东方城市基本上没有自主性的行政，在行政上从属于中央集权制度，而西方城市的权力是分散的、“自治”的。(3) 东方城市的社会组织是以亲属、氏族等为基础，而西方城市的社会组织则以个人为基础。(4) 东方城市的居民并没有西方古代与中世纪的城市的市民权，东方城市也没有西方城市那样的法人属性。(5) 东方城市居民对行政事务的自治权力及参与程度，远不及西方城市。(6) 尽管亚洲的行会及其他职业团体也有一定自治权限，职业团体、氏族或商人与工匠可能会使用捣乱、罢工、罢市等手段反抗官吏压迫，但通常是驱逐个别官员、抵触具体法令或政策，而不是争取独立的自治权，因此东方城市不存在类似西方城市可以代表市民的共同体，如市参政会。在他看来，只有中世纪那种具有防卫力量、自我管理、自给自足的城市才应得到完全城市共同体的称号。

第三节 芝加哥学派与人类生态学

芝加哥是美国 19 世纪发展最快的城市，1830 年只有 3 000 人，1871 年人口达 30 万，1890 年人口超过百万，人口快速膨胀产生了大量社会问题。1915—1940 年，芝加哥大学社会学系开展了一系列围绕城市生活和城市社会问题的研究，研究对象包括非法团体、流浪汉、职业舞女、妓女、吸毒者、青少年罪犯以及犹太移民等。首先，这些研究与此前带有大量道德批判的社会调查或新闻调查相区别，具有鲜明的科学性特征和经验研究特征；其次，这些研究主要参照借鉴了生态学理论及人类学家的质性研究方法。这一学术共同体有着一批具有影响的学者和标志性的学术作品，共享类似的理论视角和方法体系，被称为城市社会学的芝加哥学派，其发展的人类生态学理论是美国第一个社会学理论，也是城市社会学的第一个研究范式，指引城市社会学发展长达半个世纪之久。人类生态学理论按发展历程划分为：古典人类生态学理论、新正统生态学理论、文化生态学理论。

一、古典人类生态学理论

古典人类生态学理论以帕克、麦肯齐、伯吉斯等为主要代表。在他们看来，城市并不是随意发展起来的，城市生活的发展变迁过程同生物为生存而适应或改变环境的生态过程类似。

（一）帕克的人类生态学理论

罗伯特·E. 帕克（Robert Ezra Park）是芝加哥学派的核心和领袖人物，正是他的工作，使得芝加哥大学的社会学研究和实践获得了“芝加哥学派”的美称。1921 年他和伯吉斯提出了“人类生态学（Human Ecology）”概念。他们认为达尔文阐述的自然界生存竞争法则和共生关系在人类社会同样存在。一方面，人类社会的个人和组织为了有限的环境资源处于激烈竞争中；另一方面，人们会在相同的情感、价值观、文化符号和道德秩序基础上形成合作性纽带。可以说，人类生态学是对个人、群体及社会环境之间关系的研究，它借鉴生态学的法则来解释城市人口（包括机构）的空间分布及其变化。

在这一理论主张下，城市分析包含三个向度：生物的、空间的和文化的。首先，城市分析是一个生物过程。与齐美尔将货币经济视为都市过程的主要动力的观点不同，帕克将城市看作一个由不同人口组合而成的有机体，城市过程如同生物为生存而适应或改变环境的生态过程。生态过程的核心是对有限资源的“竞争”，竞争导致各种支配形式，并促成高度复杂的劳动分工，从而形成各种特定的组织形式。其次，城市分析是一个空间改变和重组过程。城市一方面从中心往外扩张，显示了城市的机体扩展。另一方面，在扩张的过程中，城市又产生了分化，形成了不同的自然区域。自然区域不仅是静态的区域，也是重要的生态过程，这一生态过程包括人口的集中与扩散，功能的中心化与去中心化，分异、侵入和接替等。人类生态学因此可以看作空间生态学。最后，城市分析也是一个文化的过程。虽然帕克在分析城市及城市人类时处处类比生物学，但他坚持人与其他生物有重要的区别：第一，人并非单纯依赖自然环境，还通过与其他人群的交换而改善自己的生存条件；第二，人并非如同其他生物那样只是依靠本能，人能发明工艺与技术，人有能力创造自己的世界；第三，人在自己生物性社群基础上建立了扎根于习惯和信念的制度性结构。

帕克将城市的社会生态过程概括为竞争、冲突、适应、同化四个阶段。其中，竞争是最重要、最基本的普遍形式，也是其他过程的起始点，城市社会生态过程的核心是对城市有限资源的“竞争”。有竞争就会有冲突发生，冲突发生时，规则或规范会发展出控制竞争的情境，并产生政治秩序。适应是指固定和分配社会成员中的地位，以此限制竞争和冲突，是社会有效控制冲突的现象。至于同化，则是指个体在相当固定的基础上共同分享价值、利益与冲突。帕克将其城市社会发展变迁的生态过程分析框架适用于城市种族关系，认为种族间竞争生存资源与空间是种族关系的重要一环，接触、竞争、冲突、适应与同化是种族关系发展过程的基本模式。经过这种生态过程，城市人口会形成一个个“自然区”（即某一类人在某一地域聚居），例如贫民区和落泊者聚居区。

（二）伯吉斯的城市扩张与同心圆理论

作为芝加哥学派的重要学者，厄内斯特·W. 伯吉斯（Ernest W. Burgess）的主要贡献是对社会发展与现代城市的空间扩张做了开创性分析，他关于城市发展最著名的理论是城市空间同心圆模型。

城市空间同心圆模型既是芝加哥城市形态的一张地图，也是有关城市扩展动态过程的理论图示。伯吉斯认为，城市的持续发展源于人口压力，它引发了中心集聚化和贸易分散化的双重过程，即空间资源的竞争将新的活动吸引到城市中心，但同时也将其他活动驱赶到边缘地带。城市发展依据竞争进行分配，竞争的结果导致空间与功能的区分，城市最终成为以高度集中的中央商业区为中心，并为其他四个功能不同的同心环带所环绕的同心圆结构。具体而言，他将城市划分为五个同心圆区域：第一环是中心商业区，也是城市的中心。第二环是过渡区，是中心商业区的外围区域，贫民窟、城市中最破旧的房屋等都集中在这个区域，城市中的穷苦阶层大都居住于此，因为他们没有选择居住地域的实力。这个区域在城市发展早期就开始逐步形成，在中心商业区扩张过程中，中产居民外迁而形成。第三环是工人住宅区，居民基本上是从第二环迁出的原住户，体现了工人阶级的上升性流动。第四环是较高级的住宅区，包括公寓旅馆、高级公寓等，独栋住宅占据了大片的区域，显示出这些住宅的主人有实力享有这种生活方式。第五环是通勤区。那些居住于城市边缘地带或者郊区的居民，为了满足自己对郊区生活方式和住宅所有权的渴望，愿意忍受上下班距离上的不方便，每天往返于市中心与郊区之间。

伯吉斯认为，城市人口的社会构成特征与生活方式也是按照空间来划分的，诸如家庭解体、越轨、犯罪等现象在少数族裔集中的区域更为显著。他主要从三个过程刻画城市发展与社会分化的关系：为竞争稀缺资源而展开的生态过程、伴随生态过程而导致的城市空间的改变与扩张，以及空间分异形成不同社群及其生活方式。伯吉斯对城市空间分化的机制解释是相对比较简单的，影响城市区域变化的主要因素是经济竞争（价格），还有以前的土地利用情况、城市规划的政治干预、主要的运输方式等。批评者则认为，伯吉斯的理论是一种理想描述性理论，不具有实证性，同时忽视了种族和民族的文化传统、对历史遗址的感情等文化因素的影响。

（三）麦肯齐的城市生态过程研究

麦肯齐是帕克和伯吉斯的学生，他始终致力于将人类生态学的理论应用于城市区域的研究。他认为城市发展是交通工具和沟通技术进步导致新的社会组织形式的结果，大都市里不同民族、不同文化、不同经济收入的人往往居住在不同地区。他对人类生态学的最大贡献是在帕克的基础上指出了该理论在城市空间变化中发挥作用的具体过程，他将其概括为四种生态过程，集聚与扩散、中心化与去中心化、隔离、侵入与接替。

1. 集聚与扩散（Concentration and Dispersion）

集聚是在既定区城内居住的同类人口和机构的数量增长的趋势，集聚程度通过密度来测量。扩散与集聚相反，是既定区域内同类人口和机构的数量下降的趋势。

2. 中心化与去中心化（Centralization and Decentralization）

人口和机构聚集到城市中枢地带或中心位置的趋势叫作中心化，去中心化则与中心化相反。中心化和去中心化是集聚和扩散的特例，是相对于中心位置而言的。

3. 隔离（Segregation）

城市中不断发生对匮乏资源和有利空间位置的竞争，竞争的结果是相似的人群或机构聚集到一个特定的区域，人口和机构分别进入与自己同质的社区，这些社区彼此分离，就叫作隔离。一般来讲，种族、民族、社会阶层、职业等都可以成为隔离的手段或识别标准。

4. 侵入与接替（Invasion and Succession）

侵入与接替这两个生态过程是紧密联系的，它们不同于集聚与扩散、中心化与去中心化两两对立的关系。在相互隔离的城市社区中，当一个群体开始进入另一个群体占统治地位的社区时，这就叫作侵入；一般来讲，后者会产生抵抗，但是当前者完全取代了后者，成为该社区新的统治群体时，就构成了接替。从某种意义上讲，城市的发展可以被理解为无数这类侵入—抵抗—接替的生态过程。

麦肯齐还指出，侵入现象分为土地利用形式的变化和土地占有者的更迭两类。前者指土地利用从一种目的变为另一种目的，如居住区变成商业区，或者相反。后者则包括各种变化，如社会阶层、种族构成等。侵入和接替往往会引起原有区域内经济特征的变化。

（四）霍伊特的扇形说和哈里斯与厄尔曼的多核心说

扇形理论是霍伊特（Homey Hoyt）于 1939 年在《美国城市居民社区的结构和成长》中提出的。基于他对美国 64 个中小城市及纽约、芝加哥、底特律、华盛顿、费城等城市和住宅区的趋势分析的结论。霍伊特不认为同心圆是城市生态的唯一结构模式，城市由于自身的复杂性，其结构也并不像同心圆那么简单。霍伊特认为，城市内部的结构主要由交通线路所决定，工厂和商业对交通运输线路的敏感性比较强，多沿铁路、水路等主要交通干线扩张；低收入住宅区环绕工商业用地分布，而中高收入住宅区则沿着城市交通主干道或河岸、湖滨、公园、高地向外发展，独立成区，不与低收入的贫民区混杂。因此，城市不同土地的使用区，例如工业区、商业区和住宅区等，都是沿交通线由中心向外放射出去，从中心到边缘形成一个扇形结构。

多核心理论最先是由麦肯齐于 1933 年提出的，然后被哈里斯（C. D. Harris）和厄尔曼（E. L. Ullmn）于 1954 年加以发展。哈里斯和厄尔曼的“多核心论”认为，城市核心的数目多少及功能，因城市规模大小而不同。中心商业区是最主要的核心，另外还有工业中心、批发中心、外围地区的零售中心、大学聚集中心以及近邻的社区中心等。该理论与伯吉斯同心圆模式、霍伊特扇形说的不同之处是，把城市中职能机构和居住的区位设置与环境资源联系在一起，强调某种设施的形成与该地方是否存在维持其存在的条件相联系。例如，中心商业区需要便利的交通，工厂一定与水源相联系。在该理论看来，城市生态中满足某种需求的机构会聚集在一起，从而形成不同的核心或中心。机构间的生态联系与功能上的相互依赖有关，只有相互协调的机构才会形成相互联系的空间生态关系，而不相协调的机构则会在空间上分离。

虽然扇形模式和多核心模式是针对同心圆模式的批评而创立的，但是，这三种模式的共同前提都是要有一个中心，它控制着其他区域。随着城市的发展，人们开始更多强调区域都市圈中相对独立的多个城市中心的作用，而非单个城市中心商务区的作用。

（五）沃思的“城市性”理论

路易斯·沃思（Louis Wirth）是芝加哥大学社会学系教授、帕克的学生。他认真分析总结了以前城市社会学家的理论和观点，结合自己积累的大量描述城市现象的材料，建构了系统的城市社会学理论。1938 年，他发表了题为《作为生活方式的城市性》（*Urbanism as A Way of Life*）的著名论文，全面阐发了他的城市社会学思想。

沃思认为城市是“由不同的异质性个体组成的一个相对较大的、相对稠密的、相对长久的居住地”，城市社会学的中心问题是揭示城市社会行为和社会组织形式。城市特有的生活方式叫作城市性。沃思认为，“城市性”是从人口规模、人口密度和人口异质性三个因素及其交互作用发展出来的。第一个因素是人口规模。城市人口数量越大，个人化和多样化的机会就越多。随着城市人口增加，原先的初级关系被竞争的、理性的关系所取代，人口数量增加导致社会角色分化，专业化程度提高，社会互动呈现匿名性的特点。第二个因素是人口密度。一方面，人口密度增加加剧了竞争，增加了人们彼此间的压力，使得人与人之间的态度变得漠然与厌倦；另一方面，人口密度增加可提高人们对异质人群的宽容度。密度增加迫使人们逃往密度小的地方，从而推动城市扩张。第三个因素是人口异质性。异质性摧毁了阶级和种族的界限，异质性越高，群体间的宽容度越大；同时，异质性高导致社会分化加剧，公共生活的匿名性和非个人化程度提高。

沃思具体描述了城市的基本特征：第一，人口密度大以及人口在文化和职业方面的差异性导致城市生活中需要正规的控制结构，必须有强化的法律系统和管理系统。第二，千差万别的人口，是专业化生产的前提，而专业化总是以“特殊利益”为基础形成人类关系的，沃思称这种关系为“社会裂化”，“裂化”的结果是人与人之间的纽带实际上是一种相互利用的关系。城市人是以高度分化的角色进行交往的，人们为了满足生活需要，必须与他人建立联系，这种联系属于次属联系。第三，城市在经济力（如级差地价）和社会过程（如种族、道德差异）两方面力量的作用下导致地域分化，形成具有不同特征的邻里和街区，沃思把这种将城市划分为许多区域的过程称为“生态专业化”。第四，城市人口的高密度、高流动性和异质性，对社会心理有很大影响。它一方面要求居民对不同的个体差异具有更强的容忍度；另一方面又导致更多的竞争、剥削和混乱，它使人与人之间的传统感情丧失约束力，使人丧失了人情味。家族、宗法、门第等传统的稳定性因素已经不起作用，人与人之间的关系为金钱关系所取代。城市人口多、规模大还会导致反社会行为增加。

作为生活方式的城市性是由城市的基本特征所决定的，它包含了一系列社会和文化上的特质：第一，存在复杂的社会分工，有各种各样的职业，形成不同的阶级、阶层。第二，有较高的地域和社会流动性。第三，人与人之间存在明显的功能依靠。第四，人与人的交往具有匿名性，是角色之间的互动。第五，社会文化上的差异导致城市正式控制机构（如法律系统）的发达。沃思认为，密度和异质性增加了社会的复杂性、专业性，而这种复杂化和专业化导致竞争的加剧，使人和人之间的交往更表面和更追求经济收益。社会控制的方式越来越趋于正式，也造成了人们心理上的重大变化——更加孤独、无助并有深刻的受挫感。

二、新正统生态学理论

古典人类生态学理论在20世纪三四十年代一度受到各方面的批判而趋于衰落。1950年，麦肯齐的学生霍利出版了《人类生态学：一种社区结构的理论》一书，标志着人类生态学范式的复兴。不过。霍利、邓肯等人复兴的人类生态学理论在继承古典人类生态学理论思想的同时，也对古典人类生态学理论的立场和概念作了一些修正和重新阐述。霍利在复活人类生态学理论时，放弃了其与城市的特定联系，人类生态学理论的发展更多是一种生态学的视角而不是城市理论。邓肯进一步将生态学理论与城市理论的关系变成了纯粹是偶然关系。人类生态学理论在本质上不再是一种城市理论，它不能为特定城市理论的发展提供概念框架。为了与古典生态学理论相区分，人们称霍利等人的生态学理论为新正统生态学理论（Neo-orthodox）。

（一）霍利的功能主义生态学

霍利认为，人类生态学要研究的是特定的社区生态过程，即人类聚居通过功能分化方式的适应过程，并将社区看作一种建构性的、不同功能部分组成的关系系统。也就是说，人类生态学所要考虑和关注的并不是具体的物质人类社区，而是作为功能关系的社区，即人类聚居适应环境所形成的复杂的、相互依赖的系统。概括来讲，霍利的人类生态学理论主要包括如下内容：

1. 相互依赖原则

古典人类生态学强调竞争，而霍利强调的是相互依赖。霍利认为，不管是什么形式的人口聚居，其对环境适应的过程都包括了在其成员间形成相互依赖。相互依赖有两种形式，即共生关系形式（如功能不同群体间的互相补充关系）或共栖关系形式（如功能相似群体的聚集）。霍利称前者为“共同体群体”，称后者为“类别群体”。霍利认为构成人类生态学分析对象的生态学社区是共生和共栖关系的系统，这个系统使得人类聚居的日常生活得以顺利进行。但作为一个相互依赖关系的系统，生态学社区是不可化约（还原）为其构成单位的。

2. 关键功能原则

关键功能原则是指生态系统中，某些单位比其他单位执行了更为重要的功能。关键功能大致可分为两类：一类来自自然领域，另一类来自社会领域。在人类社会早期，关键功能就是从自然资源中获取基本生存资源的活动。而在现代社会，随着人们不断地被卷入系统间的关系网络，与环境的联系开始通过各种社会机制来调节，将地方系统与社会环境联系起来的功能就开始占据关键位置。在资本主义社会，关键功能由私人企业公司执行，它既受到人口与自然环境（通过原料生产）之间的调节，也受到人口及其周边社会环境（通过贸易）之间的调节。

3. 分化原则

功能分化的程度随关键功能的生产效率不同而变化，这就是分化原则。关键功能的生产能力决定了一个系统分化的程度以及系统可支持的人口规模和系统可占据的空间领域的大小。工业社会由于生产效率很高，其专门化的程度或其可支持的人口规模大大高于农业社会。功能分化包含了对环境的不同要求，一般来讲，执行关键功能的单位对位置与场所的要求有优先权；其他单位倾向于分布在关键功能单位的周围，它们与关键功能单位的距离与它们的功能直接从关键功能单位分离出去的程度相对应。

4. 支配原则

支配是功能的一个属性，在生态系统中，支配地位属于那些对关键功能贡献最大的单位。支配附属于那些控制了对其他单位起作用的必要条件的单位。一般来说，这意味着控制了流入社区的资源。也就是说，与环境有直接关系，因而执行了关键功能的单位决定了与环境只有间接关系的功能单位的基本情况。

（二）邓肯的生态复合模型

邓肯（Otis Dudley Duncan）是美国著名的定量研究社会学家。他认为，无论是大到全球，小到社区，都可以被看作一个生态系统，是由人口（Population）、组织（Organization）、环境（Environment）、技术（Technology）四个关联变量所组成的功能相互依赖的生态复合体，简称 POET 生态复合体。

人口一般指被结构化的群体，其特征、规模和构成随研究单位不同而变化，如城市人口与农村人口就不同。组织主要是指为了适应环境而产生的各种组织类型，包括社会结构和制度变迁。环境包括所有外在于人口的变量，包括自然环境和社会环境。技术指人口在适应环境的过程中开发的技能和工具。POET 生态复合体的四个关联变量是相互作用的，但邓肯比较强调环境和技术的变化对作为整体的生态复合体演化的重要性。他认为当环境和技术这两个因素发生变化时，人口规模和组织能力也会相应发生变化，从而带来作为整体的系统的扩张。“生态扩张……可以概括为生态复合体四个变量的函数，即技术积累加速加剧了对环境的开发，从而带来了人口转变与组织革命”。

邓肯提出的生态复合体的价值之一在于，它提供了一套组织和描述生态关系的概念工具，为分析社会生态系统提供了简化手段。但在邓肯看来，POET 生态复合体的最大价值在于它对分析社会变迁的作用。邓肯认为“人类生态学的最基本要求就是要最好地解释进化的结构”。他认为，生态过程是一个不断前进、变化与自我调适的过程。

三、文化生态学理论

文化生态学理论认为人类社会最鲜明的特征是文化，如果离开文化基础，就不能了解人类社会活动。物质空间并不只有自然属性，还有文化意义，各种社会主体也并非单纯的经济主体，其利益追求受到文化价值和情感的影响。因此，城市人口、社会机构的分布，城市土地、空间以及稀有资源的利用模式必须把文化因素考虑在内，文化因素是人类生态学不可忽视的重要变量。

文化生态学的代表性研究包括费雷对波士顿市中心区土地利用的研究，乔纳森对纽约挪威人社区地域流动的研究，库波等人对南非种族隔离政策对城市规划影响的研究，希曼对盐湖地区社区的研究。这些研究发现，城市内部的土地利用模式并不符合简单的同心圆或扇形理论，很多土地的利用并不只是出于经济的目的。人们在将空间分配给各项社会功能的过程中受到文化价值体系的重要影响，城市功能定位不同，用于各项功能的空间数量和种类达到基本平衡的要求也不相同，最终城市空间样态会存在较大差异。

（一）费雷对波士顿市中心区土地利用的分析

费雷（W. Firey）关于波士顿市中心区土地利用的研究为文化生态学奠定了基础。其 1975 年出版的《波士顿中心区土地利用》对波士顿市中心区数百年来的土地利用情况进行研究后发现：

第一，波士顿市中心地区的土地利用状况既不符合同心圆模式，也不符合扇形模式。尽管有时候从图形上看有点像同心圆或者扇形，但如果更科学地研究空间的基本数据，就会发现统一的理想模式不存在，研究区域内各个区或地带内的差异远远大于其同一性，各区外围土地利用也各种各样。

第二，空间与所象征的社会价值结合成一体，成为当地文化体系的重要组成部分，影响土地利用的状态。典型的例子就是波士顿的北肯山地区。这个地区离波士顿的商业区很近，但北肯山长期以来并没有受到商业化的影响，费雷在详细研究后认为：（1）北肯山被赋予了一种深深根植于北肯山居民心中的价值象征属性——传统、威望、地位，对于他们而言，土地利用不只是以经济利益最大化为目标。（2）北肯山各个社会体系（个人、家庭和组织）之间不是只为有限的空间而相互竞争，相反，他们通过各种正式或非正式组织结合成为一个更大的、体现特定价值象征的统一社会体系。（3）空间象征价值的凝聚作用使北肯山在150多年中一直成为吸引许多上层阶级、新兴艺术家、知识分子的地区。

第三，空间与一些社会价值结合成为一体，受到崇拜，文化因素因此成为与经济因素具有同样决定性影响力的独立变量。城市空间是一种短缺资源，往往只被作为一种经济现象来研究。但费雷在研究了波士顿公有地和其他历史遗迹后发现，有些土地利用完全是出于非经济目的，是由文化因素决定的，文化直接影响社区内社会活动的分布和土地的利用状况。由于波士顿公有地曾经是许多重大历史事件的发生地，一直是非常强烈的社区感情的象征，成为人们崇拜、祭祀的对象。为了维护公有地及其所体现的社会价值，人们自觉地保护公有地不被商业化。

第四，空间作为一种工具成为共有某种文化或价值的人群聚居场所。费雷研究了波士顿市中心的北端，发现尽管它是一个破败的社区，被称为“波士顿典型的贫困之地”，但许多意大利裔人即使有足够的经济能力在其他区域购买条件更好的住宅，也比其他族裔的人更愿意留在这个贫民区内。这显然与古典生态理论关于贫民区是人们迫不得已的选择结果的观点相悖。费雷的解释是，意大利裔人选择居所的一个重要因素是民族认同感与归属感。由于北端传统上是一个意大利裔社区，保留着浓厚的意大利社会文化传统和风俗习惯，所以，居住在北端是接受意大利人的社会价值、文化及风俗习惯的象征，是参与和归属的体现。在北端区，有各种各样的社会组织、机构、设施以及各种意大利式的建筑事物、商品来强化人们的归属感。

（二）乔纳森对纽约挪威人社区地域流动的研究

乔纳森通过分析纽约挪威人社区地域流动，得出了与费雷差不多的结论。乔纳森发现在1850年至1947年的约100年时间内，纽约挪威人社区从曼哈顿的东南端移到布鲁克林的利奇湾，大约有10公里的距离。乔纳森希望确定影响到这一社区最初位置及其地域流动的力量是什么。纽约的挪威移民主要来自挪威沿海地区，他们的传统职业主要是捕鱼、航海农业、伐木等。挪威是一个人口稀少的国家，这一国家的内陆地区几乎无人居住，这种地理条件和低居住密度反映在文化上，就是挪威人认为坦白直爽是品德高尚的标准。传统职业和文化价值这两个因素可以说明纽约挪威人社区的地域位置的变迁。所有的空间变化并不都是出于经济利益或都有生态学根据，只有同时考虑到挪威人的文化传统才能搞清这一群体的变迁。乔纳森认为纽约挪威人社区的发展和进步是挪威人传统特征与新环境相互作用的结果……如此看来，美国城市人的生态行为受到社会文化变量和非文化变量的影响。

（三）库波等人对南非种族隔离政策对城市规划影响的研究

库波、瓦茨和戴维斯分析了政治决议对德班生态再发展计划的影响后，发现南非白人政府严厉的种族隔离政策对主体规划有重要影响，特别是对下述规定有决定性作用：（1）政府不允许在白人居住区周围设立非白人居民点，大多数非白人地区处在城市外围。（2）紧靠城镇的白人区与城镇的连接不能受到限制，非白人地区尽可能远离主要交通干线。（3）将非白人居住的德班地区逐步发展为白人居住区，这一决定是出于政府建立同质性白人居住区愿望，而非经济代价原则。(4)“土著保留地”未被考虑在规划项目之内。这些事实说明非经济的文化价值在决定城市土地利用上的重要性。在南非当时的当政者看来，种族隔离的需要是决定城市结构的首要因素，其重要性远超经济因素。

（四）希曼对盐湖地区社区的研究

希曼 1938 年发表的《盐湖盆地的社区》也对经济因素是决定人类居住行为的主要变量提出了质疑。希曼于 1937 年访问盐湖地区时发现，摩门教在盐湖盆地建立的城市和社区不同于美国普遍存在的土地利用模式。该地区存在以下三类社区：

1. 农村社区

其居民主要是农民，居住在比较紧凑的地域内，社区周围是农地。社区规划是在社区中心建有教堂、学校和会议大厅；围绕着它们的是一片片居民住宅，社区内主干街道与支干街道成棋盘状纵横交错。由于其宗教信仰，摩门教教徒们对于平等有着强烈的追求，所以农地都尽可能被分割成大小一样的田地。当更多的人加入摩门教后，用地会被再次分割。社区建设的重点是教堂、学校和会议大厅等。

2. 农村小镇社区

农村社区是从事农产品生产和分配的社区，与农村社区稍有不同，农村小镇社区除从事同样的活动外，还包括一些商品的生产加工。因此，这里的小镇居民与美国其他城镇的居民不大一样，前者包括从事农业活动的农民。小镇有规划好的商业区，内有百货商店、餐馆、旅馆、银行以及其他服务设施，还有不少工厂，如水果罐头、蔬菜、糖等加工厂。

3. 城市社区

与前两种社区不同，这类社区没有从事农业活动的农民，与多数美国城市差不多，有警察和消防队、教育中心、大型宗教活动场所和工商业中心。但不同的是，城市不是在人口达到一定规模后才开始设计和建设的，而是在社区一开始建立时就设计好的。其模式是：街道必须宽阔，每一个街区有 10 亩的面积，可以住 20 户居民，每户居民占地 0.5 英亩。城市的中心是教堂、学校和公共建筑的所在地。粮仓和马厩则必须在城市的边缘。

希曼认为这三类社区都受到强调群体团结和对盐湖地区环境保护这两种理念的影响。对摩门教来讲，社区建设需要优先满足以下需要：(1) 为社区成员提供安全；(2) 居民的居住应当尽可能便于接触到群体的直接首领，从而使得合作更有效率；(3) 能够使居民的社会交往得到加强，要为教堂、学校和其他公共建筑保留足够规模的土地；(4) 居住与耕地分离，提高土地利用率。这些特点和理念反映出决定盐湖地区社区土地利用模式的并非经济因素，而主要是宗教和文化因素。

第四节　新城市社会学

20 世纪 60 年代以来，西方资本主义国家城市普遍经历了一场危机。这场城市社会危机主要表现在三个方面：城市中心区的衰败；城市重构与城市财政危机；城市阶级斗争和不断的社会运动。当时城市社会发生的这些变化和冲突、危机和问题大部分仍处于人类生态学的视野之外，一些学者纷纷求助于新的理论和方法，为城市研究寻找新的出路，于是，新城市社会学诞生了。最早对新城市社会学理论进行总结和梳理的是兹金、瓦尔屯等人。大致来讲，新城市社会学理论主要包括三大流派：空间政治经济学派，主要代表人物有列斐伏尔（Lefebvre）、大卫·哈维及戈特迪纳等；结构马克思主义学派，代表人物主要有卡斯特等；新韦伯主义，代表人物主要有雷克斯、墨尔和帕尔等人。

一、空间政治经济学理论

空间政治经济学派将城市空间发展变化过程放在资本主义生产方式下加以考察，将对城市空间的分析与对资本主义生产方式、资本循环、资本积累、资本危机等社会过程结合起来。空间政治经济学家的目的就是试图解释空间是如何生产的，以及空间生产过程是如何整合到资本主义动态发展过程及其矛盾中去的。

（一）列斐伏尔的空间生产理论

空间是城市的重要内在特征，对城市空间问题的思考一直是城市社会学研究的焦点。人类生态学家对城市空间开始了理论研究，提出了不同的城市空间发展变化模型。但人类生态学家将空间看作是独立的、纯粹的、客观的研究对象，很少考虑城市空间是怎么产生的。在这方面，列斐伏尔空间生产思想对空间政治经济学理论的形成具有奠基作用。他将经济学的范畴，如资本投资、收益、租金、工资、阶级剥削以及不平衡发展等用于城市分析，认为城市发展和其他生产过程一样是资本主义体系的产物。概括来讲，列斐伏尔的空间生产理论主要包括如下几个方面的内容：

第一，城市空间是一种社会产物。列斐伏尔明确指出，既有的城市理论及城市规划都把空间当作是一种纯粹的科学研究对象，完全忽视了空间的政治性和社会性。空间不仅是社会关系发展和演变的容器或精神产物，更是汇聚了人类实践活动的社会空间。

第二，城市空间被资本殖民化。列斐伏尔认为，在资本主义社会，城市空间是资本主义的产物。研究者更应该思考，在资本主义社会，空间被生产或生产过程中矛盾是如何产生的理论，即“我们并不谈论一种空间的科学，而是一种空间生产的知识”。在列斐伏尔看来，马克思主义先前所揭示的资本主义生产力和生产关系之间的矛盾在发达资本主义社会已经化解，资本已将空间本身转化为一种商品。资本主义的这种转变带来的一个后果就是，资本主义生产从以工业为基础的生产逐步转变为一种以城市为基础的现代资本主义生产。他称这种转变为“城市革命”，并且认为“城市革命”与早期从农业生产转向工业生产的工业革命相类似。列斐伏尔认为城市革命产生了一种城市社会，在这种情况下，城乡的物质分离变得越来越不重要了。在列斐伏尔看来，城市是由以下三个相关概念组成的，即空间、日常生活和资本主义社会关系的再生产。他认为城市是全球空间的脉络背景，通过它，生产关系在人们的日常经历中得以再生产；而资本主义社会关系则通过人们日常对空间的使用而被再生产，因为空间本身已被资本占有并从属于它的逻辑。也就是说，资本主义生产关系和社会关系的再生产不仅在企业、社会中发生，也在作为一个整体的空间中发生。由于空间被打上了资本主义烙印，因此它给整个日常生活强加了资本主义关系属性。

第三，城市空间生产中的社会矛盾。列斐伏尔认为空间生产过程中的基本矛盾就是剥削空间以谋取利润的资本要求与消费空间的人的社会需要之间的矛盾，也就是利润和需要之间的矛盾、交换价值和使用价值之间的矛盾，这种矛盾的政治表现就是政治斗争。列斐伏尔认为，城市革命虽然使资本主义克服了一些已有的矛盾，却又带来了新问题。因为空间被资本殖民化主要通过人口分散进行。城市传统上曾是社会文化中心，是社会关系再生产的主要来源和场所，资本主义空间生产日益扩张使经济和政治决策集中，但又产生了依赖于边缘的殖民地，“中央周围的只有屈服、被剥削及依赖的空间：新殖民空间”，中心对于边缘的文化统治必然将削弱。资本主义通过剥削空间来巩固自身时，也同时产生了一种威胁资本主义统治的矛盾，“如果空间作为一个整体已经成为生产关系再生产的场所，那么它也开始成为众多冲突的地方”。

（二）哈维的资本城市化理论

哈维是美国20世纪70年代以来城市社会学理论研究领域最有影响力的学者之一。列斐伏尔的理论思想对哈维产生了极大的影响和启发。不过，哈维是批判性地吸收列斐伏尔的思想。哈维和列斐伏尔两人均认为在现代资本主义社会，空间对确保其再生产比以往任何时候都显得更为重要，但哈维并不同意列斐伏尔的城市革命论。他明确指出：“说城市性状态现在已支配了工业社会就等于说作为一种转型过程的城市状态与老工业社会的内在动力之间的矛盾通常是按照有利于前者的方式加以解决。我并不认为这种说法是现实的。在某些重要和关键方面，工业社会及其结构仍继续支配了城市性状态。”在20世纪70年代至80年代的城市研究方面，他最主要的贡献就是资本的三级环程理论。

哈维借用了列斐伏尔的资本环程的概念，并进一步发展了他的思想。根据马克思主义关于资本主义生产和再生产周期性的原理，哈维提出了资本的三级环程流动的观点，用来解释资本运动的矛盾和平衡的关系。资本的三级环程是：第一，资本的初级环程，即资本向产业（生产资料的生产）的投入以及向消费资料的利润性生产的投入；第二，资本的次级环程，即资本向建造环境和基础设施的投入；第三，资本的第三级环程，即资本向劳动力再生产设施（科技、教育、医疗）的投入。

首先，在资本主义再生产的高涨阶段，资本大量地流动于初级环程。但是，资本主义生产的社会化和资本主义私人占有制这对基本矛盾，决定了个别企业内部生产的有组织性和整个社会生产的无政府状态之间的尖锐冲突。当到了一定阶段，就会出现经济危机或者经济不景气，在初级环程中，运动的资本再也不能继续谋取利润，因而出现积累过剩的现象。

其次，资本在初级环程中的积累过剩是资本主义生产基本矛盾的必然结果，为了摆脱困境，资本势必寻求新的出路。在这种情况下，从初级环程中分离出剩余资本投进次级环程。哈维认为，无论是生产还是消费过程，都需要有一个物质结构做基础。生产的物质结构指的是构成厂房、办公室及其用地的那一部分固定资本，这部分固定资本的价值不因为一个生产周期的完成而全部耗尽，哈维称之为生产方面的建造环境。消费方面的物质结构指的是非生产性的房屋（主要是住宅、道路、基础设施等），哈维称之为消费方面的建造环境。所以，对次级环程的投资实质上是对生产和消费这两方面的建造环境的投资。

一般来说，除住宅外，建造环境的投资是长期的和社会性的（即全社会共享），耗资大，私人资本若要寻求出路，就必须借助国家的力量。一方面，国家通过金融政策，使金融机构担负着蓄水池的作用，国家还利用债券来调集充斥民间的游资，向公共事业投资，如筑路、架桥、改造城市等。这样不仅能创造大量的就业机会，缓和劳资矛盾，还可以为私人资本的再生产创造良好的建成环境；另一方面，政府通过行政措施、税务优惠政策和房屋政策等，鼓励和刺激私人资本向消费方面投资，国家的干预使资本在初级环程和次级环程的流动上得到协调并趋向平衡。

在哈维看来，城市的地理位置和地域资源等，可以像阳光、空气等自然物一样为资本提供无价服务；土地及其之上的建筑物等城市基础设施可以不断地为资本创造价值。资本向生产资料与消费资料的投入，使私人资本在次级环程中获取利润；繁荣的房地产业和土地炒买炒卖的投机事业，给私人资本带来了滚滚的财源，于是吸引了更多的过剩资本进入次级环程。当城市中心商业区可建面积趋于饱和时，资本便迅速地向郊区移动，投资于郊区豪华住宅区建设，这样也就刺激了中产阶级的郊区化，造成城市中心或中心城市的衰落。

最后，资本进入第三级环程是指对科学技术、文化教育、医疗事业和公共福利事业的投资。初级环程和次级环程中的过剩资本在寻找投资机会时，也会考虑这些领域，但是从其本性上讲，私人资本并不情愿向不直接产生利润的第三级环程投资。国家从整个社会的利益出发，通过制定各项政策进行干预和介入，以及主要为了提高劳动力再生产的水平，保证劳动力能更多地创造剩余价值，私人资本会与国家携手进行投资。由此可见，私人资本在三大环程内投资与生产的不断运动和国家的干预作用使资本周期性的矛盾得以暂时缓解。

但是，哈维指出，城市空间利用的竞争已成为阶级斗争的主要部分。对于资产阶级来讲，城市土地的利用代表租金、股息、利润、资本的获得，而广大工人阶级才是城市空间的基本消费者。在工厂里，资产阶级力图使其利润最大化，而工人阶级报酬增加则意味着资本利润减少。在城市空间中也是如此，资本家“作为一个阶级，必然努力组织社会和城市空间，以便增强利润的最大化，而工人阶级的利益在组织的社会和城市空间中，被压缩至最低限度的人道标准”。这也就是为什么看起来还很不错的住宅和办公大厦，一旦能够通过重建获得更大的利润，就会立即被推倒，所有者绝不会考虑由于重建势必提高租金或价格给穷人造成的困境。哈维指出，阶级斗争常会在租金、房屋补贴政策和土地开发方面表现出来。如美国政府向富有的房屋所有者提供的补贴常数倍于低收入家庭，因为所有者阶级控制着政府的政策制定机构。再如，20 世纪 50 年代至 60 年代由美国联邦政府推动的城市更新计划摧毁了穷人的住房，根除了他们的社区，提高了城市中各处房屋的价格。

（三）戈特迪纳的社会空间视角理论

戈特迪纳是纽约州立大学布法罗分校教授，著有《城市空间的社会生产》等，提出了社会空间视角理论。

社会空间视角源于列斐伏尔，列斐伏尔指出，空间是社会活动的容器。而戈特迪纳认为，空间不仅是容器，也是影响人的行为的有意义的客体，一方面，个人或群体在特定的空间中活动，不断地进行调适；另一方面，人们也可以创建或者改变空间，以满足或者表达自己的需要和希望。也就是说，社会空间视角理论是关于人与空间相互影响的理论。

社会空间视角理论最基本的概念是“定居空间”，它指的是人们居住其中的建造空间。该空间既是建造的，也是人们为了经济、政治和文化活动的目的，进行具有某种意义的规划而组织起来的。社会空间视角理论主要包括如下观点：

第一，决定一个社会空间组织的关键空间模式首先是与该社会生产方式模式密切相关的经济特征相联系的。根据这一观点，城市的发展阶段与社会的经济变化大体上是同步进行的，如美国的城市发展就呈现以下的阶段特征：(1) 商业-殖民主义阶段（1630—1812年），殖民主义的沿海城市的发展，如波士顿、纽约、费城、新奥尔良、旧金山等城市。(2) 工业化时期（1812—1920 年），工业城市的发展，如芝加哥、克利夫兰、匹茨堡、底特律、亚特兰大等城市。(3) 寡头垄断资本主义时期（1920—1960 年），大城市和郊区的发展，如曼哈顿、芝加哥、丹佛明尼阿波里斯、波士顿等城市。(4) 全球化资本主义时期（1960 年至今），多中心的巨型城市群的发展，如纽约城市群、洛杉矶城市群、拉斯维加斯城市群、凤凰城城市群以及达拉斯城市群等。

第二，社会空间视角理论批评将经济因素作为唯一因素的观点，也反对传统城市社会学过分重视技术作为变迁主要推动力的观点，力图将更多的因素纳入城市空间的分析框架中。戈特迪纳认为，城市空间镶嵌在一个复杂的政治、经济社会与文化之网中，城市的发展是政治、经济、社会和文化等诸因素共同作用的结果，他持一种“整合性”的解释观，而不是主张和强调一个主要原因（诸如霍利的“运输技术”理论）。

第三，现代城市的发展主要是对城市土地投资的资本流动的结果，无论是为了建造住宅还是商业设施而购买土地，在房地产市场上的投资规模和采取的形式都会影响城市发展的主要特点。甚至可以讲，正是这一点导致了空间的生产。房地产领域构成了资本的单独循环，在这一循环过程中，利润得到释放。但是，它与制造业的利润产生不同，后者是生产即刻销售的商品；前者是对土地的占有权，该商品可以卖出而获取利润，也可以在相关领域的社会财富使得房地产的投资更有价值时，进行开发后再卖出而获取更大的利润。由此可见，在房地产领域次级环程的财富增长与以制造业为主的初级环程中的利润产生有所不同。因此，由于这一原因，社会空间视角理论对房地产业特别关注，房地产业在推进城市发展中起着重要作用，这些推进作用往往是以不明显的方式影响城市进行抉择。

第四，由于资本循环在不同环程既有不同点，也有相同点，因此，对城市的发展，需要关注资本在两个环程中的循环，以及初级环程与次级环程之间的联系。这方面的研究是更为复杂的工作，将会使用政治经济学的标准分析概念，如利润、投资、租金、阶级剥削等。此外，不仅要在地方或国家的范围内，还要从资本主义的全球化体系角度关注居住空间。特别关注经济和政治的力量如何影响居住空间的社会生活，以及地方和国内因素与国际因素是如何相互作用的。

第五，社会空间视角理论认为大都市增长是协商和利益争夺的结果，并且强调在城市空间中政府的关键作用，如政府对城市边界的划分与界定、公共投资、住宅政策等都会对城市空间产生重要影响。

第六，强调社会与空间的相互作用。在现代社会，定义不同群体之间差异的有阶级、性别、种族和其他特性，这里，我们可以再加上空间这个因素。空间安排可以影响人的行为；另外，人们通过自己的行为和与他人的互动，不断地改变着现存的空间安排，建造新的空间以表达自己的需求和希望。阶级群体仍然是工业社会和后工业社会的基本要素，各群体在生活方式、态度、信仰、拥有的政治权力和影响方面各不相同。因此，这些群体对于社会空间的坐落和结构有着不同的影响。空间环境充满了符号和象征，构成建造环境的市区和郊区是人类思想和行为的产物，是充满意义的场所。有时候，同样的空间符号被不同的人们共同地认知和接受，而有时候，人们会为空间的意义发生冲突。因此，文化取向的角色对理解城市生活非常重要。

二、结构马克思主义理论

结构马克思主义理论的代表人物是卡斯特，他的主要代表作有《都市问题》《城市、阶级和权力》等。概括来讲，卡斯特的理论主要包括如下内容。

（一）集体消费

卡斯特认为，任何一种理论只有具有特定的“理论对象”或特定的“真实对象”这两项标准之一时，才算是真正的科学，否则便不是科学而是意识形态。卡斯特据此对以前的城市社会学理论展开了批判。卡斯特虽然对人类生态学的许多理论观点保持肯定，但是，卡斯特认为，这些理论为城市所确立的研究对象被证明并不属于城市所独有，它们只是成功地把资本主义过程，例如竞争、个人主义，描述为城市固有的性质，这样一来，这些理论的合法性地位就受到质疑。卡斯特认为，在这种情况下，这些理论通过对人们的日常经历提供一种自然主义的解释而充当了意识形态的功能。

在将传统城市社会学研究对象批判为意识形态的基础上，卡斯特提出了自己对城市社会学研究对象的看法。卡斯特认为，要想为城市社会学确定一个科学的研究对象必须满足一个前提条件，即“在空间单位与社会单位上相一致”。卡斯特从当时的结构马克思主义立场出发，寻找城市社会学的理论对象。按照结构马克思主义的观点，整个社会系统是由经济、政治、意识形态三个部分组成的整体。卡斯特认为，城市是整个社会系统的一部分，也就是说，作为社会整体系统的政治、经济、意识形态三个部分在城市这个系统中也有相应的部分，其中与政治相对应的是城市管理系统，与意识形态相对应的是城市符号体系，而与经济相对应的则是生产、消费、交换三个方面组成的经济过程。卡斯特认为，城市社会结构系统并不仅仅是整个社会大系统的缩影，更重要的是它在社会大系统中所执行的关键功能。

卡斯特认为，在发达资本主义社会，城市在整个社会系统中所执行的关键功能主要表现在劳动力再生产过程上。这是因为，在发达资本主义社会，日益集中的资本与日益集中的劳动力同步进行，结果就是劳动力再生产的日常生活过程（吃、睡、玩等）有了特定的空间含义，即整个社会系统中劳动力再生产越来越集中在城市这个特定空间单位。与此同时，劳动力再生产所需要的消费——住房和医疗、社会服务和学校、休闲设施及文化娱乐等越来越需要通过国家干预来满足。也就是说，劳动力再生产所需要的消费开始越来越集体化，城市日益成为劳动力再生产的集体消费空间单位。正是在这种分析逻辑基础上，卡斯特明确提出了将“集体消费”作为城市社会学研究对象，认为“集体消费”满足了空间单位与社会单位之间的一致性要求，即“集体消费”是在一个有空间约束的系统背景中被社会性地组织和供给的。卡斯特对“集体消费”的定义是：“消费过程就其性质规模，其组织和管理只能是集体供给”。卡斯特列举的“集体消费”例子有住房供给、社会公共设施、休闲品、教育、医疗等。

（二）集体消费危机与城市社会运动

卡斯特认为，现代城市的基本特征在于它是资本主义借以组织集体消费的空间单位，城市越来越成为集体消费场所，而不是生产场所。在当代发达资本主义城市社会中，两个基本的结构性矛盾就是生产与消费之间的矛盾，即劳动力的再生产与再生产劳动力必要消费品的供给之间的矛盾。劳动力再生产是在日常基础（通过现存工人的劳动能力的再生产）和代际基础（通过新一代工人取代已有工人的生产）上完成的。它包括简单再生产（消费的劳动力再创造）以及扩大再生产（发展新的劳动能力）。这些再生产的实现手段是消费方式——住房和医疗、社会服务和学校、休闲设施及文化娱乐等。例如，如果没有充足的医疗卫生设施，就难以保证劳动力的健康；如果没有必要的文化教育设施，就难以再生产出与生产力发展要求相适应的、具有一定知识和技术素质的劳动力。而在资本主义社会，再生产劳动力的需要与资本利润最大化需要却存在着矛盾。尽管资本主义体制要求有充分的劳动力再生产作为其持续生产和积累的先决条件，但单个资本家却发现投资于那些对于劳动力再生产所必需的商品的生产越来越无利可图。卡斯特以法国住房建筑业为例说明了这一点。他指出，在法国，无论是从工人的角度（工人需要有住处），还是从整个工业资本的角度（劳动力需要廉价而有效的再生产），都对低成本的工人阶级住宅极度需求，但是，由于资本发现投资建造低成本的工人阶级住宅毫无利润可图，因此，尽管有巨大的需求却很少有企业去投资。之所以造成这种局面，部分原因是这种广泛的需要并不能转化为“有支付能力的需求”（即工人无力支付购买），而建造住房供出租又需要资本长期投入，这使得投资的利润实现成为问题。此外，由于建筑业被许多小生产商分割，每个生产商只雇用少数工人，因而整个行业缺乏技术创新，这也使得住房生产中剩余价值难以实现。

卡斯特认为，在资本主义城市社会，劳动力再生产所必需的商品供给潜在危机是资本主义内在固有的，这是由资本主义商品生产的本性决定的。因为消费关注的是商品的使用价值，生产关注的是商品的交换价值，资本追求的是利润和交换价值，而劳动力要求的是需要和使用价值，两者之间很难一致。这就导致了那些对劳动力再生产来说是极为重要的消费空白空间，而这些空白的消费品生产无论是对个人还是对整个资本主义经济都是必要的，并由此造成资本主义城市社会集体消费的危机。集体消费危机是当代资本主义国家城市问题的具体表现，主要表现为住房供给短缺、医疗健康保护不够、社会公共设施缺乏等方面。城市集体消费危机造成了整个城市社会新的政治紧张并带来新的矛盾和斗争，国家为了维护社会稳定，被迫干预劳动力再生产过程以试图填补消费空白，结果就是越来越多的社会必要消费由国家负责来提供，而国家对集体消费品供给的干预本质上是服务于私人资本的。

不过，卡斯特认为，国家干预在集体消费领域中的增加，虽然已经产生了许多积极的影响效果（如劳动力再生产、平息阶级斗争等），但是它也导致了集体消费问题的政治化。城市政府为再生产劳动力支付了越来越多的成本，而私人资本却将这些劳动力创造的利润保留在自己手中。其结果是，城市政府在集体消费领域承担的责任越多，增加社会供给越多，政府本身的财政收支就越不平衡，最终导致城市的财政危机，进而导致通货膨胀和日益增长的公共债务。面临着通货膨胀螺旋上升以及日益加剧的经济衰退，政府的反应就是削减社会开支水平和重新安排资源，从支持劳工转向支持资本。这就导致了集体消费供给的危机，于是就出现了住房短缺、医疗保健极差、学校不够、交通设施很差、文化娱乐设施不够等问题，结果就会出现各种城市反抗运动，于是国家干预消费过程又再现。但这次不同的是，整个消费领域现在已经政治化，国家承担供给社会公共服务的责任越多，它就包含了越多将城市社会日常生活组织化，结果日常生活就越政治化。如果说日益增长的集体供给水平的一个功能是满足下层阶级的要求，那么随之而来的就是这种供给水平下降所带来的对政府本身的一股更强和更政治化组织的下层阶级的反抗。

卡斯特将城市集体消费问题引发的城市社会反抗和斗争称为城市社会运动。在当代资本主义城市社会，城市运动已经成为影响城市发展的重要因素之一。由于人们的社会利益与其所在社区紧密相连，城市社会运动带有很强的社区性。有关社区公共设施资源的争夺，如住房、学校、医疗保健、交通、环境保护等经常成为城市社会运动的核心内容。例如，卡斯特分析了巴黎的住房政策与城市社会运动。在巴黎，政府为了对民众的住房需求做出反应，制定了一个复杂的住房生产和分配体系，住房由此被社会化，成为一种公共服务，这些公房集中在一起成为新的城市组成部分。由于这些住宅区有大致相同的生活条件，因而更容易使这里的居民认识到他们之间的共同性，面对城市问题，他们更容易产生共同的保护意识并组织起来争取自己社区的利益，于是人们就组织起了租房者工会。卡斯特把这种现象称为“集体消费的工联主义”。卡斯特通过对城市社会运动的分析，认为社会运动是对社会统治的反抗，在当代发达资本主义社会中，“它们对城市和社会产生了主要的影响”。

三、新韦伯主义理论

新韦伯主义理论认为，城市可以看作一个社会——空间体系，该理论将城市-社会系统产生的生活机会分配的不平等以及由此引发的社会冲突作为研究的重点。之所以将他们的理论称为新韦伯主义，主要是因为他们沿袭了韦伯以市场中的生活机会（市场情境学说）来划分阶级的观点及对行动者价值的关注。

（一）雷克斯与墨尔的“住房阶级”理论

1967年，雷克斯和墨尔出版了《种族、社区与冲突》一书。在这本书中，雷克斯和墨尔通过对英国工业城市伯明翰一个内城区斯巴布鲁克的住房与种族关系的研究，提出了“住房阶级”理论，为城市问题的研究提供了一种新的研究视角和理论框架。

通过对工业城市伯明翰19世纪以来住宅分布形态的分析，雷克斯和墨尔认为，个人在城市这个社会空间体系中获得稀缺住房资源，主要是通过市场竞争和科层制两种途径。在伯明翰，个人能否获得稀缺的郊区住房要受制于由当地政府制定的两项标准：一是收入水平及收入保障。城市住房协会等有关机构根据这项标准认定个人是否有资格获得购买私有住房的信用贷款，这一规定明显有利于收入较高和收入稳定的中产阶级以及部分熟练工人。二是对申请政府兴建的公共住房者资格的限定。伯明翰的城市住房部门规定，只有在当地居住5年或以上者才有资格申请公共住房，这就将新近移民有效地排除在外。至于那些满足了条件的移民还要接受有关部门的等级评定以确定他们有资格获得哪类公共住房。城市住宅阶级划分为五类：(1) 通过现金购买拥有属于自己的住房并住在最令人满意地区的居民；(2) 通过信用贷款方式拥有属于自己的住房并住在最令人满意地区的居民；(3) 住在政府兴建的公共住房的居民；(4) 通过抵押贷款等方式拥有属于自己的住房但却住在不太令人满意地区的居民；(5) 租住在私人住房，住在不太令人满意地区的居民。

伯明翰的白人中产阶级可以通过市场机制获得个人拥有的郊区住房；白人工人阶层可以通过政府科层制的分配机制入住位于郊区的公共住房；除此之外的城市居民（其中大部分是来自国外的新近移民）只好在内城的过渡地区寻找栖身之地。这些居民不得不租用私人住房或空置下来的住房。由于这种购买无法享受有关部门提供的购房信用贷款，购房者只得寻求那些短期高息贷款。为了支付这些贷款及利息，购房者将住房分租给其他外来移民。外来移民的涌入与聚居加速了内城区的环境恶化，地方政府不得不采取措施防止这一地区向外扩张，隔离的结果是内城贫民区作为一种形态被固定下来。雷克斯和墨尔强调，“住房阶级”是城市这个社会空间系统本身产生的，是建构城市社会关系的独特因素，对解释城市的社会结构和社会冲突有着重要意义。通过市场和科层这两种方式对稀缺和普遍期望的住房进行分配是发生在城市中的基本社会过程，在这一过程中，处在不同住房等级序列中的不同群体不可避免地会发生斗争与冲突，对住房资源的争夺可以被看作阶级斗争的一种。

（二）帕尔的“城市经理人”理论

帕尔提出的城市经理人理论试图从城市经理人的行动角度解释城市人口生存机会的资源配置，讨论城市资源分配的限制性因素、过程及模式。帕尔认为，城市经理人主要是指城市地方行政长官、住房部门的官员、议会的议员等公共机构的关键人物，也包括私人机构中的地产代理商、发展商、保险经纪人、建筑协会代表等人。他的主要观点如下：

1. 强调城市资源分布的空间特性

帕尔认为，城市是一个社会空间系统，城市资源分布的独特性就在于其空间属性。城市资源的分布，特别是城市提供的各种设施无法同时由两个或两个以上的人或团体同时占有，能占有中心位置者，自然就有较他人更多或更大使用各种设施的优势。城市资源分布的空间性决定了城市资源分配的不平等性。因此，帕尔认为，城市社会学并不研究所有的资源分配体系，而是研究那些与城市空间内在不平等性相联系的资源分配模式。“住房和交通在我的（城市研究）视野之内，家庭津贴和养老金计划则不在”。帕尔认为城市资源分配的这种空间限制性因素在某种程度上独立地作用于社会的经济和政治组织，无论是资本主义城市还是社会主义城市，都会受这种空间逻辑的制约，城市社会学的独特性就在于其资源分配的空间属性。

2. 城市资源的分配

城市资源的分配并不是由生态结构或经济结构所决定的，而是由那些在社会系统中占据重要科层位置的官僚个体所决定的，换言之，城市资源的分配是由一群掌握住宅市场和科层运作机制的人所控制的。在城市生活中，形形色色的守门人或被称为“城市经理人”决定着不同类型的城市稀缺资源在不同人群中的分配，城市社会学通过分析他们的目标、价值取向和行动来解释城市资源分配模式的形成。

3. 由城市资源的稀缺性及不平等分配而导致的冲突是任何社会不可避免的

帕尔认为，受空间和社会的限制，城市资源分配的不平等性现象不可避免，由此导致的社会冲突也在所难免，问题在于这种冲突是否会演变为有意识、有组织的政治斗争。由于个体在不同类型的城市资源分配体系中的位置并不总是相同的，这就削弱了不平等的强度，但帕尔认为，不久的将来，城市居民对城市剥夺的普遍意识将会发展，管理者与被管理者之间的冲突将会加剧。

不过，帕尔的城市经理人理论提出以后，遭到一系列的批判，特别是对他的城市经理人概念进行了批判。帕尔对城市经理人理论进行了一些修正：例如对私人领域的经理人和地方科层制行政机构的经理人做了区分，将后者定义为“都市经理人”；对城市系统中生活机会分配过程的恰当解释，在于将地区层面的资源分配过程和整个社会的资源生产结合起来进行分析。

第五节　其他理论视角

一、社区的权力模式

（一）精英控制模式

在社会学的社区研究中，最早对社区权力进行研究的是林德夫妇。他们在20世纪20年代中期和30年代中期先后对一个他们称为中镇的社区进行了跟踪研究，提出了著名的精英控制模式的观点。

林德夫妇在他们的研究中发现，中镇社区的运作实际上是由一个单一的权力结构支配的，这个权力结构的核心是一个富有的家族，他用X来代表（X家族实际上是玻璃制造商BALL家族）。X家族是镇上最大企业的拥有者，他们几乎控制了这个城市的全部经济生活，从而使他们的控制权几乎毫无限制地扩张到许多领域。在中镇，城市的治理者是“一个很小的团体，包括当地富裕的工厂主、银行家、全国性企业在中镇的部门主管，以及1～2名杰出的律师”。民主程序和政府机构全都是商业控制的反映，城市官员实际上在政治上被商业控制团体利用，而他们的经济和社会方面的努力则被商业控制团体忽视，这项研究把经济上的阶级与政治上的权力分配联系了起来。

另一位社区权力研究最有影响的学者之一是亨特，他提出了与林德夫妇不同的研究结论。亨特选择的研究对象是比中镇大得多的亚特兰大市，他把亚特兰大这类城市称为“地区性城市”。亨特认为，在地区性城市中，权力不可能完全被一个人、一个企业、一个家族支配。在地区性城市中，往往存在一个主要由商人组成的小集团统治者，这些领导人大多互相认识，经常交往，互相磋商社区事务，而整个地区性城市的权力结构是一个多层次的权力结构，由以下几个层次组成：

第一层：工商业、金融业的所有者，大公司的高层管理人员。

第二层：政府高层官员、银行副总裁、公关人员、小企业主、公司律师、承包商等。

第三层：民间组织负责人、报纸专栏作者、电视台评论员、政府中下层官员、选定的组织的执行官。

第四层：专业人士，例如校长、教师、社会工作者和人事经理，以及小工商企业的经理、高薪的会计师等。

地区性城市的权力结构有两个特点：一是它由经济领袖统治；二是极少数的真正领袖控制着公认的社区合法组织的正式职位。这些权力精英总是设法在幕后操纵权力，躲避公众的注意。事实上，社区最重要的决策是由最顶层的权力控制者作出的，而一个人能否进入权力的内部圈子，主要看他在商业圈子中的地位。这些顶层的权力控制者没有正式组织，而是非正式地聚集在一起并对政府的决策者、民间组织或专业人士产生影响。在他们之下是一些次结构，其作用是沟通和执行顶层的决策，整个结构被共同利益、相互义务、金钱、习性、委派的责任，甚至包括强制力束缚在一起。

亨特的研究方法独具一格，他是通过揭示那些具有声望、行使权力的人来研究精英问题，这种方法被称为“声望研究法”，这种方法假定只有有声望行使权力的人才被认为掌握了权力。亨特认为，有权者喜欢结交商人、政府官员、市民社团及“高等社会”。他通过在熟知亚特兰大市情的人中所作的调查，开列了一个 175 人的名单，这 175 人被认为是潜在的领导者。他在这些人中又挑选出 40 个“最强有力者”，包括 5 个工业领袖、11 个大商业企业主、7 个银行家和投资家、5 个律师、1 个牙医、2 个工会领导人、5 个主要社会领导人或市民领导人以及其他有影响力机构的人。亨特发现，这 40 个人各自以不同方式行使他们的权力。一些人在公共团体任职，他们在社区中引人注目，地位显赫；另一些人则通过他人行使权力，躲在幕后运筹，因此，他们的活动和影响一般不为公众所知。亨特还发现亚特兰大的权势者都感到自己是“名人”或“超人”，彼此交往结成一个群体。

（二）权力“多元论”模式

权力“多元论”概念是指权力不是由极少数人或一个小群体控制，而是指权力被嵌入多种多样的群体和个人的结合体中，而且每个群体都有自己的权力中心，并能对整个系统产生影响。

权力“多元论”的代表人物是达尔。达尔对康涅狄格州的纽黑文市进行了研究，这是一个有 15 万人口的社区。达尔发现，在这个社区里并不存在一个集中、单一的权力群体，而是存在着不同类型的领导者，这些领导者的权力基础是他们在正式组织中的职位。除了市长对所有问题的决策都有至关重要的影响外，其他领导者都在各自不同的领域里发挥作用。有的人在这些议题上施加权力，有的人在那些议题上施加权力，一旦他们的议题变成城市更新的一部分，他们就成为有影响力的人物。权力并不像亨特所说的那样是由商业精英控制，商业精英只是具有影响力的各类团体之一。他选择了三个领域里的决策进行分析：学校问题、政治任命和城市重建。结果他发现：一般来说，经济领域的杰出人物在这些问题的决策中几乎无足轻重，相反，政府各部门官员的态度非同小可。他的结论是，在纽黑文社区不存在单一的权力结构，而是存在一个多中心、分散的社区权力体系，对社区发挥影响力的是许多不同时期、不同类型的人。达尔使用的研究方法是决策途径方法，而非声望法，即通过分析决策的参与过程来反映权力结构中的关系。

达尔提出了“社会政治资源”的概念，在现实中，社区只有平等的信仰，而没有政治资源的平等。多元权力结构运转的原因在于资源分配与实际利用的不平等性。一些人可以长期而熟练地使用其资源，另一些人则不能。而年龄、公共兴趣等是影响利用政治资源的变量。尽管政治资源的占有利用不平等，但民主与政治平等的信仰起到了对权力领袖的限制作用。

达尔考察了纽黑文市的历史，发现存在一个从寡头政治到多元化的趋势，不再有超级感召型的精英，但也没有完全的民主平等，各层领袖对决策产生影响，但其影响地位不同。他由此提出不同的权力结构模式：球状结构；集中式结构；多个权力竞争式结构。

达尔认为，权力变动涉及四个维度：一是强度，即一个行动者所拥有的权力的大小；二是分布，即权力散布或集中所覆盖的行动者数量；三是领域，即权力被限定于专门活动的程度；四是范围，即权力被限定于某些服从群体的程度。达尔主要关注权力的分布，他认为，从17、18世纪兴起的全民代议制经过演变成为一种被称为“多头政治”的政治体制，形成一种多元化的权力分布。这种体制表现在以下七个方面：

（1）当选官员做出的政府决策受到控制；

（2）自由、公正、自愿的选举；

（3）普遍的选举权；

（4）普遍的被选举权；

（5）政见表达自由；

（6）信息获取自由；

（7）政治结社自由。

在多头政治中，个人之间政治权力的强度差异趋于减小，权力领域往往也会收缩，而范围则会扩展，权力分配更加广泛。多头政治将出现在“现代的、充满活力的多元社会”，也就是说，哪里的经济发展水平高，哪里的经济处于增长中，社会分化就会达到足够高的水平，就会产生多种相对独立的利益集团。这些特征往往会削弱警察和军事组织的权力，从而减少出现非多头政治或独裁政体的可能性。

二、符号互动论

20世纪50年代以后，在城市社会学的研究领域中，逐渐运用一些符号互动论的观点及方法。符号互动论检验出了宏观社会理论的局限之处，建立了微观城市社会学的合法性，批评了社会学研究中过分注重定量分析、忽视定性分析的倾向。

符号互动论的基本原则是人类行为以事物所含的意义价值为基础。由此，城市符号互动论指出，城市人是具有社会性的，城市人的“自我”是在与他人的相互交往过程中发展起来的，这是对沃思理论的巨大挑战。因为沃思一直将城市人看成一个个异化的、非社会性的个体。城市符号互动论认为，城市环境不是纯自然的，而是渗透着价值和意义的，从一定意义上讲，是一个符号环境，城市人对城市外部环境刺激的反应，对自我的认识，以及相互之间的交流互动，都依赖于对所处的城市环境所具有的符号意义和价值的理解。因此，个人并不是被动或无意识地利用城市环境，而是充分理解环境并利用其构建身份。人们用以理解及认同某一城市环境的方式，会影响到他们是否愿意去利用城市环境，可能还会直接影响到经济发展及城市的组织活力和社会活力。这对城市研究具有宏观及微观方面的意义。首先，人们对城市环境并不仅仅做出直接反应，而是通过自身识别及对场所的识别来进行解释性过滤。因此，对城市人行为的分析，不仅需要考虑物质环境评估，还要考虑城市人对场所的理解及解释。其次，一个社区所定义的文化、行为规则等有可能为开展传统的制度性及组织性活动提供合理依据，以增进公民对本地事物的参与程度，因此，可以积极地利用符号来开展各种政治、经济及社会文化活动。

20 世纪 60 年代，欧文·戈夫曼开创了社会学理论中的戏剧分析范例，运用戏剧舞台的意象来研究日常生活中的人类行为。戈夫曼“戏剧论”的盛行，激发了更多的研究者去探索城市的漠视规则与行动者用以保护个人利益所使用的策略。城市符号互动论借鉴了戈夫曼的观点，反对结构主义的这个论点：主要团体、本地社区和传统机构在城市舞台上扮演着举足轻重的关键性角色。城市符号互动论认为，公众生活的匿名性要求城市居民必须在城市舞台上扮演某一角色。公众领域是个体经历的一个独特的城市表演场所，城市公众生活中的匿名状态使得个体奉行不介入准则，然而这又不能简单地加以简化，因为尽管公众领域中的情境都是临时性的、非固定性的和非制度化的，但即使是在暂时性的情境中，个体在扮演自己的角色、实现自我利益和社会期望时仍是有着相应的行动策略。同时，公众领域也有着一定的行为准则，这些准则有一套理念作为基础，产生出可预测的、有序的行为，并使得个人有能力管理在公开场所中的身份。

城市符号互动论认为，城市人在社会参与的复合体内，寻求富有意义的认同。对城市领域的认同是指一些认知性的意义价值及符号，它们是个体用以阐释某一城市场所的自然真实性和社会真实性。认同过程需要将自我融进场所中，并要意识到城市的场所可以为角色及身份构建提供机会，也可为社会团体提供空间边界。认同过程包括对空间暗含的认同产生依附感，并利用领地来宣称社会团体的联结纽带及边界。符号互动论者注意到了“家庭领地”形成的限制性及保护性环境，它使个体能安全地避开公众的注意而从事广泛的活动。人们不仅构建出家庭领地以维系亲密感和私人性关系，还发展出另外三种领地：

（1）公众领地——个人可根据其公民权而获取的自由，如公共娱乐设施和休息场所；

（2）互动领地——社会团体可非正式地规定其场所，如在海滩上；

（3）身体领地——包括个人的身体及个人宣称的私人空间，如在电梯或人群中。

三、社会网络理论

20 世纪二三十年代，英国人类学家发现，划定社区的界限并非像主观判定那样清楚，因为在现实生活中一个社区与其他社区间总有着千丝万缕的联系。英国人类学家拉德克利夫·布朗首次使用了“社会网络”的概念，他将社会结构界定为“实际存在的社会关系网络”。美国社会心理学家莫雷诺通过对小团体内社会交往的系统记录和分析，创立了分析社会关系资料的社会计量学方法。巴恩斯通过对一个挪威渔村阶级体系的分析，率先将社会网络作为一种分析实际问题的工具和手段来使用。伊丽莎白·鲍特在《家庭与社会网络》中第一次发展出关于网络结构的测量工具。到 20 世纪 70 年代，社会网络研究在美国兴盛起来，并逐步壮大成为社会学的一个重要新兴分支，为研究社会结构提供了一种全新的社会科学研究范式。

社会网络分析将整个社会视为一个由众多相互交错或平行的网络所构成的大系统，因而将关注重点聚焦于社会网络的结构及其对社会行为的影响模式上。它跳出了主宰城市社会研究多年的、完全根据行动者属性（例如性别、年龄、社会地位、收入、宗教信仰等）来解释个体行为或社会过程的视角，直接触及作为社会生活本质的“关系”，并为测量、描绘和评估“关系”的概念和过程提供了图示和量化分析的整合工具，成功地在个体关系研究与社会结构研究之间搭建起解释性桥梁。

（一）弱关系力量假设和“嵌入性”概念

1973 年格兰诺维特发表《弱关系的力量》一文，对欧美学界的社会网络分析产生重大影响，在文中，他首次提出弱关系力量的假设。

格兰诺维特将关系界定为人与人、组织与组织之间由于交流和接触而实际存在的一种纽带联系，并从互动频率、感情力量、亲密程度和互惠交换四个维度将其进一步划分为强关系和弱关系两种，前者维系着群体、组织内部的关系，后者的作用更多体现为在群体、组织之间建立纽带联系。在此基础上，他提出了“弱关系充当信息桥”的判断。由于强关系是在性别、年龄、受教育程度、职业身份、收入水平等社会经济特征相似的个体之间发展起来的，因此，通过强关系获得的信息往往重复性很高；而弱关系是在社会经济特征不同的个体之间发展起来的，它比强关系更能充当跨越其社会界限去获得信息和其他资源的桥梁，例如创造更多的社会流动机会。在 1974 年出版的《谋职》一书中，格兰诺维特通过对波士顿郊区牛顿城的 300 名白领就业者的调研发现，16.7%的求职者与他们的关系人在找工作时经常见面。换言之，专业劳动者更经常地通过弱关系而非强关系（例如亲属和朋友）获得工作信息，使用弱关系的求职者对新工作的满意度也相对更高。

1985 年格兰诺维特发表了另一篇重要论文《经济行动和社会结构：嵌入性问题》。他认为，经济行为是嵌入在社会结构中的，信任是实现嵌入的关键机制。与弱关系力量假设相比，嵌入性概念强调的是信任而不是信息，并更多隐含着强关系的作用。基于此，一些学者认为其弱关系力量假设和“嵌入性”概念之间存在着矛盾。

（二）社会资源理论

美籍华裔社会学家林南在“弱关系力量假设”的基础上进一步提出了社会资源理论。他认为，那些嵌入在个人社会网络中的社会资源（包括权力、财富和声望等）并不为个人所直接占有，而是来自个人的直接或间接的社会关系。个体所拥有社会资源的数量和质量由个体的社会地位、个体社会网络的异质性、个体与网络成员的关系力量等因素所决定。

通过 1975 年对纽约州北部地区 399 位男性劳动力的抽样调查，林南发现个体获得高地位工作的能力取决于他所拥有的资源（起初是他的家庭背景，后来是受教育程度和职业成就更为重要）及其对弱关系的使用情况。随着个人职业生涯的发展，结构性的而非先赋性的关系将发挥越来越重要的作用。

社会资源理论的提出为社会网络研究带来了突破性的发展：一方面，它扩充了弱关系的作用领域，不仅限于格兰诺维特所说的信息沟通，还包括资源的交换、借用和摄取；同时，它跳出了传统地位结构观的局限，看到资源不是只有通过占有才能运用，还可以通过关系网络进行摄取。

（三）社会资本理论

在20世纪70年代末80年代初出现了社会资本理论，它与社会资源理论的发展相平行却又相互独立。“社会资本”概念最早由法国社会学家皮尔斯·布迪厄提出。他指出，社会资本作为资本的三种基本形态之一（另两种是经济资本和文化资本），是一种通过占有“体制化关系网络”而获得的实际或潜在资源的集合。即在社会网络的联系下，群体可以用于支持成员行为的有价值的资源和机会，如感情的支持、机构的支持、特别的信息、社会流动的机会等。

科尔曼是系统论述社会资本理论的第一人。他把社会资本定义为“个人拥有的社会结构资源”，“与其他形式的资本不同，社会资本存在于人际关系的结构之中，它既不依附于独立的个人，也不存在于物质生产的过程之中”。科尔曼指出，社会资本的功能在于促进个人和集体行动者实现行动目标。由此，社会资本不仅作为增加个人利益的手段，也是解决集体行动问题的重要资源。

凭借其代表作《独自玩保龄球——美国社群的兴衰》，哈佛大学著名政治社会学家罗伯特·帕特南使社会资本研究成为多学科关注的热点。帕特南通过对当今美国社会资本状况的研究，提出社会资本包括社会网络、互惠性规范和由此产生的可信任性。拥有丰富的社会资本存量对于维护良好的社会秩序十分重要，例如实现较低的犯罪率、更繁荣的经济、更高水平的健康和幸福，以及更成功的教育。

林南进一步辨析了社会资本与社会资源的关系：社会资本主要是指从社会网络中获得的社会资源，社会资本理论同样关注对这类资源的工具性使用（对资本进行投资或动员）。社会资源和社会资本理论的汇合，强调了对根植于社会网络中获得资源和动员资源的工具性使用，从而完善和推进了社会理论的发展。社会资源理论多用于经验研究层面，社会资本理论则更多地使用在一般的理论层面。

四、消费社会学理论

消费在经济和社会生活中的关键地位使它成为经济学、心理学、行为科学、人类学和社会学等众多学科关注的对象。长期以来，经济学和心理学一直是消费行为研究的核心学科，20世纪80年代以来，社会学和人类学逐步成为消费研究领域的重要学科。这意味着社会学研究从早期基本集中在生产领域向消费生活领域的转移。

消费社会学作为社会学的一个分支学科，是以变动着的社会整体为出发点，研究社会成员的消费行为过程和行为规律的学科。消费行为是消费社会学最基本的分析单位。在消费社会学视野中，对影响消费行为的多种因素予以关注，具体包括社会文化与制度，社会阶层、社会组织与群体，家庭、社区与城市，社会网络与全球化，消费者社会特征和心理特征等。

（一）凡勃伦：有闲阶级与炫耀性消费

凡勃伦在1899年出版的《有闲阶级论》一书中，颠覆了正统经济学的理性消费理论，认为习惯风俗等非理性因素都将决定人们的消费，并提出了“有闲阶级”和“炫耀性消费”等经典概念。

凡勃伦将有闲阶级的出现归结于劳动分工带来的生产性工作与非生产性工作分化的结果。相对于从事生产性工作的劳动阶级，有闲阶级是指从事一切非生产性工作如政治、战争、宗教仪式和运动比赛的上层阶级。他发现，“要获得和保持人们的尊敬，仅仅拥有财富或权力是不够的。这种财富或权力还必须得到证明”。由此，明显摆脱劳动的有闲生活就成为拥有金钱和社会声望的传统标志。为了向社会展示并证明这种有闲生活而出现了两种途径：“炫耀性有闲”和“炫耀性消费”，前者消费的是时间和精力，后者则是物品，两者兼具浪费这个特征。随着社会的发展和现代社会流动性的提高，“消费”日益超过“有闲”而成为显示体面的常用手段。消费的意义已不再是单纯的对个人生理需求的满足，它包括了个人为博取荣誉所进行的非生产性支付，例如举办奢侈的宴会、驾驶豪车等。因此，炫耀性消费的一个显著特点就是以非必要的物品消费来展示财富和权力，从而使消费者获得荣誉和自我满足。

凡勃伦作为制度经济学派的创始人之一，颠覆了古典经济学中的“经济人”假设，敏锐地洞察到人类行为在很大程度上受到习惯、文化以及社会制度的影响，而不是单纯追求效用的最大化。

（二）鲍德里亚：符号消费与消费社会

在其早期代表作《物体系》一书中，鲍德里亚提出，在以“丰盛”和“消费”为特征的社会，“物”的意义已经不再限于曾经的以满足人们基本生活需求为主要特征，而更多拥有符号的一般性特征。我们所处的物的世界实质上已经成为符号的世界，物品的消费也相应地转化为对符号的消费。物品变成系统中的符号，这种身份转换，同时也包含人与人之间关系的改变，它变成了消费关系。人们在消费物品时，实质上是在消费符号所具有的意义，同时依此进行自我的界定和群体的认同。消费的本质不在于满足人们实际需求或为人们提供享乐，而在于它能生产出特定的意识形态。一旦人们进行了消费，就进入一个全面的符号价值生产和交换系统，其中，丰盛、自由、进步、救赎、个性化等在不知不觉中成为支配人们行动的基本价值观。

鲍德里亚在《消费社会》一书中进一步探讨了消费的意识形态功能。他将消费视为“一种操纵符号的系统性行为”，是实现社会控制的重要手段。由此，消费成为资本主义生产的要求和产物。剥削和控制不仅仅发生在生产领域内，同时也发生在消费领域内：要成为消费者，就不得不变成经济化的和受控制的劳动力。

鲍德里亚的贡献在于，他指出了消费的符号性特征，并在此基础上构建了“符号政治经济学批判”，区别于传统政治经济学将消费视为经济交换价值向使用价值的转化过程的观点，消费在这里被视为经济交换价值向符号交换价值转变的过程，从而揭示出消费社会中消费所具有的意识形态功能。不过，他否认消费同时也是一种物质性和体验性的活动，则是过于极端了。

（三）布迪厄：消费的生活风格论

在凡勃伦的理论研究基础上，布迪厄在其著作《区隔：品味判断的社会批评》中，深入考察了社会分层与消费实践之间的关系。他提出，人们社会地位的区分既要考虑经济资本，又要考虑文化资本。在经济资本和文化资本的不同作用下，不同阶层形成了差异化的"惯习"，进而通过消费活动和文化实践体现为品位和生活风格。

在布迪厄的理论中，场域、资本和惯习是不可分割的三个概念，人们日常生活的言行举止是三者共同作用的产物。他提出，不同生活风格的惯习表现来自消费者所遵循的品位的影响，而品位的差异性又和不同消费者所拥有的资本量的多寡存在紧密联系。拥有较少资本的消费者往往受困于现实的生活压力，表现出必需品品位的生活风格；而拥有较多资本的消费者则更多表现出奢侈品品位的生活风格。布迪厄认为，品位是生活风格的稳定性因素。在品位的作用下，消费者的消费会呈现出连贯性和统一性的行为倾向，并从"物理秩序"提升到"象征秩序"的层次。也就是说，不同的消费观念与行为不仅是单纯存在状态的差异性表现，还体现为与象征权力相关的"区隔"（Distinction）。区隔不只是差异，同时也在展示权力与累积权力。"社会场域"作为由客观位置关系所形成的一种网络或形构，成为消费者利用"区隔"符号展示自我的舞台。在消费社会，统治阶级不是凭借武力而是靠展现自己的生活方式来影响被统治阶级的世界观，从而让他们承认既存权力关系的正当性和必然性。

（四）场景理论

20 世纪 80 年代后，随着产业转移及后工业社会的来临，欧美大批工业城市衰退，城市形态从生产型向消费型转变，文化创意、休闲娱乐、高新技术和金融服务等新产业兴起。传统的生产和人力资本的角度难以解释新时代城市的消费和居住、工作和就业，新的"场景理论"（Scenes Theory）诞生。以消费为导向、以生活娱乐设施为载体、以文化实践为表现形式，推动经济增长，重塑后工业社会的城市更新和发展路径。

所谓场景就是一种社会空间，由各种消费实践所形成的具有符号意义的社会空间。它包括五个要素：邻里、社区；物质结构、城市基础设施；多样性人群，如种族、阶级、性别和教育情况；前三个元素及其活动的组合；场景中所孕育的文化价值。个体在这里进行消费实践，收获着由实践带来的情感体验，如愉悦或憎恶、漂亮或丑恶、正确或错误、真实或虚构等。空间被看作汇集各种消费符号的文化价值混合体，其客观结构由各种生活娱乐设施构成，分为商业区或工业区，其主观认识体系则可从文化价值观场景的真实性、合法性和戏剧性三个维度来把握。不同社会符号或纽带中的个体被看作消费者。

芝加哥大学社会学教授特里·克拉克、哈佛大学经济学教授爱德华·格莱泽、多伦多大学理查德·佛罗里达和丹尼尔等是上述场景论的代表。格莱泽在《城市的胜利》中通过对纽约数十年的研究，展现了后工业城市中的文化和生活方式对于高素质人群的吸引力。佛罗里达在《创意阶层的崛起》中论述了在去工业化进程中创意阶层对于城市发展的重要性，为了吸引这个阶层，城市应该特别注意包容性、科技和高素质人群。新芝加哥学派领军人物特里·克拉克提出的新场景理论为解决城市如何吸引高级人力资本问题提供了一套学术话语体系，将城市空间研究从自然和社会层面进一步拓展到区位文化消费的实践层面。

"场景"把消费组织成有意义的社会形式，成为城市发展的新舵手、城市更新和转型的驱动力。因为在后工业社会，个体空间行为动机凸显在个体对文化和价值观的诉求中。特定区域文化和价值蕴藏在社区、建筑、人口、风俗和群体性活动中，并外化为生活娱乐设施的功能、种类、布局和总和“场景”；文化和价值观通过区域场景来反映和形塑人们的空间行为和现代生活秩序。对纽约、洛杉矶、芝加哥、巴黎、东京和首尔等大城市的研究发现，城市生活娱乐设施的不同组合，会形成不同的区位场景，不同的区位场景蕴含着特定文化和价值因素，文化和价值因素又吸引着不同群体，从而催生并形成高级人力资本与新兴产业的聚集效应，推动城市更新和发展，这成为后工业城市发展的典型特征。

思考题

1. 马克思和恩格斯有哪些与城市社会学相关的论述？
2. 韦伯对于城市有哪些主要论述？
3. 古典人类生态学有哪些基本主张？
4. 卡斯特关于城市集体消费的论述的核心观点是什么？

第三章　城市发展与城市化[①]

城市是生产力发展的产物，是在一定历史条件下起源和发展起来的。尽管城市已经存在和发展了很长时间，但城市化作为一种历史趋势主要是工业革命以来才凸显的。城市发展的历史和城市化历程是城市社会学研究的重要内容和基础。对全球城市历史的研究有利于把握城市发展规律，促进城市可持续发展。

第一节　城市的起源与发展

一、城市的起源

城市的起源可追溯到人类文明萌发的时代，人类文明的发展史也是城市发展的历史。有研究认为，世界上最早的城市是公元前9000年左右出现的耶里哥古城（Jerich，或译为杰里科，在今巴勒斯坦境内，约旦河河谷）。另一些研究认为，城市产生于公元前3500年左右，人类社会由野蛮向文明过渡的时期。

人类最早的城市主要分布在两河流域（底格里斯河、幼发拉底河）、尼罗河流域、印度河和恒河流域，中安第斯山脉，以及中国的黄河与长江中下游。这些地区是世界文明的发祥地、人类文化的摇篮，也是地球上第一批城市的诞生地。在尼罗河沿岸，有古埃及从公元前3200年到332年建立的多个王朝的都城，如孟菲斯、卡洪城、底比斯、法雍等。在两河流域的苏美尔地区，公元前3000年至公元前2500年出现了很多围绕中心城市的地区联合而成的城市国家，如埃利都、乌尔、乌鲁克、拉伽什等。公元前2000年左右，地中海沿岸建立了马西利亚、叙拉古、拜占庭、斯巴达、雅典和罗马等城市。在印度，公元前2000年前后信德地区的摩亨卓达罗占地达到260公顷，人口2万左右，是当时世界上最大的城市之一。近年来的考古发现，在5 000年前中国黄河和长江流域就存在大量人类聚落地，如仰韶、龙山、三星堆、红山、良渚、大汶口、石家河文化遗址；公元前21世纪至公元前17世纪出现了第一个奴隶制王朝（夏朝）以及大量城池；到春秋战国时期，已有100多座城市散布在黄河、长江流域。美洲和非洲作为另外两个城市发源地，考古发现的城市还比较少。危地马拉热带丛林中发现的玛雅人城市埃尔麦雷多兴盛年代约在公元前300年。在非洲津巴布韦、尼日利亚、苏丹等地都发现了一些城市遗址。

---

① 本章主要内容参考国内外社会学专业教材，如教育部马克思主义理论研究和建设工程教材《城市社会学》、夏建中《城市社会学》、蔡禾《城市社会学讲义》、向德平《城市社会学》、张嵩《城市社会学》、保罗·诺克斯《城市化》等。

关于城市的起源，学界存在一些分歧。这与城市的定义与特征无法统一有关，很难将城市的起源追溯到同一的目标，也和城市起源的多元性、渐变性、波动性与不连续性所导致的追溯困难有关。对城市的起源，目前主要有以下几种观点。

（一）军事防御说

这种观点认为，原始社会部落之间经常发生战争，部落首领为了维护和巩固统治、加强权力或为了保障部落成员的安全和部落财产的安全，抵御侵略，在居住地筑墙造城，形成城郭。在中国古代，“城”与“市”有着不同的含义。城是指四周的城墙，“城郭也，都邑之地，筑此以资保障者也”，“市”是指商品交易的地方。中国在5 000年前就出现了早期的城市。鲧城和禹都是中国有记录的最早的城市。史书记载：“鲧筑城以卫君，造郭以守民，此城郭之始也。”“禹作三城。强者攻。弱者守。”

（二）宗教起源论

城市理论家刘易斯·芒福德认为宗教在城市产生过程中的作用巨大。他认为，人类对死亡、未来世界等的迷惑导致了早期人类聚落的产生，并在宗教推动下进一步发展为城市。“人类最早的礼仪性汇聚地点，即各方人口朝觐的目标，就是城市发展最初的胚胎。”“自古埃及菲斯城建立，直至18世纪彼得堡规划重建，这段历史时期内的城市常常是皇权或神权统治的中心。国王登基后第一个行动，便是大肆新建翻修庙宇，祭祀赐予他权力的活神先圣。换言之，城市最初是以圣地面貌出现的，它是控制的中心，而不是什么贸易或制造业中心”①。惠特利也强调古代城市的设计和布局反映的是当时人们的宇宙观，城市被视为神灵与尘世沟通的中心，它们象征权力依神的旨意降临人间，并由国王实施并延展到整个国家。

（三）经济或经济制度决定论

1. 生产力决定论

马克思主义认为，城市的产生是生产发展的结果，特别是社会分工的产物。在《德意志意识形态》中，马克思、恩格斯从社会分工的角度来阐释城乡的分离和城市的出现，认为“一个民族内部的分工，首先引起工商业劳动同农业劳动的分离，从而也引起城乡的分离和城乡利益的对立”②。农业与畜牧业的分工使农业剩余产品开始出现，并出现了少量的商品交换活动以及因为农业生产而定居的人类聚集地。当手工业从农业中分离开来后，经常的商品交换成为可能，人类开始在一些生产比较发达，位置适中，水陆交通方便，人口较多，便于交换农副产品的地方，形成了交易市场，这种交易中心后来又逐步发展成为以商业、手工业为主的农村小镇。分散于各地的这些农村小镇就是后来城镇形成的胚胎，经济的继续发展便形成了城市。总之是生产力的发展促进了物质产品的丰富，而物质产品的丰富促进了城市的产生。

2. 商业起源论。

商业起源论明确认为商业或商品交换才是城市产生的主要根源，城市最初是作为商品

① 刘易斯·芒德福．城市的形式与功能//陈一筠．城市化与城市社会学．北京：光明日报出版社，1986：49.

② 马克思，恩格斯．马克思恩格斯选集：第1卷．2版．北京：人民出版社，1995：68.

交易的聚集地而出现的。中国古代典籍《周易》中说："日中为市，致天下之民，聚天下之货，交易而退，各得其所……""一些城市起先并没有城墙，也没有定居的人口和固定的作坊及店铺，而可能是一个小村子，或者连村子也没有，只是日起而聚，日中而市，日落而散，后来以市而兴，逐步有了居民定居，有了固定的店铺，再有了前店后作坊等等，成为一定规模的城市。"①

3. 经济功能决定论

这种论点从分析城市所具有的经济功能入手追寻城市何以产生，认为分工与协作，使得城市具有降低成本、降低交易费用、产生规模经济和外部经济等作用，因而在人类社会发展过程中，能够形成一种空间和人口聚集，促使城市产生。

（四）城市人文主义

城市人文主义认为，人类社会的经济建设、发展生产力都只是手段，人才是最终的目的，城市产生于人性的驱动，目的是满足人类不断增长的物质和精神需要。涂尔干就认为："城市诞生于推动个人以恒定的方式彼此维系尽可能亲密关系的需求。"推动城市产生的"不仅仅是商业交换关系和竞争关系，而且是一种精神密度（即个人融入公共生活的程度），因为纯经济关系使得人民彼此外向交往，所以无须参与同一集体生活，人们也能够保有经常持续的关系"。

关于城市起源方式的争论恰恰说明了社会现象区别于自然现象的特殊性，可以看到人类所赋予其行为的意义，以及人类所形成的文化、制度等上层建筑对于社会发展的深远影响。相较于强调单一原因或单一因素的影响，越来越多的研究认同具体城市出现原因的多样性，以及多种力量在城市发展中的作用。乔尔·科特金在《全球城市史》中就同时强调了三个关键因素对于城市发展的影响：地点的神圣，提供安全和规划的能力，商业的激励作用②。

二、古代城市的发展

这里所称古代并非一个准确的历史分期，而是指世界相关国家前现代时期。在这一漫长的历史时期，经济、政治、文化的发展和变革推动着城市发展和演变，一些城市因为帝国的强大而兴盛，但并没有出现持续而稳定的城市化进程，由于生产力波动、自然灾害、王朝衰落或战争等因素，很多城市聚落兴盛一时又迅速淹没在历史尘埃中。从 5 500 年前世界四大古代文明诞生算起到1750 年，全球城市化率也就从零增长到 3%，世界城市人口估计只有 250 万人③。在此，我们并不打算对全球众多国家城市的整个古代的发展进行概述，而只是希望能够增加一些关键背景信息，以利于我们更好地理解现代中国与欧美国家城市发展和治理模式的差异。

（一）欧洲古代城市的发展状况及特点

欧洲地区城市发展受到地理条件、经济发展、帝国战争、宗教冲突、疾病瘟疫等多种

① 周天勇．城市及其体系起源和演进的经济学描述．财经问题研究，2003（7）.

② 乔尔·科特金．全球城市史．北京：社会科学文献出版社，2010：18-19.

③ 新玉言．国外城镇化：比较研究与经验启示．北京：国家行政学院出版社，2013.

因素影响。罗马帝国等大型帝国的兴起为罗马等城市及城市网络的兴起提供了政治军事保障，而内部战争以及外族入侵和不同族群的经营水平导致城市的衰落，甚至湮灭。另一些城市则得益于相对安全的地理位置、农业的兴盛、繁荣的贸易、宗教团体的庇护、王国战争的影响等原因而得到发展。但这些城市的规模再也没有恢复到罗马时期的繁荣。到1400年，巴黎的人口为27.5万人，布鲁日、威尼斯人口仅超过10万人，而伦敦、罗马、那不勒斯、科隆、佛罗伦萨、根特等人口在4万人到5万人。不少城市通过斗争获得了相对于帝国及封建领主的自治权利。城市居民通过选举产生市议会，市议会成为城市的权力机构，法官制定政策、法令，城市铸造货币，拥有自己的法庭和武装力量。总的来看，欧洲古代城市具有如下发展特点。

1. 城市的发展经历了一个由衰亡到复兴的过程

5世纪罗马帝国灭亡时城市大多在战争中遭到破坏，盛极一时的罗马城人口由近百万猛降到6世纪的4万。在10世纪到11世纪，西欧城市开始复兴。随着农业经济和农业技术由西欧向东部传播，一些地方的中小城镇作为推进的据点得到发展。从11世纪到13世纪的300多年是欧洲城市迅速发展的时期，城市人口也得到较大的增长。文艺复兴、重商主义及大航海时代的到来为此后欧洲城市的进一步发展提供了条件。

2. 欧洲城市的发展完成了由“城”到“市”的转变

欧洲封建社会生产力发展，生产技术明显提高，剩余产品越来越丰富，手工业匠人专业化和集中化的趋势增强，交通条件更加方便，这些都促使商品交换不断扩大，商业活动日趋活跃。城市不仅是政治中心，还是手工业生产中心和商品交换中心。如果说早期城市强烈的军事、政治职能表现了城市中“城”的形象，那么，中世纪及之后的城市日益兴起的商业流通职能使城市中的“市”的职能明显增强。

3. 城市功能分化

商品经济的发展促进了城市功能的分化，欧洲逐渐形成了不同类型和性质的城市，出现了城市的专业分工。《剑桥欧洲经济史》就把中世纪的欧洲城市分成四类：一是以商业为主进行长距离贸易的城市，如布鲁日、安特卫普、威尼斯；二是兼为消费中心和生产中心的城市，居民主要是手工业者，乡村提供食品和原料，城市供给农村手工业品，如英国的格洛斯特等；三是消费性的城市，即政治中心、军事中心和宗教中心以及作为文化中心的大学城市，如英国的伯里圣埃蒙兹、德国的法兰克福等；四是作为封建领主的设防据点的城市，城市居民主要从事农业，但领主给予他们自由。

4. 城市社会结构发生变化

突出表现在城市内部行会组织的发展、市民运动的兴起、城市自治权的扩大及城市国家的出现。城市行会组织一方面维护本行业利益，保障行会成员生活，具有经济方面的属性；另一方面还承担维护工商者的权益和自由、反抗封建主剥削的职能，对封建主构成强大的政治压力，具有政治方面的属性。在反对封建主的城市自治运动中，行会组织成为中坚力量。此外，封建主和工商业者之间的矛盾和对立日益明显，城市各阶层人民联合起来以多样化的方式反抗封建主的统治，不断扩大自治权，成为自治城市。城市中有经选举产生的市议会，作为城市的最高权力机关，市议会拥有制定法令、管理财税、组织生产、进行审判的权力。这些自由城市为欧洲封建制度的崩溃和封建经济的瓦解创造了条件，为资本主义的萌芽准备了一定的政治经济基础。中世纪城市社会结构变化的另一方面是城市国家的出现。城市国家以一个城市为主，周围辖有少量农村，城市是地域政治和经济的中心。12 世纪到 13 世纪意大利的威尼斯、佛罗伦萨就是这样的城市国家。以城市为中心形成城市国家和以城市为单元结成政治性同盟，构成欧洲中世纪城市发展的一个突出特点。

（二）中国古代城市的发展概况及特点

1. 中国古代城市的发展概况

尽管中国古代也经历了大量朝代的更迭和频繁的战争，人口、宗教、技术和社会经济结构不断变化，但是吸纳儒家和法家两种哲学传统的意识心态和官僚帝国政治体制却延存了两千多年①，造就了不同于欧洲的城市体系、城市内部空间形态与社会特征。

秦统一中国后，强化中央集权，统一法律、度量衡、货币和文字，广修道路，实行郡县制，各行政中心都发展成规模不等的城市，由此建立起全国范围内从上到下的城市系统。汉代的休养生息政策使人口迅速增加，经济的恢复促进了城市的发展与繁荣，670 座城市主要集中在经济较为发达的黄河流域，河西走廊、云贵等边疆地区也出现了城市。东汉末年到魏晋南北朝时期，中原地区战争频繁，北方人口大量南移，经济中心逐渐南移到长江及珠江流域，南方城市不断形成与发展，杭州、广陵（今扬州）等迅速发展成为较大城市。隋唐及宋代，南北两大经济区域因为大运河强化了联系，大运河沿岸城市如淮安、扬州、苏州、杭州兴起。唐代生产力的发展使人口规模显著增长，形成了以长安为中心，东到汴梁（今开封）、商丘，西到岐州、成都，南到长沙、广州、北抵范阳（今北京）的城市网，涌现出不少以商业经济为主的城市，如长安、扬州、广州等。到北宋时，商品经济的发展使得城市内部空间治理结构发生较大变化，住宅区和商业区严格区分的坊市空间结构被打破，开封盛极一时，随着南方经济和海运发展，沿海城市如泉州、临安（今杭州）发展起来。元明清三代，随着社会生产力的提高、商品经济的发展以及资本主义生产方式的萌芽，城市发展出现了一些新的变化：第一，城市数量不断增加，规模不断扩大，城市类型日趋复杂。第二，城市的功能和性质发生变化，在政治、军事中心城市基础上，形成了一批工商业城市。第三，城市发展的动力从政治军事力量为主，转变为经济力量作用巨大。第四，城市的社会关系发生变化，工商业的人口比重增加，出现了手工工场雇主与雇工、商人与雇员、商人与手工业主之间的多重复杂的社会经济关系。

2. 中国古代城市发展的特点

总的来看，中国古代城市具有如下发展特点：

(1) 城市发展由北向南扩展。

中国城市在黄河两岸首先兴起，由北向南逐渐推移，形成南密北疏的城市分布格局。城市最初是在今河南、山东两省境内的黄河两岸兴起，继而在黄河中下游和淮河流域崛起，奠定了北方城市格局。汉水流域、长江三角洲和四川盆地也兴建起一批城市。隋唐以后南方城市因为工商业发达而快速发展起来，形成了“政治中心在北方，经济中心在南

① 赵鼎新．儒法国家：中国历史新论．杭州：浙江大学出版社，2022.

方”的局面，北方城市一般都是政治、军事中心，商品经济不发达，生产流通的职能不明显，而南方城市商品经济发达。

（2）城市的行政职能突出。

古代城市的行政职能突出，经济对行政的依附比较明显。城市的建立和成长往往取决于它是否是中央统治的都城，城市功能以政治、军事功能为主，由政治功能带动和滋生其他功能。城市设置主要基于政治、军事因素考虑，由朝廷统一规定。如唐代规定“非州县所在不得置市”，明代规定“土司皆不许立城”，经济发达的地方只能出现一些临时性集市，唐代称为“草市”，宋代称为“虚市”。

（3）城市体系完整、稳定。

从城市建制上看，自秦代开始我国就建立了较为完整的城市体系，以后各朝代基本沿用这种建制。汉代开始设州制，州以下辖县。元代设行省，省城是区域中最大的城市。各朝代形成了“都城—行省、州府—县城—集镇”等不同规模的城市体系。

（4）在城市规划和建设上，受政治制度影响巨大。

为了管理的便利和需要，从首都到县一级城市，都严格沿袭王制准则，有一套严密的体现王权的典章制度。帝王所在的城市是全国的中心，帝王所居的王宫是全国中心的中心。地方区域的中心是县城府城，中央派出的官吏机构则是该城的中心。从城市布局来看，自秦开始采用三套方城、宫城居中、东西对称的传统规划方法。城市采用方形结构，中央为皇宫所在，城市由两层内墙分隔，内墙是统治者居住之地。内墙与外墙之间是工商活动与居住之地。城市以井字形街道划分坊、市、里、巷。所有都城之外的城市，无论是大的郡府还是小的县城，都仿效这种模型，强调规整严格的中轴布局，有宫殿坊里构成，无论在整体还是内部划分上，都力求遵循对称原则。

三、近现代城市的兴起与发展

18 世纪中叶以来的工业革命、全球化进程推动全球城市发展进入一个崭新的时期。以蒸汽机的发明和广泛应用为重要标志的工业革命，创造了人类历史上前所未有的生产力，机器大工业代替了以手工劳动为主的工场手工业，广泛的社会化专业协作代替了分散、孤立的生产状态，交通运输业的发展促进了商品交换的发展与社会联系的加强，商品经济更加活跃，人口和资本大量集中，城市数量增加，规模扩大，城市人口急剧增加，而且使城市的地位、作用、性质和功能发生根本性变化，城市发展进入城市化时期，城市化成为一种相对稳定的全球趋势。

（一）工业革命后全球城市发展的特点

工业化推动了城市化发展。工厂的大量兴建导致人口聚集、消费集中，使城市数量增加、规模扩大；工厂的规模经济、城市的集聚效益以及日益先进的生产方式和集约化的经营手段，导致城市社会生产力和社会物质财富的高度集中，城市成为社会经济中心，成为“社会前进的基地”；工业革命增强了城市经济实力，促进了城市自身基础设施的完善和生活水平的提高，为城市居民的生产生活提供了方便；工业化为农业提供了先进的技术和生产工具，提高了农业生产效益，解放了大批农业劳动力，为城市发展提供了充足的人口。

总之，工业革命对城市发展起了决定性作用。正如美国学者吉斯特和费瓦所言："工业革命使城市主宰了世界"[①]。近代全球城市发展呈现出如下整体特点：

1. 城市数量增加，规模扩大

在工业革命推动下，英国兴起了一批工业城市，如利物浦、格拉斯哥、曼彻斯特、伯明翰、利兹、纽卡斯尔特等，伦敦成为商业中心、金融中心、工业中心。在 1801 年到 1851 年的半个世纪里，英国 5 000 人以上的城市由 106 个增加到 265 个，城市人口的比例由 26％增加到 45％，到 1900 年，这个比例又激增到 75％，英国成为世界上第一个城市人口超过农村人口的国家。19 世纪，法国、德国、美国、荷兰、比利时等国也相继开始了工业革命，城市化全面展开，纽约、芝加哥、巴雾、柏林、汉堡等城市的经济功能大大增加。美国在 1790 年至 1890 年的 100 年间，城镇数量由 24 个增加到 1 384 个，城市人口占总人口的比例由 1790 年的 5.1％ 上升到 1890 年的 35.1％，城市的规模也不断扩大。19 世纪开始的以欧洲向南北美洲大规模的移民也为美洲城市化进程提供了重要支持。这些移民首先在沿海港口登陆，然后向内地推进，在沿海形成很多著名港口城市，如纽约、费城、巴尔的摩、圣保罗、里约热内卢、布宜诺斯艾利斯、墨尔本、悉尼等。

2. 城市分布范围扩大

随着生产力的提高，欧美一些国家的内陆地区得到开发，在开发后的农业区域中心地和工业资源地附近出现了大批城市。城市不仅在欧美得到全面发展，而且向全世界扩展。西欧资本主义国家凭借先进的技术和雄厚的国力发展海运事业，控制世界贸易，在亚非地区进行殖民主义扩张，亚非沿海城市被作为门户城市，内陆部分区域中心被作为掠夺基地发展起来，殖民主义经济畸形繁荣，全球范围内出现了大量的殖民地城市，如非洲的内罗毕、金沙萨，亚洲的孟买、新加坡、科伦坡、雅加达等。这些城市被整合进以欧美主要城市为核心的全球城市网络体系中。

3. 城市的性质和功能发生变化

城市的经济功能特别是工业生产功能和商品交换功能日益突出，城市的职能趋于多样化，它不仅是工业生产中心、科学技术中心，而且是商业中心、金融中心、信息中心、文化中心、教育中心和行政中心。经济对行政的依附逐渐削弱，经济对政治和军事的影响和控制明显加强。城市创造出来的前所未有的经济效益以及无与伦比的物质财富和精神财富，使城市对周围及其他地区的影响日益扩大。

4. 城市发展造成了社会财富的巨大集中和贫富差别扩大、城乡分化加大

城市生产力的高度发达，造成社会财富的高度集中，城市成为资产阶级的经济统治中心，城市经济在整个国民经济中占绝对优势，并剥削和统治农村。正如马克思、恩格斯在《共产党宣言》中指出的："资产阶级使农村屈服于城市的统治。"[②] 城市的发展使城乡矛盾激化，城乡对立加剧，加重了城市对农村的剥削。城市内部，贫富差别越来越明显，无产阶级和资产阶级的矛盾不断加深，出现了激烈的阶级冲突。

① 北京市社会科学研究所城市研究室．国外城市科学文选．贵阳：贵州人民出版社，1984：26.

② 马克思，恩格斯．共产党宣言．北京：人民出版社，2018：32.

（二）近代中国城市发展的特点

欧洲殖民者在大航海时代就开始侵扰中国沿海地区，明清政府奉行闭关锁国政策。1840年鸦片战争，帝国主义列强用炮舰轰开了中国的大门，外国资本和商品开始倾入中国市场，机器大生产的浪潮波及中国，中国城市的发展速度超过以往任何时期。但是，中国社会的半殖民地半封建性质影响和制约了城市发展，城市化进程步履维艰。据美国学者斯金纳的研究，1843年中国的城市化水平约为5.1%，到1949年中国的城市化水平上升至10.6%，仅增加了5.5%，同期世界城市化水平却增加了22.8%。我国近代城市发展具有如下特点：

1. 工商业城市与传统城市并存的二元结构

中国近代城市发展具有明显的二元结构特点。一方面，资本主义工商业在中国沿海沿江出现，随后波及东北和内地广大地区，一批近代工商业城市如上海、天津、大连、青岛、广州、重庆等迅速崛起，其地位逐渐超过传统城市；另一方面，广大内地城市的日渐衰落，形成近代工商业城市与传统城市并存的二元结构。

2. 城市发展具有浓厚的殖民地半殖民地色彩

租界城市、殖民地城市成为帝国主义剥削和掠夺中国的基地，成为外国经济侵略的桥头堡、掠夺中国资源的转运站。城市还是国内统治阶级压榨人民的据点，统治者按照自身政治经济要求发展城市经济，制定城市规划。

3. 城市发展区域不平衡

整个国家经济社会发展的不平衡导致城市体系结构失衡，城市布局也不合理。城市主要分布在沿海、沿江地带，广大内地不仅城市数量少、规模小，而且经济极其落后。沿海沿江城市在政治、经济上统治和控制着内地城市。

4. 城市内部经济畸形发展

城市经济结构不合理，近代工业得不到应有的发展，基础工业极其落后，但是为帝国主义、封建地主和官僚买办服务的商业、服务业过分膨胀，城市经济不协调，多是消费寄生型。大城市被租界分割得支离破碎，发展各自为政，自成体系。城市的发展建立在对农村剥夺的基础上，城乡矛盾和对立变得更为严重。

（三）现代城市发展的特点

第二次世界大战之后，科学技术的迅猛发展、产业转移及经济的高速增长，大大加快了全球城市发展的过程，城市化在规模、速度和范围上大大超过了以往各个时期。现代城市发展呈现出以下特点：

1. 世界城市化进程加速，但发展不平衡

20世纪初，城市化还只是工业国家的发展趋向，到20世纪50年代末60年代初，城市化开始形成世界规模，在全世界展开，城市开发的深度和广度超过以往任何时期。从总体上看，无论是发达国家还是发展中国家，城市化水平都得到了普遍提高。但是，由于各国家、地区生产力发展水平的差异，经济发展不平衡，城市化水平也相差悬殊。先进的工业国家，城市化水平高达80%以上，城市化与经济发展的关系相对协调。而在发展中国家和地区，虽然城市的绝对量不断增加，城市化水平快速提高，但往往出现与经济发展水平不配的情况，过度城市化，首位度高的现象十分明显。

2. 城市内外部形态结构发生变化

这表现在城市内部和城市外部两方面。首先，从城市内部看，早期城市规模不大，地域分化不明显。随着经济的发展，城市规模相应扩大，城市内部出现明显的地域分化，出现界限明确的工业区、商业区、住宅区和文化区等，各区城在保持自身地域特色的同时，联系也不断加强，构成一个完整的城市综合体。从城市外部结构来看，城市开始超出自身范围，向郊区发展。由于城市中心人口集中、用地紧张、环境污染等原因，人口和企业逐渐向城市外围扩散，出现逆城市化趋势。城市周围出现大量卫星城镇，它们与中心城联系紧密，组合成城镇群，成为城市空间组织的新形式。与此同时，在世界上一些发达地区，大城市市区的对外扩展使邻近城市在空间上相互联系形成城市连绵带或巨型城市区域。在美国，北起缅因州，南到弗吉尼亚州，在长达550公里的地带区，分布着波士顿、纽约、费城、巴尔的摩和华盛顿等五个大城市，还有上百个中小城市，组成一个世界上最大的人口稠密、城镇密布的城市群。类似的城市群在德国有鲁尔区的埃森—多特蒙德—杜伊斯堡城市群，日本有东京—横滨和大阪—神户—京都的城市群。

3. 城市功能趋向动态性、综合性

现代工业向城市集中和现代科学技术的发展，提高了整个社会的生产、流通、交换的容量和活动频率，因此，现代城市特别是综合性的大城市，其生产和生活的各种物资供应量、消耗量与日俱增，联系范围规模不断扩大，活动频率不断提高，城市功能趋于动态性、综合性。

4. 城市问题日趋严重

城市人口、工业的过度集中和大城市的畸形发展，带来了一系列的严重问题，造成大量的社会危机，如劳动力过剩、失业率上升、交通拥挤、住宅紧张、地价昂贵、污染严重、生态环境恶化、生活质量下降、社会秩序混乱、犯罪率增高、城市基础设施落后、公用事业不足等。城市社会问题的出现，给城市社会生活和城市管理带来了极大困难，影响了城市的协调发展。

第二节　城市化概述

一、城市化的概念

城市化（Urbanization）一般指人口向城市地区聚集，乡村地区转变为城市地区，城市人口规模和比例不断提高的过程。我国国内政策文本中倾向使用“城镇化”而非城市化概念。因为在中国语境下，城市发展和治理受城乡二元结构和行政管理体制的影响，城镇化的空间聚集地既包括“城市”又包括“建制镇”。中国很多建制镇相当于国外较大的城市，但由于散布乡间，相对于中国语境下的城市具有很强的乡土特色。在政策文本中使用“城镇化”而非“城市化”有利于突出中小“镇”在中国社会的重要性。

城市化可以从人口学、地理学、经济学和社会学等不同学科视角去理解。人口学意义上的城市化是指农村人口变成城市人口，即人口由农村向城市集中的过程；地理学意义上的城市化是指农村地域向城市地域的转化，即地域中城市性因素逐渐扩大的过程；经济学意义上的城市化强调农村经济向城市经济转化的过程和结果；社会学不仅仅从人口角度、经济角度、地域角度研究城市化，而且从城市与社会的相互作用中探讨人口集中、地域转化的深层社会原因。社会学者认为，城市化是人口、地域、产业结构和生活方式由农村型向城市型转化的社会变迁过程，包括下述相互联系、相互作用的四个方面。

（一）人口集中

城市化首先表现为人口由农村向城市集中的过程，人口集中的速度与比例从数量上反映了城市化水平。城市化作为一种人口集中的空间过程，包含农村人口向城市集中的机械增长和城市人口的自然增长两个部分。它们都会导致城市人口数量增加和城市人口占总人口的比例上升。

（二）地域转化

城市化是一个地域转化的过程，最直观地表现为城市建成区扩大。作为城市化过程的结果，地域转化的速度和规模从形态、景观上表达了城市化的水平。

（三）产业转型

从经济的角度看，城市是第二、第三产业构成的特有经济空间，城市化是第二、第三产业产生、集聚和发展的过程，产业转型从经济角度反映了城市化的水平。第二、第三产业的发展带来了人口的聚集，推动了生产的社会化和专业化，造就城市地域景观。在城市内部，经济区位的空间配置不断向更高效率的形态发展；城市外围的农业区位或者被取代，或者向更集约化的方向发展。

（四）生活方式变革

从社会发展的角度看，城市化过程是新的生活方式产生、集聚、扩散的过程。城市化是指农村人口不断向非农产业和城镇转移，使城镇数量增加、规模扩大，城镇生产方式和生活方式向农村扩散、城镇物质文明和精神文明向农村普及的经济、社会发展过程。[①]

二、城市化的过程

从发达国家城市发展的历史来看，城市化过程可以根据理想类型划分为不同阶段：城市化、逆城市化或郊区化、内城衰落、再城市化。它们反映了人口在城市内外多次往返流动。但并不是所有城市都会完整经历这四个阶段。有些西欧和南欧的城市就没有经历明显的郊区化和内城衰落；亚洲和南美洲等后发达国家的大城市也未发生显著的内城衰落。

（一）城市化

简单地说，城市化表现为人口和产业向城市聚集，同时城市的边界向周边地区扩展的过程。城市的产业和商业的发展需要大量劳动力、大量的就业机会吸引乡村劳动力向城市转移；城市提供大量专业服务，而这些服务在乡村是缺乏的，如老人迁居城市可能是由于城市有更专业的医院和医生，能够满足他们的健康需要。城市能提供各种高素质的教育机

---

① 简新华．论中国特色的城镇化道路．发展经济学研究，2007（8）.

会，以及参与、发展和寻求新社会共同体的机会，城市与乡村在生活条件、文化多样性和闲暇生活等各方面的差异也是人口移居到城市的影响因素。经济发展和公共设施供给的城乡差异越大，城市的吸引力就越大。

（二）逆城市化或郊区化

逆城市化（Counter-urbanization）是指内城居民向城市外区域的迁移过程。人文地理学家贝利最早提出这一名词并对此作出研究，后来有的学者用“郊区化（Suburbanization）”一词代替“逆城市化”。郊区化是由于城市中心区域衰落和过度拥挤而发生的现象。人口在城市中心区域过度集中会在个人层面造成生活和工作压力增大、生活成本增加等负面效果，在社区层面导致过度拥挤、公共设施供给不足、犯罪率上升等问题。随着城市边缘区域的发展，许多居民选择在城市中心区工作而在郊外的卫星社区居住，自驾车或乘坐公共交通上下班。这种逆城市化多出现于发达国家，它的必备条件是整个区域的基础设施足够发达，不会导致产业效率下降和居民生活水平下降。在美国，半数以上居民居住在郊区，而不是城市或乡村。

（三）内城衰落

内城衰落（Inner-city Decline）发生于住房不足、交通拥挤、污染和人口过度密集的城市中心区。上述城市问题让城市中心区的吸引力下降，导致投资潜力丧失、城市生产能力低下、中上收入阶层移出、中心区税收下降，进而产生公共设施供给不足等一系列问题。内城衰落在英、美两国的大城市表现突出。英国曼彻斯特人口从1961年的66.1万下降至1985年的45万，格拉斯哥人口从1961年的100万下降到1981年的77.4万。上层阶层居民移出后，取而代之的大多是低收入阶层和新移民。在城市中心区形成贫民窟或者废弃、颓败的大型建筑区。在多数人口众多或者领土狭小的国家，内城衰落不明显，原因是在人多地少的情况下，城市中心土地价值始终高昂，即使产业搬迁，其空间也会立即被其他更有竞争力的组织占据、改造而不会闲置。

（四）再城市化

再城市化（Re-urbanization）指人口再度向城市中心区迁移而使大都市中心区复苏的过程。再城市化通常是由政府采取行动解决内城衰落问题而促成的。在城市规划和政府政策引导下，通过市中心重建行动增加吸引力，商业集团和居民开始返迁城市中心。英国曼彻斯特和格拉斯哥在经历了20世纪60—80年代的人口流失后，自90年代开始，城市中心区产业衰落时空置的办公室和厂房被重建为高级住宅区，旧居民区重建成中产阶层住宅区，以居民可承担的价格售卖给本地和城外居民，城区人口开始趋于稳定。此外，通过发展新型文化产业以对抗旧工业产业的没落，城市文化形象也得以重建。

三、城市化的动力

（一）工业化

现代城市是工业化的产物。18世纪中叶开始的工业革命用机械大工业代替了手工工场，大大提高了劳动生产率，促进了社会生产力的发展，为城市的兴起和发展提供了新的社会生产关系和物质技术基础。这些新的社会生产关系和物质技术基础形成强大的拉力，即在资本聚集效应规律的作用下，形成对产品和劳动力的大量需求。城市为众多农村劳动力提供就业的机会，大批劳动人口被吸引进城，城市中出现了产业大军，人口高度集聚。新的社会生产关系和物质技术基础在农村形成了巨大的推力，技术推动农业劳动生产率的提高，农产品增加的同时农村剩余劳动力也增加了。城乡共同发展，产生推拉作用，共同推进城市化进程。工业化对城市化的推动作用表现为：首先，工业化促使农村人口减少，城市人口增加，城市数量增加，规模扩大，城市体系不断完善。其次，工业化提高了城市的地位，使城市成为社会前进的基地。最后，工业化使城市的生产方式和生活方式广泛地渗透到农村，冲击和破坏农村原有的生产方式和生活方式，使"农业本身变成工业、即变成生产商品的部门"。农村自给自足的生产方式、农民的观念和生活方式都发生了改变。

（二）第三产业发展

工业化发展到一定阶段就会出现一个以第三产业为主要动力的城市化过程。这是因为，一方面现代工业的发展对城市的生产性服务提出了新的要求，如需要有金融、通信、运输、科研机构的协助，商业批发零售、广告等行业的配合，法律的保护以及各种经济事务和管理机构的服务；另一方面随着物质和精神生活水平的提高，城市居民对城市生活及环境的要求向多元化、高层次发展，这促进了城市服务性行业的兴起与发展，如社会保险、文化娱乐、医疗卫生、体育保健、文化教育、生活服务等。这些生产性的服务行业和生活性的服务行业构成城市中的第三产业。第三产业在占用城市土地、消耗资源方面较第一、第二产业少，但所提供的就业岗位更多，对人口的吸引力更大。因此第三产业的发展拓宽了城市经济领域，增加了新的就业岗位。目前全球很多大城市所提供的新的就业机会，绝大部分是由第三产业创造的，城市对劳动人口的需求量在很大程度上直接取决于第三产业的发展状况，城市中新增及外来劳动力就业主要集中在第三产业，社会进入后工业社会形态。20 世纪 60 年代末，拉丁美洲第二产业只能吸引不到 14%的劳动力，第三产业就业人口占全部经济活动人口的比重达 39%。

（三）经济发展

城市化与经济发展之间呈正相关或双向互促共进的关系。在其他条件大致相同的情况下，城市化水平高的国家和地区，其人均 GDP 也相对较高。

（四）人口增长

人口增长是城市化的重要动力。人口增长可分为自然增长和机械增长。随着城市的发展，科学文化的普及，生育观念的变革，生育率逐渐下降，城市人口自然增长率逐步下降，机械增长成为城市化的重要推动力。全球发达国家的城市化水平高于发展中国家，但人口平均增长率却低于发展中国家。

（五）科学技术创新

科学技术发展促进了城市的发展，推动了城市化进程。以铁路、高速公路建设为标志的交通革命，一方面把城市外部经济活动大量吸引到城市来，另一方面消除了城市发展所受劳动力、能源、市场的局限，使原来分散的、简单的活动组合成严格分工又密切联系的区域性经济系统。20世纪40年代开始，由于微电子、集成电路、遗传工程、航天、材料等领域的技术突破，机器不仅代替人的体力劳动，也开始代替部分脑力劳动。设计、控制与直接生产过程分离，制造业在全球转移。劳动生产率大幅度提高，减轻了人们的劳动强度，延长了人们的闲暇时间，人们对文化、娱乐有了更高的要求，城市文化娱乐、旅游事业快速发展。交通工具的发达及高速公路网的畅通使居民住宅、大型工厂、学校、医院都开始向郊区蔓延发展。科学技术的发展加速了家务劳动的社会化与自动化，家用电器的广泛采用与计算机、互联网的普及不仅提高了人们的生活质量，而且增强了城市的扩散能力，加快了城市化的步伐。全球不同城市占据产业链的不同节点和分工，通过互联网与其他地方联系，塑造了全球城市网络。

（六）行政干预

国家的行政干预对城市化影响明显。国家通过国土规划、产业政策，布局城市和设计城市体系来对其领土及散居其中的人口、产业加强控制，对城市发展影响巨大。无论是发达国家还是发展中国家的政府，都认识到城市作为经济增长核心或“发动机”的重要作用。通过调整行政管辖边界、重要交通及基础设施的布局，可以将更多城市联系起来，将城市周边的乡村纳入城市辐射范围，使城市能够聚集更多资源以利于产业发展，引起新的城市化。内城的更新通常也由政府主导实施，从而实现再城市化。

四、城市化的类型

从各个国家城市化与工业化之间关系的情况，可以把城市化分为过度城市化、同步城市化和滞后城市化等不同类型，这样的区分有利于我们认识发展中国家的城市化特征。

（一）过度城市化

过度城市化（Over-urbanization）是指人口城市化进度超过经济发展水平，特别是城市所能提供的就业机会和公共服务水平的现象，突出表现在过高的城市化率和过高的首位度上。城市建设速度落后于人口城市化进度，城市不能为居民提供充足的就业机会和必要的生活条件，农村人口迁移后没有实现相应的职业转换，导致就业不足、劳动力过剩，以及城市住房不足、贫困、环境污染等大城市病现象。过度城市化是很多发展中国家20世纪60年代以来呈现出来的特征之一，这些国家经济发展缓慢但城市化水平却快速提高，如刚果、海地、津巴布韦等，而发达国家当年城市化率达到50%时，人均GDP很多都超过了5 000美元，甚至1万美元①。

（二）同步城市化

同步城市化（Synchronic Urbanization）指人口聚集速度与工业化和经济发展速度基本同步的城市化类型，即迁移到城市的乡村剩余劳动力能够被城市产业有效吸收，既使剩余劳动力得到有效利用，也使城市产业部门保持比较稳定的工资水平，有利于产业成长。有些西欧国家的城市在历史某个发展阶段出现了这种城市化类型。它的前提是乡村人口增

① EDWARD L. GLAESER. A world of cities: the causes and consequences of urbanization in poorer countries. Journal of the European Economic Association, 2014, 12 (5): 1154-1199.

长缓慢，同时城市产业成长较快，这样，城市产业的劳动力需求才有可能与劳动力供给形成大致平衡。但由于城市产业本身也有兴衰变化，这种均衡状态总是处在变动过程中。

（三）滞后城市化

滞后城市化（Under-urbanization）指与过度城市化相反的状态，即城市化水平落后于工业化程度甚至经济发展水平。例如，20 世纪 80 年代之前中国城市化就滞后于工业化水平。当时中国处于计划经济时期，实施高积累、低消费的发展战略，严格控制城市人口增长和农村人口进城。改革开放后的相当长一段时间内，为了避免其他发展中国家出现的“城市病”，继续人为地控制农村人口流动，抑制城市化发展，从而导致当时中国城市人口比例大大低于世界水平，甚至低于发展中国家的平均水平。

第三节 发达国家的城市化

美国、英国等发达国家的城市化经历了一百多年的历史，遭遇多次产业革命和剧烈的社会变迁，可以为我们认识发展中国家包括中国的城市化提供借鉴。

一、西欧的城市化与城市发展

欧洲许多历史悠久的城市在 15 世纪之前就已经形成。16、17 世纪的海洋贸易和对外殖民拓展不但使这些城市获得了更多外来经济资源而迅速扩展，也催生了一系列从事海洋贸易的港口城市，前者如伦敦、巴黎、威尼斯，后者如里斯本和阿姆斯特丹。欧洲早期的城市格局给后来全球城市体系产生了深远的影响，如巴黎在国家的中心位置有助于维持它的政治和行政控制能力，在经济贸易活动中控制更多资源；而伦敦因有效控制远东贸易和非洲贸易，日后发展成为全球贸易和金融控制中心，处于全球城市体系顶端。18 世纪中叶到 19 世纪中叶是工业化兴起阶段，工业革命推动英国兴起了一批城市，城市化率提高到 1861 年的 50%，但由于城市建设落后，伦敦等城市的“城市病”严重。欧洲其他国家的城市化有所发展，但水平有限，全球城市化率只提高了 6.4%。19 世纪中叶后，第二次产业革命兴起，欧洲农场在工业化和农业生产技术提高、国际贸易的多重冲击下普遍出现土地和农场兼并重整，失地人口和失业农场雇工再一次大规模地涌入城市，到 1914 年西欧国家基本完成城市化，城市布局走向成熟，城市问题依然很严峻，环境污染、犯罪率飙升①，过度的商品化导致经济脱嵌于社会，阶级冲突和国际矛盾加剧。尽管不同政治力量开展了各种社会保护运动，但最后还是爆发了两次世界大战。第二次世界大战结束后，主要发达国家率先开展了以信息化为核心的第三次产业革命，全球化进一步发展，制造业向发展中国家转移，西方城市去工业化明显，后工业社会兴起，一些西方城市衰落，另一些城市成为全球城市，全球城市体系和西方城市的内部结构形态都发生了重大变化。自 20 世纪 70 年代以来，西方城市存在一个中心衰落、郊区定居空间和公共交通及基础设施显著增长的“郊区化”趋势。以下仅简单介绍英国和法国的城市化情况。

---

① 吴建华，潘光伟．论西方国家城镇化的历史经验教训．西南师范大学学报（哲学社会科学版），1998（6）．

（一）英国的城市化

18 世纪中期工业革命以来，社会经济发展推动了英国人口的增长。全国人口从 1760 年的 650 万人快速增长 2.5 倍，达到 1801 年的 1 634.5 万人。从 1801 年到 2021 年人口增长整体非常平稳。1851 年达到 2 736.9 万人，1901 年为 4 153.8 万人，1951 年为 5 028.7 万人，2011 年为 6 320 万人，2021 年人口为 6 670 万人（含北爱尔兰和苏格兰数据）。同一时期，英国城市化快速发展，是开始最早、发展最快的城市化国家。从 1750 年到 1850 年的一个世纪中，2 500 人以上的城镇人口比例由 25%上升到 50.2%，1901 年，其城市化水平已达 77%，此后 70 年间英国城市化率水平稳定在 76%～79%，80 年代以来英国的城市化水平稳定在 85%左右（1 万人以上聚居区人口），人口由农村向城市集中的城市化过程基本结束。

在工业化到来之前，英国是西欧各国中城市发展最差的国家之一，交通条件差、自治制度不健全，农村人口向城市的迁移受到法律制约。但英国也有很多有利于工业崛起的自然条件，例如靠近大西洋，河流密布，利于发电和交通运输，还有丰富的煤炭资源；英国的社会和政治环境有利于制造业发展，英国长期统一稳定，没有法国的社会骚乱，也没有意大利的权力争斗，财产拥有者能够相对自由地建立企业。这为工匠阶层的发明者营造了理想的环境。

农村资本主义化为城市发展奠定了基础。长达 600 多年的农业革命为英国城市化拉开了序幕。英国从 13 世纪就开始逐渐建立现代制度，推动实现农业商品化。16 世纪中期开始，由于商业革命和海外市场发展，羊毛价格在近一个世纪内上涨 319%，谷物生产为羊毛生产让位，圈地养羊成为引人注目的社会现象。小农生产先后被大规模畜牧业和大规模农业所取代，规模化农业提高了劳动生产率，提高了粮食和畜牧产品的商品化生产水平，一些土地贵族成为资产阶级，农民则成为第一代工人。农村人口迅速下降，1520 年农村人口占比 76%，到 1801 年降为 36%。

国际贸易的繁荣是推动英国城市化的重要因素。15 世纪地理大发现后商业革命爆发，世界上原本相互隔绝的地区沟通起来，全球贸易扩大，世界市场形成，西班牙、荷兰、英国等在其中扮演的作用相继提高，商业贸易中心转移。英国商船在世界各地进行贸易，控制了全球多个尤其是北美的贸易据点，接管了印度及其巨额贸易。大规模的远洋贸易和殖民地开拓，为工业化拓展了原料和产品市场，积累了资本，18 世纪英国对外贸易增加了 6 倍，伦敦成为世界贸易中心。频繁的经济交流促使大量人口流向大城市。

工业化是城市发展最重要的推动力。18 世纪中叶开始，英国仅用 90 年时间就成为全球第一个城市人口比例超过 50%的国家。在机械动力发达的地区，特别是农村工业地带，大批工业化城市迅速成长，如纺织中心的曼彻斯特、索尔福德、奥尔德姆等，冶炼中心的斯洛普、伍斯特、斯塔德、南威尔士，机器制造中心的伯明翰、伍尔弗汉普顿、谢菲尔德、哈德斯菲尔德等。1760 年，英国人口在 10 万人以上的城市只有伦敦；大的省级城市有 12 个，但只有布里斯托尔人口在 5 万人以上；到 1801 年，省级城市中 5 万人口以上的达到 5 个。1851 年，已经有 7 个人口在 10 万以上的城市，5 万以上人口的城市增加到 13 个，曼彻斯特人口达 33 万、利物浦人口 35 万、格拉斯哥人口超 30 万。曼彻斯特在 1750

年时还是一个只有 1.5 万人的小镇，到 1801 年变为拥有 7 万人的城市，1861 年增至 50 万人，1911 年达到 230 万人。与新的产业城市、港口城市、铁路运河城市的发展形成对比的，是传统的行政中心、地方性的贸易集市等的衰落。

社会制度变革对英国城市发展产生了重要影响。在工业化和城市化过程中，英国的就业结构和产业结构发生双重变化。1800 年农业劳动力占比 40%以上，到 1901 年降到 8.7%。制造业、矿业、建筑业占比从 1801 年的 29.7%上升到 1901 年的 46.3%。大工业促进了经济的发展，城市成为现代科学技术和文化教育的摇篮。这个时期，资产阶级的力量得到增强，改变了国家的政治制度，确立了资产阶级在经济、行政、司法等各个领域内的领导权。城市化过程中出现的大量矛盾推动了社会制度变革。迅速膨胀的城市人口带来了居住环境的恶化，如饮水、垃圾、粪便处理等。1831—1832 年，英国霍乱流行，3 万多人病死。1851—1855 年，英国全国平均死亡率为 21.8%，而城市的死亡率则高达 23%～28%，大大超过农村。市民生活的贫困和环境的恶劣助长了恶性犯罪和不道德现象。而资产阶级只顾榨取工人的血汗，不关心城市改造和更新，生态环境恶化严重，伦敦曾经发生死亡数千人的空气污染事件。19 世纪 40 年代，严重的城市问题在工人阶级运动的刺激下，引起当局的重视，社会保护运动兴起。在法律建设方面，英国在全球率先制定了城市规划法；在制度建设方面，率先建立了“从摇篮到坟墓”的福利制度；在城市规划方面，率先建立了“田园城市”和“卫星城”；在城市发展进程上，首先实现了郊区城市化。1848 年的《公共卫生保健法》和《治安法》等法律颁布，使市民的饮水问题逐步得到改善，城市的街道被拓宽，并有了铺设的路面和路灯，房屋建筑重新被规划。在伦敦、曼彻斯特、利兹、利物浦等大城市，政府还开始兴建公园、动物园、博物馆、画廊、音乐厅等文化娱乐设施，城市的环境水平大大提升。第二次世界大战后，英国为了降低大都市中心的人口压力，开始从政策层面引导人口向郊区或外围扩散，实施新城镇拓展项目（New and Expended Towns Programme），限制城市面积扩张和人口膨胀，伦敦等城市进入郊区化、逆城市化阶段。

伦敦作为英国首都，是英国城市化的重要代表，先后经历了城市化—郊区化—再城市化的空间循环。大伦敦都市区包括伦敦核心区域、内伦敦和外伦敦，加上周边的贝福德、东塞萨克斯郡、汉普郡、怀特岛、牛津郡、西塞萨克斯郡，构成了伦敦城市群区域。按照克拉森和伯格的理论分析，1811—1861 年伦敦人口不断增长，且核心区人口增长更快，为城市化阶段；1861—1961 年大伦敦人口增速不断下降，外伦敦人口增长快于内伦敦，是人口由核心区域向外围扩散的郊区化阶段，这一阶段时间最长，长达百年；1961—1991 年大伦敦人口负增长，伦敦人口迁往其他区域，特别是小城镇，呈现逆城市化的特征；1991 年后，内伦敦再次出现人口增速快于外伦敦的情况，再城市化特征明显。人口从核心区向外扩散，然后再从外围向核心区集中①。伦敦的再城市化与 90 年代以来全球化快速发展，国际迁移人口的迅猛增长有很大关系。伦敦作为英国占据优势地位的世界城市，具有很好的基础设施和社会文化制度基础，伦敦为了扩大在全球主要城市竞争中的优势，加大了内城的更新和基础设施建设，大大提高了内城的吸引力。相比伦敦，英国其他城市的

① 毛新雅，彭希哲．伦敦都市区与城市群人口城市化的空间路径及其启示．北京社会科学，2013（4）．

逆城市化现象开始得更晚一些，且目前仍然处于人口净流出到中小城市及农村的逆城市化阶段。

（二）法国的城市化

在西欧国家中，法国的城市化呈现起步晚、速度平缓的特征。在实现现代化之前，法国和中国一样是一个小农经济占主导地位的国家，17 世纪前已经陆续形成了三批城市，但影响有限。受工业革命起步晚再加上大革命和拿破仑战争等影响，法国城市化启动比英国晚 55 年，1850 年英国城镇化率达到 50%时，法国的城市化率在 25%左右。城镇化率从 1831 年的 10%增加到 50%，法国用了约 100 年的时间。

法国城市化的落后受工业革命水平、农业条件、战争及政治稳定、制度与文化等多方面因素的影响。第一，法国的产业革命不像其他国家迅猛，中小企业占比大，传统工业举足轻重，造成家庭生产和低机械化等因素长期存在，工业化的旧格局没有被打破。大多数的人口可以在农村获得较好的生存条件，巴黎之外的普通城市缺乏发展土壤。第二，在农村，资本主义发展不平衡，土地资源丰富，小土地经营势力强大，剩余劳动力少，农村人口向城市流动的积极性不强。第三，政治变动及战争破坏了发展条件。大革命之后的 100 年内法国政权 6 次更迭，国体 7 次转换，人民难以安居乐业。战争直接导致劳动力短缺及生育率下降。从 18 世纪末到 1815 年间的拿破仑战争夺走大量人口（特别是男性人口），1870—1871 年普法战争损失了 200 万人口。第一次世界大战法国军人死亡 131.5 万人，伤残超过 280 万人，战时生产和前线勤务等原因导致劳动人口损失 136.5 万人，大多为青壮年男性。1871 年到 1911 年的 40 年间法国仅增加了 350 万人口，人口增长率 9.7%，而同期俄国、德国、美国、奥匈帝国人口分别增加了 6 260 万、2 380 万、1 370 万和 1 360 万人，人口增长率依次为 78.2%、57.8%、38.3%和 42.8%。第四，法律制度和文化影响了人口增长。1804 年颁布的《民法典》废除了嫡长子特权，规定每个继承人都有平等的权利，导致许多家庭为避免家产的细分化而节制生育，加上法律对结婚年龄的限制，避孕观念和措施等也压制了法国的生育率①。因此，当大规模的工业化和城市化时代到来之际，法国人口过少和过早老龄化带来了不利影响。

第二次世界大战后到 20 世纪 60 年代末期是法国城镇化加速的阶段，由此发展成为高度城镇化的国家。第二次世界大战中，法国很多城市遭到了严重破坏，一部分城市修复重建，一部分城市则相当于重新建设。法国社会经济快速发展，出现了 1945 年到 1970 年代中期“光辉 30 年”（Les 30 Glorieuses）。在这一时期，法国城市化速度远远高于此前的历史时期。1968 年法国城镇化率达到 71.3%。如果从 1946 年算起，年均提高 0.82%。如果从战争影响基本恢复的 1954 年计算，14 年间的年均增长为 1.1 个百分点。其中 60 年代土地改革后城市化增长率更快，达到 2%以上。

20 世纪 70 年代后，法国进入高度城镇化的调整完善阶段。70 年代的世界石油危机导致能源价格大幅上涨，工业生产成本显著提高，法国快速的经济增长结束。1980 年至 2000 年，法国的城市人口从 3 950 万人增长到 4 450 万人，城市人口百分比从 73%增加到

① 王家宝．近代法国人口量变轨迹与原因．世界历史，1994（5）．

76%，到2020年法国城市化率进一步达到81%。城市化率的进一步提高与法国经济的进一步发展相关。石油危机后，受后工业社会理论影响，法国着力发展高附加值服务业，加大研发创新的政策支持和投入。人均GDP从1970年的1.67万美元增长到2019年的3.88万美元（以2015年不变美元价格计算）。

在进一步的城市化过程中，法国大城市的增长有限。世界银行数据显示，20世纪60年代以来，法国生活在人口大于100万的城市地区的人口占比开始从25%左右下降到80年代的21%，1990年以来继续下降到2020年的20%左右。其中，巴黎市的人口在1920年达到290万的峰值后就开始随着郊区化的过程而下降，直到21世纪初才在再城市化过程中有所增长。而巴黎大区的人口迁入在19世纪80年代开始超过核心区域，到20世纪80年代，巴黎地区的人口净迁入也趋于停止。推动总人口继续增长的主要是人口自然增长[①]，移民的高生育在其中扮演重要作用。大城市人口增长缓慢与法国1950年开始阻止巴黎膨胀，通过“领土整治”，推动地区均衡发展措施有一定关系。法国长期面临地区发展不均，东北部及巴黎大都市区人口及经济占比高，西部、南部地区发展不充分。第二次世界大战后，法国开始限制大城市发展，积极发展中小城市，调整城市布局和工业布局，严格限制巴黎的工业项目和企业拓展，推动落后地区产业发展和基础设施建设，规划区外新城，推动区域协调发展。1954—1962年巴黎等大城市有300万人迁往其他地区，1968—1975年又有450万人迁移[②]，马赛、图卢兹、斯特拉斯堡等城市人口增加。

产业结构的变化也影响了法国大都市区域的发展。从1960年开始，法国就进入持续的去工业化进程，工业增加值占GDP的比重从30%持续下降到2020年的16%左右。70年代石油危机后，传统产业竞争力下降，低附加值制造业环节转移到成本更低的国家和地区。法国北部和西部的煤矿采掘业、钢材生产和纺织业相继衰退，80年代初期就损失了数十万的工作岗位。90年代欧洲一体化和全球化进一步加速，法国工业企业外迁进程加快，诸如梅斯（Metz）、敦刻尔克（Dunkirk）、南锡、里尔（Lille）和鲁贝（Roubaix）等城市呈现和美国锈带城一样的衰退景象。严格限制大城市发展，产业结构转型和制造业转移在一定程度上也制约了法国经济发展和巴黎在全球的综合影响力。2008年金融危机之后，法国失业率居高不下，经济长期低迷，加上社会不平等、移民及族群问题，暴乱和社会冲突不断。工业城市稳定发展的坚实后盾，也是城市开展国际竞争的重要依托。近年来，推动制造业回流、进行再工业化成为法国政府与社会的共识。

总体而言，法国的城市化速度较慢，尽管存在一定程度的区域发展不均和不平等，但城市化与工农业发展相对还比较协调。这与政府长期重视区域协调发展、城乡协调发展有一定关系。第二次世界大战后，法国农业生产力快速发展，农业机械化程度、农业科技水平和组织水平大大提高，大量农业劳动力转移到工业和服务业，为了控制区域发展不均，政府通过各种政策限制大城市发展，开展领土整治，推动区域协调发展和乡村综合发展。这些措施推动了中小城市发展，促进了区域平衡发展与农村产业的多元化、人口迁移的均

---

① 于怡鑫，等．再城市化趋势下巴黎的人口调控措施与利弊时效权衡．上海城市管理，2016（1）.

② 杨澜，付少平，蒋舟文．法国城市化历程对当今中国城市化的启示．法国研究，2008（4）.

衡化，推动了农村从农产品产地变成生态涵养地，城乡更加和谐发展[①]。

二、美国的城市化与城市变迁

美国城市发展经历了城市化和郊区化两个大的阶段，并在一些城市因为中心城区重建展露出再城市化的现象。长达200多年的城市发展历史有助于透视资本主义制度模式、数次产业革命、几代交通技术、全球化进程与全球经济波动等因素对城市体系和城市内部空间社会特征的影响。

1790年以前欧洲殖民与边疆城市化时期，美国主要港口及内陆重要节点城市兴起。而1790—1840年的商业资本主义时期，城市扩展及沿重要交通要道往内陆扩散。美国最早的城市是由殖民者沿着哈德逊河建立的贸易与运输港口，功能上与欧洲的贸易港口相连，属于门户城市（Gateway City），例如纽约、费城、波士顿等。这些城市在殖民地时期和商业化时期快速托正和演化，展示出制度文化、商业贸易和空间地理的影响。

1840—1875年的早期工业化时期，农业经济成熟，欧洲工业技术快速推广，工业及专业化的城市兴起，城市人口增加，城市体系因为铁路和运河新建而重组；1875—1920年大规模快速工业化和城市化时期，工业中心城市人口急剧增长，工厂主导城市土地利用，水电气各种网状基础设施确定了城市基本框架，城市快速扩张，美国城市人口比重跃至51.2%，成为以城市人口为主的国家。这一时期，在原料产地和交通枢纽位置新生了一批拥有数十万人口的中型城市和十余万人口的小城市，吸纳了大量来自美国乡村的农民和欧洲乡村的移民。这些不同城市因资源和区位而呈现出明显的功能分化，如宾夕法尼亚州的哈里斯堡（水能工业），弗吉尼亚州的诺顿（煤矿工业）、罗阿诺克（交通枢纽）和孟菲斯（重工业镇），并且在快速新建的运河、铁路交通网络的链接下，构成了美国城市体系的雏形。在城市内部，私人马车、公共马车、有轨马车、短程载客铁路的相继出现，对城市空间形态影响巨大。市内交通便利之处形成了中央商务区（CBD），而郊外末端则形成了中产阶级居住区。

20世纪20年代开始，美国城市化进入郊区化阶段。进一步的工业化和资本主义经济危机对美国的城市体系和城市空间形态都产生了影响。早期福特主义产生，内燃机批量化生产，小汽车和拖拉机快速增加，机动车从1910年的47万辆增长到1920年的900万辆和1930年的2 700万辆。农业机械化解放了更多农业劳动力，农民可以前往更大的城市，小城镇发展停滞或衰退。产业更迭导致煤矿及铁路中心衰退，油田城市及军事工业城市发展迅速。生产过剩和需求不足导致的经济危机引起了大范围的失业，专业化的生产城市影响尤为巨大，在凯恩斯主义的指导下，政府积极投资于基础设施建设与耐用消费品生产等资本投资循环的二级循环，以及科研创新和教育、健康、福利项目等资本循环三级环程，并积极管控社会需求。美国联邦政府通过法案从金融上支持民众购买住房，再次推动了郊区增长。从城市空间形态和土地利用类型来看，以小汽车为代表的新的交通工具改变了空间区位逻辑，城市之间和城市内部的道路系统被更新，零售业、批发业、制造业乃至办公功能出现郊区化，小汽车型郊区（Automobile Suburbs）快速蔓延，社会隔离更加明显。

① 汤爽爽，冯建喜．法国快速城市化时期的乡村政策演变与乡村功能拓展．国际城市规划，2016（4）.

传统的大运量的公共交通及步行系统被削弱，传统工业的土地利用模式和功能组织面临挑战，内城去工业化和重构开始，出现多核心城市空间结构。

第二次世界大战后，美国经济进入发达资本主义阶段。电子工业、航天技术、石化工业等新兴产业出现，而传统的制造业城市开始出现聚集不经济，基础设施效率低下，机器设备老旧、生产效率低下，成本和竞争优势消失，纬度更低、地价和劳动力更便宜的西部和南部的城市快速发展，人口和工作机会从核心城市分散到边缘城市的中心，城市化区域扩散（Regional Decentralization）的趋势明显。另一方面，公司总部及研发机构的聚集推动了大都市区合并（Metropolitan Consolidation）。纽约、芝加哥等城市因为留住了大企业、企业家、科技人才，加上州际高速公路系统的建立、航空客运网的发展，巩固了自身的区位优势而进一步拓展；一些地区因为研发活动和研发机构的集中而发展起来，如加利福尼亚州的硅谷、波士顿附近128公路地区及北卡罗来纳州的三角研究园区；而亚特兰大、休斯敦、洛杉矶、达拉斯等因为集团总部公司聚集而作为商业中心城市快速发展。在城市内部，小汽车的普及使得郊区化进一步发展，出现了都市区蔓延现象（Metropolitan Sprawl）。1945年后，美国小汽车拥有量呈现第二轮增长，从1945年的不超过2 600万辆增长到1972年的9 700万辆。相比欧洲国家，美国郊区化现象更加显著。城市外围大规模未开发土地因为彼此连接的环城高速与市内“轴-辐”式路网而变得便利。跳跃式的郊区开发频繁出现，这既包括紧邻高速公路廊道的大型购物中心、工业区、办公区，也包括大规模标准化轻便骨架结构技术生产的单层别墅样式住房所构成中产阶层和工人阶级的居住区、卫星城镇。“加利福尼亚的郊区”就是这种生活区的典型例子，被人文地理和城市规划学者称为美国的三大景观象征之一、“福特主义”城市化的典型。与此同时，中心城市的相对衰落，中央商务区也发生重构（Reorganization）。位于中心城市的传统制造业开始转移到边缘城市的中心，纽约、费城、圣路易斯、波士顿、巴尔的摩等城市的制造业岗位减少，中心城市的批发零售岗位也下降，白领工人更愿意住在郊区而非老化的中心城区，市中心人口开始减少，中心城区的土地利用和商业形态急剧变化。20世纪五六十年代，一些大城市开始出现“内城衰落”。

1973年以后是经济体系与城市体系重构时期，碎化城市化（Splintering Urbanism）和郊区城市进一步发展，部分城市出现了中心城区衰退后再城市化的情况①。石油危机和经济滞涨对工业城市是巨大的打击，工业城市失业率大幅上升，内城衰退加剧，一些城市中心区破败不堪，充斥着贫民窟和废弃房屋，例如费城、圣路易斯、波士顿和巴尔的摩。80年代后，欧美国家的意识形态转向新自由主义，强调市场竞争，工人阶级组织影响力下降，产业转移现象明显。经济全球化快速发展（特别是在苏联解体及中国加入世贸组织之后），在信息通信技术支持下，生产方式转向新福特主义，产业链上下游专业化并散布全球不同地区和城市，跨国公司等组织通过先进通信技术实现全球联系，获取信息，进行投资和贸易，推动了碎化城市化现象，全球不同城市因占据了不同的产业环节或者功能而得到发展。例如世界城市（曼哈顿、伦敦、法兰克福、香港、吉隆坡）等的国际银行、金融和贸易服务业飞地，国际互联网和数字媒体技术发展飞地（如旧金山中心区、纽约“硅

---

① 保罗·诺克斯，琳达·迈克卡西．城市化．北京：科学出版社，2009：59-200.

谷”），高科技产业创新聚集区（发达国家或新兴工业化国家），外国直接投资制造业园区，后勤办公室、数据处理、电子商务和呼叫中心飞地（发达国家老工业城市或新兴工业国家的城市），物流园区、出口加工区等空间和地点成为经济全球化的关键空间载体。而美国郊区化进一步发展，在都市区外围的购物和办公空间的繁荣，形成了多种类型的节点，出现边缘城市（Edge City），推动都市区结构的多中心化①。进入21世纪之后，一些中心城市通过再投资计划重建中心商业区，高级贸易金融服务业重新占据这些区域，郊区则通过一系列快速交通路线与中心城区相连，形成了经济次区域。

底特律市是因工业化而快速兴起，同时因为快速的去工业化而迅速衰落的典型。底特律在19世纪依托航运、造船和制造业兴起，20世纪初期因技术创新而抓住了汽车产业发展红利，三大汽车巨头总部落户底特律，城市迅速发展，吸引了大量欧洲移民及南部非洲裔美国人。人口从1910年的46.5万增长到1930年的150万，但1950年达到人口最高峰180万人之后持续下降，1980年为120万人，2010年再降为71.3万人，2020年为66.3万人。自20世纪中期起，德国和日本的汽车产业兴起，受石油危机、汽车产业衰退、生产自动化的提高等因素影响，城市失业率逐步上升，而此后的产业转移更是雪上加霜。非裔族群生活状况进一步恶化，不断发生的冲突与暴乱使人口和投资逐渐退出底特律，城市公共财政长期陷入困境，公共设施失修，城市中心区衰败。底特律政府努力实现产业多元化转型，但并未成功。2013年7月18日，底特律市申请破产保护，成为美国历史上最大的破产城市。此后地方政府采取措施努力重兴城市，取得了一定成绩，但仍然面临巨大困难。

总体而言，20世纪70年代以来美国传统工业带人口减少，城市衰退，而西部、南部核心城市如硅谷周边地区、凤凰城、达拉斯、休斯敦、奥兰多、迈阿密等地人口增长迅速，城市扩张较快，东北部大都市区及一些超大城市仍然保持了幅度较小的人口增长。全国绝大多数城市人口增长主要是外环及郊区，内城人口减少。美国城市发展的这种去中心化、多中心化、区域扩散的特征与美国城市在世界体系中的地位，美国产业格局变迁，松散的国家治理体系及自主的地方公共物品供给制度高度相关。城市之间竞争激烈，大企业大资本自由转移，中产阶层社区各自为战，内城衰退、都市区碎化（Metropolitan Fragmentation）、社会隔离都与此有关。

三、日本的城市化

日本作为东亚国家，其城市化经验和教训具有一定的参考价值。近代以来，日本通过引进和学习西方国家的技术、制度，在经济、社会治理方面都有了长足发展。工业化是日本城镇化的第一推动力，大都市圈是日本高速城镇化的核心承载平台，立体便捷的交通体系和大量的卫星城则是日本城镇化的重要支撑。都市“过密化”与乡村“过疏化”是日本城镇化过程中存在的典型问题。

与英国、美国不同，日本的城市化在20世纪50年代才进入高速发展期。1920年、1940年的城镇化率分别为18%、35%，1950—1976年城市化率从37%上升到76%，年均

① 保罗·诺克斯，琳达·迈克卡西．城市化．北京：科学出版社，2009：185.

增长 1.5 个百分点。1956—1973 年是日本工业发展的黄金时期，这 18 年中工业生产增长了 8.6 倍，平均每年增长 13.6%，农业劳动力平均转移量达到创纪录的水平，每年转移 42.9 万人，1976 年日本城市化率达到 76%，此后则进入缓慢发展阶段，1996 年日本城市化水平才提高到 78%。

日本城市化是高度集中的城市化。1998 年东京、大阪、名古屋三大都市圈人口占全国人口的 46.8%，其中东京都市圈就占了 25%，东京城本身在 2000 年就拥有 800 万以上的人口。这种高度集中还表现在城市国土空间分布上，日本的十大城市集中分布在太平洋沿岸工业地带，其中七个分布在从东京到大阪的东海道都市带内。高度集中的城市化导致乡村"过疏化"问题，农村人口稀疏，产业衰退，社会设施稀缺，文化水平落后，农业用地面积减少。

四、发达国家城市化的特点

（一）发达国家城市化的历史前提是发达的商品经济

发达国家的城市发展建立在发达的商品经济基础之上。一方面，高度发达的资本主义商品经济使城市产生聚集功能，社会的劳动力、资本、技术资源等要素逐渐向城市集中，促进了城市的发展，加快了城市化步伐；另一方面，通过殖民扩张，发达国家对殖民地进行疯狂的掠夺和剥削，为资本主义城市化积累了大量的初始资金，大大加速了原始积累的过程。如英国城市化的大量资金就是通过对殖民地的掠夺获得的。

（二）发达国家城市化的原动力是工业化

发达国家的城市化是与工业化结合在一起的。发达国家城市人口占总人口比重的增加与从事非农产业的人数占总就业人数比重的提高是一致的。随着工业的发展，城市中的第二、第三产业发展迅速，为社会提供了众多的就业岗位，城市出现劳动力短缺。第二、第三产业对农村人口的吸引，导致城市人口迅速增加。工业的发展带动了农业技术的进步，提高了农业生产的集约化和现代化程度，把农民从土地中解放出来，成为后备的城市人口，为城市的发展提供了丰富的物质基础和充足的可供转移的剩余劳动力。

（三）发达国家城市化与经济发展呈正相关关系

发达国家的城市人口比重的提高与人均国民生产总值的增加是正相关关系。城市化水平高，人均国民生产总值高，经济发展速度快，两者同步发展。美国、英国、法国、日本等都呈现出类似的特征，城市化率达到 50%时人均 GDP 都达到了较高的水平，而且随着城镇化水平的提高，人均 GDP 也在不断提高。

（四）发达国家的城市化经历了一个由集中到分散的过程

这一过程可分为六个阶段：

第一，绝对集中的城市化时期：城市中心区的人口增加，第二产业向中心区集中，郊外人口减少，城市人口迅速增加；

第二，相对集中的城市化时期：中心区人口高速增长，郊外人口低速增长，第三产业的比重上升，城市总体人口高速增长；

第三，相对分散的郊区化时期：郊外人口迅速增长，非农产业首先是工业向郊外扩散，中心区人口低速增长，城市总体人口增长缓慢；

第四，绝对分散的郊区化时期：中心区人口下降，郊区人口迅速增加，城市总体人口低速增长；

第五，绝对分散的逆城市化时期：中心城区人口下降，郊外人口低速增长，城市总体人口负增长；

第六，相对分散的逆城市化时期：中心区人口高速负增长，郊区人口增长，城市总体人口负增长。

目前发达国家一般都已进入逆城市化时期，也有一些城市出现了再城市化现象。

第四节　发展中国家的城市化

根据联合国人居署 2022 年 6 月 29 日发布的《2022 年世界城市状况报告》，全球快速的城市化进程依然势不可挡，城市依然是充满机遇的地方，人们依然得以在城市寻求教育、培训、就业甚至是躲避冲突。未来的城市化将主要发生在发展中国家，特别是亚洲和非洲。全球城市人口中，发展中国家城市人口的占比从 1950 年的 40％左右增长到 2020 年的 75％以上，到 2050 年预计将超过 80％。①

一、发展中国家城市化的现状

发展中国家的城市发展和城市化进程几乎都受到西方殖民的影响。古老王国因为政治统治或内部贸易而建立的城市深受殖民统治的影响，如墨西哥的阿兹特克，更多城市是因为殖民者控制资源和贸易的需要而建立，如开普敦、拉各斯等。第二次世界大战之后，大量国家取得了政治上的独立，开始走上自主发展的道路，城市化加速。与发达国家的城市化主要由产业和经济发展推动不同，发展中国家的城市人口增长过快、规模过大，超出城市提供的就业机会和公共物品，出现“过度城市化”和严重的城市问题。这与发展中国家人口增长过快，内部经济结构不合理，及其整体所嵌入的全球经济系统不平等、不公平密切相关。

（一）亚洲发展中国家的城市化

亚洲是人口最多的大洲，地域范围广，文明历史悠久，各个国家的区位地理、资源禀赋、人口规模，以及近代以来历史遭遇与现代政治体制、经济发展模式都存在较大差异，因此第二次世界大战之后的城市化进程也存在一定差异。整体而言呈现出梯次发展的格局。

第二次世界大战之后，日本、韩国、新加坡以及我国香港和台湾地区凭借国际政治格局，抓住了西方发达国家制造业转移的机会，迅速进入高速工业化、城市化进程，并进一步抓住了信息产业革命高端制造业发展机会，陆续进入发达国家及地区行列，2000 年后

① PAUL L. KNOX，LINDA MCCARTHY. Urbanization：an introduction to urban geography. Third edition. London：Pearson，2011：119.

城市化进入稳定或相对停滞的状况。同一时期部分西亚和中亚国家因为与欧洲或苏联有着较好的关系，城市化较快，到 80 年代末期已经有较高的城市化水平。

20 世纪 80 年代之后，特别是 90 年代苏联解体及我国加入世界贸易组织以后，我国抓住产业链再次转移及全球化快速发展的机会，实现了人口规模巨大的、快速经济增长和城市化发展，城市基础设施发生翻天覆地的变化，工业体系完备，生产能力强，并坚定积极探索高质量发展、自主发展、共赢发展的道路。马来西亚、土耳其在这一时期也凭借和平红利与人口红利得到较快发展。

其他南亚、西亚、东南亚国家，如印度、巴基斯坦、孟加拉国、阿富汗、越南、菲律宾等，由于受制于经济发展、制度及社会文化原因，城市化速度相对较慢。这些国家人口规模巨大，未来一段时间，国际局势的变化，制造业的进一步转移，域内城市经济的发展和农村农业的衰落与波动，都会加速这些地区的城市化进程。

快速的城市化给亚洲人口大国带来了巨大的发展压力和治理挑战。一些超大城市还在不断变大。如印度新德里人口从 2001 年的 1 280 万人增长到 2020 年的 3 200 万人以上，孟买 2000 年有 1 640 万人口，到 2020 年增长到 2 283 万人。这些巨型城市不同程度地加入全球城市体系，成为全球经济的一部分，不仅受国内经济影响，也受世界经济格局影响。这些城市已经出现大规模贫困、非正规就业、基础设施和公共服务不足、拥挤与环境污染等城市问题，城市被周边不断扩张的棚户镇——成排的贫民小屋环绕。如何提供充足的就业和有效的治理将成为这些大型城市共同面临的难题。

（二）拉丁美洲国家的城市化

拉丁美洲较早实现了很高的城市化率，但属于过度城市化。1950 年该地区城市人口占比为 41.6%，80 年代接近欧洲城市化水平达到 65.6%，到 2020 年该地区总体城市化率为 81.2%，仅次于北美（83.6%），高于欧洲的 74.9%。以巴西为例，20 世纪 50 年代，巴西开始从乡村社会向城市社会的转型，并在 2010 年前后基本完成了城市化进程，2018 年城市人口占全国人口超过 87%。依据世界银行数据，2018 年阿根廷、乌拉圭、委内瑞拉、智利、墨西哥的城市化率分别达到 92%、95%、88%、88%。中美洲国家城市人口占比略低一些，但也达到 50%～70%的水平。过度的城市化给这些国家带来了不少挑战。

第一，高首位度和城市体系失衡问题。拉美国家的过度城市化体现为国内最大城市人口占全国城市人口比例过高的问题。大部分国家最大城市占全国城市人口的比重在 20%以上，智利、秘鲁、乌拉圭等国甚至超过 40%，达到 50%。这些超大城市工业化动力、产业结构不合理，自身发展存在一定局限，在拉动周边地区城市化过程中存在不足，中小城市发展不健康。一些小城市依托某一区域经济和政治中心城市发展，人口增长速度快，同时吸纳因高昂的租金和生活成本而从中心城市迁出的贫民，形成了以贫民为主的“边缘化”城市，使得这些大城市周边也出现都市集群现象。

第二，城市贫困和贫民窟问题。1950—1991 年，巴西里约热内卢城市人口增加一倍多，贫民窟人口增加了 4.9 倍。20 世纪 90 年代，巴西最大城市圣保罗有近 20%的人口生活在贫民窟。贫穷居民难以享受到经济社会发展的成果，同时也是有组织犯罪的“温床”。这种情况也出现在其他拉美国家。贫民窟较差的生活、卫生、教育和基础设施条件影响贫民窟居民自身及其后代的发展，使家庭和群体长期处于贫困的恶性循环中，造成“贫困陷阱”。

第三，城乡关系失衡与无地农民问题。在工业化发展过程中，土地私有制基础上的传统农业迅速向现代大型农业发展，土地集中趋势明显，农业生产的商品化和生产率的提高产生了大量的农村剩余劳动力与无地农民。这些人在农村缺乏生存保障和发展前景，不得不涌入城市。但城市也缺乏经济机会，只能在收入低、贫困率高的非正规就业部门工作，成为城市贫民。城乡差异转变为城市内部的贫富差异，随着农村贫困人口向城市的转移，城市内部的贫富分化变得更加严重。

总体而言，1980 年到 2020 年，拉美国家城市化率增长了 15%以上，但人均 GDP 只增长 50%左右[①]，远远低于同时期的中国（20～26 倍），经济增长乏力，陷入所谓“中等收入陷阱”。80 年代之前的工业化、城市化推进了这些国家由低收入国家向中等收入国家转变，而 80 年代以来由于制造业转移，拉美地区的国际竞争力下降，GDP 在全球的占比下降，产业升级和科技创新不成功，过度依赖石油、原材料，金融体系安全性与稳定性不足，在这种情况下，进一步的城市化对经济增长的拉动作用有限。

（三）非洲国家的城市化

第一，各大洲中，非洲国家的整体城市化率是最低的，城市化进程最慢。联合国经济和社会事务部（UNDESA）2020 年发布的《世界城市化展望》（World Urbanization Prospects）提出，2020 年非洲城市人口占比为 43.5%，低于其他各洲。1856 年，非洲有 2 万人口以上的城市 9 个，6 万人口以上的城市 3 个，大多分布在近海的地方。1950 年非洲的城镇化率为 14.3%，到 1990 年增长为 31.5%，与当时的亚洲相当。最近三十年，中国等国快速城市化，亚洲城市人口比例大幅度提高，而非洲城市化相对缓慢，因此总体城市化率要落后一些。

第二，非洲内部不同地区城市化水平差距明显。2020 年南部非洲为 64.6%，北部非洲为 52.5%，东部非洲为 29%，中部非洲为 50.6%，西部非洲为 47.7%。非洲东部国家城市化率最低，南部非洲城市化率最高。80%以上的利比亚人口和 65%的摩洛哥人口生活在城市里，而埃塞俄比亚、肯尼亚、坦桑尼亚的城市人口占比才分别为 23%、29%、37%。也就是说，非洲内部过度城市化和未充分城市化并存的问题非常明显。

第三，非洲城市体系发展不均衡，大型城市首位度高，中小城市发展不足。除南非、尼日利亚等少数国家外，很多非洲国家生活在一个最大城市人口数量占全国城市人口的比重都在 20%以上，甚至 30%、40%以上[②]。基本上每个国家只拥有 1～2 个以出口为主的、面向国际市场的百万人口以上的大城市。

第四，非洲国家城市化相对落后，与大多数国家仍然处于贫困，工业基础薄弱，农业农村发展落后有很大关系，在生育率长期较高、最近十年才有所下降、总人口不断增长的

① OECD. Annual GDP growth rate and GDP per capita in Latin America and the Caribbean from Latin American economic outlook 2020，structural macro perspective and the role of the digital transformation to overcome development challenges. https：//doi.org/10.1787/e6e864fb-en.

② 数据来源于世界银行数据库（World Development Indicators）。

背景下，人口聚向城市成为不可避免的结果。

二、发展中国家城市化的特点

20 世纪 50 年代以来，发展中国家城市化的速度加快，但由于发展中国家人口基数大、自然增长率高，加之经济发展水平低且受制于世界体系的不平等格局，发展中国家城市化的进程十分艰难。总的来看，发展中国家城市化呈现出如下特点。

（一）城市化起步晚、历史短，大城市人口增长速度特别快

由于多数发展中国家都曾为殖民地，第一次和第二次产业革命时期自主地位缺乏，因此在第二次世界大战前，工业化、城市化发展都非常缓慢。有资料表明，从 1800 年到 1930 年，发展中国家的城市人口由 3 000 万人增加到 1.35 亿人，与此同时农村人口却由 6.7 亿人增加到 11.67 亿人。1950 年以来，发展中国家城市化进程不断加快，到 1985 年城市人口在总人口中的占比由 17.3%增加到 31.7%，2017 年这一比例达到 50%，如果按照和发达国家差不多的速度，预计到 2050 年这一比例将达到 65.6%，实际可能在更早的时间达到。

发展中国家城市人口的增长在大城市更快，导致这些国家的首位城市规模巨大，全国城市人口的比例远远超过主要发达国家。这些巨型城市成为全球城市体系和世界体系的重要部分，为资本、科技、要素、劳动里的自由流动与结合提供了关键空间。

（二）城市化受殖民主义影响大，形成明显的二元社会经济结构

发展中国家都不同程度地遭受长期的殖民主义统治，城市的发展主要服从于殖民统治者的需要。殖民者把城市作为行政管理和商业中心，当作掠夺殖民地财富和资源的据点。社会发展极不平衡，发达的城市社会与传统落后的乡村社会长期并存，形成二元社会经济结构。城市本身的经济实力薄弱，对农村人口的吸纳能力小，城市畸形发展。

（三）城市化的经济动力不足

发展中国家城市化是伴随着国家政治上的独立开始的。对发展中国家而言，政治独立是第一位的目标，经济发展是为政治独立服务的。城市发展主要靠政府推动，而城市发展的主要目标是确保现有居民的就业和生活。因此，一般来说，发展中国家政府不希望农村居民流入城市，甚至采取了一系列强硬的限制措施阻碍农民进城。

（四）城市化处于集中型城市化阶段

当前发展中国家的城市化仍处于人口由农村向城市高速转移的阶段。发展中国家农业人口数量庞大，随着农业生产率的提高，出现大量农业剩余人口，农村经济难以吸纳剩余人口，出现了大量农村剩余劳动力向城市转移的现象。第二、第三产业的发展加快了农村人口向城市转移的步伐。发展中国家的城市化在农村生产力发展的推力和城市第二、第三产业发展的引力的双重作用下，呈现出大量人口由农村向城市集聚的特征。

（五）城市化压力大

发展中国家的城市化是在人口高出生率、低死亡率、高自然增长率的条件下进行的。发展中国家人口压力大，城市化任务非常艰巨。加上很多发展中国家存在生活水平低、劳

动生产率低、人口增长率高，长期存在失业及就业不充分等现象，这些都在一定程度上影响城市化的进程，但未来世界城市化的发展主要由发展中国家来承担。

第五节　中国的城市化进程与特征

一、中国城市化的进程

新中国的城市化进程同国家社会经济建设一样，经历了波折，近 40 年来快速发展，同时也带来了一些新的问题和挑战。总的来看，新中国的城市化可以划分为五个发展阶段。

（一）起步阶段（1949—1957 年）

这是我国城市化正常发展的起步时期。1949 年新中国成立后，党和政府动员人力、物力、财力，用 3 年时间恢复了遭到严重破坏的国民经济，随后又实施发展国民经济的第一个“五年计划”，开始了大规模的经济建设和工业化进程。这一阶段是中国城市化发展较快的时期，城镇人口从 1949 年的 5 765 万人，增长到 1957 年的 9 949 万人，城市化水平从 1949 年的 10.6%提高到 1957 年的 15.4%，设市城市数量从 1949 年的 135 个增加到 1957 年的 178 个。这一阶段可再细分为两个时期：

1. 1949—1952 年的恢复时期

该时期城市经济迅速恢复，安排了大量失业人口，农村人口迁入城市的也较多，1951—1952 年平均人口净迁入率为 33.1‰，城镇人口年增长率为 7.5%。

2. 1953—1957 年的第一个“五年计划”时期

该时期是中国工业化的起步时期，156 个重点项目启动和推进。为满足工业建设项目的需要，“一五”期间从乡村调入城镇人口达 1 500 多万人，加上城镇人口的自然增长，至 1957 年，城镇人口增加了 2 400 万人，年均增长 7.0%左右，成为城镇人口发展最快的时期之一，新设城市 11 座。随着工业布局的调整，内地已有工业城市得到进一步发展，并形成一大批新兴城市。如果我国城市化进程照此持续发展下去，很可能顺利通过起步阶段，并随着国家工业化和经济起飞而进入快速发展时期，但令人遗憾的是，由于各种因素，我国城市化未能顺利完成这个起步阶段。

（二）大起大落阶段（1958—1966 年）

从 1958 年开始，国家对经济发展形势估计过热，盲目追求高速度，经济发展重心过分地偏向工业，特别是重工业。经济结构出现新的不平衡。1958—1965 年是我国城市化进程大起大落的一个阶段，可具体细分为以下两个时期：

1. 冒进时期（1958—1960 年）

这一时期强调“赶英超美”，提出了以钢为纲、全民大办工业的总路线，致使出现了爆发性的工业化和超高速城市化。到 1960 年，重工业产值占工业总产值的比重达到 66.6%，发展速度为 25.9%，而轻工业和农业分别出现了 9.8%和 12.6%的负增长。由于推行“大跃进”和“人民公社化”，大量农村人口进入城市，仅 1959 年一年，城镇人口就增加了1 650万人，与上年相比，城镇人口增长了15.4%，城市化水平高了2.2个百分点。到1960年，全国城镇人口达13 073万人，平均每年增长超过1 000万人，城市化水平达10.8%。据资料统计，3年间新设城市33座，城市人口年平均增长率为9.5%。

2. 滑坡时期（1961—1966年）

由于前一时期城市基本建设规模过度膨胀，国民经济比例关系严重失调，农村生产发展遭到破坏，粮食产量连年递减，城镇人口增长超过了当时城乡经济的承受能力。于是，从1961年开始，党中央为了纠正“大跃进”带来的不利影响，提出了“调整、巩固、充实、提高”八字方针，采取大力压缩城镇人口的政策，动员部分职工及其家属返回农村务农，把已经流入城市的人口疏散回农村，从而使城镇人口比例大幅度下降。通过1961—1963年的3年调整，全国城市精简职工约1 887万人，压缩城市人口2 600万人，城市人口净迁移率为－30%，城市数量由1961年的208座下降到1965年的171座，城市化水平由1960年的19.8%下降到1964年的14.6%。

（三）停滞阶段（1966—1978年）

这个阶段是我国城市化长期停滞不前的时期。“文化大革命”以及其后国家在政治经济领域的一系列重大失误，使国民经济发展十分缓慢，扭曲了工业发展与城市发展的必然联系，致使工业化和城市化都蒙受巨大损失。在这个阶段，城市工业发展受阻，农村商品经济与小城镇衰落，国民经济面临崩溃的边缘，大批知识青年“上山下乡”。在工业建设方面，由于过分强调国防，导致“三线”企业分散，阻滞了基建投资对城镇建设的促进作用，造成城镇迁出人口大于迁入人口。这一时期城镇人口机械增长再度是负值。据资料统计，1976年与1966年相比，工业总产值提高了94%，而城镇人口只增加了13.8%，工业年增长速度为6.9%，城镇人口年增长速度却只有1.3%。1966年，全国城镇人口占总人口的比重为17.8%，1978年为17.9%，13年间，城市化水平仅仅提高了0.1个百分点，始终在17.5%的水平徘徊。

由于“三五”“四五”时期国家分别以52.7%和41.2%的基本建设投资比例投入“三线”建设，西南、西北、豫西、鄂西、湘西和晋西等一系列新兴工业基地逐步形成，对后来的西南、西北经济发展和城市建设具有重要影响。但由于沿海工业的大量内迁，沿海许多大城市的经济受到严重损害。此一时期城市的发展多有曲折，走了不少弯路，整体发展缓慢，城市基础设施相比世界发达国家明显落后，城市经济也远远滞后于发达国家。

（四）恢复与发展时期（1979—2012年）

从1979年到2012年为第四阶段，是我国城市化恢复发展时期。1978年实行改革开放政策以后，中国城市化发展出现了新的契机，一是投资渠道多元化；二是城镇人口政策相对灵活；三是城镇服务行业就业潜力增大；四是市镇设置标准相对降低；五是城市基础设施建设规模扩大；六是乡村劳动生产率大幅度提高，使农村剩余劳动力剧增，对城市化形成巨大推力。具体可分为以下四个时期：

1. 恢复时期（1979—1983年）

这一时期，改革以农村为重点，并逐步在城市进行试点，通过改革，农业生产潜力得到较大的发挥，经济得到迅速发展。国民生产总值年均递增率从20世纪60年代的3.9%、

70 年代的 5.8%增长到 8.5%。由于经济的复苏与发展，国家开始重新重视城镇发展，并在 1979 年前后实施了一系列新政策。据资料统计，1980 年全国城镇人口为 19 140 万人，占总人口的比重为 19.4%，到 1984 年城镇人口增加到 30 191 万人，占总人口的比重为 23.01%。

2. 小城镇高速增长时期（1984—1991 年）

这一时期，在农村经济迅速发展的带动下，乡村工业快速崛起，小城镇和农村集镇得到快速发展。1984 年，中央颁布了新的户籍管理政策，允许农民自带口粮进镇务工、经商和落户。国家同时调整了 20 世纪 60 年代确定的市镇建制标准，全国城镇数量迅速增加。

3. 城市快速发展起步时期（1992—2000 年）①

党的十四大确立了建立社会主义市场经济体制的总目标和社会主义市场经济体制的基本框架。城市作为区域经济社会发展的中心，其地位与作用得到前所未有的重视，城市化与城市发展空前活跃。1994 年分税制改革后，地方政府进一步成为社会经济发展的主体力量，土地出让收入成为地方政府财政的主要来源，这极大地激发了市场发展活力，也为城市发展提供了重要的动力。在此阶段，不同地区、不同层次的中心城市得到不同程度的发展，城市数量也迅速增加。到 1996 年年底，建制市数增加到 666 个，平均每年增加 31 个。按第四次人口普查的口径，城市化水平由 1984 年的 23.1%上升到 1993 年的 28.14%，到 1995 年城镇人口增加到 3.66 亿人，城市化水平达到 30%。但由于经济过快增长对城市发展的误导，部分地方出现了盲目扩大城市规模，擅自设立开发区、招商城的问题，不仅破坏了原有的城市规划布局和环境，而且造成了土地资源的浪费。

4. 城市快速发展加速时期（2000—2012 年）

2000—2012 年为我国城市快速发展且加速发展的阶段。2000 年 10 月 11 日，中国共产党第十五届中央委员会第五次全体会议通过《中共中央关于制定国民经济和社会发展第十个五年计划的建议》（以下简称《建议》）。《建议》提出：“提高城镇化水平，转移农村人口，有利于农民增收致富，可以为经济发展提供广阔的市场和持久的动力，是优化城乡经济结构，促进国民经济良性循环和社会协调发展的重大措施。随着农业生产力水平的提高和工业化进程的加快，我国推进城镇化的条件已渐成熟，要不失时机地实施城镇化战略。”“推进城镇化要遵循客观规律，与经济发展水平和市场发育程度相适应，循序渐进，走符合我国国情、大中小城市和小城镇协调发展的多样化城镇化道路，逐步形成合理的城镇体系。有重点地发展小城镇，积极发展中小城市，完善区域性中心城市功能，发挥大城市的辐射带动作用，引导城镇密集区有序发展。防止盲目扩大城市规模。”《建议》的通过，标志着中国城市和城市化发展上升成为国家战略。

2001 年，中国加入世贸组织，经济全球化发展进一步激发了中国城市的发展动力，以东南沿海城市为代表的外向型城市发展模式日趋成熟，带动了内地城市改革的深入推进。同年，国务院下发《国务院批转公安部关于推进小城镇户籍管理制度改革意见的通知》（以下简称《通知》），要求“通过改革小城镇户籍管理制度，引导农村人口向小城镇

① 何一民．新中国城市历史分期研究．社会科学研究，2021（2）：184－193.

有序转移”。《通知》深化了 20 世纪 90 年代的户籍制度改革，拉开了全面实施小城镇户籍管理制度改革的序幕，有利于城乡之间人口的自由流动和城镇化推进。

21 世纪初，中国城市形成了大中小城市和小城镇协同发展的新局面。2010 年，住建部发布《全国城镇体系规划（2006—2020 年）》（以下简称《规划》）。《规划》明确提出五大国家中心城市（北京、天津、上海、重庆、广州）的规划和定位，并在其后添加了成都、武汉、郑州、西安。国家中心城市是在直辖市和省会城市层级之上出现的新的“塔尖”，集中了中国城市在空间、人口、资源和政策上的主要优势，对城市群和城市区域一体化发展起到更好的引领作用。《规划》的制定和实施，标志着城市群和大都市区在中国城市发展战略中的地位的提高。

同时，城市快速发展，农村人口大规模进入不同层级的城市也带来了若干负面影响，环境问题、交通问题、就业问题、社会保障问题等相继出现。不断凸显的城市问题开始引发中央制定更为全面的新型城镇化战略。

（五）中国新型城镇化发展新时期（2012 年至今）

2012 年，党的十八大召开。党的十八大对于我国城市的健康发展指明了新的发展方向，明确提出“新型城镇化”方针，为我国城市化发展提出了新目标和新要求。我国的城镇化进入到新型城镇化阶段。

新型城镇化是以城乡统筹、城乡一体、产业互动、节约集约、生态宜居、和谐发展为基本特征的城市化，是大中小城市、小城镇、新型农村社区协调发展、互促共进的城市化。新型城镇化以五大发展理念为指导，以人的发展为核心，以不断满足人民群众对美好生活的需求为目标。2012 年，中央经济工作会议进一步把“积极稳妥推进城镇化，着力提高城镇化质量”列为经济工作的主要任务之一。国家发改委于 2014 年颁布了《国家新型城镇化规划（2014—2020 年）》（以下简称《城镇化规划》）。《城镇化规划》要求构建科学合理的城市格局，将城市发展与区域经济发展、产业布局紧密衔接，与资源环境承载能力相适应，将城乡统筹发展和生态文明理念全面融入城镇化全过程中。这是新时代背景下，中国城市转型并走上集约、智能、绿色、低碳发展道路的标志，基本确定了未来中国城市发展的总趋势。

2018 年 11 月 18 日，中共中央、国务院发布《中共中央 国务院关于建立更加有效的区域协调发展新机制的意见》（以下简称《意见》），明确指出：实施区域协调发展战略是新时代国家重大战略之一，是贯彻新发展理念、建设现代化经济体系的重要组成部分。党的十八大以来，各地区各部门围绕促进区域协调发展与正确处理政府和市场关系，在建立健全区域合作机制、区域互助机制、区际利益补偿机制等方面进行积极探索并取得一定成效。同时要看到，我国区域发展差距依然较大，区域分化现象逐渐显现，无序开发与恶性竞争仍然存在，区域发展不平衡不充分问题依然比较突出，区域发展机制还不完善，难以适应新时代实施区域协调发展战略需要。为全面落实区域协调发展战略各项任务，促进区域协调发展向更高水平和更高质量迈进，必须建立更加有效的区域协调发展新机制。《意见》明确提出：要推动国家重大区域战略融合发展。以“一带一路”建设、京津冀协同发展、长江经济带发展、粤港澳大湾区建设等重大战略为引领，以西部、东北、中部、东部四大板块为基础，促进区域间相互融通补充。以京津冀城市群、长三角城市群、粤港澳大湾区、成渝城市群、长江中游城市群、中原城市群、关中平原城市群等城市群推动国家重大区域战略融合发展，建立以中心城市引领城市群发展、城市群带动区域发展新模式，推动区域板块之间融合互动发展。《意见》的制定和公布标志着大都市区、城市群在城市体系发展中的核心地位加强的同时，区域协调发展的重要性也进一步提高。

党的二十大报告提出，深入实施新型城镇化战略，推进以人为核心的新型城镇化。

根据国家统计局2023年的最新统计数据，截至2023年末，我国城镇常住人口超9.3亿人，城镇化率达65.22%。随着经济增长速度的调整，我国城镇化开始进入增速趋缓阶段。

二、中国城市化的特点

中国的城市化在计划经济与市场经济前后两个阶段呈现出较大的差异，概括而言，我国城市化主要有以下几个特点。

（一）动力特点：政府是城市发展的主导性因素，市场因素逐步发挥作用

新中国成立以后，从1953年第一个“五年计划”开始到1978年实行改革开放，在计划经济体制下进行了大规模的社会主义工业化建设。国家实行“农业支持工业，农村支持城市”的方针，对主要农产品实行统购统销政策，实行城乡分离的户籍制度，限制农村人口流向城市，形成了特有的价格体系、财政体制、城市发展路径、公共服务体系、社会治理模式和相应的城市结构，建立了城乡二元体制，农民只有通过特定的渠道才能获得城市市民身份。在这种体制下，城镇的建立和发展受政府支配，形成了政治中心和经济中心两位一体的城镇网络。中央政府以直辖市为依托，省政府重点发展省会城市，县政府重点发展县城，乡政府把企业集中在乡政府所在地，这种城市体系的优点是可以通过非经济力量将分散的、有限的生产要素予以集中，形成集聚经济效益，但也容易造成政府对经济的行政干预和经济掠夺。计划经济时期，我国工业化和城市化的资金主要来源于农业，工农业产品“剪刀差”发挥了隐性积累的作用。

改革开放以来，随着农业的发展和社会主义市场经济的发展，我国取消了统购统销政策，允许农民进城打工，改革户籍制度，实行“工业反哺农业，城市支持农村”的方针，逐步实行基本公共服务均等化，城市的发展路径、公共服务体系、社会治理模式和城市结构也出现了相应的变化。随着社会主义市场经济体制的建立，城市建设的资金越来越多地通过市场来获得，政府通过设立自贸区、开放区、综合改革试验区以及旧城改造等措施，在吸引资本发展经济的同时，也大大加快了城市化进程，改变了城市空间和城市社会结构。但是，单纯以追求经济发展为目标的城市发展，使资本在参与城市发展中逐利的本性被极度释放，城市发展中的人的问题、文化教育问题和环境问题等社会问题日益显现出来。尊重城市发展规律，尊重市民对城市发展决策的知情权、参与权、监督权，鼓励市民通过各种方式参与城市建设、管理，真正实现城市共治共管、共建共享，是我国未来城市发展的要求。

在政府发挥主导作用的背景下，政府城市化宏观战略的偏差和反复是中国城镇化进程

曲折的重要原因。[①] 进入 90 年代中后期，政府认识到在产能过剩的背景下，城市化在扩大内需方面的作用，以及生产要素集中对建设世界工厂的价值，城市化成为推动经济发展的重要抓手。

（二）体制特点：城乡二元体制

我国在城市化初期实施的是城乡有别的二元体制，城乡居民在就业、收入、粮油食品、养老、医疗、住房等各方面存在明显的权利差别，形成了严重的城乡制度壁垒。这种二元体制特征主要表现在以下几个方面：

第一，城乡双重居民身份体制。我国的城市居民与农村居民，实际上是地位、权利不平等的两个社会阶层。改革开放之前，我国城市的生产、消费都是通过国家计划进行直接和间接的分配。生产资料采用计划调拨的方式，基本消费资料采取定量供应的方式。政府通过行政强制手段从农民手中低价购进农副产品，然后低价卖给城市居民；或者高价购买农副产品，通过财政补贴的方式低价卖给城市居民，城乡居民的消费水平呈现不断拉大的趋势。

第二，城乡双重交换体制。改革开放以前，我国城乡之间是一种不平等的商品交换体制，是依据非经济的强制手段建立起来，并通过工农业“剪刀差”来实现的。据调查，从 1953—1985 年的 30 多年间，国家工业化的投资主要是通过“剪刀差”获取，是“剪刀差”奠定了中国工业现代化的初步基础。这挫伤了农民的积极性，使城市化的外部推力不足，阻碍了城市化的正常进程。

改革开放逐步打破了城乡二元隔离的体制性安排，这一破除隔离的过程首先从农民可以进城务工的就业权利开始，然后是与就业相关的职业保障权，即农民工也可以享受城市“五险一金”的社会保障。因为经济发展、人口流动、商品交换、社会关系网络的发展，城乡之间的关系已经从隔离走向互动，正处在一个日益密切的城乡互动关系中。但是，以户籍制度为代表的城乡二元体制并未完全消除，尤其是捆绑在户口上的诸如子女教育、社会保障等差别化权利还存在。人口的城市化呈现一种“半城市化”状态，其表现为农民及其子女已经离开乡村到城市就业与生活，但他们在子女教育、社会保障、住房等许多方面并不能与城市居民享有同等待遇，人的市民化还有较远的路程需要走。

（三）结构特点：不协调性

这里所说的结构主要是指全国城市数量、城市系统中不同规模城市之间的结构、城市地域分布结构以及城市内部的功能结构。我国城市结构的不协调主要表现在以下几个方面：

首先，我国城市数量太少。截至 2020 年，我国总人口数达 141 178 万人，设市建制的城市只有 685 个[②]，平均每 206.1 万人才有一座城市。我国城市数量不仅与人口总数相比显得少，城市的绝对数也较少，城市规模较大且管理权力集中。

其次，城市规模结构“头重脚轻”，大城市比重过高。1949 年，我国百万以上人口的

① 白南生．城市化与农村劳动力流动//李强．中国社会变迁 30 年．北京：社会科学文献出版社，2008：第三章．

② 数据来源于《2020 年民政事业发展统计公报》。

城市只有 5 个，到 2002 年，按非农人口计算的百万以上人口大城市有 44 个。按照 2014 年国务院《关于调整城市规模划分标准的通知》，城区常住人口 1 000 万以上城市为超大城市，500 万～1 000 万为特大城市，而 300 万～500 万的Ⅰ型大城市和 100 万～300 万的Ⅱ型大城市并称为大城市。依据 2020 年人口普查数据，全国共有 105 个大城市，包括 7 个超大城市、14 个特大城市、14 个Ⅰ型大城市以及 70 个Ⅱ型大城市。另外，我国小城市发展不足。小城市数量少，小城市增长速度慢。

最后，我国城市地域分布不平衡，东密西疏，与人口地区分布呈正相关。根据胡焕庸先生的方法，从黑龙江的漠河到云南省的腾冲画一条直线，直线以东的土地面积占全国总面积的 48%，而人口约占全国总人口的 95%，并且长期相对稳定。按市区非农人口计算，此线以东的城市人口占全国城市总人口的 90%左右，囊括了除兰州以外超过百万人口的大城市和特大城市，城市及城市人口的分布具有东密西疏的特点。

（四）进程特点：前期波动大，后期发展迅猛

我国城市化进程具有起步晚、起点低、波动性大的特点。我国的城市化从 1949 年算起，比美国晚 160 年，比俄罗斯晚 32 年。我国城市化的起点低，1940 年城市化水平仅为 10.6%，低于一般国家城市发展水平。与其他国家相比，我国城市化波动性大，在计划经济时期呈现明显的波浪形特征，而改革开放后发展迅猛。这与我国前期城市化的动力机制是政府发动型，而后期市场驱动力量加大有关，与政策变化直接影响城市发展状况有关。

改革开放前城市化大起大落的情况前文已有所论述。改革开放后，城市发展速度加快，城市人口增长率急剧上升，2000 年人口普查显示，居住在城镇的人口 45 594 万人，占总人口的 36.09%，同 1990 年第四次全国人口普查相比，城镇人口占总人口的比重上升了 9.86 个百分点，截至 2020 年人口普查时居住在城镇的人口超过 9 亿人，占 63.89%，比 2010 年增长了 14.21 个百分点。城市数量在计划经济时期也波动大，改革开放后增长迅速。1957 年全国 20 万人口以下的小城市 114 个，1960 年增加到 128 个，1963 年减少到 87 个，1987 年又猛增到 227 个，2000 年则高达 352 个。从建制镇的数量看，1953 年我国共有建制镇 5 402 个，1982 减少到 2 660 个，1992 年达到 14 182 个，2020 年高达 21 157 个，占到了乡镇级行政单元的 54.6%，比 1990 年提高了 36.1%。

改革开放后，城市化和工业化水平的差距日益缩小，1995 年我国城市常住人口的比例达到 36.2%，与第二产业产值占 GDP 的比例的差距缩小 4.1 个百分点，2005 年城镇化率已经超过工业化水平 1 个百分点。城市成为我国经济增长的发动机，城市市辖区 GDP 占全国比重从 1990 年的 38.7%增长到 2006 年的 63.6%。2013 年以来，城市群、都市圈、强省会等区域发展导向逐渐明晰，中心城市和市辖区发展能级增强，市辖区 GDP 均值对县域优势持续扩大，市辖区平均 GDP 领先县域优势持续扩大。从横向上看，改革开放后我国城市化水平速度远超其他国家，1980 年，我国城市化率不及印度、巴基斯坦、印度尼西亚，但 2005 年我国城市化已经超过印度 14.3 个百分点，超过巴基斯坦 8.1 个百分点，到 2020 年已超过印度近 30 个百分点，超过巴基斯坦 26.7 个百分点，超过印度尼西亚 7.25 个百分点。

（五）水平特点：滞后型和阶段性

我国的城市化水平长期滞后于工业化发展水平，经历了工业城镇化、土地城镇化到人

口城镇化三个阶段①。

白南生的研究表明，改革开放初期相对于其他大国，我国存在的结构性偏差包括：同等收入水平下高工业化、低服务业，产业结构高工业化与就业结构低工业化，同等人均GNP下的低城市化，以及高工业化与低城市化的并存。② 城镇人口比例长期低于工业产值占国内生产总值的比例。1952年到1978年，我国工业水化水平从17.6%增加到44%，增加了26.5个百分点，同期城市化水平从12.5%增加到17.9%，仅增加5.4个百分点。早在20世纪70年代，我国工业增加值占国内生产总值的比重已经达到30%以上，但同期城市化水平却长期徘徊在20%以下。2002年，工业占国内生产总值的比重为51.8%，而城镇人口的比重仅为39.1%，非农人口比重只有27.4%。从经济结构上看，当时中国已经从农业国变成了工业国，但是从居住结构上看，中国还是一个以农村为主的国家。此后城镇常住人口占比也超过了50%，但农村户籍人口占比仍然长期保持不变，平等享受城市教育、医疗、养老、住房等城市社会保障和公共服务的人口比例仍然有限。

城市化水平的滞后性对我国经济社会的发展带来不利的影响。在1995—2011年，城镇化的速度加快，土地财政规模增长迅速，城市建设日新月异，进入土地城镇化阶段。2012年提出新型城镇化之后，人的城镇化成为城镇化的核心问题，关键要解决好流动人口的“落地”“市民化”问题，以及中西部地区的农民如何“就地”“就近”城镇化。

（六）模式特点：从单一化逐步走向多样性

从历史上看，中国城市一直扮演着政治中心的角色。在计划经济时期，城市发展的资源完全依赖于政府，经济发展和文化发展的资源往往也优先投在作为政治中心的城市，导致政治中心、经济中心和文化中心高度合一，而另一些城市则主要依托工矿企业发展起来，但也常常作为地区的政治、文化中心。城市与城市之间的功能分化程度不高，特色不明显；但不同行政等级的中心城市与非中心城市的发展差距较大。改革开放使得城市发展的要素逐步受到市场机制的调节，资源不再完全追随政治中心流动。不同的城市，其地理地貌、区位、自然资源和社会资源等优势禀赋不同，其发展的重点和路径开始出现差别。

改革开放初期，不同地区就出现了不同的城镇化模式。费孝通先生认为中小城市的城市化道路有三种发展模式：一是苏南模式，以大城市为依托，以社队企业为基础，实行社区所有制的小城市发展模式；二是温州模式，是自发型城镇化模式，以家庭作坊为基础逐渐发展为联合企业，推动实现城市化；三是珠江模式，通过将香港劳动密集型工厂或车间转移到珠江三角地区，吸纳大量本地和外地人口，形成了以香港为中心，第一环为深圳和珠海经济特区，第二环为广州附近的东莞、中山、顺德、南海等组成的同心环形城市化地带。

在某些地区，政治中心、经济中心和文化中心相对分离的特征开始萌生。在国家层面，北京作为首都开始有意识地去除非首都功能；在东部沿海地区，一些非省会城市发展为经济中心城市，这些城市的经济地位有些已经超过了省会城市，例如，广东的广州与深

① 周飞舟，吴柳财，左雯敏，李松涛．从工业城镇化、土地城镇化到人口城镇化：中国特色城镇化道路的社会学考察．社会发展研究，2018（1）.

② 白南生．中国的城市化．管理世界，2003（11）.

圳、福建的福州与泉州、江苏的南京与苏州、山东的济南与青岛。尊重城市发展规律，综合考虑城市功能定位、地域环境、文化特色、建设管理等多种因素来制订规划和发展城市，形成合理的城镇体系，是我国未来城市发展的要求。各类城市，如商业城市、金融城市、旅游城市、科技城市、教育城市走差异化的发展道路。

（七）愿景特点：以人民为中心和可持续发展

新中国成立之初，面临落后且亟待恢复的国民经济与复杂的国际环境，国家把工业发展，尤其是重工业发展放在城市发展的首位，“变消费性城市为生产性城市”成为城市发展的方针。20 世纪 60 年代初开始，“不建集中城市”成为影响城市发展的观念，而“文化大革命”时期大力开展的“三线建设”则是以国防建设为中心来规划和推动城市发展。改革开放后的前三十年是以建设生产性城市为目标的三十年，因此与城市居民生活紧密相关的基础设施建设被控制在极低的水平，城市生活环境与城市生产环境紧密地交织在一起，无法形成真正具有现代性的城市和城市生活。

改革开放使国家从“以阶级斗争为纲”转向解决“人民日益增长的物质文化需要同落后的社会生产之间的矛盾”的发展道路，坚持以人为本，树立全面、协调、可持续的发展观，促进经济社会和人的全面发展。中国特色社会主义进入新时代，解决人民日益增长的美好生活和不平衡不充分的发展之间的矛盾进一步引领城市发展。2015 年中央城市工作会议提出，城市工作要把创造优良人居环境作为中心目标，努力把城市建设为人与人、人与自然和谐共处的宜居家园，实现生产空间集约高效、生活空间宜居适度、生态空间山清水秀。城市要更健康、更安全、更宜居，成为人民群众高品质生活的空间。要坚持实行严格控制大城市规模，合理发展中等城市和小城市。

思考题

1. 城市化的概念是什么？
2. 根据西方国家城市化经验，城市化过程分为哪几个阶段或类型？
3. 发达国家的城市化有何特征？
4. 发展中国家的城市化有何特征？
5. 新中国成立后，中国的城市化进程分为哪几个阶段？
6. 中国城市化总体上有哪些特征？

第四章　城市治理体制

从古雅典的城邦到现代化的“城市大脑”，自逐水草而居的人类建立第一座城市的那一刻，城市治理体制的历史长卷就此徐徐展开。本章首先从治理概念的渊源出发为城市治理体制的概念做出清晰的定义，然后回顾西方城市治理体制的发展简史，从理想类型的角度划分西方城市治理体制的主要模式。接着将简要回顾中国城市治理体制源远流长的发展历程，分时期地对传统中国、近代及新中国成立后的城市治理体制的基本情况进行扼要的梳理。最后，以北京的“接诉即办”、上海的“一网统管”、广州的“红棉指数”和杭州的“城市大脑”等四个代表性案例，描绘当前中国城市治理体制的实践与创新图景，以期通过了解这些具有影响力的城市治理体制创新实践，进一步认识和把握我国城市治理体制发展与进步的规律，提升从城市治理体制的角度理解我国城市现象、分析和解决城市问题的能力和水平。

第一节　西方城市治理体制的发展与模式

一、城市治理体制的概念

什么是治理（Governance）？同很多概念一样，治理并没有一个明确和公认的定义。从词源看，治理在古希腊语和拉丁语中的原意为“掌舵”和“引导”，其内涵是将被治理者的行为模式向一种符合治理者设想的模式有意地控制与导引。在当代西方社会科学研究中，受新公共管理（New Public Management，NPM）思潮影响，治理是指一种与“统治”相对立的、主张以社会力量主导而非政府主导的、基于行动者网络开展自治的公共事务处置方式，有强烈的新自由主义意识形态色彩。近年来，一些学者对这个概念定义作出反思，主张将治理价值中立地界定为政府制定规则、执行规则和提供服务的能力。[①] 在我国的语境中，治理概念的重要思想来源是在20世纪五六十年代的水利工作中形成和发展的“根本治理”和“综合治理”的政策话语，其内涵是一种基于某一领域或某一专项工作而展开的跨地域、跨部门、跨层级、运用多种方法手段的政务方法论，这种特殊的历史渊源和政府在我国社会中的主体性地位，使治理概念在我国有浓厚的行政导向和结构性特征。随着党的十八大报告首次提出“国家治理”的新概念，治理的内涵也逐渐实现了治理

① FRANCIS FUKUYAMA. What is governance?. Governance，2013，26（3）：347－368；王绍光．治理研究：正本清源．开放时代，2018（2）：153－176，9.

主体多元化、治理手段丰富化、运作方式扁平化、评价标准民主化的重大变迁。[①] 基于学术界的前沿讨论和我国历史实际，我们将治理定义为以党和政府为主导，多元主体参与进行治国理政实践的方式、方法、路径和能力。

什么是城市治理（City Governance）？城市治理显然是治理与城市这一基本的地域管理单元相结合的产物，但由于治理概念的不明确性，不同学者和组织对城市治理也有不同的理解。全球城市研究机构（GURI）将城市治理定义为一束关系，涉及市民社会与国家之间的关系、执法者和守法者之间的关系，以及政府和可治理性（Governability）之间的关系。[②] 有学者将城市治理定义为一种过程，即以政府为主体动员社会参与，从而解决城市社会问题、提供城市公共服务、增进城市公共利益的利益整合过程。[③] 有学者将城市治理理解为一种制度，即城市的各个利益相关者通过互动来参与城市决策和分配城市利益的制度安排。[④] 也有学者强调了城市治理的价值有涉性，认为城市治理是城市的政府、居民和各种社会组织等利益相关方通过开放参与、平等协商、分工协作的方式达成城市公共事务的决策，以实现城市公共利益的最大化。[⑤] 基于对治理概念的理解和既有的研究工作，我们将城市治理定义为以城市党政部门为主导开展公共事务处置、公共服务提供、公共议题决策、公共利益整合、公共规则的制定与执行等治市理政实践的方式、方法、路径与能力，它需要城市多元主体的普遍参与，同时具有制度、关系和过程的多维面向，最终指向城市居民福祉的长期可持续提升。

什么是城市治理体制（City Governance System）？在社会学看来，体制指特定历史时代中的总体性的结构关系，这种结构关系对包括国家行政、组织运作、市场交易、社会关系和社会文化等几乎所有社会要素都有强烈的主导作用。正是在这个意义上，社会学家把大家耳熟能详的城乡二元制、计划经济、单位制和项目制称作体制。至此，根据我们对治理、城市治理和体制等概念的理解，城市治理体制可作以下定义：城市治理体制指基于以城市党政部门为主导，城市多元主体参与，对城市开展公共事务处置、公共服务提供、公共议题决策、公共利益整合、公共规则的制定与执行等治市理政实践的现有的方式、方法、路径与能力所形成的，对城市运行的各方面都有深刻影响的总体性结构关系。

二、西方城市治理体制的发展简史

（一）古希腊和古罗马的城市治理体制

古希腊是西方古典文化的先驱和欧洲文明的摇篮，深刻影响了欧洲两千多年的城市治理体制的变迁。古希腊建立的国家一般以一个城市为中心，周边围有村镇，因此被称为城邦。刘易斯·芒福德指出：“古希腊城市是典型的村庄的联合，或者说是村镇的联合。但城市的凝聚力还不够完备，而城市的统治也并非绝对……作为文化的一种功能实体，希腊

① 许耀桐．当代中国“治理”概念的演进探析．国家现代化建设研究，2023，2（3）：100-111.
② 金南顺．关于城市治理的理论与实践．城市发展研究，2002（6）：8-12.
③ 朱相宇，宋希博．包容性发展视角下的我国城市治理发展趋势探析．商业时代，2013（17）：118-120.
④ 王雅莉，刘洋．基于公司治理理论借鉴的城市治理结构的探讨．经济与管理，2013，27（5）：23-30.
⑤ 何增科．城市治理评估的初步思考．华中科技大学学报（社会科学版），2015（4）：6-7.

城市在公元前5世纪达到了它的成熟阶段。”①

雅典是古希腊城邦联盟的中心。公元前6世纪初，梭伦改革建立了雅典的第一个民主制度。公元前5世纪，这一制度被伯里克利进一步扩大和完善，雅典的民主进入“黄金时代”。在古希腊的直接民主制度下，城邦政府负责组织和管理城市事务，职能覆盖法律、教育、财政、建设等诸多领域；雅典市民享有包括参与政治、担任城邦公职和参与法庭审判程序的权利，他们通过公民大会、议事会和陪审法庭等专门机构踊跃参与到城市规划、公共卫生等城市治理议题之中。由此，城市治理的各项事务不再由某位统治者或少数行政官员独断，而是由所有具备公民权的城邦居民共同决定。这种集体管理的城市治理体制激发了市民的参与热情和开拓精神，推动了雅典城邦的社会经济文化的发展，也成为近代城市自治的滥觞。

古罗马的城市治理对后来欧洲和当今世界的城市治理体制也有很大影响。在罗马共和国的地方行政架构中，各城市地位不一，一些城市有自治权、一些城市有部分自治权，一些城市则没有自治权。② 古罗马的城市市民也被分为罗马市民、拉丁市民和外邦人等类别，各种市民福利往往只有罗马市民才能享受，不同城市的城市居民权利也有差别，各城市的城市治理体制存在较大差异。古罗马设置了城市监察官、民政官、消防队、粮食总督、台伯河管理委员会等官职和机构，分工解决城市运行的具体问题。古罗马的城市治理体制具有明确的规划意识和理性精神，非常重视对整个城市作出通盘规划。一个例子是，公元前7年，屋大维将城市分为14个区域，在此基础上将罗马城的统治机构分为14个区，区下设有“维西”（相当于街道联合体），这种新的城市管理体制在整个罗马帝国时期一直被沿用。罗马还高度重视通过法律制度的完善来增强城市治理能力，对城市道路、卫生环境、下水道、广场、娱乐设施等各方面的治理都有具体的法律规定，构建起了较为完备的城市治理法律体系。③

（二）中世纪的城市治理体制

11世纪，西欧逐渐出现了新型的城市自治，这标志着西方自治历史形态的大转变，对西方近代的城市治理体制产生了深远的影响。有学者认为，宗教是中世纪城市治理体制发生变迁的主要原因，在基督教的普世主义思想影响下，行会、兄弟会和商业共同体等各类城市组织紧密凝聚在一起，由此摆脱了其他地方，特别是东方城市的氏族纽带、种姓等区分，最终发展成为一个城市共同体④。完整的城市共同体使城市得以积蓄自身的力量，抵抗外部的封建领主的肆意干涉，并通过城市自治特许状的契约形式确定了城市共同体与领主的关系，获得了城市自治的合法性。以城市自治特许状为基点，人民主权理论得以在城市自治的实践中萌生，普遍的选举制度、市民代议制度和城市代议机构也逐渐形成，推动了中世纪以城市自治为特色的城市治理体制的发展。

---

① 李其荣．对立与统一．南京：东南大学出版社，2000.

② 厉以宁．罗马－拜占庭经济史（上下册）．北京：商务印书馆，2006.

③ 鲍红信．论城市公共空间的治理与政治文化：以共和晚期至帝国早期的罗马城为例．全球城市研究（中英文），2022，3（3）：77－86，191－192.

④ 马克斯·韦伯．非正当性的支配．桂林：广西师范大学出版社，2005.

中世纪的自治型城市治理体制的主要内容包括以下几点：一是市民具有形式和实质上的自治身份。许多城市的特许状规定，只要在城市居住满 1 年零 1 天，就可以成为城市的自由市民，拥有人身自由和财产权等市民权利。二是设置了专门的立法、行政和司法机构。市民大会是城市的立法机关，拥有决定城市治理的重大问题的权力。一些自治权较大的城市设置了选举执行官和市长，他们一经产生就对城市治理有相当大的权力。随着城市规模的扩大，具有直接民主色彩的市民大会逐渐难以处理城市治理的大量问题，市政会开始在城市治理中发挥重要作用，对城市包括但不限于公共财政、公共工程、工商业管理和城市慈善事业等领域的公共事务进行治理。城市权贵、市长、领主、封建贵族、城市豪强、中产阶级和底层市民都可以是市政会的成员，在市政会中商讨和处理市政事务。三是形成了城市独立司法权，城市内的各类诉讼案件由市民组成的法庭和陪审团按照城市的法律进行审理。由市民组成陪审团，体现了城市司法过程中的市民普遍参与，一定程度上提高了司法和执法的民主性和公正性。事实上，现代西方国家普遍使用的陪审团制度就是从中世纪的城市治理中流传下来的①。

（三）工业化时期的城市治理体制

18 世纪中期，在工业化和城市化交织发展的时代背景下，城市一方面为现代工业经济的发展提供了工厂、仓库、劳动力市场、交通网络和消费市场等物质基础设施，另一方面也因规模的扩大和工业化的负外部性而面临愈发严峻的越轨、犯罪、卫生恶劣、环境污染和交通堵塞等城市问题，在降低了城市居民的生活质量和福祉的同时，为城市的长期可持续发展带来了严重威胁。由于城市政府在城市治理中只作为“守夜人”的角色存在，责任担当简约，政府财力不足，政府雇用的城市管理服务人员规模很小，逐渐难以满足工业化时期城市治理的新需要。为解决城市问题，推动城市良性发展，城市内的公民精英和商业巨擘开始大力投入城市建设，他们在工业革命中兴起的工业管理逻辑的指导下，将城市作为一个整体的、可以被理性地“拨弄”和管理的“机器”，进而大规模地投身于城市治理的各个领域之中，要求城市政府做出变革，城市治理体制由此再度发生深刻转型。

总体来看，工业化时期的城市治理体制主要有以下几个方面的发展：一是城市政府规模扩张、专业化程度提升。为应对自工业革命以来日益增加的城市管理工作，政府新增了相应机构和市政职员，政府规模得到了扩大。新兴的城市中产阶层愈发不满城市政府的腐败和效率低下，发起了“市政改革”运动，借鉴企业管理模式改革政府体制，通过行政和政治分离，将政府的行政职能从政治中独立出来，实现了行政职能的集权，确立了行政和政治分离的原则，增强了政府的专业化程度，提升了政府在城市治理中的能力。二是城市治理的指导思想发生深刻变迁，从工业革命前期的自由放任的市场手段到 19 世纪中后期城市政府的临时干预，再到罗斯福新政时期的公用事业市营/国营，并向福利主义的政府完全干预迈进，城市治理的指导思想在城市治理的实践中不断演进。三是基础设施建设成为城市治理体制的关注重点。面临城市基础设施匮乏的窘境，城市政府大力投资道路、桥梁、供水排水系统、公共交通系统、公共卫生系统等基础设施，为一度混乱、嘈杂、疾疫

① 黄洋，付昱．欧洲中世纪城市的兴起与市民社会的形成．探索与争鸣，1998（2）：43.

的都市带来了一定的秩序、理性和健康。四是公共政策在城市治理体制中的作用愈发凸显，为了应对日益尖锐的社会不平等和劳工问题，一些城市开始实行包括最低工资、工作时间法规、儿童劳动法等政策法规，公共政策的制定和执行成为城市治理体制的重要工具和影响城市治理体制运作效能的关键因素。五是市民参与的渠道更加多元。政治改革运动赋予了更多市民以选举权，越来越多的市民可以通过选举参与城市治理；得益于市政会议、公民社会团体、慈善机构和新闻媒体，市民了解城市治理的相关信息，参与城市问题的决策和执行的渠道更加丰富。劳工运动和游行示威也成为市民表达城市治理诉求的重要渠道，在城市治理体制的现代化发展中扮演了独特的作用。

（四）当代的城市治理体制

21 世纪以来，西方的城市治理体制呈现以下新的发展趋势：

一是城市治理体制中的社会主体参与程度不断提高。随着议员和政府走访居民、公众舆论、听证会等制度的普遍推行，城市居民、企业和各类社会组织等利益相关者参与城市治理的方式和渠道不断增加和制度化，各类社会主体对城市治理的参与程度不断提高。特别是城市议会作为城市治理体制中不同社会利益群体之间利益表达与协调的作用不断加强，在弱市长制、市长经理制、议会委员会制、市长议会制等各类城市政府体制中，城市议会都能够发挥利益表达、权力制衡和行政监督的作用，增强了城市治理体制的治理效能和切实解决市民切身问题的能力。[①] 广大利益相关者的踊跃参与增强了城市治理体制对城市资源的动员能力，降低了城市治理体制被少数利益群体目标俘获的可能性，提高了城市治理体制的运作效率，夯实了城市善治的基础。

二是城市政府与社会的合作程度日益增强。当代的西方城市治理体制吸收了公共选择理论的研究成果，认为只有重新界定政府和市场、社会的关系，打破政府对公共服务提供的垄断，在公私部门之间形成公共服务的竞争，赋予市民以公共服务选择的权利，才能解决城市政府在治理过程中面临的组织失败问题。在这一思潮的指导下，当代西方城市治理体制普遍推行了城市政府职能市场化的改革，将许多传统意义上的和工业革命后政府扩大的职能从政府中分离出来，通过委托、授权、承包、合同等形式将其转移给社区、企业、非政府组织以及个人，政府保留对这些公共服务提供者的服务提供情况进行监督、检查和指导的权力。政府由“划桨”向“掌舵”的职能转变，增强了城市政府与社会主体的合作程度，实现了政府职权的收缩和集中，借助市场的力量提高了部分非关键性的公共产品和服务的产出效率。

三是城市社区在城市治理体制中的治理功能愈发突出。在城市治理多元化的趋势下，城市治理的社区化成为西方国家城市的普遍选择。美国芝加哥的“新社区项目”（New Community Program）、英国的“城市挑战计划”和日本的社区营造模式等都是城市治理社区化的经典模式[②]，这些改革凸显了社区在城市治理体制中的治理功能，推动了公共服务的所有权从官僚机构向社区的转移，实现了政府与社区的相对分离，彰显了个人、社

① 谢媛．当代西方国家城市治理研究．上海经济研究，2010（4）：82－89.

② BIAN FANG，LYU BIN. The urban community governance modes in the USA，the UK，and Japan：a comparative perspective. Urban Planning International，2018，33（4）：93－102.

区、企业、社会组织和基层政府组织在城市治理体制中的作用，协调了社区各类利益相关者的相互关系，增强了城市治理体制的回应性和韧性。

四是城市治理体制超出单个城市的范围，城市与区域之间联合治理的趋势更加凸显。随着全球化和区域化不断走向深入，城市越来越难以脱离其他城市和区域的支持而独立发展，城市与城市之间的联合发展成为主流选择。城市发展的新趋向也使城市面临的问题逐渐超越了单个城市的空间范围和单个城市政府的治理能力，特别是对于城市规模更大、具有区域间枢纽地位的大都市而言，这些问题愈发突出。越来越多的城市治理者意识到，城市治理的问题不再只是中心城市的问题，而是整个区域内的问题。置之不理不是大都市区治理的答案，通过区域治理系统动员公共和私人部门共同治理才是答案。[①] 许多中心城市设立了大都市政府（Metropolitan Government），治理范围已超越了单个城市的管辖范围。加拿大的多伦多大都会自治体、英国的伦敦大都会区政府、荷兰的鹿特丹大都会区域协议会、瑞典的大斯德哥尔摩县议会、德国的法兰克福区域联合体和西班牙的马德里大都会地区计划协调委员会等，都是城市治理为适应全球化与区域化发展的产物。这些城市治理体制创新增强了城市之间的联结和协作，提升了区域内城市的总体竞争优势和城市间协同治理能力，促进了区域的整体发展。

五是城市治理体制加快向数字化、信息化、智慧化方向发展。随着大数据、云计算、区块链、人工智能等技术浪潮的不断推动，信息技术加速迭代发展并广泛应用于西方城市治理体制的各个层面，推动了城市治理体制从基于城市实体空间的架构体系向顺应“数字仿真”和“数字孪生”的虚拟化潮流方向发展。数据收集、数据驱动、数据赋能的一系列布局，使数据要素的作用在城市治理体制中得到更好发挥，极大地推动了城市治理体制的全面转变，节省了城市治理的各方面成本，提高了城市治理的综合效率。

三、西方城市治理体制的主要模式

西方的城市数不胜数，城市问题的复杂性、不同国家的国体和政体，以及不同城市发展过程中各自遇到的关键事件等因素决定了城市治理体制的多样性和丰富性。尽管如此，根据城市治理体制中各行动者主体及其相互关系，可以对城市治理体制的几个主要模式作类型学划分，通过对模式的总结得到城市治理体制何以发挥作用的机制解释。

早在我国民国时期，就有学者根据城市政府的组织形式，将西方国家城市治理体制分为强市长制、弱市长制、市长议会制、议会经理制、城市委员会制等几个类型[②]。也有研究者将城市治理的典型模式分为企业化城市治理模式、国际化城市治理模式、顾客导向型城市治理模式和城市经营模式。这些模式类似韦伯所言的“理想类型”，在实践中并不是独立存在的，每个城市可能兼有几种模式的特征[③]。瑞典学者乔恩·皮埃尔从地方政府在经济发展中的角色、城市的分配模式、地方政府和市民社会的关系等维度着手，将西方国

① HAMILTON D K. Governing metropolitan areas: growth and change in a networked age. 2nd. New York: Routledge, 2014.

② 赵可．20年代我国留美知识分子对市政体制改革的探索．四川大学学报（哲学社会科学版），1999（4）：101-107.

③ 踪家峰，王志锋，郭鸿懋．论城市治理模式．上海社会科学院学术季刊，2002（2）：115-123.

家种类繁多的城市治理体制归纳为管理模式、社团模式、增长模式和福利模式等四种一般模式①，被认为是较为精炼地概括了西方国家城市治理体制的主要模式②，现分别介绍如下。

（一）管理模式

城市治理体制的管理模式（Managerial Model）源于20世纪90年代在英国、美国等国家兴起的新公共管理思潮③，这一思潮主张管理不是政府这一特定部门的任务，强调公私部门等不同的服务提供者之间的相互竞争是实现更好的城市公共服务的基础。管理模式的核心目的是提高公共服务的生产和提供的效率，通过引入市场原则，将城市治理中的公共服务生产者和消费者视为市场的参与者，一方面在公共服务的生产端淡化公共部门和私人部门的区别，在公共服务的生产和提供中广泛引入私人部门的管理策略，鼓励政府和企业、社会组织与个人之间就公共服务的供给展开竞争，以增强公共服务的供给效率；另一方面赋予城市公共服务的消费者——市民以挑选公共服务供应者的选择权，不再以官员的偏好为基准，而是以消费者的满意程度作为城市公共服务的评价标准。从这个意义上，城市治理体制的管理模式旨在通过公共服务的顾客导向化和供给多样化的方式进行城市治理，从而恢复和增强社会对公共部门的信心。为了实现这一目标，与营利组织签订公共服务供给合同、采取更加市场化的招聘策略设置公共部门的管理职位，建立内部市场以促进公共部门内部和公私部门之间的公共服务提供的竞争等，成为城市治理体制运转的基础性制度安排。

城市治理体制的管理模式能够通过引入市场竞争机制、向公共部门引入私人部门的专业知识以及推动公共部门组织文化的法治化等机制，增强城市治理体制的运作效率。然而，管理模式的运作逻辑要求通过公共服务的生产者和消费者之间的密切合作和反馈机制来实现运转，对政府在公共服务提供中的责任和义务没有给出一个明确的界定和澄清，这使城市政府在城市治理体制中的角色有被模糊化和边缘化的可能性。管理模式强调通过市民的满意度和选择权来决定公共服务的供给，但由于市民偏好的主观性和市民作为人口的流动性，公共服务的消费面临强大的不确定性，这实际上假定了为管理模式的运作提供兜底保障的地方政府具有较强的组织灵活性和环境适应力，但事实显然未必如此。综合以上因素，管理模式是否能够提高城市治理体制的运作效率，仍是一个存在争议的问题。

（二）社团模式

社团模式（Corporatist Model）是通过利益集团的直接参与和城市大众的间接参与，发挥地方政府在城市治理中的协商和谈判作用，来确保各集团成员的利益和城市居民的参与式民主的一种城市治理体制。社团模式主要存在于瑞典、德国等规模较小、工业化程度较高、民主政治发展比较成熟的西欧城市之中，主要特点是将利益集团和市民大众引入城市治理的决策过程，通过利益集团在组织内部的广泛间接参与和利益集团高层的直接参与

① JON PIERRE. Models of urban governance: the institutional dimension of urban politics. Urban Affairs Review, 1999, 34 (3): 372-396.

② 谢媛．当代西方国家城市治理研究．上海经济研究，2010（4）：82-89.

③ 岳经纶，温卓毅．新公共管理与社会服务：香港的案例．公共行政评论，2012（3）：144-166，182.

来形成城市治理的广泛社会参与，以此培育包容的城市治理氛围，实现广泛的参与式地方民主，推动城市治理涉及的主要行动者进入城市治理体制的决策环节，进而发挥分配机制的作用，确保利益集团的利益最终落实为城市治理的公共服务和政策。社团治理不仅是一种特殊的利益代表模式，也是一个关键的治理工具，它将所有主要行动者及其利益纳入城市政治过程中，这个组织体系本身就控制着庞大的人力和财力资源，能够承担公共服务提供的责任。因此，虽然社团模式的利益协商过程往往较为烦琐和缓慢，但与其他治理模式相比，社团模式制定的城市政策的实施普遍要更加顺利，因为关键的社会行动者已经参与了政策制定过程。

社团模式总体上是一种具有较强适应性的城市治理体制，但也存在局限性。一方面，由于社团模式的运作主要依靠利益集团的参与，不同利益集团代表了各自的特殊利益，这使社团模式存在分解公共利益的倾向性。而且，各个利益团体的加总并不能完全代表所有城市市民的利益，这使没有参与某一利益集团的决策程序的城市居民的利益存在被忽视和搁置的可能性。另一方面，从组织社会学角度看，作为组织的利益集团的根本目标是汲取尽可能多的资源以维持组织的存续，这使利益集团在城市治理参与中更加关注资源的分配问题（如何在各群体间分配公共财政预算），而不是资源的产出问题（如何帮助政府增加公共财政收入），这使利益集团普遍对政府持功利主义和工具主义态度，也暗示了它们存在与城市政府不合作甚至敌对的可能性。因此，以利益集团参与为重点的社团模式的治理效用不是一个常量，而是会随着城市治理的核心行动者——不同层级政府——的财政能力大小而发生变化。例如，在斯堪的纳维亚国家的城市中，各个残疾人组织曾长期与地方政府密切合作，以确保为他们的“客户”——残障人士提供较好的公共服务。然而，20 世纪 80 年代末，在当地政府面临沉重的财政压力的时候，这些组织却转变了他们的行动策略，改为推动国家保护残疾人权益的立法，并与财力不足的地方政府相对抗，社团模式的运作效能也因此大为下降。

（三）增长模式

城市治理体制的增长模式（Pro-growth Model）与我国地方治理中的“发展型政府模式”具有一定的相似性，是以公共部门和私营部门制度化的伙伴关系为基础，通过协调公私行动以促进城市经济发展的一种城市治理体制。推动城市长期、可持续的经济增长是这一模式的核心目的。虽然各国城市面临的制度背景有差异，但在各城市普遍开展经济结构性调整的背景下，北美、西欧等几乎所有西方发达工业化国家的城市治理都在一定程度上采纳了这一模式。

增长模式最突出的特征是密切的公私互动。城市的商业精英和政府官员是这一治理体制的最主要的参与者，他们基于可预期的共同利益，构成了密切的政商互动和公私合作，以推进城市的经济增长。为了实现增长的目标，城市规划、从区域和国家动员资源、推动城市基础设施建设和开展有助于吸引投资的城市印象管理等，都会成为重要的治理议程并加以推进。由于市民的大规模参与可能形成诸如社区改造、改善分配机制等同城市经济发展相竞争的议程，这一模式在一定程度上抑制了民众参与在城市治理体制中的作用，是四种模式中市民参与程度最低的一个类型。虽然为了实现城市经济增长的目标，一些城市可能会允许特定的私营企业在城市政治中获得特权地位[1]，形成紧密的政商联盟，但由于城市发展不同阶段的增长来源可能存在差异，城市政府官员与商业精英之间的利益联盟因而存在不稳定性。

增长模式也有其缺陷。最基本的问题是，城市政府和私营部门形成的伙伴关系可能导致城市治理体制向仅有利于某个利益集团的特殊利益方向发展，陷入公共利益捕获、城市市民的根本利益难以得到保障的困境。另外，这一模式过于强调依靠城市私营部门推动经济增长，这可能造成城市税收结构过度依赖私营资本，导致私营资本在城市治理体制中的权力上升，城市政府和市民大众在城市治理过程中的参与能力和话语权下降。

（四）福利模式

福利模式（Welfare Model）是一种建基于城市政府和较高层级政府之间的政治与行政网络，通过城市政府向上动员资源的方式弥补城市的财力短缺，以解决城市治理面临的各项问题的一种城市治理体制。福利模式的短期治理目标是确保国家资金流入以维持地方经济，但长期目标同其他模式相比显得不那么明晰。采用这一模式的主要是那些难以吸引企业和社会组织进入的经济衰退城市，如法国的里尔地区、德国的鲁尔城市群、瑞典的贝格斯拉根地区、英国的默西塞德地区和克莱德河畔地区，以及美国的“锈带”城市群。

同其他模式相比，福利模式下的城市治理参与者结构比较单一，地方政府官员、官僚和党派是主要参与者。造成这一局面的因素是复杂的：首先，由于这些城市对企业的吸引力下降，城市财税收不抵支，因而城市治理体制的运作高度依赖国家的补贴。为增强向上动员资源的能力，维系与国家官僚和政治党派的关系成为城市治理体制的重要目标，这凸显了公共部门的资源链接作用。其次，私营部门的撤离不仅导致了城市治理的资源获得高度依赖国家拨款，也使得城市治理体制中来自私营部门的参与者数量下降，难以发挥市场机制的调节作用和市场部门的手头库存知识来提高城市治理体制的运作效率。最后，私营部门纷纷撤离的城市衰退历史还导致了一个更加深远的后果：亲身经历了私人资本撤出、失业率升高、收入下降的城市市民往往将私人资本视为城市衰退和各种城市问题的始作俑者，对私人资本和市场部门在城市治理中的作用持强烈的怀疑和敌视态度，抵制私人部门参与城市治理。上述种种因素共同导致福利模式下的城市治理缺乏私营部门的参与，呈现出公共部门单一主导的特征。

福利模式面临的问题和挑战颇为严峻。由于福利模式维持运作的基本条件是城市政府通过行政和政治网络同国家保持密切联系，国家给予的资源虽然能够对城市的短期繁荣起到一定作用，但对国家的资源依赖可能会使城市治理体制愈发脱离城市的真实经济条件，导致经济衰退加剧和治理目标大于治理能力的问题。而且随着时间推移，国家普遍会减少甚至取消对这些城市缺乏成效的资源资助，这使得福利模式往往是难以持续的。另一个悖论是，同其他的城市治理体制模式相比，福利模式可能是最需要发挥私人部门和市场机制作用的一种模式，但恰恰受限于城市衰退和私人资本撤离的历史、城市政府对向上汲取资源的依赖、市民对私人资本的不信任、较差的城市营商环境等因素，这一模式实际上最难

---

① JUDD D R，PARKINSON M. Leadership and urban regeneration：cities in North America and Europe. Newbury Park：Sage Publications，1990.

以获得私人部门的支持，这是福利模式实现转型发展面临的结构性困境。

总而言之，西方国家城市治理体制的不同模式各有其目标、组织战略和参与者结构，当这些模式与城市发展所面临的制度环境相契合时，就能够促进城市的发展和城市治理能力的提升；如果这些模式不能和城市的历史性、结构性因素相契合，就可能使城市治理趋于低效和混乱。这些治理模式应从理想类型的角度来理解，它们并不是对某些特定城市的实际城市治理体制的模式性总结，而是对城市治理体制的核心机制的提炼。西方国家城市治理体制的不同模式反映了不同国家和城市的政治倾向，也反映了不同城市在复杂的城市治理抉择中所要维护的价值追求。它们各有缺陷，并不是具有普适性的最佳答案。深入了解不同模式的核心要素和效用边界，对西方国家城市治理体制的成果进行批判性吸收和创造性转化，以此探寻中国城市治理体制现代化的本土路径，是对待西方国家城市治理体制的正确态度。

第二节　中国城市治理体制的发展历程

中国的城市治理有着悠久的历史。据考古发现，早在公元前3000年到公元前2000年的龙山文化时期，就已经展开了较大规模的城市建设，形成了严密且稳定的城市管理制度。[①] 源远流长的城市治理历史使中国语境中的城市治理体制同西方国家存在显著的差异，突出表现为以下几个方面：第一，在单一制和大一统的历史背景下，中国的城市治理长期以政府为核心主体，这种稳定的地位结构使中国的城市治理体制与政府在城市事务方面的制度安排具有高度的共变性。第二，中国的城市政府与城市社会有高度的互构性，城市治理体制中的城市政权治理要素与城市社会自治要素相辅相成、难以区分，同西方的“国家与市民社会”的二分形成鲜明的对比。第三，中国共产党的领导是当代中国城市治理体制同西方国家城市治理体制最鲜明的差异和优越性所在，新中国成立以来，践行群众路线的党组织逐渐成为城市运行的细胞，成为城市内生的有机构成部分，并以党在不同时期的城市治理构想和目标推动了我国城市治理体制的更新和发展。进入改革开放新时期，特别是进入中国特色社会主义新时代以来，中国共产党坚持以新型城镇化为指导，建立共建共治共享的城市治理体制新模式，不断推动激发城市活力，使城市治理体制适应改革开放的新需要，城市治理主体进一步多元，城市治理机制进一步顺畅，城市治理效能进一步提升。

一、传统中国的城市治理体制

先秦时期的城市治理体制是闾里制。闾和里是基本的居民编组单位的控制管理单元。《周礼》记载：“令五家为比，使之相保。五比为闾，使之相受。”有学者考证，周人的城邑聚落规划严整，闾是聚落内有规划地设置的居住区，里则最初用于指称完整的聚落。闾、里的划分以户口规模为准则，以自然聚落为基础，其实质是以居住区为基础编排城邑

① 徐昭峰．龙山时代的“城市化运动”与文明起源．光明日报，2022-11-14（14）．

居民，从而实现国家对地域性聚落的社会控制[①]。

秦汉的城市治理体制为里坊制。里发展为地方行政单位，发挥组织协调生产、管理户籍、征派赋役、维护治安、教化民众等功能[②]。里设里正，掌户口、纳税、赋役等事务。隋唐时改称城内的里为坊，郊区的区划单位为里。坊一般是规整封闭的方形或矩形空间，围有围墙，设门出入，内排列有住宅，街道平直，全城被分割为规整小块，官民分居，实行宵禁管理制度。唐朝的长安城是里坊制的成熟典范，其布局的最大特征是几何上的整齐对称。长安将外郭城分为若干规整矩形，其中大部分为居民区，称为坊；少数为商业区，称为市，坊内不设店肆，严禁贸易；市内不仵家，朝开夕闭。因此唐朝的城市治理体制也被称为坊市制。[③]

宋代的城市治理体制为厢坊制。随着宋代商品经济的发展和城市规模的扩大，里坊制下的城内封闭市场和宵禁制度渐渐与城市发展不相协调，出现了“侵街打墙、接檐造舍”，在坊内违规开设店铺和店铺不按规定时间营业的现象，严格管理、高度封闭的里坊制实际上不复存在。为适应城市发展的新情况，北宋将整个城区划分为若干厢，再在厢之下划分若干坊，实行分级管理，这一体制被称为厢坊制。城市内部的坊墙被取消，而以街巷划分地块、连接住宅，街坊完全面向街道，沿街设置商店。官民分居的规定也被撤销，“官贵之家”和“工商伎作”混合相处。北宋还设置了街道司这一负责城市公共事务的官府部门，隶属于尚书省工部的都水监，负责街道的修建、整治、环卫、巡查、秩序等工作。[④]

明清时期，保甲制被用于城市治理。在保甲制的城市治理体制中，户（家庭）为社会组织的基本单位，户设户长；十户一甲，设甲长；十甲一保，设保长，保内各户相互监督检举，如遇有罪者不揭发则连坐。与厢坊制相比，保甲制侧重于维护城市治安，强调一甲或一保中互相支援和监督，有连坐的色彩，本质是将军事制度运用到城市基层治理之中[⑤]。

传统中国的城市治理体制有以下几个特点：一是以君权行政为指导思想，强调行政方略和礼仪法度，形成了集立法、司法和行政于一体、高度集权的城市治理体制[⑥]。相应地，传统中国城市的政治保卫、治安防范和行政管理等各项工作也是高度一体的，没有分离出专司市政管理的独立机构[⑦]。二是遵循政治中心优先发展的原则，传统中国很早就形成了行政城市层级体系，城市的行政地位越高，城市就越能得到发展，城市治理体制的设计和实践也就越繁密细致[⑧]。三是国家法和民间法并存，城市一般既设有负责城市管理的官方机构，又颁行大量律法进行城市管理，但也高度依赖宗族、行会等民间组织的规则和习惯

① 鲁西奇．聚落、地域性联合与古代早期的社会控制：《周礼》乡里制考原．江西社会科学，2018（4）：126-140.

② 成一农．里坊制及相关问题研究．中国史研究，2015（3）：111-128.

③ 中国大百科全书出版社编辑部．中国大百科全书·经济学．北京：中国大百科全书出版社，1988.

④ 郭丽冰，吴业国．北宋城市公共事务管理探析：以东京开封府为中心．辽宁师范大学学报（社会科学版），2009（4）：108-111.

⑤ 胡海峰．明代中后期北京城市治安恶化与保甲制的建立．中国社会经济史研究，2014：12-17.

⑥ 郭雪飞．传统到近代：中国城市管理理念的演变．西南民族大学学报（人文社科版），2015（5）：218-221.

⑦ 李文军，袁俊．中国现代城市管理法规的早期探索：以民国时期的南京为例．城市发展研究，2012（10）：145-148.

⑧ 何一民．中国城市史．武汉：武汉大学出版社，2012.

法进行管理。四是实施城乡合一的治理方式，传统中国的城市并没有类似西方中世纪城市的自治地位，而是作为国家统治乡村的地方据点，在经济上高度依附于乡村。城市长官不仅要管理城市，也要管理城市下辖的乡村，城市基层组织和农村基层组织也大体相近①；五是城市中的市场和社会力量缓慢发展，推动城市治理体制不断演进。不难发现，从里坊制向厢坊制转变的“坊市革命”的重要原因即在于北宋城市商品经济的发展和行会、会社等社会组织的兴起②。

二、近代中国的城市治理体制

（一）晚清的城市治理体制

列强的通商开埠、工业革命和科技革命成果的直接输入和民族工业的发展推动了晚清中国城市化的迅速发展，大量城市社会问题由此催生。与此同时，在西学东渐的社会思潮下，权利意识逐渐深入民心，在所生活的城市的社会问题的切身体会下，城市市民要求治理城市的意愿愈发强烈，开始争取城市自治的权力。面临内外重重压力，20 世纪初，清政府被迫实行“清末新政”，其中诸多内容涉及城市治理，推动了城市治理体制的新一轮变革。

新政为城市治理体制带来了以下几项变化：一是推行城市自治，兴办城市自治机构。清政府颁布《城镇乡地方自治章程》等文件，首次从制度上明确了城市是一种行政单位③。清政府以法律法规的形式严格区分了城市和乡镇，打破了城乡合治的传统体制，城乡自此分为两个不同的行政系统④。议事会、参议会等城市自治机构纷纷建立，成为市民大众参与城市治理的重要渠道。二是在各城市设立保卫局，实行警政。有学者指出：“晚清警察在中国城市出现后，扮演的角色是多重性的，可以说超越了现代意义上的警察职能，更类似近代城市政府，可以说是传统官衙门向近代城市政府转变的一种过渡型管理机构。”⑤ 保卫局不仅是警察机构，还承担解决民众困难、清扫街道、管理户籍、消防救火、管理城市公益事业等城市治理职能。保卫局设有总局—分局—小分局的三级体制，大体对应于现代城市的市政府、区政府和街道办事处，事实上打破了“县下不设治”的传统城市治理体制惯例，将政府的城市治理职能延伸到基层。保卫局还实行一定程度的民主管理，其人事组织采取官绅并立的原则，充分发挥绅商作用，主要人事安排由民主选举产生，采取“绅议官办”的民主议事制度。⑥ 三是民间市政组织纷纷成立，开始成为城市治理体制的重要行动者。少数有能力和名望的绅商积极投身地方市政建设，创办了民间的市政组织，在城市治理体制中发挥重要作用。以上海为例，陈绍昌、祝承桂等人建立的上海闸北汇通公司是中国人自己筹办的第一个近代城镇治理机构；此外还有“城厢内外总工程局”“上海内地

① 郭雪飞．传统到近代：中国城市管理理念的演变．西南民族大学学报（人文社科版），2015，36（5）：218－221.

② 郑国，李书峰．唐宋里坊制演变及其对当前的启示：国家与社会关系的视角．城市发展研究，2017（3）：84－88.

③ 王垚．中国城市管理体制演变的历史脉络及制度特征．区域经济评论，2023（3）：118－126.

④ 何一民．中国城市史．武汉：武汉大学出版社，2012.

⑤ 何一民．近代中国城市发展与社会变迁．北京：科学出版社，2004.

⑥ 周执前．晚清保卫局与湖南城市管理的近代化．湖南师范大学社会科学学报，2009（2）：132－135.

城厢内外救火联合会”等组织，它们作为民间组织承担着消防、治安等重要的城市治理职能，推动了城市治理体制的现代化①。

（二）民国的城市治理体制

民国初年的城市治理体制沿用晚清新政制度，实行城乡分治。1914 年，北平成立了京师市政公所，与京师警察厅共同负责首都的市政事务。市政公所主要负责城市管理、规划和基础设施的建设和维护，法律承认的单立城市行政制度由此开始出现②。之后，广州率先建立了民国时期较为完整的城市治理体制，被汕头、昆明、上海、杭州、南京等其他城市建立城市治理体制时效仿。1918 年，广州设置市政公所，1920 年改为市政厅，1921 年制定了《广州市暂行条例》，规定市组织包括市行政委员会、市参事会、市审计处三个机构（见图 4 - 1）。市行政委员会为决策执行机构，负责市行政事务，由市长与下设的财政、公安、教育、卫生、工务、公用等六个局组成，一个直接隶属于省政府、不受县行政管辖、具有实际自治权力的新型市政机关至此诞生③。

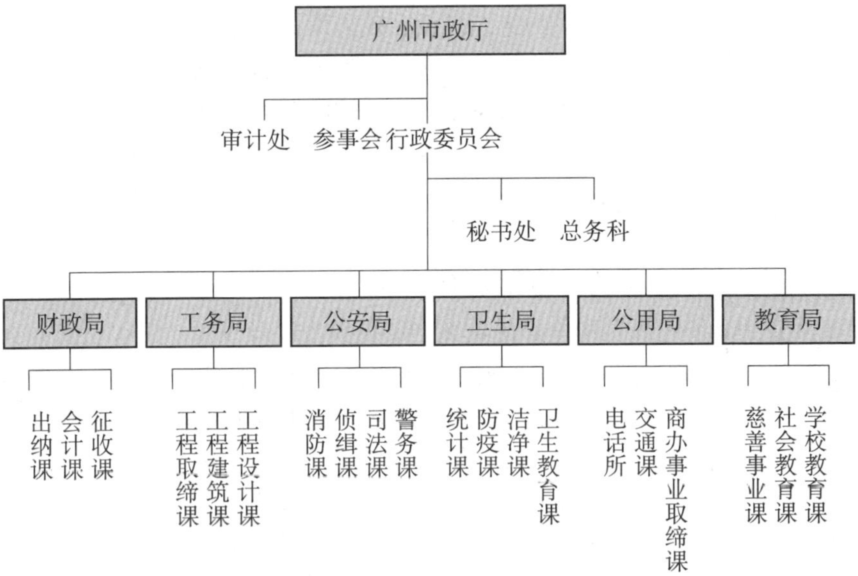

图 4 - 1 广州市政厅组织架构

1928 年，国民政府以《广州市暂行条例》为蓝本，颁布了《特别市组织法》和《市组织法》，在法律上确定了以集权市长制为主流的城市治理体制。市政府实行一级政府制，市设市政府，区设区公所，区下设坊和闾等自治团体。区公所最初不是政府，形式上是自治机关，为保甲的领导机构，设民政、户政、警卫、经济等股。之后，随着国内政治军事环境的变化，国民政府将区公所改为市政府的派出机关，以增强上级政府政策的执行能

① 方秋梅．近代中国城市社会发展进程中的民间市政参与研究．北京：中国社会科学出版社，2018.

② 王垚．中国城市管理体制演变的历史脉络及制度特征．区域经济评论，2023（3）：118 - 126.

③ 庞晓媚，陈璐，周剑云，黄暄雯，温墨缘．广州地方行政机构和城市管理部门演变史研究．南方建筑，2022（6）：46 - 54.

力。[①] 在城市基层，保甲制度复而取代了新政时期实行的地方自治，成为基层社会唯一的法定体制，在市政建设、公共卫生、社会管理、城市方位等多方面的城市管理事务中发挥作用。[②]

在欧美国家“三权分立”的城市治理思想与实践的影响下，民国时期的城市治理体制也存在一些自治的要素。经修订的《市组织法》将市机关改为市政会议（市政府）和市议会，还设置了参议会等城市民意机关。但城市治理体制总体上受到国民党“党治”“训政”的强烈制约，城市治理的主导权集中在政府，并未实现真正的基层市民自治。关于城市自治的法律法规也多为纸上空言，未见真正施行，许多基层民意机关并未留下实践的痕迹[③]，它们实际上只是市政府的咨询机构和“兴论之地”，不是权力机关，不能真正反映和代表市情民意，难以保证城市居民的参与权利。[④]

总体来看，民国时期的城市实现较快发展，城市规模普遍得到扩大[⑤]；区从自治到政府派出机构的职能转换增强了政权的汲取能力，一定程度上有利于地方秩序稳定和城市社会经济发展，对全民族抗战的社会动员也有所贡献。保甲制度的确立在一定程度上强化了国家的公共管理能力，但城市保甲的组织建设和效能发挥有限，且由于国民政府后期过度汲取基层资源，城市保甲的存在基础愈发缺乏[⑥]，历史也已经证明了城市市民的民心向背。城市的自治权相当有限，市民缺乏有效参与城市治理的能力和渠道，没有实现真正的城市民主、自治。

三、新中国成立后的城市治理体制

（一）计划经济时期的城市治理体制

1949 年 3 月，党的七届二中全会确定在彻底摧毁国民党统治、取得全国胜利后，把党的工作重心从乡村转移到城市，以恢复和发展城市中的生产作为中心任务，党必须用极大的努力去学会管理城市和建设城市。这一会议确定了新中国城市治理体制的基本走向，对新中国城市治理体制的建立和完善具有重要的指导意义。

新中国成立后，国家独特的建政方式和实现共产主义的理想精神使城市政府负担起前所未有的治理内容，一个有中国特色的现代城市管理体制以此为背景逐步建立起来。在市一级层面，以接管城市时期由陈云总结的“自上而下，按照系统，统一接收，先接收后分配”的“沈阳经验”为基础，逐步形成了一条系统、明确、部门化的“条块”城市治理体制框架。城市接管任务完成后，中央人民政府政务院于 1950 年 1 月出台了《市人民政府组织通则》，学习苏联高度集中的计划经济体制做法，确定了市政府作为市地方政权机关的法律地位和受上级政府直接领导的原则。全国各城市政府按行政区划分为“块块”，实行属地管理；市政府按专业设置部门，与上级政府的相应部门上下贯通，管理属地各领域

① 李巨澜．略论民国时期的区级政权建设．史林，2005 (1)：90-96，124.
② 杨巍巍．民国时期保甲制度与城市管理：以武汉为个案的考察．武汉学研究，2022 (1)：110-131.
③ 周玉玲．抗战前南京国民政府基层民意机关的筹建．苏州大学学报（哲学社会科学版），2009 (5)：112-115.
④ 孔玲．略论民国时期的贵州省级民意机关．贵州社会科学，2002 (5)：108-112.
⑤ 王垚．中国城市管理体制演变的历史脉络及制度特征．区域经济评论，2023 (3)：118-126.
⑥ 杨巍巍．近代城市基层组织构建：以武汉保甲为中心（1928—1938)．史林，2023 (4)：25-36，217.

的行政事务，上下对口的部门和机构形成了以专业性为划分原则的“条条”。在政府组织内部的条条之外，城市内国有企业的管理还依据对上归口的原则形成了另一种“政企归口”的条条关系。由此，一个延续至今的以横向属地管理、纵向部门管理的“条块分割”为主要特征的城市治理体制的基本格局得以确立。

新中国成立以前党的工作重心长期在乡村，治理城市的经验尚不充足，因此，在市一级以下的基层，我国的城市治理体制经历了一段时间的波折发展。党和国家最初沿用熟悉的解放区城市治理经验，建构了“市、区、街、闾”四级的城市治理体制。随后，在集中统筹的城市工作思想指导下，街一级的政权和群众组织被撤销，区级政府也被改为作为市政府派出机关的区公所，建立起了“市政府＋区公所”的一级政府制城市治理体制。这种城市治理体制便于市政府对城市治理工作进行集中统一领导，但对市政府健全和增设必要的机构和人员力量提出了很高的要求，面临着城市治理难以下沉和城市政策难以有效执行的问题。[①] 与此同时，随着国民经济的恢复和大规模经济和工业建设的开始，城市治理的负荷愈发繁重，对城市基层组织的要求越来越高。在这些因素的综合作用下，“市政府＋区公所”的一级政府制城市管理体制，逐渐不能适应新中国城市治理各方面工作的要求。面对一级政府制在治理实践中出现的种种问题，为有效落实各方面城市治理工作，逐渐形成了“由市而区，而街，而居委会”的“二级政府＋街居制”的城市治理体制。城市设市政府和区政府二级政府，在街道设置街道办事处作为区政府的派出机构，街道下建立若干居民委员会作为群众自治组织。通过建立多层级的城市治理体制，城市治理体制的覆盖面扩大，政府履行城市治理职能的能力得到了很大提高。

1957 年，随着“三大改造”和“一五”计划的顺利完成，以生产资料公有制为基础、高度集中统一的计划经济体制基本形成，一个政府一家包办、一手独大的“全能政府”的城市治理体制建立起来。这一城市治理体制最精炼的总结是单位制。有学者将单位制的基本内容概括为：“一切微观社会组织都是单位，控制和调节整个社会运转的中枢系统由与党的组织系统密切结合的行政组织构成。”[②] 单位是计划经济体制下我国一切社会组织的基本形式，在单位制的制度安排下，整个城市以一个个单位组织为基本单元进行生产组织和社会管理，各单位直接与归口的中央政府、地方政府等上级单位发生联系，通过中央政府和地方政府的行政指令进行社会生产和公共服务的分配。由于政府将资源最大限度地投入作为单位的直接生产部门，先前设立的街道和社区的职责相比之下被弱化，形成了单位制为主、街居制为辅的城市治理体制。在这一体制下，城市中的个人的市民身份暂居幕后，其所属的单位身份更为外显和重要。城市的市民被强有力地组织为单位的职工，他们的城市生活被纳入以单位为组织中介的国家行政控制之中，通过单位与城市治理乃至整个国家发生联系，工资、福利、保险、托育、医疗、子弟小学、班车等服务都由个体所在的单位提供。一个由城市内的各单位、街道、居民委员会等横向组织，工会、妇联、共青团等官方化的人民团体，以及其他半官方化的社会团体等纵向组织交错构成的城市组织网络逐渐

① 宋月红．1949—1954 年北京市区街建政与居民自治研究．当代中国成功发展的历史经验：第五届国史学术年会论文集．2005：173－180.

② 路风．单位：一种特殊的社会组织形式．中国社会科学，1989（1）：71－88.

织就，形成了一种将城市居民全面地组织到市一级条线体系之中的、分门别类、高度统合的城市治理体制，与旧中国城市治理体制中“绝大多数人处于散漫无组织的状态”相比，城市治理能力得到了极大的增强。

总体来看，在计划经济时期，工业生产是城市的主要功能，也自然而然地成为城市治理体制的核心和基本立足点。基于集中有限资源服务于国家赶超大局的大政方针，在“先生产、后生活”的城市治理思想指导下，城市治理体制的各项安排都是为了工业生产服务的，城市的住宅、医院、学校等设施都是为了经济生产配套的，城市人口的就业结构也是为了经济生产而调控的。以工业生产为导向的城市治理体制有力推动了我国的工业化、现代化和城市化，使我国城市在较短时间内取得了长足的发展。特别是1949年到1957年这段时间，城市人口迅速增长，城市建设取得较大成效，城市基础设施建设和城市公用事业均得到较大发展，被称为新中国城市化的第一个黄金时期。但是，在工业化、组织化、条块化的城市治理体制下，各个条块和单位分割了城市治理的资源和权力，城市治理一方面被简化成了单一的行政体系，另一方面被上下级行业主管部门分权的“条块化”弱化，作为整体的城市在城市治理体制中的主体地位被淡化。市场在城市治理体制中的作用被完全排斥，城市治理的手段以单一的行政管理为主，这使政府的治理负荷愈发沉重。城市中的各单位出于对自身资源的排他性需要，城市内部的发展不均衡和空间分割问题愈发突出。另外，由于政府长期把资源最大限度集中到工业增长上，城市住房、基础建设和社会服务等投资不足，城市基础设施建设仍然比较落后，城市建设和管理积累了大量问题，导致城市化规模和城市公共服务水平较低的“低度城市化”问题。20世纪60年代后，我国的城市化水平长达20年止步不前，城市治理体制的发展也步入停滞。

（二）改革开放后中国城市治理体制的发展

随着改革开放的深入推进，为应对更加复杂的城市治理环境，城市在城市治理体制中的自主性和主体地位逐渐增强。政府的职能逐渐从计划经济体制下“包办一切”的全能政府向社会主义市场经济体制下的“将自身的功能和作用定位在有限范围内”的有限政府转变，这是理解城市治理体制现代化的重要背景。1983年，中共中央、国务院发布的《关于地市州党政机构改革若干问题的通知》提出：以经济发达的城市为中心，以广大农村为基础，逐步实行市领导县的体制，使城市和农村紧密结合起来，促进城乡经济、文化事业的发展。1984年《中共中央关于经济体制改革的决定》指出：“实行政企职责分开以后，要充分发挥城市的中心作用……城市政府也必须实行政企职责分开，简政放权，不要重复过去那种主要依靠行政手段管理企业的老做法，以免造成新的条块分割。城市政府应该集中力量做好城市的规划、建设和管理，加强各种公用设施的建设，进行环境的综合整治，指导和促进企业的专业化协作、改组联合、技术改造和经营管理现代化，指导和促进物资和商品的合理流通，搞好文教、卫生、社会福利事业和各项服务事业，促进精神文明的建设和创造良好的社会风气，搞好社会治安。同时，城市政府还应该根据国民经济发展的总体要求和当地的条件，做好中长期的经济和社会发展规划。”1995年，中央编委印发《关于副省级市若干问题的意见》，将重庆、武汉、沈阳、大连等14个计划单列市和济南、杭州等2个城市共16个城市确定为副省级城市，赋予其副省级的行政等级和相应的管理、审批权限。2008 年的国务院机构改革提出，将城市管理的具体职责交给城市人民政府，并由城市人民政府确定市政公用事业、绿化、供水、节水、排水、污水处理、城市客运、市政设施、园林、市容、环卫和建设档案等方面的管理体制。这些改革推动了城市治理的中心从中央向城市的下移，增强了城市在招商引资、市政管理和资源分配等多方面的自主权，明确了城市政府在城市治理体制中的职责定位，增强了城市政府在城市治理体制中的主体性，成为城市活力恢复和快速发展的关键制度安排。

在城市基层，城市治理体制从单位制返回街居制，并逐步完成了向社区制的转型。20 世纪 80 年代中期，经济体制改革的重点从农村转向城市，单位制加速消退，大量市民从“单位人”变成“社会人”，之前主要是辅助单位制运作的街道办事处和居民委员会回到城市基层治理的主导地位。不久，在快速的城市化、城市流动人口剧烈膨胀、住房制度改革催生业主群体、街居组织管理方式和组织成员逐渐老化等多重因素作用下，街道和居委会的职能发生重大变化，社区制登上了历史的舞台[①]。相较于街居制，社区制主要有以下几点变化：一是指导思想发生变化。街居制总体上是计划经济体制下城市基层社会的管理模式，对社会控制的强调多于对社会服务的关注。社区制的指导思想更加系统全面，不仅涵盖城市社会的管理，还强调公共服务、生态环境、社会治安、人际关系等多个方面。二是社区管理组织在国家政权体制中的地位发生变化。街居制基本上是对单位制的管理死角和视野盲区的补充，街道和居委会实际上是配合国家各职能单位设在辖区内的条线部门的工作。在社区制中，社区管理组织作为“块”的居中协调作用得到凸显，愈发成为社区内的政府职能部门机构、各种所有制单位、各种社会团体和居民自治组织重要的动员渠道和对接平台。三是基层自治得到发展。街居制中的街道办事处干部和居委会工作人员基本由上级组织任命，各种社会组织和团体没有存在的可能性与合法性。在社区制中，基层直接民主制度体系和工作体系不断完善，出现了越来越多的居民自治组织、志愿者组织、社团组织、企业以及个人等。这些组织之间已经开始酝酿和形成一种社区合作共治的城市治理机制。

法治化是改革开放以来我国城市治理体制发展的又一重要特征。为加强城市治理体制法治化建设，中央和地方先后制定了诸多法律、法规、规章和规范性文件，城市治理体制的法治化建设同过去 30 年相比取得了较大进步。1978 年 3 月，国务院出台的《关于加强城市建设工作的意见》明确指出：“要大力加强城市规划的实施管理。经过批准的城市规划具有法律效力，要严格实施。”这实质上首次将城市发展规划明确为必须认真执行、不得随意变更的刚性规划，发出了城市规划工作以及城市治理体制法治化的先声。1980 年，全国城市规划工作会议通过了《城市规划法（草案）》，一些城市先后开始以条例、办法、细则等各种形式制定城市治理的具体法律性文件，成立城市治理的专门机构并设置专职人员，标志着城市治理体制的法治化受到重视并逐渐走向正轨。《中华人民共和国城市规划法》、《中华人民共和国建筑法》、《中华人民共和国城市房地产管理法》、《城市私有房屋管理条例》（已废止）、《城市供水条例》、《城市绿化条例》、《城市节约用水管理规定》、《城市燃气安全管理规定》（已废止）等一系列重要的城市治理法律法规都是在这个时段出台

① 夏建中．从街居制到社区制：我国城市社区 30 年的变迁．黑龙江社会科学，2008（5）：14－19.

施行的。除立法工作的推进之外，城市治理的执法工作也有条不紊地展开。20 世纪 90 年代，为解决责任推诿、履责失职、城市执法不规范、城市治理的处罚权碎片化分布等问题，许多城市探索采取“综合执法”的方式进行城市治理，建立城管局等专门机构，实现城市治理方面的行政处罚权的相对集中，这是城市治理体制在执法维度的法治化建设的重大成果。例如“城管”，实际上指的正是“城市管理行政执法”，这在某种程度上意味着城市治理的法治化、规范化作为一个政策概念和法治追求，已经深入市民的日常生活之中了。

以经济建设为中心是改革开放后城市治理体制的实践面向。虽然 1978 年出台的《关于加强城市建设工作的意见》就提出“做到经济建设、城市建设、环境建设三者统一规划、协调发展，取得经济效益、社会效益和环境效益的统一”的要求，但在城市管理实践中，城市政府往往面临着在多重目标之间进行轻重缓急排序的治理难题。与城市治理体制改革同时发生的市场化改革、行政分权改革和分税制改革促使城市政府更多地强调经济效益和经济维度的城市发展指标，这使城市治理体制的实际运作在很长一段时间偏重于城市的经济建设。为实现城市经济的增长，城市政府纷纷转型为“地方企业家”，像经营企业一样经营城市，城市建设、市政规划等城市治理的重要方面几乎是按照资本市场的逻辑来运作的。为了促进各类生产要素的集聚，城市政府偏向利润高、回报快、周期短的投资领域，将有限的资源高度集中在水、电、道路、工业园区等基础设施开发和税收优惠、减免地价等企业扶持方面，关乎城市民生的居住、养老、医疗等方面的投入被忽视了，城市规模的迅速扩大和流动人口的迅速增多更加剧了城市政府的公共服务负担，为后续城市治理工作带来众多挑战。城市政府对投资和经济发展的片面重视和城市日益增大的公共服务需求之间的矛盾，构成了这一时段城市治理体制的主要矛盾，成为我国很长一段时间内诸多城市问题的重要根源。

（三）党的十八大以来中国城市治理体制的新变化

党的十八大以来，在以习近平同志为核心的党中央坚强领导下，我国的城市治理体制发生了许多具有历史性、革新性的新变化。

一是“以人民为中心”逐渐成为我国城市治理体制的核心思想。2012 年以来，我国城市化进程加速发展，根据 2023 年的政府工作报告，2022 年我国城镇化率已达 65.22%，城市化进程进入了“下半场”①。新阶段的城市发展要求城市治理体制直面城市生态的固有和新生特点，更加凸显城市治理的公共性、多元性、跨界协商性和互利共生性，持续增强人民群众的获得感、幸福感和安全感。在此背景下，2013 年，中央城镇化会议明确将以人为本作为核心，把推进以人为核心的城镇化放在了工业化、信息化、农业现代化等发展目标同等重要的位置。2015 年，习近平总书记在中央城市工作会议上发表重要讲话，提出“城市的核心是人”“市民是城市建设、城市发展的主体”“坚持人民城市为人民”等重要论断。2019 年 11 月，习近平总书记在上海考察时进一步指出：“人民城市人民建，人民城市为人民。在城市建设中，一定要贯彻以人民为中心的发展思想，合理安排生产、生

① 邱海峰．超 65%，城镇化进入“下半场”．人民日报（海外版），2023-03-29.

活、生态空间，努力扩大公共空间，让老百姓有休闲、健身、娱乐的地方，让城市成为老百姓宜业宜居的乐园。”以人民为中心的发展思想，在更深的层次上诠释了城市发展的客观规律，深刻揭示了城市属于人民、城市发展为了人民、城市治理依靠人民的理念，深刻阐明了中国特色社会主义城市治理工作的价值取向、治理主体、目标导向、战略格局和方法路径，为推动新时代城市治理体制的发展，提高社会主义现代化城市的治理能力指明了方向。

二是“社区党建”取得扎实成效，城市治理体制的党建引领实现新突破。党的二十大报告明确指出，“加强城市社区党建工作，推进以党建引领基层治理”。在城市基层党建方面，各地已经推出了一系列形式多样、成效明显的创新实践，将党建工作深度融入城市基层治理，以高质量的基层党建引领高效能的城市治理取得重大进展。“支部上楼”“园区党建”“支部建在网格上”等组织创新纷纷涌现，拉近了党组织同普通群众之间的距离，增强了党组织对城市人群结构、生产生活方式剧烈变化的适应力，极大地提升了党组织联系群众、服务群众的能力；共驻共建有序推进，区域化党建深入拓展。“街道大工委”“社区大党委”等制度安排得到普遍推行，街道社区党组织、驻区单位党组织、各种所有制企业党组织共同担负起加强基层党的建设、创新社会治理、推动城市发展的职责，从相互分离走向合作共生，更好地打破了条块壁垒，城市基层党组织的组织力得到全面提升；城市治理体制的纵向联动机制持续推进，街道社区党组织的核心地位得到更好保障。不少城市将城市基层党建纳入全市整体工作部署和党的建设总体规划，建立党建联席会议、党建工作现场例会等制度安排，有效推动了党建治理重心下移、治理资源下沉，改善了基层党组织的任务、资源匹配程度与权力、责任匹配程度，在为基层党组织减负的同时有效增强了基层党组织的政治能力和服务能力，更加夯实了街道社区党组织在城市基层党建工作中的核心地位，以党建引领推动了城市治理体制迈向新的台阶。

三是在新时代城市日益复杂和多元的背景下，为满足人民群众对美好城市生活的需要，城市治理体制朝科学化、精细化和智能化的方向加速发展，城市治理体制现代化取得显著成就。2018 年 11 月，习近平在上海考察时强调：“一流城市要有一流治理，要注重在科学化、精细化、智能化上下功夫。既要善于运用现代科技手段实现智能化，又要通过绣花般的细心、耐心、巧心提高精细化水平，绣出城市的品质品牌。”一方面，随着人类迈入数字时代，大数据、区块链、物联网、云计算、人工智能等前沿技术推动了城市治理体制的革新，城市治理体制愈发注重运用数字化、网络化的手段来处理、分析和预测城市治理事件中的各项问题。“接诉即办”“一网统管”“数字广东”“城市大脑”等数字化、智能化的城市治理实践不断涌现，催生了以“智慧城市”为代表的新型城市治理体制。智慧城市促进了城市治理体制在基础设施的建设与维护、交通系统的管理和监控、公共服务的供给与提升等重要维度的智能化，大幅提升了城市治理的精度、效度和速度，提高了城市治理体制的运行效能。另一方面，城市治理体制更加恪守人本原则和人文情怀，不断在城市治理的温度、深度和厚度上下功夫。“最多跑一次改革”“Z 字形斑马线”“厕所革命”“一刻钟免费停车”“留住乡愁行动”“街道小红旗”等无不彰显了城市治理中的本真善意和人文情怀。特别是全国各城市已全面推行的网格化管理，不仅依托统一的城市治理和数字化赋能平台，充分利用现代信息技术实现资源和信息的实时共享，还将城市社区细分为若干网格单元，对城市开展高度精细化的治理和服务，实现了对网格内的人、事、物、情的全天候、实时化、动态化、智能化、人文化的管理和服务，极大提高了城市治理体制的运作效能，是新时代城市治理体制的一次革命和创新。

第三节　当前中国城市治理体制的实践与创新

一统体制与有效治理之间的张力是中国国家治理的深刻矛盾①，也构成了当前中国城市治理的制度背景。为解决一统体制下城市治理实务面临的委托-代理、信息不对称和信息模糊性等难题，创新成为当前中国城市治理体制发展的路径选择，强化多元社会力量参与的协同治理、推动法律硬性约束和德治柔性引导兼备的依法治理、使用先进技术和互联网思维赋能的技术治理和强调以系统思维创新城市治理格局的系统治理是重要的创新方向。在当下各城市的治理体制创新实践中，一些城市的创新举措具有较强的典型意义、取得了较大反响，以不同的思路对重组我国城市治理体制的模式做出了先行探索。以下介绍的北京“接诉即办”、上海“一网统管”、广州“红棉指数”和杭州“城市大脑”就是其中的代表。

一、北京的实践：“接诉即办”

作为京津冀城市群的核心城市和华北地区城区人口规模最大的城市，北京市长期承担大量非首都功能，面临人口、资源与环境不协调发展的沉重压力，“大城市病”日益突出。为适应新时代要求，提高城市居民生活品质、增进民生福祉，北京市在全面深化城市治理改革、推动城市治理体制现代化上展开了一系列先行探索，其中“接诉即办”改革最具典型性和示范意义，形成了群众诉求驱动的超大城市治理体制新模式，被誉为中国式现代化城市治理的“北京经验”。

从比较视角来看，北京市的接诉即办模式源起于基层综治执法的实践需求，综治性、互动性和回应性是接诉即办模式的主要特色。溯其历史，接诉即办改革经历了从“吹哨报到”到“接诉即办”，再到“主动治理”的三个发展阶段。2017 年，为解决多年屡禁不止的盗采金矿、偷挖山石等问题，北京开始探索“街乡吹哨、部门报到”的城市基层工作模式，通过明晰街道乡镇的权责边界，推动执法力量下沉和推进社区减负增效等三个方面的工作，在城市治理的基本单位层面增强了城市治理体制的运作效能。2019 年，为更好应对超大城市治理环境不确定性和民众诉求多样性的城市治理挑战，增强超大城市治理能力，北京市委市政府在总结“吹哨报到”经验的基础上，以整合“12345 市民服务热线”为起点，启动了接诉即办改革，建立起了以快速响应群众诉求为主旨的城市治理新体制。在这一模式下，城市治理体制以全市统一的“12345 市民服务热线”为运作起点，市民诉求由市民服务热线全口径汇集，再以工单的形式派发到各个街道或乡镇。对于管辖权清晰的市民诉求，12345 热线直接派单给相应的政府职能部门；对于管辖权较为模糊的诉求，12345 热线采取一单多派的方法，在由首接单位主导负责的同时，要求被指定的相应协办

① 周雪光．中国国家治理的制度逻辑：一个组织学研究．上海：生活·读书·新知三联书店，2017.

单位通过接诉即办的协同工作机制进行协作治理，由此推动城市治理体制快速、实际、精准地回应市民诉求。接诉即办不仅设计了诉求收集与派发机制，还设计了全过程跟踪处理和绩效考评机制。在派发工单后，有专门的人员电访市民以掌握相关职能部门的工单办理情况，还设置了专门的满意度评价系统，量化了“回应率”“解决率”“满意率”等三个部门考核指标，对全市各区各街道乡镇的接诉即办工作情况进行考评。各职能部门和街道（乡镇）的考评排名会在每月底的北京市委书记出席的区委书记月度点评会上公示，各区的区委书记也会召开类似的月度点评会，这种纵向层级传导的问责体系对各职能部门和街道乡镇构成了激励，形成了部门间横向竞争机制和跨时段纵向预警机制，驱动了全市各级行政人员落实接诉即办的工作要求。[①] 由此，一个涵盖了受理—派单—办理—考评—预警等各个流程在内的综合性的城市治理体制得以建立。2021 年，《北京市接诉即办工作条例》颁布施行，明确将“主动治理”单成一章，要求建立“每月一题”等三项工作机制，采取“推动共建共治共享主动化解基层矛盾问题”等十项工作措施，对群众诉求的高频共性难点展开主动治理，从“接诉即办”向“未诉先办”和“不诉就办”转型，进一步提升了城市治理体制主动满足人民群众美好城市生活需要的能力。

总体来看，北京市城市治理体制的“接诉即办”模式通过以下几个机制提升了城市治理的效能：一是坚持党建引领城市治理，构建了系统协同的改革推进体系。在“接诉即办”改革的全过程中，北京市委和市政府高度重视接诉即办模式的党建引领，在接诉即办改革的各方面和全过程中体现党把方向、谋大局、定政策、促改革的重要作用，以党的统领权威和政治势能为接诉即办模式组织体系的加强、工作体系的贯通和评价体系的搭建等各方面工作保驾护航。二是坚持民生诉求驱动，逐步建立了主动治理的城市治理机制。接诉即办的“每月一题”工作机制成为全市主动治理、未诉先办的重要抓手，推动城市治理体制主动应对和解决市民诉求反映集中的高频次共性疑难问题；在治理实践中，选取诉求集中的区域开展专项治理成为一个重要的主动治理机制，填补了城市的区域治理短板。在接诉即办的激励机制作用下，各部门、街道乡镇都积极探索将群众诉求转化为主动治理任务，增强了各级政府参与城市主动治理的积极性。三是贯彻城市治理的法制保障，提升基层治理法治化水平。北京市制定了《北京市接诉即办工作条例》，以地方性法规的形式将接诉即办的城市治理体制及时固化，完善了城市治理体制的配套制度。北京市还不断推动接诉即办和公检法部门协同联动，运用新时代“枫桥经验”着力解决基层矛盾纠纷，在法治轨道增强治理效能。四是完善多元参与，打造协同共治的城市治理共同体。“接诉即办”体制搭建了区域党建议事协调平台，激发群众参与基层协商和基层自治的热情。不仅如此，接诉即办还引导企业、消费者、行业等市场主体和高校、党校等重要社会力量参与其中，广泛凝聚各方力量参与城市治理。五是加快科学技术赋能，提升城市数据治理的运作效能。接诉即办改革注重发挥互联网、大数据、人工智能、区块链等科技手段的作用，推动数据治理在城市治理中的场景化运用，通过数据整合辅助决策、“热线-网格”深入融

① 李文钊．接诉即办的北京经验．北京：中国人民大学出版社，2021.

合、智慧应用服务大局等各方面应用促进城市治理向精细化、智慧化、专业化发展。[①]

二、上海的实践："一网统管"

上海是国家中心城市、上海大都市圈核心城市，是国际经济、金融、贸易、航运中心。"一网统管"是上海市在数字技术迅速发展的时代背景下，在网格化管理模式的基础上做出的城市治理体制革新。从比较视角来看，网格化管理的初始发展条件使上海市的一网统管以城市管理为底色，主要面向城市管理工作和城市治理的决策者，强调通过网络技术感知城市，为城市管理和决策者赋权赋能。从内容来看，一网统管是上海市对2006年以来推行的"网格化管理"的全面革新。网格化管理通过引入ICT技术和将城市划为若干网格并设专员负责，建立了比较明确、正式、规范的"问题发现—受理立案—案件派遣—案件办理—案件反馈"的城市治理问题处置与核查反馈流程，问题发现、问题处置与绩效考评的规范化，使网格化管理较传统的粗放式笼统化管理有了质的飞跃。然而，网格化管理也存在问题发现完全依赖于人，有监管盲区；问题处置完全依靠管理者主观经验，解决方案不够高效；绩效考核对象主要是网格员和信息员，职能部门的考核激励机制尚未建立等问题，制约了城市治理效能的进一步提高。

在网格化管理的城市治理实践中，为解决网格化管理逐渐暴露出的问题，上海市于2019年开始试行一网统管改革。"一网统管"运作流程见图4-2。同网格化管理相比，一网统管有以下四个方面的重大变化：首先，在城市治理体制的问题发现环节更加突出传感器等技术装置的作用，实现对"高空抛物""历史建筑保护"等城市治理中长期存在的人力监管盲区的全天候智能监测。其次，在问题处置环节建立了联席指挥机制、法律研判机制和执法联动机制等综合协同机制，以供各部门会商研讨处置城市治理中疑难复杂的公共问题、整合城市治理的各方面资源。再次，基于政府长期积累的行政记录和工单数据，在问题处置环节设置了更精确的标准化处置规范，将政府的城市执法类型作了精细划分和算法匹配，实现了对问题类型的自动识别、治理任务的自动分派和事件处置流程规范性的自动比对。最后，在绩效考评环节进行了制度调整。以上海市静安区为例，该区由区组织部、城市运行中心和被考评的各委办局等共同确定了考核体系，以公众满意度和处置过程的合规性为重心，由系统对政府受理的每一个工单进行考核，将每日考核结果在区领导、各委办局所在的政务工作群中进行公示，并将相应绩效纳入区委区政府对各部门的年度绩效考核。借此，一网统管改革建立了自动化绩效考评制度、扩大了考评对象的范围，并在制度层面增强了区市领导对考评结果的注意力分配[②]。

总体来看，上海市一网统管的城市治理体制从三个方面增强了城市治理的有效性。其一，一网统管借助数字技术的赋能，定向增强了城市政府在开展城市治理过程中的科层自主性。科层自主性是作为科层组织的城市政府自主决定以何种策略进行城市治理的选择余

① 中国社会科学院政治学研究所课题组，张树华，郑建君，王阳亮，陈承新，韩旭．坚持人民至上 共创美好生活：北京党建引领接诉即办改革发展报告．管理世界，2023（1）：15-28.

② 王亚星，陈子韬，谢志彬，吴建南．城市运行"一网统管"演进历程与建设路径：基于上海静安区的案例分析．城市发展研究，2023，30（4）：53-59.

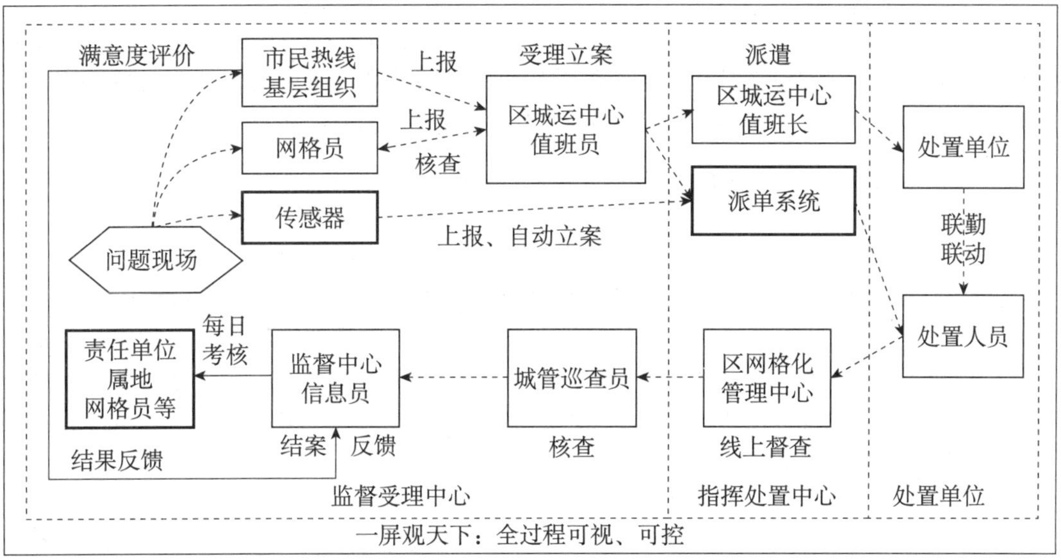

图 4-2 上海市“一网统管”运作流程

地，根据韦伯的经典理论，科层制中的官僚总是按照既定的规则和条例来执行上级决定的，他们缺乏独立设置治理议程的权力和意愿。然而，一网统管推动了传感器、大数据、人工智能等多种数字技术的平台化集成、各种治理资源的协同化整合和绩效考评体系的规范化构建，在制度层面将具有官僚组织面向的城市政府各个科层的注意力动员起来，以城市居民的诉求为核心，主动精准协同多部门开展群众诉求解决工作，“高效处置一件事”，在善治导向上加强了城市政府在城市治理实践中的科层自主性。其二，一网统管通过将城市治理实践中发现的问题自动立案和派单的方式，建立了“区政府—街道—网格”三级构成的平台发包制结构，在不明显改变治理层级的前提下，平台发包制结构不仅实现了目标设置权、检查验收权和激励分配权在不同层级之间的有效分配，还通过技术手段缓解了一般发包制中委托方常常存在的信息不对称问题，通过时间约束的科层控制、治理策略的简约治理和信息传递的数据赋能共同推动了测试治理效能的上升。其三，一网统管的城市治理实践有效推动了城市政府内部的跨部门合作和城市治理重心的下移。城市的复杂化、城市社会多元化、城市政策多目标化共同决定了城市治理愈发需要多部门的合作。一网统管的制度设计使群众诉求成为各部门需要共同关切和解决的纵向目标，使各部门的绩效考核要求成为各职能部门开展合作的内在动力。一网统管还通过将多部门的执法力量下沉到治理网格的常态化设计，保障了跨部门合作的常态运行，丰富了治理网格中街面巡查、河道监管、社区安全等多种场景的人员配置，实现了不同场景下的跨部门分类合作和治理重心下移。

综上所述，一网统管用制度设计和技术赋能的双重手段推动了城市治理体制的不断优化，实现了地方政府有效性和人民性的治理价值。[①] 目前，一网统管已从上海市的地方实

① 孟子龙，任丙强．地方政府数字治理何以有效提升基层治理效能?：基于S市A区“一网统管”的案例研究．中国行政管理，2023 (6)：15-22.

践上升为国家政策，被纳入《中华人民共和国国民经济和社会发展第十四个五年规划和2035年远景目标纲要》（简称“十四五”规划），成为顺应城市发展新理念新趋势、推进新型城市建设、提升城市智慧化水平、推动城市治理体系和治理能力现代化的中国方案的重要组成部分，为我国城市治理体制的完善提供了富有特色的上海方案。

三、广州的实践：“红棉指数”

广州是国家中心城市、广东省省会、广州都市圈核心城市、粤港澳大湾区中心城市，“一带一路”的枢纽城市。2018年10月，习近平总书记在视察广东期间赋予广州市实现老城市新活力、“四个出新出彩”的使命任务，为广州市改革城市治理体制的地方创新实践提供了强大动力和根本遵循。《广州市推动综合城市功能出新出彩行动方案》明确将全力提升城市综合服务功能和城市社会融合功能，用绣花功夫治理“大城市病”作为城市治理体制现代化发展的重要方向。在提升城市治理体制运行绩效，推动城市治理出新出彩的目标引导下，广州市探索了“红棉指数”“百姓提案”“广州街坊”等一系列城市治理体制创新实践。其中，以指标治理的“风向标”推动城市治理体制现代化的“红棉指数”独具特色。

红棉指数是广州市为应对城市治理现代化挑战而建构的指标引导型城市治理体制。作为粤港澳大湾区中心城市，广州市人口规模极大、人口结构多元、社会矛盾多发、稳定风险多变、群众需求多样，叠加的城市治理压力向城市治理体制的绩效提出了新的更高要求。2020年6月，广州市被中央政法委确定为全国市域社会治理现代化第一期试点地区，以此为契机，广州市建构了红棉指数这一现代化评价检测指标体系，用指标引导来提升城市治理绩效。从内容来看，红棉指数是一个“5+1”的复合指标体系，“5”是评测城市社会治理的五大维度，分别是社会安全度、法制保障度、德治建设度、公众参与度和智慧支撑度，数据形式的评测结果基于这五个维度生成。“1”是指市域社会治理风险预警监测系统，这一系统从总体态势、舆情峰值、压力地图、事件烈度、舆情词云、媒体属性、情感倾向、案例分析等多个维度为城市治理提供综合性、分析性的预警监测结论。红棉指数分为总指数和三级指标体系，共计132项指标，其中69项为正向指标，63项为负向指标。从实施主体来看，红棉指数由广州市委平安广州建设领导小组办公室、广州市委平安广州建设领导小组市域社会治理组统筹建设，由广州市委政法委牵头，会同各有关职能部门和新闻媒体、科研机构共同实施。红棉指数的监测对象包括全部市辖行政区与部分典型的特殊经济功能区。红棉指数的数据来源包括市域社会治理成员单位及试点工作有关单位的官方报送、官网提取、各单位信息化系统联网提取、大数据采集、走访调查等多个渠道。红棉指数的监测结果既报送广州市委市政府，为治理核心的决策指挥提供参考，也通报各区县党委政府和相关市直部门，督促这些具体的治理主体“比学赶超”，提高自身善治意识和治理能力，同时向市民公布，吸纳群众意见、动员社会力量、反映民生热点、切实回应民意。[①] 2022年度的红棉指数采集了包含市委组织部、市委宣传部、市公安局、市司法局

① 肖滨，卜熙．指标引导 提升市域社会治理绩效的驱动器：基于广州市“红棉指数”的分析．公共治理研究，2022（6）：14-23.

等 22 个单位，涉及全市 11 个行政区城市治理领域的 1 980 条官方统计数据，直观、生动地展示出了广州市各行政区整体和重点领域的年度城市治理成效。

总体来看，红棉指数从“决策—执行—评价”三个环节提升了广州市城市治理体制的运行绩效。在决策环节，红棉指数发挥了指标引导的“感应杆”作用，不仅通过五大维度的三级指标体系引导城市治理的决策者精准锚定城市治理目标，而且通过以大数据“智治”的技术支撑为决策者提供有针对性的分类指导，还能够通过定期公开发布指数报告的方式制度性地引导决策者在政策话语、治理行动和治理绩效等各方面及时回应民意，多渠道增强了城市治理体制的决策科学性。在执行环节，红棉指数发挥了指标工具的“排行榜”作用，既通过总分榜和正负指标的多层次设计驱动各区、街道、社区和市直部门展开发扬先进绩效、改善落后绩效的治理竞赛，又通过在全市层面开展基于实证的治理数据和治理经验的发掘和共享，为各条块的治理执行者提供了跨越行政壁垒的学习资源，还通过统一的指标体系引导各区、市直单位在指标体系引导下统筹开展城市治理工作，落实城市治理任务，弥合了决策、执行、监督各环节之间的条块区隔与上下分离现象。在评价环节，红棉指数发挥链接民众的“连心桥”作用。在公众评价方面，红棉指数通过严谨客观的一系列指标呈现出全面、立体的城市治理绩效现状，引导社会主体在评价和监督城市治理体制的运行效能时超越个体一隅的模糊性、具身化认知，在同集体态度的参照中对治理绩效做出更加公正客观的评判；在公众参与方面，红棉指数通过指标数据收集的安排，保证了专家学者、公共媒体、城市居民、市场经营者、社会组织、新社会阶层等有代表性的多元社会主体的直接参与，提升了社会主体参与城市治理的意愿，增强了社会主体参与城市治理的能力，拓宽了社会主体参与城市治理的渠道，实现了城市治理体制更高水平的社会参与。在城市社区自治方面，红棉指数在“基层民主协商”“群团组织参与”“群防共治”等多个维度设置专项指标，定向激励城市基层自治的培育和建设，提升了社会主体参与城市治理体制的集体力量。①

四、杭州的实践：“城市大脑”

杭州市是浙江省省会、杭州都市圈核心城市、环杭州湾大湾区核心城市，历史悠久、风景秀丽，有“人间天堂”的美誉。杭州的“城市大脑”发轫于 2016 年 4 月，最初是为应对杭州日益明显的交通拥堵现象，由政府部门、企业与科研机构共同建立的基于大数据技术的城市交通管理平台。受到这一举措显著降低城市交通拥堵的鼓舞，杭州市逐步将城市大脑从原先的交通拥堵治理系统向城市管理、环境保护、卫生健康等领域延展，城市大脑的系统架构和应用场景不断丰富，技术能力不断完善和增强，逐步成为杭州市智慧城市治理体制的中枢系统。② 城市大脑具体运行机制见图 4－3。

城市大脑是一个规模巨大的城市治理数据中心和处理平台，城市的数据化、对数据的

---

① 肖滨，卜熙．指标引导　提升市域社会治理绩效的驱动器：基于广州市“红棉指数”的分析．公共治理研究，2022 (6)：14－23.

② 金晗，刘泽琨，张蔚文．城市治理数字化转型中的互动式治理：行政、市场和社群机制的互补嵌入性．电子政务，2023 (8)：22－31.

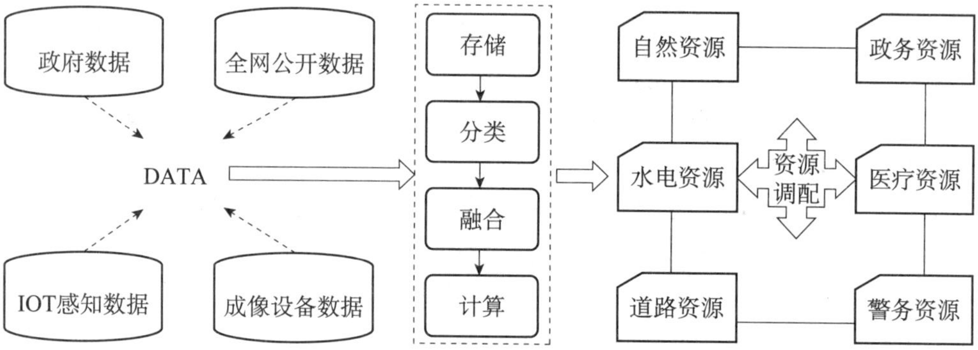

图 4-3　杭州市城市大脑的运行机制

资料来源：本清松，彭小兵．人工智能应用嵌入政府治理　实践、机制与风险架构：以杭州城市大脑为例．甘肃行政学院学报，2020（3）：29-42，125.

全生命周期管理和基于数据的城市治理应用是城市大脑最具特色之处。数据是城市大脑的运作核心和运行起点，它们通过政府官方渠道、全网公开渠道、IOT 感知渠道和成像设备渠道等多种渠道系统收集并接入平台，成为城市大脑发挥治理效能的基础要素。自各渠道收集得到的城市治理数据依托阿里云等全球领先的人工智能技术，被自动化地存储、分类、融合和计算。经算法建模和快速分析得到的治理结果实时传入各个相应的城市治理设施，继而开展自然资源、水电资源、道路资源、政务资源、医疗资源和警务资源的调用与配置，最终实现城市治理体制的智能运行和城市善治。

如果把数据视为城市大脑的“血液”，那么城市大脑的“躯体”是什么呢？从组成架构来看，杭州市的城市大脑主要由中枢、系统与平台、数字驾驶舱和应用场景等四个核心要素构成。各系统和平台收集汇总的数据通过中枢协同机制互联互通，实现城市治理的业务协同、数据协同和政企协同，多维度提升城市运行协同能力。系统与平台是对接中枢、实现数据的线上线下双向融合的数字系统。数字驾驶舱是通过中枢数据协同后形成的智能化、精细化、可视化的数字界面，动态更新的交通、商业、流量等各类数据信息能够在应用界面上像驾驶员面前的仪表盘一样可视化呈现，从而为城市管理者提供科学精准的决策参考，“驾驶舱”的名字由此而来。应用场景是依托中枢，通过线上业务连接和数据协同计算，实现流程简化、优化的综合系统。①

在城市大脑的各个核心要素之中，“数字驾驶舱”最具突破性和创新性（见图 4-4）。作为依托城市大脑的中枢算力支撑和系统平台赋能的“人机接口”和面向城市治理主体打造的数据化、在线化、智能化的“展示窗口”，数字驾驶舱对城市大脑中枢系统存储、分类、融合、计算的数据进行了有序的呈现，是城市大脑建设能否增强城市治理体制治理效能的关键。杭州市面向不同层级政府的差异化场景需求，先行探索数字驾驶舱的层级匹配，形成了市级、部门、区县、街道等多层级的数字驾驶舱，实际上借助数字驾驶舱形成了条块协同、上下贯通的线上线下联动协同的工作机制，实现了城市政府体制的数字化重

① 梁正．城市大脑：运作机制、治理效能与优化路径．人民论坛·学术前沿：2021（9）：58-65.

塑。在此基础上，数字驾驶舱发挥其在城市治理中的指标监测功能、场景应用功能、任务下达功能和决策参考功能，帮助城市治理者及时获取埋藏在各职能部门系统的重点关键数据，盘活城市运行数据的治理价值，为城市治理体制的精准智慧转型提供技术支撑。

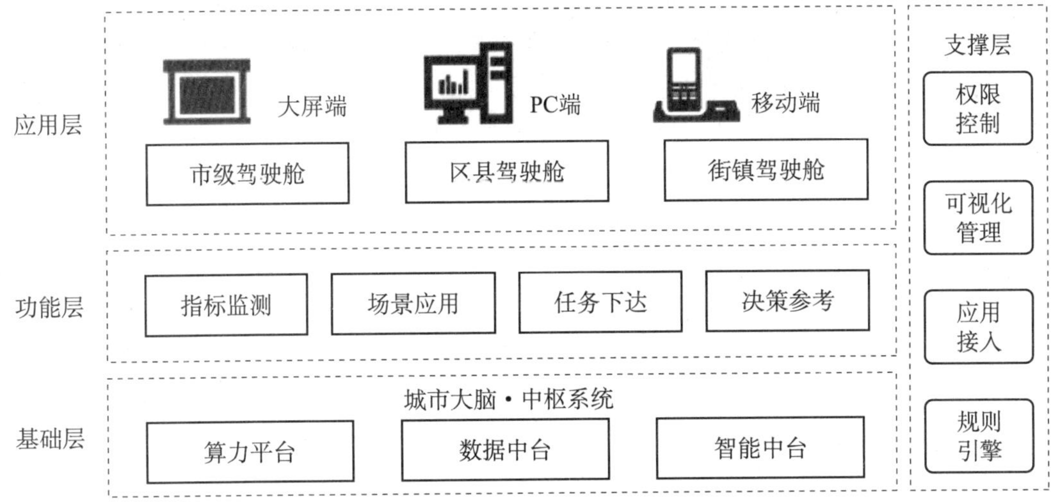

图 4－4 杭州市城市大脑“数字驾驶舱”平台架构

究其核心，城市大脑通过四个机制增强了杭州市城市治理体制的运作效能。一是为城市治理体制提供科学、民主的城市治理决策支撑。基于海量的城市运行数据汇聚，利用大数据、云计算、人工智能等信息技术，城市大脑实现了数据的实时化深度分析和场景化创新应用，突破了城市治理的决策主体依靠主观经验进行决策判断的路径依赖，增强了城市治理体制决策环节的整体效能和对突发事件的反应处置能力。二是助推精准、高效的城市治理政策执行落地。城市大脑的应用大幅提高了执行过程中对政策执行目标的识别效率，助推政策执行过程中各部门的沟通协调、资源配置优化和主体责任压实，减少了政策执行过程中各部门的职责交叉、多头管理和人浮于事的情况。三是实现均等、公正的城市治理权力配置。城市大脑的应用推动了海量政务数据的常态化公开，增强了政务信息的公开透明度，规范了行政权力的行使，极大压缩了权力寻租的空间，推动了城市治理中公权力的扁平化、法治化、公正化、留痕化，城市治理的权力配置更加均等、公正。四是完善了以人民为中心的公共服务集成。杭州市城市大脑的应用场景设计向国家基本公共服务制度体系中的各类场景作专门倾斜，对学有所教、劳有所得、病有所医、老有所养、住有所居、幼有所育、弱有所扶等国家基本公共服务体系的各方面几乎都实现了场景化的公共服务适配，以实质性的便捷、高效和精准创新了公共服务的供给方式，提高了公共服务的供给效率，增强了公共服务的供给质量，加速了城市治理体制中政府职能由管理向服务的转变，大大提升了城市居民的获得感、幸福感、安全感。①

① 梁正．城市大脑：运作机制、治理效能与优化路径．人民论坛·学术前沿．2021 (9)：58－65.

思考题

1. 什么是城市治理体制？
2. 简述西方国家城市治理体制的主要模式。
3. 新中国成立后的城市治理体制经历了怎样的变化？
4. 试比较北京的“接诉即办”和上海的“一网统管”两种城市治理体制创新的异同。
5. 举例说明你所在的城市近年来在城市治理体制上有何创新。

第五章　城市空间与规划

第一节　城市空间

一、城市空间的概念

城市空间是指城市内的空间环境和资源构成的整体，包括土地、建筑、道路、公共空间等。它是城市经济、社会和环境发展的重要物质基础，是人们进行居住、工作、娱乐、交往和出行等社会活动的舞台，也是承载和展示城市历史、文化和形象的重要载体。

城市空间作为城市研究领域的重要概念，可以从不同学科和理论视角来解读和阐释。

从城市社会学的视角来看，城市空间是社会结构、社会关系和社会活动的物质体现，城市中的社会互动和社会分工会带来不同的空间影响和空间呈现。例如，不同社会群体在城市中的聚集和互动，形成了特定的社会空间，如中央商业区、历史文化街区、单位大院、流动人口聚居区、特色产业集聚区等。

从人文地理学的角度来看，城市空间是人类社会活动和文化传承的空间载体，受到城市的地理环境与历史人文因素的复合影响。城市空间不仅仅是物理空间的组合，还涵盖了人们的感知、认知和情感体验。例如，欧洲老城的街道布局和建筑风格、中国传统街巷和古典园林布局，这些各具特色的空间格局和景观风貌，蕴含着地方悠久的历史积淀、独特的地理环境和文化传统，以及居民的价值观和文化氛围。

从城市规划学的视角来看，城市空间是规划和治理的对象和目标。通过对城市空间的合理布局和功能组合，保障合理、高效、公正的资源分配和功能组织，以及营造公平、包容的空间环境，有助于提升居民生活质量、城市形象和吸引力，增强社会凝聚力和稳定性，实现城市的高质量可持续发展。例如，通过对基础教育、医疗卫生、文体休闲等服务设施用地和建筑的合理规划设计，为各类居住人群提供功能多样、便捷可达、舒适宜人的活动空间。

综上所述，城市空间作为城市发展的重要资源和物质基础，是人类社会活动、社会关系和规划治理的交汇点，是城市文明和社会进步的重要表现，拥有丰富的内涵和作用。城市空间的形成和演变是城市发展的历史过程，是社会经济、政治文化、生态环境等多方面因素相互作用的结果。随着城市化的推进和城市社会的发展变迁，城市空间也变得更加复杂多样，城市规模不断扩大，城市功能日益复杂，城市空间的多样性、复杂性和互联性得到提升。

二、城市空间的分类与特点

城市空间可以根据不同的标准进行分类。根据空间功能划分，可以分为居住空间、商业空间、产业空间、道路空间、公园广场空间等；根据空间产权属性划分，可以分为公有空间、私有空间、共有空间等；根据空间形态划分，可以分为集中型、条带型、放射型、星座型、组团型、散点型等。

城市空间的特点主要包括以下几个方面：

（1）稀缺性：城市空间资源是有限的，面对人类社会生活需求的不断提升，以及不同利益主体对于空间资源需求的差异性和争夺性，如何进行合理分配成为重要挑战。这既涉及在不同区域、不同利益主体之间的协调，也需要在当前和未来发展之间进行平衡。

（2）地域性：城市空间不是一个抽象的概念，而是具体的、真实的，拥有不同地理条件、区位条件和人群活动的空间，其价值、形式等特征也各不相同，因此讨论城市空间问题应结合具体地域特征。

（3）多元性：城市经济、社会、文化、环境等多方面因素共同影响，形成了多种多样的城市空间，这体现出城市的多样性、复杂性和活力。认知城市空间，就需要深入分析和理解不同功能、属性、形态的各类空间的具体特质，及其影响要素和作用机制。

（4）可塑性：城市空间不是一成不变的，它会在自然环境、人群活动的作用下发生变化，也可以通过规划、设计、建设、改造、管理和运营被塑造和发生改变。通过精细化、人性化设计的城市空间，能应对不断发展变化的社会需求，展现城市特色；反之，可能造成单调、枯燥、不适宜的空间景观。如果缺乏良好的使用、管理和维护机制，空间可能进一步走向萧条、衰败。

三、城市空间与社会的关系

城市空间与社会之间相互交织、相互影响。空间社会学是专门研究空间的社会生产过程和权力关系的学问，这一理论视角对城市空间与社会的关系提供了深刻的理解和解释。城市空间不仅是城市居民生活和工作的场所，本身也是社会结构和社会关系的产物和体现。社会因素和力量对城市空间的形成和变化产生着深刻的影响，而城市空间又对社会关系和社会结构产生着重要的反作用。

城市空间与社会的关系主要体现在以下几个方面：

首先，城市空间影响社会组织和社会分工。城市的空间布局和功能分化直接塑造了社会的组织结构和层级。不同城市区域的不同功能，如商业中心、工业区、居民区等，吸引了不同社会群体的聚集，形成了不同的人口构成及社会关系。例如，商业中心的聚集促进了商业活动和社会交往，居民区的形成则影响了居民之间的互动和社区共融。城市空间的功能分化和空间组织影响城市社会的结构和组织，塑造了不同的社会空间。

其次，城市空间是社会关系和社会交往的重要场所和媒介。城市空间为人们提供了居住、工作、学习、娱乐等多种活动场所，成为人们日常生活和社会交往的重要载体。不同的城市空间功能和设施，影响着居民的生活方式和社会网络。例如，公共广场、公园和社区活动中心等公共空间是促进社会交往和社会凝聚的重要场所。这些公共空间的合理规划和管理，有助于促进社会互动和社会凝聚。

再次，城市空间反映社会文化和社会价值观。城市空间中的建筑风格、城市形象以及公共艺术品等，都体现了城市居民的文化传统和审美观念。不同文化背景的城市，其城市空间呈现出不同的特色和魅力。例如，古老城市的历史遗迹和建筑风格，体现了城市深厚的历史积淀和文化底蕴。城市空间的社会文化内涵和艺术元素，影响着城市居民的社会身份认同、文化认同和生活方式。

最后，城市社会又会影响城市空间的形态和演变。城市是由人们构建和演绎的社会空间，城市社会的需求和动态直接决定了城市空间的变迁和形态。人口迁移、社会阶层分化、社会关系网络等都对城市空间的形成和变化产生着重要影响。例如，城市经济发展和人口增长，导致了城市空间的扩张和建设，不断形成新的城市景观和功能区域。

综上所述，城市空间与社会之间存在着密切的互动和相互影响的关系。城市空间影响着城市社会的组织结构、社会关系和社会活动，社会的需求和动态也反过来影响着城市空间的演变和形态，城市空间成为社会关系和社会结构的体现和结果。城市社会学通过研究城市空间与社会的关系，深入理解城市社会的运行机制和发展规律，为城市的规划和治理提供有益的指导和决策支持，营造符合社会需求和社会发展的城市空间环境，实现城市的全面和可持续发展。

第二节 城市社会空间

一、城市社会空间的概念

城市社会空间是指城市社会的物质表现形式，是城市复杂的社会结构和社会活动在地理位置和物质空间上的表征。从广义而言，城市社会空间指城市中所有人类所感知或体验的空间；从狭义而言，特指城市中具有相同社会经济属性、宗族种族或行为心理的社会群体所占据的空间。

城市社会空间的概念强调了空间的社会属性，即空间是由社会所定义的，是社会关系和社会实践的产物。城市不仅是一种地理空间，更是一种社会空间。城市社会空间的形成和演变受到社会结构、社会关系、社会文化等多种因素的影响。社会空间可以被视为一个由社会因素所构成的“场”，这个“场”中的各种社会因素相互作用、相互影响，形成了特定的社会空间结构。

城市社会阶层分化的不断深化，带来城市社会空间分异现象日趋显著，具体体现为社会贫富分化加剧带来更加差异化、隔离化和碎片化的社会空间，如贫民窟、城中村与高端门禁社区、国际社区构成两极分化而又可能是相邻并置的马赛克式图景，“双城”“多极城市”等高度极化的社会空间形态，以及弱势群体在居住空间和生活机会上的边缘化和隔离化。

开展关于城市社会空间的研究具有重要意义，它有助于我们理解城市和社会空间的本质及运作机制，从而制定更为合理和科学的城市规划方案，以及更好地了解和解决城市和社会问题。

二、西方城市社会空间的演变

西方城市社会空间的演变和特点是城市研究领域的一个重要课题，涵盖了历史、文化、经济等多个方面。从古代城市到现代城市，城市社会空间经历了漫长的发展历程，形成了不同的模式和特点。

（一）前工业化城市的社会空间

在工业革命来临之前，西方城市发展主要建立在贸易经济和封建制度的基础上，因而社会空间的形成和发展与宗教和政治紧密相关。城市中心通常是政治、宗教和商业活动的核心区域，包括集会广场、神庙和市场等，以及贵族精英的居住地。大量不同职业和社会地位的群体混居在城市外围，底层群体住在城市边缘，部分基于种族或职业的聚居区散布其中。城市社会空间反映了当时社会的等级制度、行业分工和阶层分化。

（二）工业城市的社会空间

工业革命引发城市人口迅速增长，城市规模不断扩大，城市结构和功能发生重大变化，城市社会空间呈现新的格局与特征。工业化带来社会阶层分化的加剧，不同阶层之间的居住隔离成为工业城市的重要特征。如美国社会学家伯吉斯基于人类生态学观点，研究城市人口的迁入、移动等行为，发现不同社会群体对于空间资源的竞争带来地域分化，并以芝加哥为蓝本，将其社会空间结构描述为同心圆模式。此外，还有霍伊特的扇形模式，强调了城市交通干线对于城区居住用地结构的影响；哈里斯和厄尔曼的多核心模式，则是关注到不同社会群体经济活动的次区域发展，反映出大城市发展的多核心趋势。

（三）后工业城市的社会空间

后工业时代，伴随福特主义生产方式向弹性的后福特主义转变，去工业化和第三产业化同步进行，以及数字化、全球化浪潮的兴起，收入不均、社会隔离、城市空间私有化以及防卫社区等现象日趋显著，推动城市社会空间重构，并呈现出以下主要特征：一是城市空间碎片化。不同社会群体基于社会经济地位、生活方式、价值观等的分化而形成小团体，分散在城市的不同地域空间，甚至形成私有化的区隔空间，例如封闭的小区、大型购物商场等。二是族裔集聚区分化。少数族裔、外来移民等群体在城市中形成相对聚居的地区，有的是由于来自外部的歧视或管制，有的则是由于这些群体内部的凝聚力。三是门禁社区的兴起。人们用实体或虚拟边界把自己居住的社区围合起来，像俱乐部成员一样共享并维护社区内的公共空间和设施，遵守共同的规范与章程，这些空间形式被称为门禁社区。有的是基于人们对共同生活方式和价值观的追求，有的是面向特定社会阶层来彰显和维护声望与身份差异，有的则是以安全防卫为主要目的。四是城市更新与绅士化。通过对老城、历史街区、老旧厂房或住区的更新改造，实现功能置换、产业升级、环境改善，带来土地和空间价值的提升，引入更高收入群体的进驻，并取代原有的低收入群体，这被称为绅士化现象。

三、中国城市社会空间的演变

中国城市社会空间经历了从传统城市到当代城市的转变，在不同发展阶段呈现出各自独特的模式和特点。

（一）唐代及以前的城市社会空间

中国古代都城营建基本都遵循《周礼·考工记》中的描绘："匠人营国，方九里，旁三门。国中九经九纬，经涂九轨。左祖右社，面朝后市，市朝一夫。"这体现出高度的等级秩序和严格的功能分区。以隋唐长安城为典型代表，南北中轴线贯穿全城，东西对称均衡布局，宫城与皇城位于都城北半部分的中心位置，是统治阶级居住、议政之所，外郭城为民居之地，东西十四条大街和南北十一条大街分割形成一百零八坊和两市，实现宫室、商业区、居民区的功能分区，居民则按其社会地位、官商身份等进行社会分区。

（二）宋代城市社会空间

到了宋代，随着经济的快速发展，商业繁荣，城市居住空间虽仍然分为许多坊，但却不再封闭，各户直接向街巷开门，自由开放和分散的商业性街道取代了集中的坊市，出现大量同一行业店铺相对集中在一条街巷的行业街市。居民区与商业区交叉存在，出现瓦舍等集合多种娱乐活动的各类休闲场所。以汴梁（开封）为代表，城市社会空间布局很大程度上受到不同行业聚集分布的影响，而非经济地位的分异。

（三）元明清城市社会空间

自宋往后，城市继续发展，城市社会空间的构成和形态更加复杂。以北京为例，京杭大运河的修建，带来城市功能分区和社会分区的演变，"左祖右社，面朝后市"的传统空间格局被打破。至清代，东城因运河通达带来大量仓库、钱庄和富贵人家的聚集，皇亲贵族为了便于朝见住在西郊园林宫殿的皇帝而多住在西城，南城作为进出京城必经之地而聚集大量会馆、平民娱乐场所，成为外地来京的读书人、民间艺人的聚居地，北城则居住着大量的穷苦人家，所谓"东富西贵，南贫北贱"的社会空间格局逐步形成。清朝城市社会空间与其他朝代的最大不同之处在于，通过施行"满汉分居"政策，将汉族人赶到了外城，八旗各部落就住在了内城。

（四）近代租界城市社会空间

近代以来，在西方列强的侵略下，大量城市进入"租界时代"。至民国年间，租界城市基本成形，呈现出半封建半殖民地社会独特的社会空间格局。如大连、青岛、上海、广州等城市都出现被割裂为两类空间领域的现象，传统老城区与现代化新城区、华界与租界在极不协调的冲突中并置与共存，不仅在空间形态与风貌上存在显著差异，而且体现为不同国籍、社会经济地位的群体相对集中居住，相互之间有着明显的社会分异与隔离。

（五）计划经济时期的城市社会空间

中华人民共和国成立后，土地被收为国有，计划经济体制的盛行在相当长的一段时间内决定了中国城市社会空间的基本格局和特征。城市被分割成一个个单位大院。总体而言，各个大院内部社会地位和经济能力不同的人群是混合居住的，居住质量和密度相对均衡。住房分配制度和土地功能布局成为影响这一时期城市社会空间格局的主要因素。

（六）后单位时代的城市社会空间

随着改革开放进程的推进，单位制逐步解体，住房市场化改革推动原有单位住房的私有化和单位大院的“杂化”，经济支付能力日益成为影响社会空间格局的重要因素。相比于福利住房时代总体消费水平低带来较小的社会空间分异程度，商品房的出现显著拉大了住房消费的差距，带来不同阶层之间的居住隔离，形成了不同类型的邻里，包括单位大院、普通商品房小区、保障房小区、城中村、豪华别墅区，等等。其背后折射出当代全球化浪潮和政治经济变革带来城市社会与空间转型的复合作用：从社会角度而言，是城市居民由“单位人”向市场规律下的社会个人的转变；从空间角度而言，是城市从相对均质的“簇状”单位大院向异质型的以社区为单位的新的居住空间的转变。

新时期中国城市社会空间结构，总体呈现出某些较普遍的布局特征，例如城市中心老城区内聚集着大量离退休人员，老城区外围环状分布着计划经济时期建设的单位大院和居住区，市区的外围或近郊区是“飞地型”的科教文卫用地或富人居住区。这些正在形成的邻里分化，并没有使得中国城市出现西方城市般衰败的市中心或富人聚居的郊区，事实上富人邻里和穷人邻里都并存于内城和郊区。也就是说，城市社会空间有明显的结构特点，在微观邻里层面存在分离，但在宏观城市层面的居住隔离还没有显著发生。特殊的制度和历史背景塑造了中国城市与西方城市不同的特殊性，但总体逐步趋于某些普遍特质——多元、异质、匿名①。

第三节　城市规划

一、城市规划的概念

城市规划是一门既古老又年轻的学科，数千年的人类活动总是或多或少伴随着各类计划或规划行为，但近现代城市规划作为一种应用技术和特定学科，从出现至今不过百年时间。

城市规划在英国被称为“Town Planning”，在美国被称为“City Planning”或“Urban Planning”。英国《不列颠百科全书》中关于城市规划与建设的条目中提出，“城市规划与改建的目的，不仅在于安排好城市形态——城市中的建筑、街道、公园、公用事业及其他的各种要求，而且，更重要的在于实现社会与经济目标。城市规划的实现要靠政府的运筹，并需运用调查、分析、预测和设计等专门技术。”美国国家资源委员会（National Resource Committee）把城市规划定义为：“一种科学、一种艺术、一种政策活动，它设计并指导空间的和谐发展，以适应社会与经济的需要。”我国《城市规划基本术语标准（GB/T 50280－98）》中将“都市规划”定义为：“对一定时期内都市的经济和社会发展、土地利用、空间布局以及各项建设的综合布局、具体安排和实施治理。”

总体而言，城市规划通常具有以下几方面的基本内涵要素：其一，它通常对应某个限定的空间范围；其二，城市规划作为一种实现社会、经济等多目标的技术手段；其三，以作为物质实体的城市和城市空间作为关注和作用对象；其四，涉及政策性因素和社会价值

① 李志刚，顾朝林．中国城市社会空间结构转型．南京：东南大学出版社，2011.

判断。[1]

城市规划的特点主要包括：（1）多学科综合性。具体体现为对象的多样性，研究、解决问题的综合性，实施过程的多面性。（2）政策性与法规性。城市规划作为政府行政的工具，本身就是政策的直接体现，并以法律法规的形式，对强制性内容进行严格执行。（3）长期性和经常性。一方面，关于城市整体发展的宏观战略规划通常具有10～20年的规划目标年限，并需要根据城市建设和发展情况不断反馈、调整、完善，另一方面，城市规划还会涉及很多日常性的城市建设活动和规划管理工作，因此既需要以一定的稳定性来应对长期性要求，也需要不断适应调整以应对持续变化中的城市建设发展。（4）实践性与地方性。城市规划的根本目的是指导城市建设与发展，其优劣与否主要取决于是否符合实际要求、解决实际问题，城市规划必须充分考虑和应对不同城市、地区的自身特点，因地制宜、因人制宜。

二、中国传统的城市规划思想

中国传统的城市规划思想影响着中国古代城市发展，也是中国传统文化的重要组成部分。中国早期的城市规划思想可见于《周礼·考工记》《商君书》《管子》《墨子》等典籍之中。如《周礼·考工记》中提出“都”“王城”“诸侯城”的三级城邑制度，以及“匠人营国，方九里，旁三门”等王城规划制度；《商君书》论述了都邑道路、农田分配和山陵丘谷之间的合理比例问题，以及建城、备战、人口、粮食、土地等相应条件。之后经过长期的演变和积淀，形成了独特而丰富的规划思想，主要体现在城市布局、城市功能、社区组织等方面。这些思想塑造了中国古代城市的风貌和特色，并对当今城市规划具有重要的启示和价值。

古代中国哲学的“天人合一”思想构成中国传统城市规划思想的重要基础。天人合一强调自然与人类社会之间的和谐关系，认为人类活动应与自然环境相协调。在城市规划中，这一思想体现在城市布局、建筑和园林设计诸多方面。古代中国城市通常以自然地理特征为基础，充分利用山水环境和地形地貌，将人造环境与自然环境有机融合，形成与自然和谐共生的城市空间。例如中国四大古都、首批国家历史文化名城南京，古城选址西临长江、北枕玄武湖，形成“襟江带湖、山水相依”的地理形胜，山水城林自然和谐地融为一体。

以《周礼·考工记》为核心的礼制思想长期以来是中国古代都城乃至地方城市规划建设实践的重要指南。“匠人营国，方九里，旁三门。国中九经九纬，经涂九轨。左祖右社，面朝后市”，即都城九里见方，每边开三门，有东西、南北走向大道各九条，可供九车并行。宫殿左边是宗庙，右侧为社稷，前部为朝政之所，后部为市场。这种“理想化”的城市布局强调中轴对称、等级秩序，影响了秦汉以来两千多年都城的规划建设，形成隋唐长安城、元大都、明清北京城等世界城市发展史上的杰作。

关注居住邻里单元也是中国传统城市规划思想中的重要内容。《周礼》所记六乡六遂之制，以及“五家为比，使之相保。五比为闾，使之相受”等为代表的邻里组织方式，构

① 谭纵波．城市规划（修订版）．北京：清华大学出版社，2005.

建了居民编组、军队编制与田地分划制度相结合的理想乡里体系，被视为之后历代乡里制度的理论源头甚至制度蓝本。汉唐形成“营邑立城、制里割宅”的规划方法，即“立城”之后先“制里”，将城市用地划分为里坊，再“割宅”，将里坊划分为若干宅基地分给居民。至隋唐，以长安城为代表，形成高度秩序化、封闭化的坊里制，高大、封闭的坊墙围合形成一个个基本居住单元，也是基层户口管理、赋役征发、治安维护的基本单元。此外，乡里又是基层社会自治、互助的重要地缘性组织，在解决地方争端、防灾救灾、道德教化、守望相助等方面发挥了重要作用。

三、西方近现代城市规划思想

西方近现代城市规划思想主要起源于工业革命以及19世纪以来快速的城市化发展。工业革命导致农村人口向城市迁移，城市人口快速增长，给城市带来了前所未有的挑战，例如城市扩张、基础设施建设、住房供给、环境污染等问题。为了有效地解决这些问题和更好地适应城市发展新需求，西方学者和规划师开始积极探索城市规划的应对策略，出现了一批富有代表性和影响力的规划思想和实践。

（一）田园城市

19世纪初，以圣西门、傅立叶和欧文为代表的空想社会主义者提出以集体协作为特征的社会组织形态和聚居形式，并开展理想社区试验。尽管大部分试验都以失败告终，但仍给后人留下了宝贵的思想财富和启示。

1898年，霍华德发表了题为“明天：一条通向真正改革的和平道路”（*Tomorrow: A Peaceful Path to Real Reform*）的小册子，1902年再版时改为《明日的田园城市》（*Garden City of Tomorrow*）。这本书对之后西方国家特别是英美国家的城市规划产生了重大影响。针对工业革命后英国城市中出现的问题，霍华德提出了理想化又具有一定可行性的解决方案，即田园城市理论，通过将现代城市与乡村的优点结合起来，形成新型的“城市-乡村”聚居形式。主要内容包括：永久性的农业用地包围在城市周围，以防止其无限扩大；限制单一城市的人口规模，通过新建城市来容纳新增人口；实行土地公有制，城市经营者管理土地，城市发展过程中的经济利益一部分留给社区；设置生产用地，保障大部分人的就近就业。体现在具体形态上，占地1 000英亩的田园城市坐落在6 000英亩的土地中央，容纳约3.2万人，中央公园、放射状的林荫大道，以及兼做公园的环形林荫大道形成城市骨架。住宅用地呈同心圆放射状布局，公共建筑布置在城市中心和主要林荫大道中，城市外围是工厂、仓库、市场等。多个田园城市围绕一个占地1.2万英亩、人口5.8万人的中心城市，共同形成一个总面积6.6万英亩、总人口25万人的城市群，即“社会城市”。

田园城市理论在霍华德及其追随者的推动下，在英国的莱切沃斯、韦林等地付诸实践，影响到当时的一批建筑师，并被进一步发展、延伸，例如卫星城市理论就在第二次世界大战后的英国新城建设中得到实践应用。

（二）带形城市与工业城市

工业革命给城市社会经济生活和空间形态带来了巨大冲击，从理解和顺应这种巨大变革的角度，出现了以带形城市与工业城市为代表的关于新型城市空间形态的探索。

西班牙工程师马塔（Arturo Soria Y. Mata）在1882年提出了带形城市的设想，探讨了现代交通方式驱动下的城市空间形态，即区别于传统从中心向外围扩展的空间形式，城市沿着一条高速、大运量的交通线路延伸，用地布置在主路两侧，每隔300米在与主路垂直的方向上设置一条20米宽的道路，形成鱼骨状的道路系统。城市中除了独立式住宅外，还有公园、消防站、卫生站等公共服务设施。

法国青年建筑师嘎涅（Tony Garnier）1917年发表了“工业城市”规划方案，探讨应对新生产方式的工业城市空间结构。在工业城市方案中，分别独立设置工业区与居住区，工业区临近河边的港口，有铁路直接通达；居住区配套博物馆、图书馆、集会厅等公共建筑；医院、疗养院等独立设置在外围。工业区与居住区之间用绿带进行分隔，通过铁路联系，并各自预留可扩展的空间。其中包含的功能分区、绿化隔离、交通联系等理念后来在现代城市规划中得到广泛采纳和应用。

（三）明日城市

1922年，现代主义建筑的主要倡导者勒·柯布西耶（Le Corbusier）出版了《明日的城市》（*The City of Tomorrow*）一书，全面阐释了关于明日理想之城的设想。同样是试图解决工业革命以来的城市问题，相比于更富分散主义色彩的田园城市，明日城市体现出柯布西耶肯定和拥抱大城市的观点，并充分利用工业革命带来的技术进步，采用大体量、高层建筑的形式，换取大面积的开敞空间，解决城市拥挤问题，提供更多的享受阳光、绿地的机会，并采用铁路、立体和高架道路、人车分流等道路体系，提供便捷高效的交通工具和安全的步行系统。

明日城市方案充分展现了柯布西耶的现代建筑思想和城市规划观，对之后的现代城市规划建设产生了极其广泛和深刻的影响，比利时的安特卫普、巴西首都巴西利亚等城市都是代表性的实践产物。

（四）城市美化运动

城市美化运动（City Beautiful Movement）的根源可以追溯到欧洲16—19世纪的巴洛克城市设计，经典案例包括拿破仑三世的巴黎改造。通过大刀阔斧对城市进行重新规划和大规模改造，实施拓宽街道、疏解城市交通、建设大面积公园、完善市政工程等措施，使巴黎成为当时世界上最美丽、最现代化的大城市之一。

19世纪末20世纪初，以美国芝加哥世博会以及伯纳姆的“芝加哥规划”为代表性事件，推动城市美化运动一度成为席卷全球的热潮。它强调以规则、美观为特征的城市的规整化和形象设计，并将其作为改善城市物质环境和提高社会秩序及道德水平的主要途径，恢复城市中由于工业化而失去的视觉之美与和谐生活。但是，也因其过度强调功能性和美观性而导致城市缺乏人文关怀和历史传承、大规模拆迁导致底层群体流离失所等问题而受到反思和批判。

（五）邻里单位

1929年，美国建筑师佩里（Clarence Arthur Perry）在编制纽约区域规划方案时，针对当时纽约等大城市人口密集、拥挤、居住环境恶劣和交通事故严重等问题，提出邻里单位（Neighborhood Unit）的概念。其核心思想是以一所小学服务覆盖的地域范围（半径约1/4英里）作为组织居住空间的基本单位。一个邻里单位占地约160英亩，由城市干道包围，中心和靠近城市干道交叉口的地方设置社区中心、商业区和主要服务设施，这样儿童上学和居民的日常活动基本都可以在单位内部解决，而无须穿越城市干道，内部道路系统为人们去往社区中心和商店提供便利，并按单位内的出行需求设置宽度，以避免过境交通的干扰，从而营造邻里单位内部安静、舒适和安全的环境氛围。

邻里单位的规划思想被英国、美国等西方国家的规划师所接受，并应用于新城的规划建设，如英国第一代新城的代表哈罗新城，后来进一步广泛传播并影响到世界各地。

（六）有机疏散理论

芬兰学者伊利尔·沙里宁（Eliel Saarinen）在1943年发表的著作《城市：它的成长、衰败与未来》（*The City: Its Growth, Its Decay, Its Future*）中，详尽阐释了有机疏散理论。他针对当时大城市过度集中发展带来的弊病，提出疏导城市分散发展的思路。城市就是一个不断成长和变化的机体，对待城市病，就像对待人体的各种病症一样，有时候需要从根本上去改变城市的结构和形态。如果说以往的城市是把有秩序的疏散变成无秩序的集中，那么有机疏散就是要推动后者向前者的转变。他提出，把大城市中原先密集的城区分解成若干个集中单元，相互之间用保护性的绿带隔离开来，通过对日常活动进行功能性的集中、对集中点进行有机分散这两种组织方式，既为城市各部分带来适于生活和安静的居住环境，又能提升整个城市的功能秩序和工作效率。他在书中还探讨了城市发展思想、社会经济、土地、立法、公众参与、城市设计等方面的内容。

第二次世界大战以后，以伦敦、巴黎等为代表的西方多个大城市纷纷借鉴有机疏散理论，形成基于大都市圈的城市发展战略，对中心城区过度聚集的功能和人口进行有序疏解。

（七）新城市主义

新城市主义是20世纪末期在北美兴起的城市规划理念，它针对郊区无序蔓延带来的城市问题，主张借鉴传统欧美小城镇空间紧凑、邻里亲密的优秀传统，塑造具有城镇生活氛围、更加健康宜居的邻里社区。1993年，彼得·卡尔索普（Peter Calthorpe）、伊丽莎白·普拉特-兹伊贝克（Elizabeth Plater-Zyberk）等主要倡导者推动召开了第一届新城市主义大会，成立了新城市主义协会。1996年，新城市主义协会第四次大会正式通过了《新都市主义宪章》(Charter of New Urbanism)，从区域，邻里、街区、廊道，以及街区、街道、建筑三个层次提出应对策略。

经过多年发展，新城市主义整合了过去半个多世纪以来的多种城市规划和设计理念，如传统邻里开发模式（TND）、交通导向开发模式（TOD）、地域主义、精明增长（Smart Growth）等，提出了一系列指导性的城市规划与设计原则，包括土地的混合使用、多元化的住宅类型、紧凑的用地布局、有吸引力的公共场所、步行友好的街道景观、有明确中心和边界的邻里结构、高质量的建筑和城市设计等，力求重构富有地方特色、文化气息和场所感的紧凑型社区。实践领域的代表性项目包括美国佛罗里达州的“海滨城”(Seaside)和“庆典城”(Celebration) 等。

四、中国当代城市规划实践

中国当代城市规划在继承传统智慧的基础上，不断吸收现代城市规划的先进理念和技术方法，形成了有中国特色的规划体系，并产生了很多创新性的实践成果。

我国已经建立起较为完善的城市规划体系，包括总体规划、详细规划、专项规划等多个层次。2019 年中共中央、国务院发布《关于建立国土空间规划体系并监督实施的若干意见》，明确提出建立国土空间规划体系并监督实施，将主体功能区规划、土地利用规划、城乡规划等空间规划融合为统一的国土空间规划，实现“多规合一”，强化国土空间规划对各专项规划的指导约束作用。从规划层级和内容类型来看，国土空间规划体系包含“五级”（国家级、省级、市级、县级、乡镇级）、“三类”（总体规划、详细规划、相关专项规划）、“四体系”（规划编制审批体系、实施监督体系、法规政策体系、技术标准体系）。

城市布局的合理规划和优化。通过科学规划和合理配置城市资源，优化功能布局，提升城市的整体运行效率和居民的生活品质。如北京的城市副中心建设，通过优化空间布局，完善交通网络，形成了集行政办公、商务服务、文化旅游等功能于一体的现代化新区，有效缓解了中心城区的压力，提升了城市的整体竞争力。

城市更新与功能提升。通过对老旧城区、旧工业区、城中村、老旧小区等进行改造和升级，推动城市或地区产业升级、功能提升、环境改善，实现整体品质和活力的提升。如上海的外滩滨水区改造项目，通过拆除违章建筑，修缮历史建筑，将过境交通放到地下，增加公共空间和文化设施，提升商铺形象和业态，推动外滩滨水区从工业码头向现代化滨水休闲区的转变，从原来以漫步为主的单一活动功能，转为满足游客和市民休闲、游览、观演、集会的多元需求，成为重要的城市客厅。

历史文化保护与文脉延续。通过保护和传承历史文化遗产，强调城市文脉的延续和城市记忆的留存。如成都的宽窄巷子改造项目，通过保留传统的四合院建筑和街巷格局，同时引入现代商业元素，使宽窄巷子成为集文化、旅游、商业于一体的特色街区，成功实现历史与现代的融合。

城市形象与特色风貌塑造。通过城市设计和景观营造，实现历史与现代交相辉映，自然景观和人文文化相得益彰，打造具有独特魅力的城市形象和特色风貌。如杭州的西湖景区规划，通过优化景区布局和景观设计，充分保留和展现西湖的湖光山色，使其与周边的古建筑、园林和街道相互呼应，并设置了丰富的文化活动和旅游设施，突出了西湖自然风光和人文特色的和谐共生，提升了城市的知名度和美誉度。

生态保护与修复。通过划定生态红线，严格限制开发活动，加强生态空间的保护和修复，推动城市绿道、生态公园等绿色基础设施建设，加强生态监测与评估，构建人与自然和谐共生的城市环境。如深圳湾滨海区的红树林湿地修复行动，通过入湾河道综合治理、鱼塘水鸟栖息地功能恢复、外来物种与病虫害防控及种植红树林等措施，系统恢复深圳湾滨海红树林湿地生态系统的结构与功能，同时开展丰富有趣的自然教育，提高公众参与的积极性。深圳湾滨海红树林湿地已成为城市生态文明建设的示范基地，市民和国内外游客休闲、旅游的胜地，每年为超过1 000万人次提供游览、休闲和自然教育服务[①]。

社区规划与居民参与。通过广泛征求居民意见、开展社区议事协商和参与式规划设计等方式，使社区规划更加贴合居民需求，实现社区空间的优化布局和更高效利用，提升社区的生活品质和居民的幸福感。同时，注重公众参与和社会监督，使得居民能够更加积极、广泛地参与社区规划、建设和治理，提高了规划的透明度和公信力，也提升了社区的凝聚力和自治能力。如广州市建立了“1＋1＋12”的社区设计师顶层制度，已聘请300余名社区设计师入驻全市各街道和社区，组建了一批掌握社区设计师理念方法的专业化队伍，陆续形成一批城市精品建设示范项目。在社区规划建设过程中，设计师通过搭建形式多样的多元主体对话平台促进多方协作，发动居民积极参与全龄社区营造，支持培育社区自治基础，建立有效的社区更新共治机制[②]。

面对未来，应继续深化城市规划研究与实践，不断创新规划理念和方法，为推动中国城市化进程和社会经济发展作出更大的贡献。未来城市是生产生活生态空间相宜、自然经济社会人文相融的复合人居系统，是物质空间、虚拟空间和社会空间的融合，未来城市规划需要坚持以人民为中心，坚持可持续发展，坚持一切从实际出发，注重长远发展、减量集约、生态保护、文化传承、多规合一；进一步突出并强化社区规划和社区治理，强化共建、共治、共享；积极响应、拥抱互联网、新能源等技术进步和社会经济变革，塑造更加高效、低碳、环境友好的生产生活方法，推动城市形态向着更加宜居、生态、和谐的方向演进，保障“城市让生活更美好”[③]。

第四节　城市规划与社会发展

一、城市规划中的社会发展理念

城市规划不仅是关于空间的规划，实际上也是关于社会空间的干预。现代城市规划从诞生起，社会发展就作为核心理念始终贯穿其中，强调在城市规划和设计过程中，关注城市社会的需求、问题和挑战，以其作为城市物质空间营造的重要出发点，并通过合理、适宜的资源分配和场所营造来解决社会问题，提高城市生活质量，实现人和社会的全面发展，促进城市社会的公平、包容和可持续发展。城市规划中的社会发展理念，涵盖以人为本、社会公正、社会包容、公众参与、社会可持续发展等多个方面。

（一）以人为本

以人为本是社会发展理念的最核心内容，强调在经济社会发展过程中，以实现人的全面发展为目标，把人民的利益作为一切工作的出发点和落脚点，不断满足人民群众的多方

① 广东省林业局．国土空间生态修复典型案例｜深圳湾红树林湿地修复项目．广东省林业局官网，2024－01－09.

② 王冠贤，何莹莹，陈燕纯．广州：以设计师为纽带探索社区多元共治．中国自然资源报官方百家号，2022－10－13.

③ 中国城市规划学会．城乡规划学科技术路线图．北京：中国科学技术出版社，2020.

面需求，切实保障其社会、经济、政治和文化权益，让发展的成果惠及全体人民。

在城市规划中，以人为本意味着将城市中全体市民的根本利益和需求作为规划的出发点，不仅提供良好的物质生活环境，同时还关注更好地满足市民的精神和文化需求，关注市民生活质量的全面提升和人的全面发展，尊重市民在城市发展中的主体地位，充分调动广大市民参与城市规划的积极性和主动性。

（二）社会公正

社会公正指在社会资源、机会和权利的分配中，每个人都能拥有平等的机遇，享受公正和公平的待遇。具体体现为权利公正、机会公正、规则公正和分配公正等四个主要方面。

在城市规划中，社会公正意味着要关注所有社会群体的需求和权益，而不是只为少数人服务，消除社会不平等现象，创造一个公平、公正、包容的城市环境，让每个市民都能够在城市的发展过程中得到公平公正的资源、机会和权利，促进城市社会的稳定与和谐发展。社会公正还关注社会阶层、性别等多元因素，致力于消除社会歧视和减少社会差距。

社会公正理念应用于城市规划中，主要体现在以下方面：

(1) 公共设施：通过合理规划、均衡布局城市的基础设施和公共服务设施，确保这些设施和服务能够覆盖所有社区和居民，特别是弱势群体，使得他们能够享受到良好的水电气暖、通信、教育、医疗、文体等基本服务。

(2) 住房：为城市居民提供安全、舒适、可支付的住房，特别关注低收入群体的住房需求，推动保障性住房的建设。解决住房问题是实现社会公正的重要方面。

(3) 交通：合理规划公共交通，提升可移动性，降低交通成本，让弱势群体能够便捷地出行，提高他们的生活质量。

(4) 社区参与：鼓励多元利益相关主体参与规划过程，共同决策和推动城市规划的编制和实施，确保规划的公平性和可持续性。

（三）社会包容

社会包容指城市规划要充分考虑各种社会群体的需求和特点，不偏袒任何一方，容纳不同社会经济地位、文化价值观、行为方式的个体和群体，让他们都能够融入城市的发展和生活，共享城市资源和机会。其背后是对城市社会多样性的认知和尊重，看到社会的发展生命力和魅力来自多元文化和多元社会群体的相互交融。

在城市规划中，社会包容强调要关注不同社会群体的需求和利益，促进不同文化、背景和能力的社会群体之间的交流和融合，减少社会冲突和隔阂，避免社会群体的空间隔离，创造包容、多元、和谐和充满活力的城市环境。此外，社会包容还关注社区发展和参与，鼓励多元主体参与城市规划过程，提高社区的凝聚力和归属感。

社会包容理念应用于城市规划中，主要体现在以下方面：

(1) 就业机会：就业是促进包容性增长的根本。通过规划提供丰富多样的就业机会，为弱势群体创造更多的就业技能提升和就业发展机会。

(2) 居住融合：面向不同社会群体提供适宜的居住、工作和休闲场所，避免形成单一类型社区的大规模聚集，通过功能混合、居住混合，促进不同群体之间的空间融合与社会融合，避免形成社会群体的空间隔离。

（3）公共设施：推动资源的优化配置，提升公共设施布局的均衡性和可及性，减少区域间设施供给的不平衡，提升经济落后地区的公共服务水平，促进不同区域的均衡发展。

（4）公共空间：创造多样性的公共活动空间，为不同社会群体提供共享的社交场所，促进社会交流和融合。

（5）社会安全：保障城市居民的社会安全，特别关注弱势群体和脆弱地区，预防和减轻自然灾害与社会灾害，营造安全、稳定、韧性的城市生活环境。

（6）文化交流：保护和弘扬本地的传统文化和历史遗产，鼓励各种不同文化的传播和交流，创造多元、包容的文化环境。

（四）公众参与

公众参与是指社会中的相关个体或群体能积极、有效地参与对其生活产生影响的决策制定、资源分配和利益分享等过程中。公众参与也是实现上述以人为本、社会公正、社会包容等理念的重要手段。

在城市规划中，公众参与强调贯穿规划的全过程，通过广泛征求相关个体和社会群体的意见和建议，让多元利益相关主体能够参与到从议题提出、方案编制、规划决策、落地实施到监督评估的全过程中，让规划过程更加民主、透明、公正。城市规划中的公众参与形式包括但不限于民意调查、社区参与、座谈会、研讨会、论证会、听证会、规划展示、线上参与等。通过公众参与，能够增强市民对城市规划的归属感和认同感，提高规划的可行性和可持续性，推动城市社会的共建共享。

（五）社会可持续发展

社会可持续发展，与经济可持续发展、生态可持续发展一起，共同作为可持续发展理念的主要内容。它强调城市发展在关注经济增长、环境保护的同时，也要注重每个个体和社会整体的协调、可持续发展。

在城市规划中实现社会可持续发展理念，具体举措包括：构建安全、宜居、和谐的城市环境，提供并合理布局多层次、多元化的住房体系和就业空间，保障人民安居乐业；营造步行友好、布局紧凑、功能混合、生活便利、设施丰富、空间宜人的邻里社区，为所有人提供多样化、可支付的生活服务，以及富有地方特色、高辨识度、全龄友好的生活空间，增进邻里交往、社区凝聚力和归属感；合理布局丰富多样的文化、体育、休闲、教育、就业和创业支持等服务设施，为个人、家庭和群体提供可以不断实现自我提升和发展的可能；为所有人，特别是在资源获取和竞争中处于劣势地位的弱势群体，提供公正、平等的资源和机会，同时确保相关决策过程是开放、透明、民主的。

二、城市规划中的公众参与

（一）公众参与的意义和作用

城市规划作为为了优化城市功能和空间结构，提升城市居民生活质量，促进城市可持续发展而进行的系统性、科学性的规划活动，是涉及全体市民切身利益的重要事项，因此公众参与应成为其中的重要组成部分，具有不可忽视的意义和作用。

首先，公众参与能够凝聚共识，提高规划实施的合法性和合理性。在规划过程中，不同群体的利益和需求可能存在分歧，通过公众参与，可以让各方面的利益得到表达和权衡，从而形成一个相对公正、公平的规划方案，提升规划的合法性和可接受性。

其次，公众参与有利于发掘城市的特色和优势，增强规划的可持续性。在城市中居住、工作和生活的居民是对城市最为熟悉的群体，他们对于城市的文化、历史、环境等方面拥有独特的认知。通过他们的参与，可以发掘出城市独特的文化底蕴和优势资源，将长远的发展目标与市民的利益诉求结合起来，为规划提供有力支持，促进规划的可持续发展。

再次，公众参与有助于充分应对居民需求，提高决策质量，提升城市环境品质。城市规划的最终目的是提升居民的生活质量，因此必须充分考虑居民的各类需求。通过公众参与，可以更全面地了解居民对于交通、居住、教育、医疗等方面的需求，有针对性地制定规划方案，提高规划决策的科学性和合理性，从而切实优化城市功能和环境，提升居民的幸福感和满意度。

最后，公众参与可以增强居民的参与感和归属感。当居民参与到城市规划的过程中，他们会感到自己的意见和想法得到了尊重和重视，从而增强对于城市的归属感和责任感。这种参与感会促使各类群体更加积极地参与到城市建设和管理中，提高对城市规划的关注度和参与意愿，形成共同努力、共同发展的良好局面。

（二）公众参与的基本原则

城市规划中的公众参与应当遵循下列基本原则，以保证参与的有效性和公正性：

一是倡导尽早介入和全过程参与。公众参与应当贯穿规划的全过程，从规划议题的提出、设计方案的拟订，到规划决策的制定、实施和管理。特别应尽可能实现早期介入，在规划的初期阶段，就通过开展公众参与，及时了解各方的意见和需求，避免在后期规划方案已经基本成型的情况下再进行调整，浪费资源和时间。

二是提供公开透明、全面准确的信息。为了让公众能够理解规划的背景、目的、原则等，应提供充足、透明的信息支持。同时，还需要保证信息的真实性和客观性，避免出现误导或者偏颇的情况。

三是确保参与过程的公平公正。参与的全过程应倡导公平公正的理念，参与者所表达的需求或意见不存在高低优劣之分，应尊重每个参与者的立场、想法和提议。以平等的氛围作为交流的起点，才可能充分开放地、尽可能多地收集相关信息。

四是采用多层次、多渠道参与形式。不同群体有着差异化的需求和利益，公众参与应采取多种形式，包括公开听证会、问卷调查、社区讨论会等，以保证各方的利益得到充分表达和保护。

五是注重及时反馈参与结果。参与公众的意见和建议应得到及时的反馈，让他们了解自己的意见得到了哪些采纳和实施，从而增强参与的积极性和信心。

（三）公众参与的主要形式

城市规划中的公众参与可以采取多种形式，根据不同的情况和需要进行灵活选择。主要形式包括但不限于以下几种：

（1）公开听证会。公开听证会是一种常见的公众参与形式。通常由政府或规划机构组织，让公众就特定规划项目或政策提出意见和建议，可以直接发表意见，也可以提交书面建议，推动公众参与决策和监督规划的实施。

（2）社区讨论会。社区讨论会也是一种重要的参与方式，可以采用座谈会、工作坊、研讨会等形式，直接听取居民的意见和建议，了解他们的实际需求，为规划方案的制定提供有力的参考。

（3）社会调查。社会调查是简单有效且常用的参与方式。可以通过发放调查问卷、开展个体访谈、组织座谈会等形式，面向广大公众、特殊群众、关键人物和组织等收集意见和建议，从而了解到更广泛的民意和需求，为规划提供量化的参考依据。

（4）参与式规划。这是一种让公众直接融入规划设计和决策过程的形式。通过参与式设计工作坊、设计方案征集或竞赛等方式，让市民、社区、社会组织与专业规划师共同设计城市。

此外，还可以通过专家咨询、网上论坛、公众投票等多种方式进行公众参与，以满足不同群体的参与需求。

总的来说，公众参与是城市规划中的重要环节。通过不断完善公众参与机制，有助于更好地实现城市规划的民主、透明和公正，增强市民对城市发展的认同感和归属感，发掘城市特色和优势，提高规划的科学性和合理性，创造更加宜居、和谐、可持续的城市环境。

三、城市社区规划

（一）社区规划的概念

社区规划，又称社区发展规划或邻里（发展）规划，英文对应 Community（Development）Planning，Neighborhood（Development）Planning 等。欧美国家城市化步入成熟期，社区规划多呈现为关于社区的社会规划，作为解决社区社会问题、进行社会改良、推动社区发展的手段和过程，通常由地方政府或自治组织自行制定发展规划，注重公众参与，强调政府机构和各民间团体、个人之间的协商与合作。如英国政府 2011 年颁布《地方主义法案》（Localism Act），提出“邻里规划”为邻里层面的法定规划形式，并将其定义为：社区规划使社区拥有直接的权力，可以为社区制定共同的愿景，并促进当地的发展和增长；社区规划为社区居民提供有力的工具，使他们能够规划未来的发展以满足社区的需求，同时使社区的发展方向与更大范围地区的战略需求和优先事项保持一致。

在我国，伴随城市化进入“下半场”，社区成为实现高质量发展的重要阵地，2010 年中期以来，社区规划迅速发展。区别于传统注重空间环境设计的居住区规划，社区规划应对社区人居环境品质全面提升和基层社会治理创新整合发展的要求，强调通过对社区进行系统、全面的发展规划，发动多元利益相关主体共谋共建共享，推动社区社会、经济、空间、文化、制度等多维度的协同发展，将社区建设成为人们的生活共同体和精神家园，实现全面和可持续发展。

（二）社区规划的原则

社区规划的原则主要包括以下七个方面：

一是社区主体。社区中生活和工作的群体，应是社区规划最重要的参与主体和力量来源，既是规划的需求反映者，也应成为发展谋划者、服务提供者、规划实施者和监督评价者。他们可以是社区中的居民、就业者，也可以是商户、社区工作者、社区社会组织等。要让社区发展真正成为社区自己的事情，而不是政府或某个组织的任务。

二是综合发展。社区作为社会-空间统一体，应关注人文、经济、环境、服务、治理等多个维度的综合协调发展，特别是各个维度之间的正向互动作用。例如多主体全程参与的空间环境提升，有助于促进邻里联结和归属感；社区自治能力的提升和社会组织的建设，又有助于推进培育公共空间维护和运营的自我造血机制。

三是共同参与。多元利益相关主体参与社区规划，有助于促进民意表达和供给侧改革，让服务和产品供给与社区真实需求之间实现更好的匹配。同时，通过公平公正公开的参与过程，提升社区制定规则、民主议事、自主管理和互助服务的意识和能力，培养契约精神和公共精神。

四是权责一致。秉承谁主张、谁受益、谁负责的基本逻辑。在明确界定各主体相关权利、责任和义务边界的基础上，保障权责利相一致。

五是过程导向。社区规划的核心价值不是只限于描绘“美好蓝图”，而更多体现在实现这一蓝图的行动过程。很多时候，行动的过程价值要高于行动效率或结果。应关注并精心设计其中目标的形成规则、共识的培育过程、方案的可实施性、冲突和问题解决的协商博弈过程，以及贯穿全程的公众教育过程。

六是因地制宜。每个社区都有其独特的区位、历史、人文、环境等基因，因此需要因地制宜编制和实施适合其自身特质的规划。不能简单复制或移植某些所谓成功的社区规划案例，而应深度理解和学习其在地域性特色和适应性策略之间的匹配逻辑。

七是可持续性。社区规划的核心目标是实现社区的可持续发展，意味着社区规划不能只是一次性或碎片化的活动，或是完全依赖于外部资源投入的被动式规划任务，而需要关注对于社区自我造血机制和可持续发展能力的培育和提升。

（三）社区规划的主要内容

社区规划的覆盖领域强调综合与多元。如日本的宫崎清教授提出，社区营造包括人、文、地、产、景五大面向，社区规划的主要内容也应包括人文、经济、环境、服务、治理五个维度，好的社区规划离不开上述多个维度的互动整合发展。

一是人文维度。突出以人为核心，包含社会与文化两个方面。社会层面应关注在社区居住、工作和消费的人群，他们的构成、流动、互动关系，以及相应的需求。文化层面强调以社区独特的历史和个性为基础，进行社区共同文化的发掘、认知和延续，包括地方文史调查和展示、古迹和建筑特色保护、文化展演节庆活动组织、特色文化场景营造等。

二是经济维度。包含传统产业保护和培育、地方特色产品的研创和推广等。社区经济的繁荣发展对于乡村社区而言尤为重要，是实现乡村社区振兴的关键动力支撑。对于城市社区而言，社区经济可以更为广泛地拓展至辖区企业联动发展、社区创新创业活动、消费产业和消费氛围等范畴。

三是环境维度。包含整个人居环境的营造与品质提升，既包括自然环境的保护、修复与特色风貌景观的塑造，也包括舒适、宜人的人工环境的建设和维护。社区人居环境营造是实现高品质社区生活、促进社区交往、激发社区活力的重要物质保障。

四是服务维度。包含教育、文化、医疗、养老、托幼、家政、体育、福利等各种生活服务的供给，是实现居民享受社会福祉的"最后一公里"。社区服务的供给，应注重服务内容的全面性和特色性相结合，尤其关注面向老人、儿童、失业群体等人群提供特色化的服务；充分拓展多元服务主体和供给模式，实现公共服务、社会服务和商业服务的有机结合；应兼顾外部服务资源引入和内生服务力量培育，注重挖掘社区资源、发展邻里互助服务。

五是治理维度。指为社区范围内的政府机构、社会组织、辖区单位、居民等多元主体共同参与社区公共事务，搭建并优化正式和非正式的治理平台与机制，以及关注社区赋能，强化社区治理能力建设，全面推进社区治理体系与治理能力的现代化。

（四）社区规划的操作程序

社区规划的操作程序总体可概括为社区调查、愿景整合、策略制定、规划实施和反馈评估五个部分。

一是社区调查。相比于传统的规划调研，社区规划的调查研究对象除空间环境外，还需要关注社区的社会人口、历史人文、经济产业、生态条件等因素。调研方法包括社区踏查、绘制社区地图、问卷调查、访谈、座谈，统筹兼顾政府统计数据、网络大数据和社区调研数据，进而可以通过绘制社区资源地图、问题地图等方法，着重标注存在严重问题的空间、可利用的节点资源等内容。

二是愿景整合。社区规划的过程就是社区发展愿景逐步形成和实现的过程，这个愿景不应是政府或专业人士自己"拍脑袋"想出来的，而是来自各利益相关主体的共识。通过建构社区共同愿景，有助于提升各方主体对规划成果的认同，更有效地保障规划实施，并激发他们的参与热情和兴趣。具体可以采取愿景游戏、愿景探索会议、KJ 分析法[①]等参与式方法，通过可视化的地图、拼图或者图表等工具，形象、有效地引导共同愿景的形成。

三是策略制定。社区规划策略通常包括长期的规划方案和短期的行动计划。前者考虑未来 5～10 年甚至更长时期的发展，形成总体目标、指标体系和分项策略；后者针对某些具体问题或目标，制定近期内（如 1～3 年内）具体行动方案，明确相关主体职责、经费、时间等部署。

四是规划实施。依据规划策略，整合相关责权利各方力量，落实经费保障与实施政策等，推进规划的落地实施。不同于传统规划建设项目通常全盘交付政府部门或建设机构实施的做法，社区规划的实施过程同时也是各方参与共建的过程，包括出资、出智、出力等多种形式，对于提升各方对规划成果的认同感和后续支持至关重要。

五是反馈评估。对社区的发展变化，以及规划在编制和实施过程中遇到的各种不确定因素，应建立社区规划的反馈评估机制，定期进行跟踪调查和反馈信息收集，根据需要适当调整方案与实施行动，确保合理适宜的社区发展路径。

---

① KJ 分析法又叫亲和图法或卡片法，为日本学者川喜田二郎所创，是将未知的问题、未曾接触过的领域的问题的相关事实、意见或设想之类的语言、文字资料收集起来，并利用其内在的相互关系作成归类合并图，以便从复杂的现象中整理出思路，抓住实质，找出解决问题途径的一种方法。

（五）中国当代城市社区规划的发展与地方实践

伴随中国城镇化进程的迅速推进，越来越多的城市逐步迈入以存量建设用地更新为主的提质发展阶段，社区成为城市精细化治理和高品质发展的重要阵地。2017 年，《中共中央 国务院关于加强和完善城乡社区治理的意见》明确提出：“城乡社区是社会治理的基本单元”，要“促进城乡社区治理体系和治理能力现代化”，“组织开展城乡社区规划编制试点，落实城市总体规划要求，加强与控制性详细规划、村庄规划衔接”。2020 年，国务院办公厅发布《关于全面推进城镇老旧小区改造工作的指导意见》，指出要“按照高质量发展要求，大力改造提升城镇老旧小区，改善居民居住条件”。2021 年，住房和城乡建设部制定《完整居住社区建设指南》，并与民政部联合发布《关于开展完整社区建设试点工作的通知》，要求“打造一批安全健康、设施完善、管理有序的完整社区样板，尽快补齐社区服务设施短板，全力改善人居环境”。同年，自然资源部发布《社区生活圈规划技术指南》，指导以人民为中心，因地制宜塑造特色生活圈。2023 年，国务院办公厅转发国家发展改革委《城市社区嵌入式服务设施建设工程实施方案》，提出通过新建或改造的方式，在社区（小区）公共空间嵌入功能性设施和适配性服务。

上述系列政策文件的出台和实施，推动各地社区规划与更新实践的迅速发展。如北京建立责任规划师制度，组建了 300 余支责任规划师团队，为全市 300 多个街镇和片区提供“陪伴式”专业支持，增强了基层规划力量，改善了微观人居环境，推动了公众参与基层空间治理；上海以社区花园、缤纷社区为载体开展社区微更新，实施“共享社区、创新园区、魅力风貌、休闲网络”四大行动计划，推进“15 分钟社区生活圈”建设，积极探索社区规划创新和社区规划师制度创新；成都于 2017 年在全国范围内率先设立市委城乡社区发展治理委员会，负责统筹推进城乡社区发展治理改革工作，并组织编制市、区/县级城乡社区发展治理规划，成都市成华区组建“导师团（区级层面）—规划师（街道层面）—众创组（社区层面）”三级社区规划师体系队伍，发动多元力量共同参与，在实施社区微更新、建设公园城区等方面发挥了重要作用。

大量在地的社区规划实践，展示出规划力量和社会学力量协同合作，推动社区全面、可持续发展的积极作用。具体实践形式包括以多方参与的社区公共空间改造、社区花园营建等为切入点，推动空间环境品质提升与社区治理结构优化的双向共进，以及探索综合性社区规划模式，整合居住环境更新、社区服务提升、地方文化复兴、邻里关系改善等策略，促进完整社区建设和可持续发展。这些社区层面的规划建设治理行动，结合中国特定国情和地方需求，面向基层人居环境品质和治理能力、治理体系的协同提升，围绕社区规划的方法、路径、制度等方面积累了较丰富的实践和技术成果。

思考题

1. 城市空间与社会的关系主要体现在哪些方面？
2. 什么是城市社会空间？
3. 西方近现代代表性的城市规划思想有哪些？
4. 城市规划中的社会发展理念主要包括哪些方面？
5. 城市规划中公众参与的基本原则包括哪些？

第六章　城市社会分层与流动

第一节　社会分层与流动的基本理论

社会分层和社会流动是分析社会不平等和社会结构的重要概念和视角。社会分层是对社会结构的静态描述，主要探讨了处于不同社会位置上的个人或群体。一个社会中，有的人可以丰衣足食，有的人却挨饿受冻；有的人居住在高档小区，有的人却蜗居在地下室；有的人拥有体面且收入颇丰的工作，有的人需要做又苦又累却只能勉强维生的工作……这些社会现象都和社会分层有关。社会分层现象是普遍存在于人类社会中的，从原始社会到文明社会，社会分层始终伴随着人类社会。社会流动是对社会结构内部变化的动态分析，主要关注个人或者群体实现社会位置的变动过程。社会流动的程度和频率对社会结构有重要的影响，可以反映一个社会的开放程度。随着人类社会城市化进程的推进，社会分层和流动现象变得更为显著，也是透视城市社会结构和特征的重要视角。

一、社会分层的定义与意义

（一）社会分层的定义

“分层”这个词最初来源于地质学，指的是地质的沉积成层现象。这个词被引入社会学，用意在于：采用地质中的分层现象比喻人类社会中各社会群体之间的层化现象。社会分层（Social Stratification）指的是社会成员基于他们相对稀缺的社会资源在占有量、获取机会和满足需求程度上存在的差异，区分成高低有序的不同等级、层次的过程和现象。社会资源是指对社会成员有价值的全部资源的总称，包括政治资源、经济资源、文化资源等。

社会分层从本质上来说关注的是社会成员在社会地位上的不平等，不平等的基础在于社会差异。社会差异并不意味着不平等。社会差异指的是个人或者群体之间在社会文化中具有重要意义的任何差别，包括因为人的自然属性不同导致的具有社会意义的差别，如性别、肤色，也包括人的社会属性不同导致的社会差别，如职业、教育等。这些差异本身并没有高低等级之分，只有当他们根据人类社会的价值系统被排序的时候，才出现高低贵贱之分。也就是说，人类社会按照一定的标准，通常指的是特定的价值体系，赋予这些社会差异不同的意义和等级，也就出现了社会不平等，导致了社会分层现象。比如一般而言，人类出生后会有男女性别差异。但是在传统的男权社会的性别价值体系里，男性相较于女性而言，被赋予了更高的社会等级，男性享有更多的社会资源和权利，形成了男女在性别上的不平等，这就导致了社会中存在的性别分层现象。

社会分层主要探讨三个方面的问题：第一个问题是社会群体之间存在什么样的差异？这是对社会分层的结果和过程的研究；第二个问题是为什么社会群体之间会存在这样的差异？这是对社会分层的机制和原因的研究；第三个问题是社会分层会导致什么样的后果？这是对社会分层的结果的研究。社会分层是一个庞杂的社会学研究主题，既包括对社会分层、阶级或阶层等基本理论和基本问题的研究，也包括对职业、收入、教育、文化、权力（利）、婚姻、性别、种族等子领域的研究。通过对社会分层的研究，我们得以形成对社会整体结构、社会资源分配状况与机制、各社会群体之间关系、社会发展结果的认识和把握。

研究社会分层必然与社会平等产生关联。所谓社会平等，包含两方面的含义：一种是"均贫富、等贵贱"的资源分配状态；另一种是公正、合理的资源分配方式。前者指人们在社会资源的占有上财富、声誉、权力等人人都不存在差异，强调的是结果平等。而公正、合理的资源分配方式强调的是机会平等。现代社会人们往往更强调机会平等，认为只要机会是平等的，那么结果就是取决于个人的努力；如果结果是不平等的，那是因为每个人的努力程度不同。虽然现在社会还无法做到无论人们是否存在差别，结果一律平等，但是结果平等并不能忽视，因为严重的结果不平等会产生很多其他影响，比如社会稳定和经济发展等。机会平等和结果平等应当是相互联系的，很难说某种结果不平等是纯粹的个人不努力还是机会不平等所导致的。强调结果平等的人也认为，他们并不是不重视个人努力，而是在机会平等的基础上更加关乎结果平等这种人人平等的理想追求。

（二）社会分层的意义

社会分层有什么意义呢？社会学发展史上关于社会分层有两派观点，一派是结构功能主义，另一派是冲突论。结构功能主义认为社会分层是社会正常运转所必需的。他们认为任何社会都存在一系列重要性不同的社会位置，比如地位不同的职位，这些地位层次分明的社会位置对于社会发展的重要性是存在显著差别的。最重要的位置需要吸引最有才能和资格的人，这样才会对社会的整体发展有裨益。为了能够使最有才能的人担任重要的社会位置的责任，需要寻找到能够激励这些人才去这样位置的奖赏，并将这些社会最看重的奖赏赋予到这些位置上，比如更多的声望、财富、权力等。这些奖赏系统和奖赏在不同位置上的分配方式变成了一种社会秩序，这种秩序对社会的整体发展有益。这种社会秩序也自然而然地导致了社会分层，因此社会分层对社会发展是必要的。

他们认为影响不平等分配的主要是两个因素，一个是功能上的重要性，另一个是稀缺性，比如某个职位需要密集的训练以及天赋和才能。这两个因素共同起作用，比如一个职位尽管非常重要，但是有很多人才可以源源不断地供这个位置挑选，那么这个位置就不会获得很高的奖励分配。结构功能主义关于分层的意义的观点引起了诸多批评，比如社会分层并不能促使有才能的人从事相应职位的工作。在不平等的社会里，孩子能不能接受教育取决于父母的财富，大部分的人可能就没有机会去发现他们的天赋才能，社会又如何能够把这些有潜在天赋才能的人安排到最合适的位置上去呢？

冲突论提出的观点相反，他们认为社会分层不仅不是社会正常运转所必要的条件，反而是阻碍社会进步与发展的力量。他们认为优势群体占据着分配社会资源的主导地位，他们决定着哪些职位和哪些人获得什么样的资源，这样的不平等的资源分配体系反映的是优势群体的自身利益，与社会的良性运转没有关系。相反，优势群体为了使他们的既得利益不受损失，最希望社会的分配体系一成不变，比如秦始皇希望“朕为始皇帝。后世以计数，二世三世至于万世，传之无穷”。这种反映优势群体的分配体系也不可能帮助社会筛选出最需要的人到最合适的社会位置上，并且使得他们获得应得的报酬。比如在马克思的论述中，资产阶级和无产阶级处于对立位置，资本家获利的主要方式就是构建一套能够尽可能剥削无产阶级的分配体系，这样的体系可以使得他们获得最大的收益，而将无产阶级的收益降到最低。只有无产阶级联合起来和资产阶级进行斗争，构建一个更加公平的分配系统，减少社会不平等，社会才能更加良好地运转。

功能论和冲突论尽管是对立的两种理论视角，其实反映了看待社会分层结构的不同侧面。适度的社会不平等可能会有一些激励作用，比如我国曾实行的“大锅饭”式的平均主义挫伤了人们工作的积极性和社会公平感；极大的社会不平等也会引发社会不稳定，比如西方国家因为收入和财富的不平等引发的各种社会运动，如“占领华尔街”运动等。

二、社会分层的经典理论

社会学三位主要奠基人马克思、韦伯、涂尔干都对社会分层现象有所论述。基于三位经典理论家的阶级/阶层理论，现当代社会分层或阶级研究形成了一些综合性的测量方法和框架。

（一）马克思的阶级理论

马克思的阶级理论为研究社会分化、社会不平等与矛盾提供了指导。马克思的阶级思想来源于他对资本主义社会的分析。在资本主义社会，生产资料为私人所有，马克思将占有生产资料并雇佣劳动的称为资产阶级，将不占有生产资料而靠出卖劳动力为生的称为无产阶级。马克思也承认在资产阶级和无产阶级之间存在一些小商人、小工业者、小食利者等中间阶层，但他认为，随着工业资本主义的发展，中间阶层最终会沦落为无产阶级，社会结构会趋向两极分化。他认为资产阶级和无产阶级的利益是对立的，资产阶级通过剥削无产阶级的剩余价值获利，无产阶级会联合起来推翻资产阶级的剥削，建立一套以无产阶级占统治地位的社会主义社会。

马克思认为阶级是一种历史现象，它产生于生产力发展到一定水平后出现剩余产品和私有制，人类分裂为对立的两个阶级的时期。在原始社会，由于生产力低下，不存在阶级。阶级首次出现在奴隶社会，随着生产力的发展，阶级斗争推动社会发展为封建社会、资本主义社会和社会主义社会。在共产主义社会，由于生产力得到充分发展，阶级将消失，社会不平等也将消失。

马克思的阶级理论主要基于人们经济地位的差别，也就是人们在生产资料占有上的不同地位。他认为其他的差别都源于经济地位的差异。尽管后人对马克思社会分层思想看法不一，但不得不承认“这之后的绝大多数理论家所作的努力只不过是重构或者拒绝马克思的思想”[①]。

---

① DENNIS G，JOSEPH K. The American class structure：anew synthesis. Chicago：The Dorsey Press，1987：4.

（二）韦伯的分层理论

韦伯的分层思想和马克思的分层思想既有联系，也有区别。和马克思一样，韦伯也认为经济地位（财富和收入）是社会分层的重要因素，政治地位（权力）、社会地位（声望）也是重要维度。三个维度的社会分层因素导致了三种共同体：阶级、身份群体和政党。其中，阶级与经济秩序相联系，身份群体与社会秩序相联系，政党与政治或法律秩序相联系，这三个维度既相互独立，又相互影响：比如相互独立体现在占有大量生产资料和财富的高经济地位群体并不一定同时获得较高的社会地位和社会声望；再比如相互影响体现在不占有生产资料的政府官员也可能行使很大的经济权力，影响经济利益分配。尽管韦伯强调多个因素对于社会分层的影响，但他也认为人们在经济系统中的地位区分，即阶级，在社会分层中是决定性的。

韦伯也表述了他对于阶级的思考，韦伯认为阶级是指因在商品和劳动力市场中获取经济利益（占有财物与获得收入等）的不同而享有不同生活机会（Life Chances）的群体。和马克思类似，韦伯也强调经济地位对于阶级的决定性作用。但与马克思强调在生产领域对生产资料的所有权来区分阶级的观点不同，韦伯强调的是在市场领域中人们使用财产、商品、收入等所呈现的不同的市场地位，这种支配与被支配的市场权力地位形塑着社会成员的生活机会，从而形成不同的阶级。因此，韦伯认为是否占有生活资料只是影响生活机会的一部分因素，在市场中的支配地位才是决定生活机会最重要的因素，也才是划分阶级的决定性因素。比如马克思根据是否占有生产资料将社会成员分为资产阶级和无产阶级，但是韦伯认为这样会导致很多偏颇，比如律师、医生、教授、职业经理人、高级政府官员、清洁工、卡车司机、外卖员、看门人、流水线工人等都不占有生产资料，将他们都划分为无产阶级将掩盖一些事实，他们都不占有生产资料，但在市场上拥有不同的权力地位。

此外，和马克思认为阶级享有共同的阶级利益，将会联合起来维护自己利益的观点不同，韦伯认为阶级只是一个潜在的共同体，阶级利益的概念是模糊的，因为即使工人之中也分高技能和普通技能的工人，他们享有的经济利益和市场地位并不相同，或者他们也不清楚自己的共同利益是什么，很难形成为了共同阶级利益而行动的阶级运动。

（三）涂尔干的分层理论

涂尔干没有对社会上的阶级进行区分和排序，他的分层思想在于论证社会分层的必要性。作为功能主义思想的奠基人，涂尔干认为社会是由相互联系的部分构成的统一体，每一部分都为维持社会整体有机运转发挥着各自的功能。涂尔干曾比喻说，社会像一个有机体，社会的部分像组成有机体的器官，如果这些重要的器官被割掉，有机体将陷入混乱状态。他的阶级思想来源于他对社会分工的论述，他认为社会分工的意义不在于提升生产效率，而在于对社会进行整合。他认为：第一，社会分工是必需的；第二，在任何社会的分工体系中，总有一些工作比其他工作更重要；第三，社会上人们的能力有所不同；第四，社会分层的原则在于使人们的能力与其负担的工作相符合；第五，社会分工体系中各种社会角色、职位的配置有一定比例，不是任意的。

涂尔干社会分层理论的关注点在于职业分工与职业群体。在他生活的时代，原来的乡村社会发生转型，社会秩序极端混乱，他想找到一种可以整合社会的方法。他认为职业群体可以成为重新整合社会的力量。第一，人们因为某种相似的特点进入相似的职业；第二，人们在职业中频繁互动，形成相互依赖的关系和共同的价值观；第三，相似的职业会形成共同的利益、职业规范和不成文的集体良知；第四，相互依赖和分工的关系使得社会形成相互依赖的关系，促进社会的有机团结。总之，涂尔干认为基于个人能力的职业分工能够促进社会整合，而社会冲突与不平等是由分工的非常态所导致的。这种对社会分化的保守论调招致了不少批评，但涂尔干的理论影响了后人对于职业群体和职业声望分层的研究。

（四）阶层的综合性划分

马克思、韦伯和涂尔干等人的分层思想对后世的社会分层研究和阶层测量有着深远的影响。在社会分层学术研究中，关于阶层/阶级的划分主要存在两种基本范式。第一种是分类别的阶层模型（Categorical Model），分类别的阶层划分主要强调的是社会成员在社会关系结构中的不平等，比如剥削与被剥削的关系、支配与被支配的关系。分类别的阶层划分关注的并非不平等的量的差别，而是不平等的关系。比如分类别的阶层模型关注的不是资本家的收入、教育水平等是否比工人高，而是资本家雇用工人所形成的剥削关系。第二种是分等级的阶层模型（Gradational Model），在我国的语境里也多被称为阶层（阶级和阶层在英文里都是 Class），分等级的阶层模型关注的是量的不平等，主要指不同的社会地位所占有的社会资源和生活机会的不平等，比如收入的高低、教育水平的高低、职业声望的高低（如公务员和清洁工）等。分等级的阶层划分强调的是因为社会成员在社会资源、生活机会分配的量上的不同而导致的社会地位的高低层级，强调的是分配的不平等。

现当代社会的结构和马克思、韦伯、涂尔干生活的时代非常不同，他们促使了现当代理论家们在前人的基础上探索并形成了新马克思主义、新韦伯主义和新涂尔干主义等新的阶层划分理论和实践。新马克思主义的代表人物是美国社会学家赖特（Erik Olin Wright），他提出了由于现代社会的生产组织方式、组织规模和技术的发展，阶级存在的基础已经由马克思时代的物质生产资料拓展到了组织管理权力和技能。基于生产资料、组织管理权力和技能，他提出了“多元资产剥削”的阶级/阶层结构（见图 6-1）。

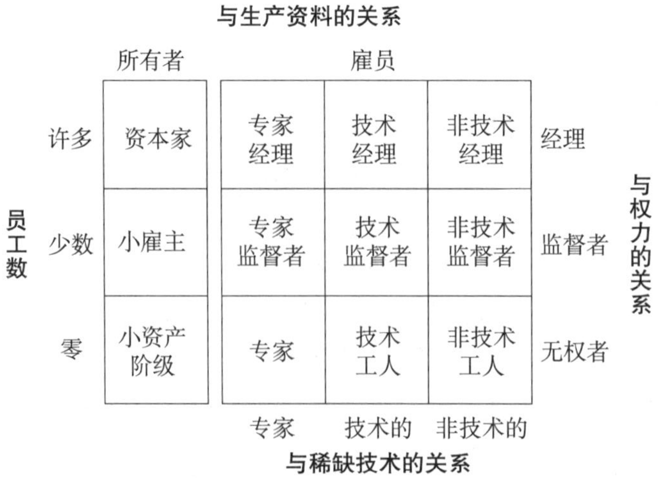

图 6-1　赖特的“多元资产剥削”阶级/阶层结构框架

英国社会学家戈德索普（John H. Goldthorpe）和其合作者瑞典的埃里克森（Erikson）以及法国的波托卡雷罗（Portocarero）在韦伯阶层理论的基础上，同时考虑阶层关系、职业分层，提出了 EGP 阶层分类图。EGP 阶层分类将职业分成 7 大阶层，同时考虑到某一些基层相似性，又可进一步将阶层划分为 5 大阶层和 3 大阶层（见表 6－1）。

表 6－1 阶层分类

<table>
<tr><th>全部分类</th><th>7 分类阶层</th><th>5 分类阶层</th><th>3 分类阶层</th></tr>
<tr><td>1. 高层专业人员、行政管理人员和政府官员；大企业中的经理；大业主</td><td rowspan="2">1＋2 公务人员阶级</td><td rowspan="4">1～3 白领工人</td><td rowspan="6">非体力工人</td></tr>
<tr><td>2. 较低层专业人员、行政管理人员和政府官员；高级技术人员；小企业中的经理；非体力雇员的监管人员</td></tr>
<tr><td>3a. 在较高级的机构（如行政和商贸）中的非体力雇用办事人员</td><td rowspan="2">3a＋3b 非体力办事人员</td></tr>
<tr><td>3b. 在较低级的机构（如销售和服务业）中的雇用办事人员</td></tr>
<tr><td>4a. 雇用他人的小业主和手艺人</td><td rowspan="2">4a＋4b 小资产阶级</td><td rowspan="2">4a＋4b 小资产阶级</td></tr>
<tr><td>4b. 不雇用他人的小业主和手艺人</td></tr>
<tr><td>4c. 农场主；小股东；第一产业中的自我雇用者</td><td>4c 农场主</td><td>4c＋7b 农业工人</td><td>农业工人</td></tr>
<tr><td>5. 低级技术人员；体力劳动的监管人员</td><td rowspan="2">5＋6 技术工人</td><td rowspan="2">5＋6 技术工人</td><td rowspan="3">体力工人</td></tr>
<tr><td>6. 技术体力工人</td></tr>
<tr><td>7a. 非农业的半技术体力工人</td><td>7a 非技术工人</td><td>7a 非技术工人</td></tr>
<tr><td>7b. 第一产业中的农民和其他雇工</td><td>7b 农业体力工人</td><td></td><td></td></tr>
</table>

与新马克思主义和新韦伯主义执着于划分“大阶级”不同，以美国社会学家格伦斯基（David Grusky）为代表的新涂尔干主义学者认为，在后工业社会，“大阶级”很难反映社会的分层结构，他们基于涂尔干职业群体的概念，以职业为基础划分出更为细致的阶层。比如美国社会学家布劳（Peter M. Blau）和邓肯（Otis Dudley Duncan）根据每种职业的平均收入和受教育年限构建了“职业的社会经济地位指数”（Socioeconomic Index of Occupational Status，SEI），这是一个像分数一样的连续性的阶层变量，每种职业都对应一个具体的分数。美国社会学家唐启明（Donald J. Treiman）等利用跨国数据构建了“国际标准职业社会经济地位指数”（International Socioeconomic Index of Occupational Status，ISEI），以进行跨国比较。比如 ISEI 中，16 分为最低分，对应的职业是清洁工，而最高分是 90 分，对应的职业是法官。当前的社会学研究也会采用社会经济地位（Socioeconomic Status，SES）这一概念来测量阶层，SES 一般是由收入、教育、职业等经过加权得到的一个连续性的阶层测量变量，也是由一系列的分数构成。当然，一些定性研究也会综合比较财富、收入、教育、职业等提出一个分类别的 SES，一般由下层阶层、工人阶层、下层

中产阶层、上层中产阶层以及统治阶层（精英阶级）构成。

三、社会流动的基本理论

社会分层描述的是静态的社会结构，但是人们的社会位置并不是固定不动的，甚至这些社会位置所形成的社会结构也不是一成不变的。社会流动指的是人们在社会分层结构中的社会位置变化。“寒门出贵子”“鲤鱼跃龙门”描述的就是出身卑微的年轻人通过努力等各种因素实现了社会地位变化的现象，而“寒门难出贵子”描述的则是有些社会流动机会相对较少，社会结构相对封闭的情况。

（一）社会流动的类型

社会流动根据不同标准可以划分成不同的类型：垂直流动和水平流动、代际流动和代内流动、结构性流动和非结构性流动、相对流动和绝对流动等。

1. 垂直流动和水平流动

从方向维度来看，社会流动分为垂直流动和水平流动。垂直流动指的是个人或群体在社会结构中社会地位向上或者向下的变化，他所能支配的社会资源由此会变多或变少。垂直流动又分为向上和向下流动。向上流动指的是个人或者群体获得了更高的社会地位，比如职位的升迁等；而向下流动指的是个人或者群体的社会地位的下降，比如破产的私营企业主、被罢免的官员等。社会垂直流动有利于调动社会成员的积极性，人们会为了获得更高的社会地位和社会资源而努力力争上游，从而提升社会生产效率。此外，垂直流动也会促使社会选拔出最合适的领导者，淘汰不合格的领导者，促进社会的进步。垂直流动也能够促进不同社会阶层之间的联系和互相理解，加强社会整合和缓解社会冲突，促进社会和谐发展。最后，适度垂直流动的程度反映的是一个社会的开放程度，如充满活力，创新力十足，中下阶层的人们更有希望感。

水平流动指的是个人或群体的社会地位在同一地位层级中的横向变化，他所能支配的社会资源基本维持不变，比如行政干部的同级调动等。水平流动能够促进人才的合理配置，比如地区、行业或单位之间往往存在着人才和劳动力分配不均的现象，水平流动有利于实现人才和劳动力在这些地区、行业或者单位之间实现更加均衡的发展。水平流动也有利于地区、行业和单位之间展开竞争，促进社会的整体进步。

2. 代际流动和代内流动

从参照点的维度来看，社会流动分为代际流动和代内流动。代际流动的参照点是父辈的社会地位，当子代的社会地位和父辈相比发生变化的时候，就发生了代际流动。代际流动指一个家庭两代或者多代人之间的社会地位的变化。比如父辈为农民的孩子获得了大学教授的工作就是一种代际流动，而且是向上的代际流动。但是如果这个孩子很早辍学打工，最终也没有脱离农民的身份，那么就没有发生代际流动，而是实现了代际继承。代际继承说的是一个家庭两代或者多代的社会地位相同，比如社会上所说的“三代贫农”“龙生龙，凤生凤，老鼠的儿子会打洞”等。如果子代的社会地位相比父辈的社会地位下降了，那就是发生了向下的代际流动，比如我们常说的“富不过三代”反映的就是一种向下的代际流动，也就是子代的社会地位低于父辈。代际流动反映一个社会的开放程度，在封闭的社会里，基本上没有太多的代际流动，基本上就是子承父业，世代处于一种社会地位。在开放的社会，代际流动更为频繁，如果一个人的社会地位主要靠自己的努力，而不是父辈的资源即所谓的“拼爹”，也就是没有那么多“二代”现象，比如“官二代”“富二代”等，社会就是一个更加开放的社会。如果整个社会向上的代际流动的比例更多，就反映了这个社会的发展欣欣向荣，充满希望。比如改革开放这几十年，我国的中产阶级的比例逐渐提高，很多新的中产阶级的父辈都是农民阶级，整个社会向上的代际流动高，反映过去几十年我国的经济社会发展的高速度和高质量。

代内流动的参照点是一个人的初始的社会地位，一般指的是他完成教育后的第一份职业，如果他的一生中出现了超过或者低于第一份工作所给他带来的社会地位的变化，那么就发生了代内流动。代内流动指的是个人一生中社会地位的变化，这种变化可能在人的一生中出现很多次。比如我们常吃的老干妈辣酱的创始人陶华碧，最初是一个开路边摊的农村妇女，后来成为一名成功的企业家，这就是实现了代内的向上流动；我们说的有些演艺人士“出道即巅峰”，最后事业逐渐走下坡路就是一种向下的代内流动；有的人则是“大起大落”，出现多次的社会地位的起起伏伏。研究一个普通个体的人生的起起伏伏或许没有太多的社会学意义，但是将很多个人的代内流动联系起来看也能观察出社会的发展变化趋势。比如在我国传统社会，人们基本上从事一份职业，或者在一个单位工作一辈子。随着我国社会经济发展和开放程度提高，人们一生中换工作、发生社会地位变动的频率也更加频繁。

3. 结构性流动和非结构性流动

从流动的原因来看，社会流动可以分为结构性流动和非结构性流动。结构性流动指的是由社会因素导致的大规模的群体的社会地位变化。结构性流动可能是有组织的或者无组织的社会流动，也可能是向上或向下的社会流动。比如在城市化运动中，城市郊区的农村变成城市，会使得大量的农村户口居民转变成城市户口居民，由于我国的城市户口附带着相应的福利，这可以是作为一种有组织的向上的社会流动。随着我国的工业化的推进，大量的白领岗位的出现使得社会的脑力劳动者逐渐增加，也可以称为一种无组织的向上的社会流动。而伴随着全球化，西方发达国家将工业密集型的工厂转移到人力资本更为廉价的发展中国家，从而使得发达国家内部的产业工人岗位逐渐减少，导致产业工人失业，这部分工人将进入低技术的服务业，对于没有受过良好教育的普通民众而言，这是一种非组织的向下的社会流动。结构性流动通常和政策或者产业革命等息息相关，良好的政策导致的社会结构性流动有利于社会更健康地发展。

非结构性流动是相较于结构性流动提出的概念，主要指的是个体的社会地位的变动，关注的点在于个体而非群体。

4. 相对流动和绝对流动

从测量的维度来看，社会流动可以分为绝对流动和相对流动。绝对流动指的是每一代人是否获得了比上一代人更好的生活水平，通常由收入高于同龄父母的百分比来测量，也就是说，在你们这一辈中有百分之多少的人的收入是高于父辈在你们这个年龄的收入的，这个收入是经过调整后具有相同购买力的收入。如果你们这一代人中绝大多数的人都比父辈在你们这个年龄的收入更高，说明社会绝对流动程度高，也就是说，社会是在向前发展的，社会的整体进步使得大家的生活水平都在不断提高。当然从某种程度上来说，这也可以称为结构性流动，因为这样的绝对性的流动通常是一些社会结构因素导致的大量人群的流动，比如从农业社会到工业社会转型使得绝大部分的人的生活水平都比父辈高。

相对流动指的是子代的社会地位是否比父辈高，和我们之前讲到代际流动的概念是重叠的。需要注意的是，一个社会的绝对流动程度高，它的相对流动的程度并不一定高。因为绝对流动反映的是一个社会的整体的发展情况导致的社会流动的结果，我们可以理解成资源累积的过程或者比喻成“做蛋糕”的过程，当一个社会经济发展很好，所有人都受益。但是相对流动则是和资源分配有关，或者我们可以比喻成“分蛋糕”的过程，如果分配不均，即使子代的生活水平相较于父辈有了提高，但是子代的社会地位和父辈基本上没有太大的变化，也就是相对流动并没有提高。

相对流动和绝对流动有时候会解决很多关于社会流动研究的困惑。比如美国学者费利西阿努（Feliciano）和拉努萨（Lanuza）对于美国移民的研究发现，移民的父母通常接受过非常有限的教育，但是移民的后代的教育成就却很高，甚至高于他们同样家庭背景的非移民。这和大部分的研究是有冲突的，因为一般来说家庭背景好的孩子的教育程度更高。他们的研究发现这些移民的父母的教育程度在美国这个社会来说是较低的，但是这些父母的教育如果放在他们原来的国家则属于那个国家的中上阶层。比如只接受过中学教育的父母可能在美国属于没有受过良好教育的人群，但是在一个发展中国家，接受过中学教育的父母可能在那个国家就是高学历的代表了。所以这些移民后代所获得的良好的教育结果可能并没有和之前的理论冲突。这些移民的后代虽然绝对流动程度提高了，但是相对流动或许并没有那么高。

这些根据不同标准对社会流动的分类并不是对立的，我们对一种社会流动现象经常需要从多个维度进行观察，才能了解到关于这个社会流动现象更全面的信息。比如我们上面提到的例子：“寒门出贵子”，它属于垂直向上流动、代际流动、非结构性流动和相对流动。当然，和社会流动相对的是社会不流动，也就是个人或群体的社会地位始终保持不变。对于社会不流动，我们常常关注两个概念：阶层固化和代际继承。阶层固化指的是社会地位结构是封闭的，很难实现跨越阶层的流动，无论是代内还是代际的跨阶层流动都很难。代际继承是我们前面在讲到代际流动时提到的概念，指的是没有发生代际流动情况，也就是我们常说的“子承父业”。阶层固化和代际继承的程度所反映的是机会是否平等的程度，和代际流动息息相关，所以代际流动也是社会流动研究的主要议题。

（二）社会流动的基本理论

关于社会流动的理论有很多，这里主要介绍两个和代际流动相关的理论，因为代际流动是社会流动研究的主要议题。

1. 地位获得模型

地位获得模型由美国学者布劳和邓肯于 1967 年在他们的著作《美国职业结构》中提出。他们的理论模型可用图 6－2 加以描述。他们关注子代的社会地位获得，即子代当前的职位受到哪些因素的影响。他们考察了先赋性因素，也就是那些和个人努力没有太大关系的因素，主要指的是家庭背景因素，如父亲的教育程度、父亲的职业。他们也探讨了自致性因素，也就是那些和个人努力息息相关的因素，如个人的教育程度和第一份职业。他们比较了这些影响因素对于个人现在的职业的影响，发现在当时的美国社会，个人的教育程度等自致性因素对于个人地位获得的影响要比父亲的教育和职业等家庭背景相关的先赋性因素的影响要大。因此，他们认为美国当时的社会是一个相当开放的社会，也就是个人的地位获得主要通过个人努力，跟家庭背景的关系没有那么大。他们做出这样的推论是因为当时的美国社会已经进入相当高的工业化阶段，在工业化社会，职业主要集中在第二、三产业，这些产业的工作流程更为标准化，并且以生产效率为导向，所以更关注个人的能力而不是他来自什么样的家庭。这一推论也获得了相关研究的支持，唐启明等人的跨国比较研究发现，在工业化水平越高的国家，家庭背景对一个人的地位获得，比如教育和职业的影响就越弱。

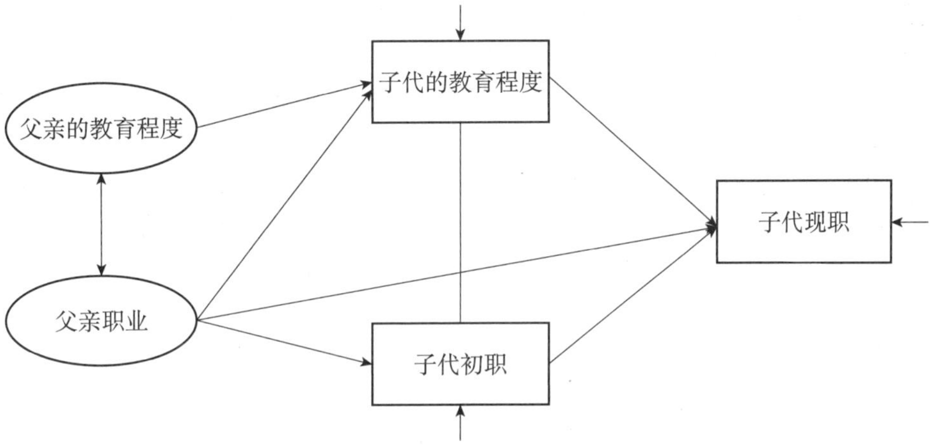

图 6-2　布劳-邓肯地位获得模型

2. 文化再生产和文化流动理论

个人教育程度等自致性因素对个人的地位获得影响的程度反映着一个社会的开放程度。法国社会学家布迪厄（Pierre Bourdieu）指出社会结构本身使得个人的教育程度和家庭背景密切相关。他提出的文化再生产理论认为学校是一个社会再生产的场所，因为学校教育对学生的态度和行为有一定期待，比如学生掌握的特定的知识、语言技能、互动方式等，这些被概念化为文化资本，这些学校所要求的文化资本和优势阶层的文化资本相匹配，优势家庭的孩子在家庭养育中自然获得这样的文化资本。这样，由于知道学校所期待的行为态度，来自优势家庭的学生能够很顺利地适应学校的教育环境并在学业上表现优异。而来自劣势家庭的学生无法在家庭里获得优势阶层的文化资本，学校也不会教授这样的文化资本，所以他们不清楚学校比如老师期待什么样的态度和习惯，他们就容易落后于那些来自优势家庭的孩子。这样，来自优势家庭的学生的教育成就高于来自劣势家庭的学生，由于教育上的优势，前者的地位获得也高于后者。如果忽略家庭背景的因素，我们容易得出结论：来自不同家庭学生的地位获得上的差异是合理的，因为他们的教育存在差异，而且我们通常认为教育成就和个人努力有很大的关系。这样一来，文化再生产的过程合理化、合法化了代际继承，也就是代际不流动。比如我们在社会上常常看到的对于优势家庭后代的成就/努力鼓吹的文章或者网络流行语“比你优秀还比你努力”，这些其实是掌握了话语权的优势阶层在继续合理化和合法化代际继承。

尽管文化再生产理论认为文化资本的差异再生产了不平等，迪马乔（DiMaggio）等人的研究提出了文化流动理论，他们认为来自劣势家庭的学生也可以习得优势家庭的文化资本，从而从文化资本中受益。他们指出来自劣势家庭的学生或许可以从习得的优势阶层的文化资本中获益更多，因为他们原来一点这样的资本都没有，哪怕掌握一点，他们都能获得相当大的收益。这些研究者认为学校的结构应进行改革，不仅仅重新认识来自不同家庭的文化资本的差异，同时也应该将学校的要求公开透明化，并帮助学生习得必要的文化资本。

（三）社会流动的影响因素

影响社会流动的因素可以分为宏观因素和微观因素。宏观因素包括产业结构，第一产业比如农牧业可以通过子承父业完成代际继承，但是随着社会产业结构向第二产业（工业）和第三产业（服务业）转型，社会中出现了大量的更多元的就业岗位，这些岗位往往以绩效为目的，需要具有相应技术和文凭的专业人员，因此对个人能力的重视要强于家庭背景。这样就会冲击传统社会里的代际继承，促进社会流动。其次，包括宏观政策因素。一个国家的政策既可以限制也可以促进社会流动。比如我国计划经济时期的一系列政策安排，如单位制、户籍制度等严格限制了社会流动；我国目前高考制度等安排导致了不同地区的代际流动程度存在一定差异。

微观因素通常包括先赋性的因素，这些因素是与生俱来的社会属性，比如家庭背景、籍贯、种族、民族、性别等，它们往往会影响一个人的社会流动，比如在美国社会，少数族裔相较于白人向上社会流动的可能性更低。此外，在世界范围内，女性相较于男性，实现社会流动，比如职位升迁的可能性更低。微观因素还包括自致性因素，这些因素通常需要靠个人努力，比如个人的知识、技术、经验等，这些对于社会流动也具有重要影响。一般认为，自致性因素在社会流动的重要程度可以反映一个社会的开放程度。

第二节　城市社会分层

城市社会分层属于社会分层的分支领域，主要聚焦于城市居民的社会分层现象。城市社会分层需要从社会分层结构、机制、结果三个方面入手研究。相较于农村社区，城市社区的社会结构更为复杂，社会分层现象也更为突出。本节主要介绍西方城市社会和我国城市社会分层基本状况及变迁。

一、西方城市社会分层

（一）城市阶级与阶级文化

当前的西方社会通常将他们的社会阶级按照财富、收入、职业和教育等因素划分为下层阶级、工人阶级、下层中产阶级、上层中产阶级与统治阶级（精英阶级）。自工业革命后，西方社会经历了高速的经济发展，基本形成了一个橄榄形的社会结构，以中产阶级作为主要的社会阶级，上层和下层阶级占据社会较小的比例。由于社会结构稳定发展了很长时间，各个阶级逐渐形成了自己的阶级文化，这从另一方面也可以佐证西方的阶级固化。此外，经济发达的西方社会已经经历了从生产型社会向消费型社会的转型，尤其是逐渐走入后现代社会，人们对生活方式的关注日益增加。尽管人们的社会经济地位决定了他们所处的社会阶级，但是经济地位本身可能并不能完全划分阶级，比如收入相当的蓝领工人和白领工人。由阶级文化，或者他们所属的群体的生活方式区分出现的差异逐渐变成了他们独特的社会分层特征，这些文化上的差异也成为区分社会群体的重要标准。

韦伯在其分层理论中着重强调地位群体这一分层维度，出于对他们社会地位的维护，不同地位群体会形成具有内部凝聚力和外部排斥力的文化规范。表现之一就是他们的生活方式，比如饮食、服饰、兴趣爱好方面的选择和偏好。法国社会学家布迪厄是这一领域研究的集大成者，他提出的“文化资本”“惯习”等概念突出强调文化、生活方式、品位等在社会分层方面的重要作用。布迪厄认为不同的阶级拥有不同的文化资本，比如修养、语言使用等具象化的文化资本，书籍、艺术品等客体化的文化资本，以及教育文凭证书等制度化的文化资本。不同阶级所拥有的文化资本在日常生活中以惯习的形式体现出来，也就是他们无意识中表现出来的行为风格和生活方式，比如谈吐、艺术品位等。

西方国家的上层阶级拥有自由而奢侈的品位，这在于不直接考虑物质需求，更重视艺术形式；他们讲究有闲的生活方式，雇用各种提供服务的劳役者；他们讲究礼仪，注重优雅，热衷慈善事业、私人俱乐部、拍卖会等。中产阶级是最为庞大的一个阶级，也是更乐意彰显他们与众不同的生活方式的一个阶级，他们热衷于前卫的消费，比如高档的住宅、家具、汽车；他们倾向于光顾高档饭店和超市；他们喜爱旅行度假、逛博物馆和艺术馆、去剧院观看演出等；他们热衷子女教育，会在子女教育上大量投入；他们注重健康的生活方式，比如吃健康的食物、健身以保持良好的身材。工人阶级谈吐直接而没有距离，光临一般的超市卖场（这些地方通常售卖甜度和咸度都很高的食物），穿着廉价服装，业余时间喜欢大众式的娱乐方式，比如打牌、看大众流行的体育比赛等。

随着西方社会的发展，这些阶级文化也在发生着变化，尤其是通过大众传媒将不同阶级的文化广而告之以后。根据韦伯的地位群体理论，不同的阶级依然需要相应的方式来维持他们的地位。美国社会学家可汗（Shamus Khan）发现当代的精英在品位上是“杂食者”（Omnivore），他们既能够欣赏高雅的歌剧、先锋的艺术，也能够欣赏通俗的音乐形式，而普通大众却只能欣赏后者。此外，美国社会学家里韦拉（Lauren Rivera）发现在精英选拔中，比如在大型律师事务所、咨询公司、投行等招聘的时候，他们看中的不是应聘者的人力资本，而是他们携带的文化资本，比如应聘者是否喜欢马术、玩水球等，这些业余爱好能够自动识别应聘者是否属于精英阶层。

（二）社会极化与城市贫困

随着经济的全球化，当前西方国家的阶级结构也在发生着巨大的变化。资本家为了收益最大化，逐渐将工业的下游产业链转移到发展中国家，以前属于中产阶级的蓝领工人队伍萎缩，比如以前在美国，高中生毕业后可以到一家工厂工作，他自己的收入可以维持一家人较为体面的中产生活，比如不需要工作的全职太太、独栋住房等。随着蓝领工人队伍萎缩，新增加的第三产业的服务人员很难拥有维持中产生活所必需的经济和文化条件，西方发达国家的中产阶级总体萎缩。随着中产阶级的萎缩，西方国家面临着日益严峻的收入极化现象。法国经济学家皮凯蒂（Thomas Piketty）在《21世纪资本论》中通过分析西方主要发达国家300年来的数据，发现了资本的回报率高于GDP增长率，这意味着社会财富逐渐向占有资本的少数人聚集。处于高位的资本回报率使得继承财富在社会分层中占有重要地位，使得阶层固化、社会不平等越来越严峻。

美国最近的数据也印证了这种不断极化的不平等，整个社会只有前1%的人的财富在逐渐增加，而社会中的大部分人的经济状况都变得更加糟糕，包括中产阶级。根据美国《财富》杂志2023年7月份的报道，美国收入前1%的人拥有美国超过1/3的财富，前10%的人拥有美国72%的财富。美国政策研究所和美国税收公平协会的研究报告显示：在2020年3月到2021年10月间，美国亿万富翁的财富增加了70%，而且美国最富有的1%的人所拥有的财富首次超过了整个中产阶级的财富。除了财富占有差距，职业收入差距也不断扩大。美国经济政策研究报告显示：1978年至2020年，首席执行官收入增长1 322%，而普通员工收入仅增长18%。美国最大的工会联合会——美国劳工联合会-产业工会联合会（AFL-CIO）2022年的报告显示，2021年标准普尔500指数成分股公司首席执行官们的平均薪酬是普通员工薪酬中位数的324倍。据《财富》杂志报道，普通员工可能需要5辈子的收入才能抵得上首席执行官一年的平均收入。不断扩大的不平等也引发了社会动荡，比如2011年美国爆发的“占领华尔街运动”，以及2018年始于法国并迅速蔓延到其他欧洲国家的“黄马甲运动”等。

极化的不平等加剧了西方国家长久存在的城市贫困问题。比如美国贫困社区和居住在贫困社区的居民从2000年到2014年翻了一倍。城市贫困首先明显体现为城市的住房问题，比如连片的城市贫民窟以及无家可归者。如今，你如果走在美国大城市的街头，会看到不少流浪汉（无家可归者），他们或者睡在公园里、马路边、地铁站，或者向路人乞讨。其次，西方国家的城市贫困还体现在严重的饥饿问题，比如美国农业部的数据显示，有12.2%美国主要城市居民面临着饥饿问题。此外，城市贫困居民还面临着营养问题，这也和连片的城市贫民窟有关。贫困的城市社区没有售卖新鲜水果、蔬菜以及谷物的商店，只有售卖罐装加工食品的街角小商店或者加油站小商店。这些地区被美国学者称为“食品荒漠”。日常膳食缺乏相应营养物质，长期食用高糖高盐的加工食品，会严重损伤城市贫困居民的健康，比如这些地区的居民患糖尿病的风险明显提高。

（三）城市居住隔离

不同社会阶层在空间上聚集会形成居住隔离现象。西方国家的城市，尤其是北美地区的城市，存在着明显的居住隔离。西方国家的城市基本上分为内城、城市郊区。内城曾经是很多中产和上层阶级的社区，但是随着城市的郊区化运动逐步衰落。城市低收入者，尤其以少数族裔为主，逐渐占据了内城社区，也形成了连片的城市贫民窟。这些社区犯罪率高、失业率高、帮派混乱、毒品泛滥。中上层则聚住在城市郊区，这些地区的居民以白人为主，教育程度和平均收入都处于较高水平，这使得郊区政府有足够多的税收维持郊区良好的公共服务和环境。

随着社会产业的进一步发展，近年来上述居住分布在西方国家的城市也在发生变化。比如内城出现的士绅化运动，指的是某些内城社区经过升级改造后，原来的低收入人口因无法承担这里昂贵的房租和生活成本而不得不搬走，城市新兴的产业如信息服务等行业吸引了大量的年轻人、上班族回到城里工作和生活，他们特定的生活方式也带动了这些社区咖啡店、健身中心等与中产阶级生活方式适应的配套设施建设。同时，一些以蓝领工人为主的郊区，由于工厂关闭，工作岗位锐减，失去税收的郊区政府很难维持郊区的基础设施和基本环境，这些郊区也在逐渐破败。

二、我国城市社会分层

（一）改革开放前我国社会分层结构及其变迁

在封建社会时期，依据小农经济的特点以及儒家文化的社会地位标准，中国的社会分层结构是以士、农、工、商为主体的，其中最主要的阶级是士绅阶级和农民阶级。随着向现代社会转型，社会分层结构也发生了变化。毛泽东在马克思基于生产资料划分阶级的基础上，结合中国革命的现实需求，考虑了政治标准，即阶级意识，将中国社会划分成六大阶级：地主阶级和买办阶级，中产阶级（主要指民族资产阶级），小资产阶级，半无产阶级，无产阶级，游民阶级[①]。1949 年新中国成立后，通过土地改革运动，逐步消灭了地主阶级；通过社会主义改造，将私营经济转变为国有和集体经济，逐步消灭了资产阶级。主流的观点认为，新中国成立到改革开放之前的这段时期，中国主要呈现出“两个阶级一个阶层”的社会结构。其中，“两个阶级”指的是工人阶级和农民阶级，“一个阶层”指的是知识分子阶层。这基本上是按照政治标准和职业或者劳动分工划分的。这三个群体在政治待遇、社会地位和经济收入等方面存在着明显的差距。

也有学者指出，新中国成立到改革开放前，中国最重要的社会分层结构其实是根据身份的分层。这是因为经过社会革命后，原来主要基于经济地位的传统社会的社会结构被打碎，地主阶级和资产阶级消失。经济所有权收归国家和集体所有后，私有财产消失，我们重建了一套按照身份对社会重新排序的分层体系，主要指的是户籍身份、单位身份、工人与干部身份。户籍制将居民分成了城市户口和农村户口。由于当时采取生活必需品票证制度，所有的生活必需品均需要相应的票证才能购买，比如粮票、布票等，城市户口居民每月可以领取一定数额的票证，农村户口居民没有相应的票证，即使他们到了城市，也无法生存下去。而农村户口居民想要转变成城市户口居民只能通过上大学、参军、提拔成干部等极少数的渠道，户籍制度基本将农村居民限制在了农村里面。因此中国社会形成了非常严格的城乡二元对立的分层结构。城市户口居民在收入、生活水平、社会保障等方面明显优于农村户口居民，形成了巨大的社会不平等。

城市社会在这个时期主要以单位为基本组织形式。社会存在于单位中，单位不仅仅是一个人工作的场所，也和他的生活息息相关，单位提供了住房、子女教育、食堂、商业服务、医疗、丧葬等“从摇篮到坟墓”的诸多服务。由于单位工作基本上是终身制的，而且

① 毛泽东．中国社会各阶级的分析//毛泽东选集：第 1 卷．2 版．北京：人民出版社，2006：3－11.

单位间调动很少，一个人的社会地位基本上取决于单位的地位，比如单位的级别、所有制、规模和行业。

在城市的单位体系里，从业者大体又分为两种身份，即从事管理工作的干部和从事生产性工作的工人。这种身份也是终身制的，两者之间很难变动，影响了单位内部的分层。城市居民获得干部身份主要通过大学毕业分配工作、军队转业、提拔干部等形式。干部和工人的比例通常是 1/7 到 1/6。干部身份是一种稀缺资源，拥有干部身份主要取决于是否由人事部门按照有关规定列入干部编制，有的人即使从事管理岗位的工作，但是因为干部指标有限，只能长期“以工代干”。当然，干部内部也存在级别，不同的级别对应着不同的福利待遇，比如住房、差旅标准、外出车辆、随行人员、医疗、食品供应等。

（二）改革开放后的社会分层结构及其变迁

1978 年的改革开放逐步打破上述社会分层结构。改革开放使得中国的经济模式从计划经济转向市场经济，加快了从传统农业社会向现代化工业社会转型的步伐，社会发生了巨大变化。改革开放初期，社会经济飞速发展，多数人都是改革的受益者，尤其是原来处在城市社会边缘的群体，比如无法进入体制内的低教育水平者、无业游民以及“上山下乡”返城的知识分子。他们由于不在体制内，在改革开放初期机会成本较低，最早尝试新兴的市场中的职业，也最早从改革中获益，获得了可观的经济资源。随着改革的持续进行，有些在体制内的干部也“下海”经商（指的是进入市场经济），获得丰厚的回报。高考等基于知识和才能而不是政治标准的人才选拔体系重新建立，知识分子的社会地位得到提升。同时城市也出现了庞大的社会底层群体，包括单位制改革后丧失了终身制工作（俗称“铁饭碗”）的“下岗工人”，还有大量进城务工的农民工群体。

这些社会变化导致社会分层结构的变化：(1) 社会阶级的决定因素发生了变化。改革开放前主要按照制度性身份和政治地位标准划分阶级，或者说只有身份群体的区分，比如户籍、单位、干部/工人。改革开放后，计划体制被市场逐步取代，阶级划分标准变得更加多元，从户籍等先赋性的因素（也就是继承自父辈）逐渐转变成了自致性标准（也就是通过自己努力获得），比如教育、职业、收入等。(2) 随着市场经济和现代化、工业化的发展，劳动分工体系和职业结构逐渐复杂和多元。我国出现了很多新兴职业，比如个体户、私营企业主、经理和管理人员、专业技术人员、商业服务人员、自由职业者等。(3) 农民的职业发生分化，由于城乡地理上的流动限制逐渐被取消，大量农民得以进入城市从事体力工作或服务性行业。但是由于农村户口很难转变成城市户口，城市涌现了一个新的社会群体——农民工，即在城市工作的、农村户口的人，这是我国城市社会分层所独有的现象。(4) 体制转型导致大量原单位制内的从业人员下岗，城市贫困问题愈发严峻。

（三）当下我国社会阶层划分与社会结构

进入 21 世纪后，市场转型带来的社会分层结构的变迁使得学者们重新思考中国的阶层划分，新的阶层划分不同于改革开放前以身份为标准的阶级或者地位群体划分。由于历史和马克思主义的影响，“阶级”一词在我国具有较强的政治色彩，因而我国学术界主要使用“阶层”概念而非“阶级”。英文语境的学术界，这两个词均翻译为“Class”。在中文学术语境中，阶级指的是关系取向的阶级研究，和社会分层的分类别的阶层模型（Categorical Model）对应，比如剥削与被剥削的阶级关系。阶层指的是等级差异取向的阶级研究，和社会分层中分等级的阶级模型（Gradational Model）对应，比如收入阶层、教育阶层等。

2001年，中国社会科学院"当代中国社会结构变迁研究"课题组在全国12个省、自治区、直辖市进行了6 000份的问卷调查，以陆学艺为代表的社会学学者根据调查结果，在职业分类的基础上，基于在组织资源、经济资源和文化资源占有状况上的差异，将中国改革开放后的社会结构划分为"十大社会阶层"和"五大社会层级"①。组织资源主要包括行政组织资源与政治组织资源，指依据国家政权组织和党组织系统而拥有的支配社会资源（包括人和物）的能力；经济资源主要指对生产资料的所有权、使用权和经营权；文化（技术）资源主要指对社会所认可的知识和技术（通过证书或资格认证）的拥有。这十个社会阶层从高到低依次为：（1）国家与社会管理者阶层；（2）经理人员阶层；（3）私营企业主阶层；（4）专业技术人员阶层；（5）办事人员阶层；（6）个体工商户阶层；（7）商业服务业员工阶层；（8）产业工人阶层；（9）农业劳动者阶层；（10）城乡无业、失业、半失业者。

同时，该课题组将十大社会阶层转化为五个大的社会层级：社会上层、中上层、中中层、中下层和社会底层。（1）社会上层由十大社会阶层的前四个阶层中的高层领导干部、大企业经理、高级专业技术人员和大的私营企业主构成；（2）中上层由前四个阶层中的中低层领导干部、大企业中层管理者、中小企业经理、中级专业人员和中等私营企业主构成；（3）中中层由初级专业技术人员、小企业主、办事员、个体工商户构成；（4）中下层由个体劳动者、一般商业服务业人员、工人、农民构成；（5）社会底层由生活处于贫困状态并缺乏就业保障的工人、农民和无业、失业、半失业者构成。

另一些学者从不同的理论角度对我国当下社会阶层结构进行了划分。比如刘欣从行政协调和市场协调关系所拥有的支配权力的大小为标准构建了七大社会阶层：（1）社会上层，由党政事业单位的中层及以上领导干部、国有（控股）企业中层及以上管理人员、民营企业家、高级专业技术人员构成；（2）新中产上层，包括党政事业单位的中下层干部、中下层国有（控股）企业经理和管理人员、民营企业中下层管理人员、中级专业技术人员等；（3）新中产下层，包括低级职务的党政事业单位的干部、办事人员、低级专业技术人员、国有（控股）企业的基层管理者、民营企业的低层管理者、私营小企业经理等；（4）小企业主及自雇者；（5）技术工人；（6）非技术工人；（7）农民。②

林宗弘和吴晓刚利用制度主义理论与新马克思主义的阶级分析方法，根据户口制度、单位制度、干部身份制和私有产权等制度性因素等划分出十大阶层：（1）国家干部；（2）国企工人；（3）资本家（私营企业主）；（4）新中产阶级（私有部门经理人与专家）；（5）无产阶级（非技术工人）；（6）小资产阶级（个体户）；（7）集体干部；（8）集体工人；（9）农村干部；（10）农民。③

---

① 陆学艺．当代中国社会阶层研究报告．北京：社会科学文献出版社，2002.

② 刘欣．协调机制、支配结构与收入分配：中国转型社会的阶层结构．社会学研究，2018（1）.

③ 林宗弘，吴晓刚．中国的制度变迁阶级结构转型和收入不平等：1978—2005．社会，2010（6）.

李路路等以权力-支配关系作为阶层分析的基本维度，基于对工作状况和组织权威关系的直接测量，构建了一个阶层分类框架：(1) 大雇主；(2) 小雇主；(3) 自雇主；(4) 非体力高权威雇员（高等管理人员）；(5) 非体力中低权威雇员（中低层管理人员）；(6) 非体力高自主性雇员（高层专业人员）；(7) 非体力中低层自主性雇员（中低层专业人员）；(8) 体力的、有监督权的雇员（如监工）；(9) 体力高自主性雇员（如技术工人）；(10) 体力中低自主性雇员（如非熟练工人）。①

学者们利用全国代表性的调查数据，按照不同阶层/阶级的分类方式测量了不同阶级/阶层在中国所占的比例，20 世纪 90 年代到 2000 年初，中国社会的阶层结构基本上呈现金字塔甚至倒“丁”字形的结构。也就是说，社会下层占据社会人口的绝大部分，而社会中上层只占很少的部分。随着我国经济发展和城市化推进，工人阶层及社会中间阶层（中产阶级）的人数在增加。中产阶级一般指的是从事非体力劳动的职业、受过良好教育、收入中等、非生存型消费（生存型消费指的是吃穿等消费）占据消费比例较低。由于衡量标准不同，估算出的人数也不同。21 世纪前十年，我国中产阶级的规模增长达到 15%～30%。② 我国政府部门采用中等收入的概念，根据发改委和国家统计局的数据，中等收入群体（三口之家年收入 10 万～50 万元，有购车、购房、休闲的能力）的规模从 2002 年占比 7%增加到 2021 年的 30%（超过 4 亿人口），并在持续增加。

社会学界有一种观点认为，中间阶层占多数的“橄榄形”社会结构是更加稳定和具有可持续发展潜力的社会。我国目前也在积极扩大中等收入群体的规模，推进形成“橄榄形”的社会结构。有关城市社会阶层的研究往往以城市常住居民为主体，排除居住在农村的人口，由此得到的城市居民阶层结构会更接近“橄榄形”，城市中产阶层的扩大对城市经济发展和城市社会治理影响巨大。

我国城市社会分层还体现为城市之间的社会经济分化及城市内部不同区域的分化。我国幅员辽阔，不同城市在资源禀赋、行政地位、经济发展上存在较大的差异，依据城市经济及公共服务状况可分为一线城市、二线城市、三线城市等不同层次的城市。另外，城市内部，由于住房价格、教育医疗资源、就业机会及市场服务等不同而呈现出较大的区域分化。研究人员利用各种数据呈现北京、上海、深圳、广州、武汉等不同城市在行政区划、圈层或网格的分化情况，如房价、企业/就业人口密度、优质医院及教育可及性等，为我们认识城市内部的阶层分化及空间结构特征提供了可能。整体而言，区别于西方国家的城市，我国城市呈现出比较显明的圈层特征，中心城区的房价、公共服务、就业机会更多，离中心城区越远的地方则相对较差。少数城市出现多中心格局。

第三节　城市社会流动

本节主要介绍西方国家和中国的城市社会流动，包括代际流动的变迁。

① 李路路，秦广强，陈建伟．权威阶层体系的构建：基于工作状况和组织权威的分析．社会学研究，2012 (6).

② 刘欣，马磊．中国中产阶级研究综述//中国社会科学院社会学研究所．中国社会学年鉴 (2007—2010)．北京：社会科学文献出版社，2011：29-37.

一、西方城市社会流动

代际流动的程度反映着一个社会的开放程度，代际流动是西方社会学研究的重要主题之一。西方社会学界从20世纪60年代就开始进行跨国家的比较社会流动研究，他们关注的主要问题包括：代际流动的水平、模式是否会随着经济水平、社会制度等因素的不同而发生变化？如果代际流动状况会随着经济水平、社会制度、历史阶段等因素而发生变化，这种变化是否有规律可循？在这些规律的背后，是否可以找到影响代际流动的原因和机制？等等。根据研究问题、研究数据、研究方法等的不同，人们将20世纪60年代以来的社会流动研究分为三个时期。

第一个时期的社会流动研究主要采用流动表的研究方法，关注体力、非体力职业的代际流动状况。流入是指计算某个特定职业的从业者中，有多少人的父辈从事体力和非体力职业；流出是指计算某个特定职业的从业者中，有多少人的子代从事体力和非体力职业。第一个时期的社会流动研究发现：西方工业化国家的代际流动模式是相似的；工业化国家的代际流动率比非工业化国家高，也就是说，经济发展水平越高，社会流动率就越高；与资本主义国家相比，东欧的社会主义国家的代际流动率更高。

第二个时期社会流动研究拓展了仅仅关注体力和非体力等简单的职业差异作为社会地位的测量指标，引入社会经济地位指数这一综合的社会地位测量指标，具体指的是综合考量每一个职业所对应的教育和收入等因素，来计算每一个职业所对应的社会经济地位指数。研究发现在20世纪中期的美国，尽管父亲的职业地位起到一定的作用，但个人的地位获得主要依靠的是自己的教育，这意味着当时的美国是一个代际流动率较高的社会。

第三个时期的社会流动研究采用对数线性模型的方法，对西方工业化国家的代际流动率和模式进行了更细致的研究，他们发现对于西方工业化国家，在代际流动率上存在差异，但是代际流动的模式是相似的，也就是说，代际继承相较于代际流动更普遍。这意味着，虽然这些国家的开放程度不同，有的向上流动多一些，有的少一些，但这些只是程度上的差异，而不是模式上的差异，模式是相似的，即代际继承比代际流动更普遍。

二、我国城市社会流动

传统中国的代际流动有限，只有科举考试、军功等少数向上社会流动的渠道。进入近代化以来，随着工业化和城市化的发展，我国的社会流动出现了新的特点和趋势。从中华人民共和国成立到改革开放之前，我国主要实行计划经济体制，代际流动主要受到单位制、户籍制等政策性身份制度的影响。研究这一时期中国的代际流动的研究者利用父辈和子代的职业来探讨，他们发现中国的代际继承非常微弱，也就是说，父亲的职业和教育程度对子代的教育程度、第一份工作和现在的工作都没有什么影响。这和西方学者的研究发现不同，他们发现工业化水平越高的国家，代际继承越弱，但是中国当时的工业化水平非常低，所以他们解释这可能和中国的一些特殊政策，比如平均主义政策有关。

另一种解释是，当时的中国城市地区实行的是单位制，在这种制度下，决定社会地位的不是具体职业，而是工作单位，所以当时国人的首要目标是进入一个好单位，而不是从事一个好的职业。尽管研究发现父代和子代在职业上的联系非常微弱，但是父代和子代的工作单位的联系却非常紧密。也就是说，当时中国社会也存在着较强的代际继承，只是这种代际继承的方式和西方国家不一样，主要是通过工作单位的继承表现出来的。

此外，城市里这种较弱的职业代际继承也和中国的另一套身份制度有关——户籍制度。户籍制度将中国居民分成城市户口和农村户口两种身份，户籍制度配合当时的生活必需品的票证制度不仅将城市户口和农村户口的持有者进行空间上的分割，比如农村户口居民很难迁移到城市居住，也阻碍了农村户口居民向上的社会流动。农村户口居民向上流动的渠道非常有限，他们只能通过上中专/大学、参军转业以及提拔干部等少数几种方式获得城市户口从而实现向上的社会流动。通过这些渠道获得城市户口并留在城市工作的原来的农村户口居民可以说是具有高度选拔性的，这些人一般在个人能力上更为突出，才能被层层选拔出来，这些人也通常获得了更好的职业。而城市户口的其他持有者就没有这么高的选择性，他们生来具有城市户口，这样的城市人口构成可能也导致了父代和子代的职业继承不明显。

总之，单位制度和户籍制度使得改革开放前的中国的代际流动主要以代际继承的方式存在。由于这些特殊的制度安排，代际继承的方式以单位继承为主，而父代和子代的职业代际继承并不显著。

随着中国改革开放政策在1978年开始启动，中国的社会经济结构发生了重大的转型，比如工业化水平迅速增加、经济制度由计划经济体制逐渐转变为市场经济体制、单位制度逐渐退出历史舞台、城乡二元体系逐渐被打破等，这些重要的社会转型使得这一时期的社会流动模式发生了变化。

随着我国工业化进程的持续推进，我国第一产业的从业人数占比快速下降，而第二产业和第三产业的从业人数占比逐渐上升。再加上户籍制度的放松和相应的计划经济时代的票证制度的废除，大量的农村居民可以自由地迁徙到城市寻找就业机会，代际流动和结构性流动都大幅增加。

与此同时，原来的计划经济体制逐渐向市场经济体制转型，单位制度逐渐瓦解，职业逐渐成为人们社会经济地位的象征，一个好的职业往往意味着更好的收入和社会地位。我国的代际继承模式逐渐由单位地位的继承转变为国际上更普遍的职业地位的代际继承。私营经济在这个阶段重新出现并得到国家的支持和保护，民营经济成为推动经济发展和容纳就业的重要力量。私营企业主群体可以将财产直接传递给后代，也会通过提高后代的教育程度、技能与社会资本等间接实现这种代际继承。此外，在这个阶段，原来的以意识形态为标准对人们政治出身进行三六九等划分的做法消失了，原来“出身不好”的知识分子家庭等通过教育上的优势，把优势地位传递给后代。

总之，改革开放后，我国出现了大规模的代际流动，这种代际流动首先体现为农业向非农业等职位的流动，比如农民的后代进城从事产业工人或者商业服务等职业。但是跨越多个阶级的流动变得更加困难，市场经济的建立和私有财产制度的恢复使得优势阶级不断占据更多的社会资源，并通过代际继承将他们的优势传递给后代，比如社会上出现的各种“二代”现象，而社会弱势阶层跨越多个阶层的流动变得更加困难。

城市居民对代际流动高度关注，直接表现为家长对于子女教育的重视和投入。这与教育在各种社会职位的配置中的巨大作用密切相关。一方面，我国公务员等体制内的就业岗位的招录不断规范化，逢进必考，以学历为代表的被社会所认可的能力在其中扮演着重要作用；另一方面，知名外企、跨国企业、民营大公司等体制外高端就业岗位相对稀缺，竞争激烈，对能力比较看重，同样展现出明显的绩效主义特征。

思考题

1. 社会分层的意义是什么？
2. 阶级和阶层的区别和联系是什么？
3. 从户口和单位制角度，如何理解社会政策和社会分层的关系？
4. 社会流动有哪些类型？划分的依据是什么？
5. 工业化和社会流动有什么关系？

第七章　城市社区治理

第一节　城市社区概述

一、社区的概念与类型

学界普遍认为，“社区”这一概念源于德国社会学家滕尼斯，他主张社区是在亲族血缘关系的基础上结合成的一种社会联结。社区是“亲密无间、与世隔绝的、排外的共同生活”，其成员由共同的价值观和传统维系在一起，他们有共同的善恶观念、共同的朋友和敌人，在他们之间存在着“我们”或“我们的”意识[①]。1933 年，费孝通为了便于对“society”与“community”进行区分，将“community”翻译成“社区”，认为社会是泛指任何人经营共同生活时所发生的关系，社区是在一定地域里经营集体生活的共同体[②]。学术意义上的社区既是一个空间地域概念，也是一个人群聚集的社会群体概念，与人们共同的归属感和认同感密切相关，是一定地域范围内相互关联的人群形成的共同体及其活动区域。对于地缘或空间因素不那么强调的共同体在国内一般称为社群或共同体。因此在中文语境下，社区通常包含人口、地域、结构、文化心理与社区服务要素。

在我国，社区通常指行政上划分的基层自治组织治理的范围。1987 年，民政部首先倡导在城市开展以民政对象为服务主体的社区服务，社区概念第一次进入中国政府管理进程。2000 年 12 月，中共中央办公厅、国务院办公厅转发了《民政部关于在全国推进城市社区建设的意见》，这是指导我国城市社区建设的纲领性文件。该文件指出：“社区是指聚居在一定地域范围内的人们所组成的社会生活共同体。目前城市社区的范围，一般是指经过社区体制改革后作了规模调整的居民委员会辖区。社区建设是指在党和政府的领导下，依靠社区力量，利用社区资源，强化社区功能，解决社区问题，促进社区政治、经济、文化、环境协调和健康发展，不断提高社区成员生活水平和生活质量的过程。”[③] 2017 年 6 月，中共中央、国务院发布了《关于加强和完善城乡社区治理的意见》，城乡基层居民自治组织——城市社区居民委员会和农村村民委员会——都被称为“社区”。这进一步推广了社区的概念，也更符合社会学中社区概念的本意。

---

① 斐迪南·滕尼斯．共同体与社会：纯粹社会学的基本概念．北京：商务印书馆，2019：134.

② 费孝通．费孝通文集：第 12 卷．北京：群言出版社，1999：22.

③ 中共中央办公厅，国务院办公厅．民政部关于在全国推进城市社区建设的意见．人民日报，2000-12-13.

（一）社区的类型

从纵向历史变迁的角度，社区可以分为传统社区、转型社区和现代社区。改革开放前我国社区类型比较简单，农村是统一的人民公社，而城市有两类，一类是单位管理的“单位社区”，另一类是基层街道及居委会管理的社区。在市场化、工业化、城市化转型过程中，我国城乡社区的类型越来越丰富。

从横向分类或社区性质来看，社区可以分为法定社区、自然社区、专能社区及精神社区。法定社区是政府管辖规定的社区，有明确的社区边界和管理组织。自然社区是人口聚集、生产经营过程中自然形成的或人们自发认同所形成的社区，如自然村、城市小区等。专能社区是具有专门职能的社区，如工业开发区、自贸区、科技园区等。精神社区则是人们基于文化、信仰、价值观念或共同规范所形成的共同体，如粉丝群体、学术共同体、行业共同体等。

随着科技的发展，网络社会创造了越来越多的非实体的共同体或非实体的社区——虚拟社区。这是从网络、互联网衍生的社会互助群体、社会共同体现象，由此形成的网络空间同样对人们的思想、行为产生影响，并与现实中的实体社区产生交互影响，成为社会治理的重要空间。

（二）城市社区

中国的社区分为城市社区和农村社区，两类社区的内部结构和社会联系有很大差异。城市社区以多元文化为基础，人际关系基于利益或利害相关，社会变迁快速、异质性强、现代元素多；农村社区则是熟人社会，人与人之间关系密切，社会变迁缓慢、同质性强、传统元素多。改革开放 40 多年来，城市社区逐步摆脱封闭的“单位社区”模式，内部结构和外部条件都发生了巨变，呈现出多元化和异质化的特征。尤其是城镇化进程的加快，城市社区和农村社区都受到了影响，并越来越具有现代社区的特征。但两者都存在一个共同问题，那就是社区共同体意识（社区的本质）均日渐淡化。传统的社区共同体缺乏内聚力，现代社区受到“理性驱动的利益关联”和多元文化等因素的瓦解，导致社区成员虽然聚居在一起，却没有稳定的情感认同和交往合作，不能实现社区整合和社区凝聚力①。

中国的城市社区可以划分为五种主要类型，即传统街坊式、单一单位式、商品房小区式、城乡演替式、混合式。传统街坊式主要指的是改革开放之前长期存在的社区，居民多居住在旧式的大杂院、筒子楼等建筑内，基本上在城市的内城区域；社区的土地面积比较拥挤，生活设施相比较而言已经过时。单一单位式主要是指以家属委员会为基础的社区。商品房小区指的是住宅市场化后通过市场公开买卖的商品房而形成的社区，社区环境、生活设施都比较好，居民收入相对较高。城乡演替式指的是过去的村委会管辖的社区，现在成了居委会管辖，即“村改居”的社区。混合式是指以上两种或两种以上的社区类型的混合②。

---

① 周庆智．论中国社区治理：从威权式治理到参与式治理的转型．学习与探索，2016（6）：38－47，159.

② 夏建中．中国城市社区治理结构研究．北京：中国人民大学出版社，2012：106－107.

二、中国城市社区的概况与历史

（一）行政社区时代（1949—1985年）：单位制为主、街居制为辅的管理体制

新中国成立后，中国共产党的工作重心从农村转向城市。在历史经验惯性以及现实发展需求的驱动下，逐步建立了以单位制为主、街居制为辅的基层社会管理体制。

“单位制”式的管理是国家通过对单位组织的资源分配和权力授予来控制社会的组织管理形式，也是社区管理的基本原则和运作方式。它以单位作为社区治理的基本单元，其实质内容是所有权集中在一个行政权威上，治理的方式是单中心的或一元的管制与服务，由垄断权威性资源与配置性资源而达到一个相对平衡的社会秩序①。

单位制度源于根据地时期形成的对“党的革命队伍”的特殊管理体制。“党的革命队伍”是以中共党员为核心的公职人员群体，根据地党群团体、军队、政府机构和公营企事业是“革命队伍”一元化组织的不同职能部门。中国共产党在实现“从农村包围城市”夺取全国政权之后，工作重点转移到城市，但是我们党没有城市社会管理的经验。新中国成立后，虽然将实行多年的供给制逐步改成工资制，但“公家人”管理模式通过单位制度得到延续。不仅如此，在“大跃进”时期，这一社会管理形式还被推广至全国，在城市和农村掀起人民公社运动，试图将所有的人都纳入集生产、交换、分配和人民生活福利为一体的新型社会组织——人民公社内②。新中国成立后，中国共产党面临着一个从晚清时期开始整个中国政治解体与社会解组相结合的“总体性危机”。为了恢复中央政权和社会秩序，使中国经济、政治发展步入正常轨道，首要的工作是将全社会组织起来，构筑有效的组织体系。同时，为了证明社会主义的优越性，早日进入共产主义社会，背负着沉重的赶超压力，必须有强有力的动员机制和资源配置机制。因此，在资源稀缺、人口众多、工业化落后的情况下，单位制度成为当时的最佳选择。

1954年，全国人大一届四次会议通过《城市街道办事处组织条例》和《城市居民委员会组织条例》，建构了由街道办事处和居委会构成的“行政性”很强的街居体制。“街居制”以街道办事处和居民委员会为组织架构，街道办事处作为区级政府的派出机关、居民委员会作为居民自治组织进行日常运作。街居制是辅助“单位制”建立的，在单位制时代处于一种从属地位，其设想是单位管理有工作单位的职工，而街居管理没有工作的居民。

单位制在计划经济时期发挥着政治动员、经济发展与社会控制的作用③。（1）政治动员。单位在单位制度中具有显著的政治功能。无论是事业单位还是企业单位，都有一定的行政级别，都有干部和工人这两类政治身份，都是行政体系中的一个“零件”。单位通过建立完善的党群组织，成为政治动员的主力。这样，党和政府就能利用自上而下的行政手段，动员群众参与各种政治运动，执行党和政府的各项方针和政策。（2）经济发展。计划经济体制下，国家控制了所有资源，通过单位组织进行资源的调控和配置。党和政府通过

① 周庆智．基于公民权利的城市社区治理建构：对深圳市南山区“单位制式”治理的制度分析．学习与探索，2015（3）：52－62，2.

② 华伟．单位制向社区制的回归：中国城市基层管理体制50年变迁．战略与管理，2000（1）：87－100.

③ 何海兵．我国城市基层社会管理体制的变迁：从单位制、街居制到社区制．管理世界，2003（6）：52－62.

单位隶属关系网络分配工作任务和各种资源，实现了上下级单位的全面支配。单位制为国家集中资源投入现代化建设的重点领域提供了保障，保证了国家战略意图的实施，为我国工业化体系的快速建立打下了基础。(3) 社会控制。国家重视人民群众的力量，强调将人民群众组织起来。单位制符合这一要求，在新中国成立初期生产力低下的情况下，通过各种制度，实现了社会生活的高度组织化。全国人民都被纳入行政权力的控制之内，国家的影响力遍及全国各地和社会各领域，社会实现了高度的整合。

但单位制在发挥历史作用的过程中不可避免地产生一系列后果，对社会而言，形成了“总体性社会”，即一种结构分化程度很低的社会。国家对经济以及各种社会资源实行全面的掌控，政治、经济和意识形态高度重叠，国家政权对社会实行全面控制。单位制是总体性社会形成的组织中介。它使国家有强大的动员能力，可以为经济建设和国家发展调集资源。它也使国家直接面对民众，可以传达讯息，但民众有效沟通和组织的程度低，社会秩序完全靠国家控制。它还使社会生活政治化、行政化，社会各个子系统不能独立运作。单位制克服了旧中国的总体性危机，但在社会转型中，其弊端逐渐显现，总体性社会也走到了尽头①。

（二）社区服务时代（1986—1999年）：政府主导向居民自治过渡的管理模式

改革开放引起的城市经济和社会结构变迁，使得政府在城市管理方面逐渐向下放权，这一时期又可细分为三个阶段：第一阶段是1986年至1988年的兴起阶段，主要有两大标志性事件，一个是1986年国家民政部以承接企事业单位转移社会服务项目为出发点，开始倡导在全国范围内开展社区服务工作；另一个是1987年9月，全国社区服务工作座谈会在武汉成功召开，标志着社区服务的正式展开。第二阶段是1989年至1992年的发展阶段，国家有关部门从1989年开始在全国的街道和居委会普遍推广开展社区服务，但当时的社区服务仅仅局限于居民之间有组织的救贫帮困、社区互助以及满足居民日常简单的低层次生活需求服务等。第三阶段是1993年至1999年的繁荣阶段，1993年民政部、国家计委等14个部委联合发布《关于加快发展社区服务业的意见》②。作为社区服务发展中的第一个政策性文件，该意见倡导社区服务产业化、社会化，从而将社区服务推向高潮，社区服务不再局限于满足社区居民的基本生活需要，还包括社区绿化、社区治安、下岗再就业、流动人口管理等广义上的服务。

从20世纪80年代中期到20世纪末的十几年时间，可以看作是政府权力逐步下放到基层社区的有益探索。在“小政府、大社会”和“小政府、大服务”的治理逻辑框架下，社区日益成为城市社会管理体制的微观重心。在这一阶段，主要形成了两点经验：一是尽管党委或工委仍然是社区街道办事处和居民委员会的领导核心，但社区内不再是政府包办一切的局面；二是社区在决策上相对于以往有了较多的自主决策权，其服务职能获得了更

---

① 中国战略与管理研究会社会结构转型课题组．中国社会结构转型的中近期趋势与隐患．战略与管理，1998(5)：1-17.

② 民政部、国家体改委、财政部、劳动部、卫生部、国家计生委、国家税务总局、国家计委、国家教委、人事部、建设部、国家体委、中国人民银行、中国老龄委关于加快发展社区服务业的意见（节选）．税收与企业，1994(2)：63.

加广阔的发展空间，但尚未完全摆脱传统政府主导型管理模式的束缚。

（三）社区建设时代（2000—2011年）：以社区为核心的居民自治模式

尽管社区建设的口号早在20世纪90年代初就提出，但当时主要关注社区服务功能，真正意义上的社区建设实践直到2000年才正式开始。中共中央、国务院于2000年11月联合转发了民政部的《关于在全国推进城市社区建设的意见》，标志着社区建设的正式开展。2002年，党的十六大报告提出建设管理有序、文明祥和的新型社区的具体目标。2005年，民政部首次提出建设“和谐社区”的概念，进一步推动了城市社区治理的发展。在全国范围内，各级政府积极探索居民自治方式，形成了多种典型的城市居民自治模式，如上海模式的“两级政府、三级管理、四级网络”，盐田模式的“一会两站、自治和服务相分离”，沈阳模式的“社区自治、议行分离”，江汉模式的“政府自觉依法行政、社区组织自主管理、社区居民自愿参与相结合”，等等。

城市社区建设经历从行政推动到居民自治的转变，实质上是治理路径由“自上而下”到“自下而上”的演变。在这一阶段，城市社区治理呈现出几个典型特征。首先，政府逐渐摆脱封闭的体制内循环，积极调动社会力量参与社区建设，由传统的“事事包办”转向促进“社区自理”。其次，社区的管理组织结构发生了新的变化，除党组织和政府派出机构外，居民自治组织、志愿者服务组织、社团组织、企业等逐渐参与到社区的合作共建中。最后，政府与居民自治组织的关系成为制约基层社区建设的核心因素，权责不清、资源不足、居民参与度低等问题成为实现社区良好治理的难题，亟待解决。

（四）社区治理时代（2012年至今）：以共同体为要义的多元共治模式

2012年，“十二五”规划纲要首次从国家层面提出“完善社区治理结构，鼓励因地制宜创新社区管理和服务模式”；同年，党的十八大首次把“社区治理”写入党的纲领性文件。在这一阶段，动员全社会力量创新社会管理体制、培育社会组织发展、提高社区治理水平成为社区治理的重要共识。2014年，民政部确定31个全国社区治理和服务创新实验区进行社区治理的创新性试点，并逐渐形成政府主导型、市场主导型、社会自治型和专家参与型四类社区治理模式①。2017年，党的十九大又强调“加强社区治理体系建设，推动社会治理重心向基层下移”，“打造共建共治共享的社会治理格局”。共建共治共享社会治理格局的提出，标志着我国基层社区治理进入以打造社区共同体为核心内涵的新的发展阶段，“无缝隙治理模式”“四社联动治理模式”“‘党建＋’治理模式”“圈层治理模式”“精细化治理模式”“协商共治模式”等成为新时代社区治理实践的有益探索。社区治理在治理逻辑上从全能主义的管理模式到管理与服务并存，再到当前多主体“共建、共治、共享”的新格局，超越了先前单纯追求社会稳定的管理模式，更多从民生角度出发，满足人民对美好生活的向往和追求，从根本上消解社会中的不稳定因素②。

在社区治理的新时代，“共建共治共享”的治理逻辑受到普遍重视，社区治理包括治理主体、治理机制、治理内容、治理理念、治理效果等方面都发生了变化。

---

① 葛天任，李强．我国城市社区治理创新的四种模式．西北师大学报（社会科学版），2016，53（6）：5－13.

② 贾志科，罗志华．新时代城市社区治理的现实困境与发展路径．晋阳学刊，2020（3）：106－112.

第一，治理主体由一元化转变为网络化。随着社区治理主体的力量逐渐增强，社区治理改变了传统的政府主导治理的格局，充分吸纳市场、社会其他组织的优势力量，使之成为多元治理主体的重要组成部分，形成共建共治共享型网络化治理格局。

第二，治理机制由原则导向转变为问题导向。当前推进社区治理改革，以问题导向为出发点，将居民最关切、最直接、最现实迫切需要解决的利益问题作为机制体系建设的目标，有的放矢，推进城乡社区治理的法治化、精细化、专业化水平。

第三，治理内容由任务导向转变为服务导向。城乡社区治理强调服务，聚焦于为社区居民提供基本公共服务，满足居民需求，改善民生，这也与新时代社会主要矛盾变化相契合。

第四，治理理念由维稳转变为维权。社区治理意味着全新的治理理念，以维权为主，以满足居民日益增长的美好生活需要为导向，化解社区的矛盾冲突。

第五，治理效果由行政导向转变为居民获得感。社区治理的最终目的是“使人民获得感、幸福感、安全感更充实、更有保障、更可持续”，这就要求建构一整套城乡社区治理体系评估指标，科学评估能力建设的成效，并完善评估的执行和反馈机制；与此同时，绩效评估指标要着重强调居民的获得感、幸福感和安全感。

第二节　城市社区治理概述

一、城市社区治理的概念与特征

治理理论的主要创始人之一詹姆斯·N. 罗西瑙在其代表作《没有政府的治理》中，将治理定义为一系列活动领域里的管理机制，“既包括政府机制，也包含非正式、非政府的机制”。根据“治理”的特征，研究者将“社区治理”定义为在一定的地域范围内由政府与居民自治组织、非营利非政府组织、辖区单位以及社区居民共同管理社区公共事务、推进社区持续发展的活动①。

城市社区治理是指以社区基层党组织、基层政府、社会组织、社区居民等为主体，以相关的法律法规以及社区公约等要求为载体，通过主体间的协商对社区公共事务进行有效管理，最终实现社区和谐发展的目标的各种活动②。

城市社区治理具有如下特征：第一，社区权力主体的多元化，社区治理存在多元主体，参与社区活动不仅有政府组织、社区组织、社区居民，还有非营利组织和社区成员单位，从而形成多个权力中心；第二，社区治理手段和方式的多样化，社区治理强调各个治理主体之间的志愿平等合作，各主体通过协商、伙伴关系来实现对社区事务的管理；第三，社区治理的参与性，社区居民、社区组织都是社区治理的参与者，各参与者体现的是自觉、自愿的主动行为，而不是被迫、强制的他动行为；第四，社区治理的网络化，它是一个上下互动的管理过程，这个过程强调参与者各方之间持续互动，其管理机制所依靠的

① 魏娜．我国城市社区治理模式：发展演变与制度创新．中国人民大学学报，2003（1）：135－140.

② 孙柏英．当代地方治理：面向21世纪的挑战．北京：中国人民大学出版社，2004：44.

主要不是政府的权威，而是合作网络的权威，其权力内容是多元的、相互的。

二、城市社区治理的主体

在我国，党和政府在社区扮演主导角色，政府派出机构和党的组织机构及居民委员会等都是社区治理的主体。所以，“社区治理主体就包括这些准政府组织和各种非政府组织，具体地讲，治理主体应当包括党的组织、政府在社区的派出组织、业主委员会、居民委员会、物业服务公司、居民兴趣社团、志愿者组织以及居民个人等”①。

（一）社区党组织

社区党建是基层党建的重要组成部分，基层党组织是社区治理事务的领导核心。社区党组织既要联系管理组织关系在社区的党员，也要联系居住于社区但组织关系不在社区的在职党员和流动党员。“在具体的社区治理实践中，基层党组织对社区的领导者角色主要是通过所属党员渗透到其他治理主体而体现出来的。”② 在新时代面临新机遇和新挑战的背景下，基层党组织已经成为社区多元治理的核心。

（二）社区居民委员会

在社区治理结构中，居民委员会作为基层群众性自治组织在社区兴起之前已经广泛设立，并由专门的《中华人民共和国城市居民委员会组织法》加以固化，获得了法律地位。根据该法的规定，居民委员会的职责定位是：宣传宪法、法律、法规和国家的政策，维护居民的合法权益，教育居民履行依法应尽的义务，爱护公共财产，开展多种形式的社会主义精神文明建设活动；办理本居住地区居民的公共事务的公益事业；调解民间纠纷；协助维护社会治安；协助人民政府或者它的派出机关做好与居民利益有关的公共卫生、计划生育、优抚救济、青少年教育等项工作；向人民政府或者它的派出机关反映居民的意见、要求和提出建议。

（三）业主委员会与物业管理公司

改革开放后的城市住房制度改革，使得城市社区的产权结构发生根本性变化。建筑物区分所有制度普遍建立，小区房产所有人开始组织起来积极维护自身合法权益及小区公共利益。《中华人民共和国民法典》及《物业管理条例》等法律法规明确规定了业主及业主组织的权利和义务，在党和政府的支持下，越来越多的物业小区通过业主大会形成共同决定，制定《业主大会议事规则》和《管理规约》，登记（备案）成立业主大会，选举产生业主委员会。业主大会是一个建筑区域范围内全体业主所形成的组织，业主委员会是业主大会的代表，执行业主大会会议的决议，包括在业主大会授权范围内做出决定，代表业主大会与物业公司签订物业合同，监督物业公司的服务等。随着近年来党建引领社区治理框架下的物业管理制度的完善，业主委员会的组建率日益提高，业主委员会的规范化运作水平及管理监督能力不断提高。业主委员会在小区公共事务中发挥着越来越重要的作用，成

---

① 夏建中．基于治理理论的超大城市社区治理的认识及建议．北京工业大学学报（社会科学版），2017，17（1）：6－11.

② 胡小君．从分散治理到协同治理：社区治理多元主体及其关系构建．江汉论坛，2016（4）：41－48.

为社区治理中的有效主体，一些业主委员会成为业主与物业公司、社区居委会沟通的重要桥梁。

小区物业管理是业主集资（表现为物业费）购买的小区公共服务，针对的是小区共有空间、共有设施和设备，具体内容包括维持小区共有部分的环境卫生和停车秩序，保障共有设施设备的安全和正常运转，进行共有空间绿化和美化，及时维修维护共有设施设备等。物业管理公司是专门负责生产相关管理服务的市场组织。业主组织通过合同购买管理服务的方式邀请其参与社区治理。业主组织可以共同决定物业费水平，拟订物业合同，选择合适的物业公司进行服务，并对其服务进行监督。由于我国大量小区并未正式成立业主组织，很多物业公司是通过开发建设单位签订的前期物业合同进入小区开展服务的，并长期处于事实服务状态。小区业主构成、付费意愿、组织化水平和集体行动能力不同，物业服务合同内容、物业管理模式也存在较大差异，呈现出包干制、酬金制、信托制等不同类型。现在多数商品房小区，社区物业管理机构多为市场化、契约化运作的企业组织，业主通过货币购买的形式向其购买服务。而一些老旧社区，由于产权构成和物业管理历史复杂，居民购买物业服务的能力或意识缺乏，未能建立起市场化的物业服务体系，政府补贴的非营利性组织往往在其中扮演着重要作用①。

（四）社会组织与社区社会组织

在社区化进程中，居民围绕生活需求、参与需要、兴趣爱好，在草根组织者的带动下，自发形成了数量众多的业余活动团队。这些团队多以趣缘为纽带，参与者中老人、妇女比重较大，部分满足了社区居民的文化生活需求。此外，还有一定数量的以志愿服务、生活互助、民主监督为宗旨的活动团队，直接参与社区相关事务的治理。这些社区社会组织通常只是在社区或者乡镇街道进行登记或备案。部分运作较制度化的活动团队在民政部门登记或备案，成长为正式的社会组织，有专门的人员提供持续的、专业化的服务，在城市社区发展和治理中发挥重要作用②。

第三节　城市社区治理研究的理论视角

国内社区治理的研究视角主要聚焦于“国家与社会”“治理理论”“社会资本”等。这些理论视角与国外对社区治理的研究有相近的地方。国外对社区治理的研究较早，对社区自治、社区网络、社会资本都有较为深刻的研究，形成了丰富的研究成果。目前，有关社区治理的研究重点集中在社会组织、社区建设及邻里关系、社区环境治理等几个方面。在具体分析中，国外对社区治理的研究比较关注的一条逻辑主线是：社区治理和公共服务需要由政府、企业和社区联合供给，决定社区供给水平的是社区的社会资本，而社会资本又与社会参与相关，并且和邻里关系（或伙伴关系）相互影响，而社会参与情况和社区成员的意识相关。

---

① 陈家喜．反思中国城市社区治理结构：基于合作治理的理论视角．武汉大学学报（哲学社会科学版），2015，68（1）：71-76.

② 胡小君．从分散治理到协同治理：社区治理多元主体及其关系构建．江汉论坛，2016（4）：41-48.

一、国家与社会关系视角

国家与社会的关系是社区治理研究的重要视角。在现代社区治理中，国家与社会关系密切，在社区治理的各个环节，二者不可分离。

20 世纪 90 年代，“国家与社会”的分析框架引入中国。中国社区的发展本身就是国家与社会关系变革互动的结果。“国家与社会”关系理论被引入社区治理领域，为社区发展与治理提供了理论视角。

国家和社会是复杂的，各自内部都有着不同的行动者，粗糙的国家与社会二元框架不能为理解中国的变迁提供合理的解释①。当前学术界大致有三种观点：一是国家通过改变渗透方式，以更柔性的策略和方式强化其在社区中的地位而在社区治理中占据主导地位，社会力量仍然比较弱；二是国家对社区的控制力已弱化，社会力量开始增强；三是强调在社区层面中国家与社会关系的复杂性，国家与社会相互融合，努力向强国家与强社会的方向发展，在城市基层治理的实践中，国家与社会呈“粘连”状态。国家与社会关系的多元复杂性视角更符合基层社区治理实践，一方面，“街头官僚”作为国家与社会关系的基层行政组织的人格化代表，本身就是一个构成复杂且行动充满策略性的结构；另一方面，社会自身的复杂性不仅表现为利益群体的分化，影响其参与社区治理的行动逻辑，而且同一群体在不同事件中与基层组织的关系也可能有差异。由此，相应地，形成了“国家主导说”“居民自治说”“融合型社区”的观点②。

首先，关于“国家主导说”的研究。单位制时期，中国处于“总体性社会”，国家对社会实现了空前全面和深刻的渗透，所有基层单位都是国家行政组织在底层的延伸，自上而下的行政权力维系着社会运转。社区是单位制管理体制解体之后形成的一个国家治理单元，在市场经济改革和单位制解体的大环境下，许多社会矛盾都积压在社区，因此需要在社区层面加强国家基层政权建设，政府主导型模式可以加强国家基层政权建设和优化基层社会治理模式，也能通过基层民主建设增进社区居民的公共利益。同时，受长期计划经济发展以及政治经济体制传统的影响，社区治理容易指向国家主导型的治理方向③。所以，政府主导型社区既是中国经济社会改革的合理路径，也是居民自治性不足、国家自主性发展的必然选择④。国家和政府的权力延伸至城市社区治理中，行政权力始终主导社区治理⑤。然而，居民自治仍是社区治理的基本方向，居民自治可以降低治理的成本，改善治理的效果，社区治理仍然面临着从“政府主导”向“居民自治”转变。

其次，关于“居民自治说”的研究。支持“居民自治说”的学者基于“价值判断”的

---

① 马卫红，桂勇，骆天珏．城市社区研究中的国家社会视角：局限、经验与发展可能．学术研究，2008 (11)：62－67，159.

② 孙立平，王汉生，王思斌，等．改革以来中国社会结构的变迁．中国社会科学，1994 (2)：47－62.

③ 路风．单位：一种特殊的社会组织形式．中国社会科学，1989 (1)：71－88.

④ 卢学晖．中国城市社区自治．政府主导的基层社会整合模式：基于国家自主性理论的视角．社会主义研究，2015 (3)：74－82.

⑤ 朱健刚．城市街区的权力变迁　强国家与强社会模式：对一个街区权力结构的分析．战略与管理，1997 (4)：42－53.

“应然”层面，提出社区治理应当发挥市民社会的力量与作用，通过居民自治实现社会的自我治理。社会需求的多元化要求中国行政体制逐步转向政社分离，政社分离的基本方向在于分别以促进社会和谐、提升民主自治能力、构建社区志愿组织与多元合作的官僚体制作为基层政权、自治组织以及社会管理的目标①。制度设计层面，“议行分设”试图从居委会中剥离行政职能，恢复基层群众自治组织的社会属性；但在实践中发现“议行分设”仍然无法为居民在居民自治中提供自主性空间，不利于加强居民参与社区治理的积极性与主动性②。

最后，关于“融合型社区”的研究。支持“融合型社区”的学者认为，未来中国社区治理的发展方向应该是国家主导与居民自治相融合，二者缺一不可。国家与社区之间存在较大的资源互补性，国家与社区社会组织的互动可达成双赢，一方面，在互动过程中可以增强国家治理能力和社区治理能力；另一方面，社区社会组织拥有一定的自主性以实现其组织目标③。社区治理的过程不是“自然生成”的状态，在社区治理中，国家干预与其他外在因素占据主导地位，国家（政府）等行动主体通过各种正式或非正式渠道影响社区治理以及其他社区社会组织的行动，因此，国家与社区不是二元对立的关系，二者相互影响，彼此促进④。

二、治理理论视角

治理理论是研究社区治理的重要理论视角。在一定意义上，社区治理可以理解为治理理论在社区层面上的运用，或是对社区范围内的公共事务进行治理。社区治理是一种由共同的目标支持的社区公共事务方面的活动或管理机制，其行为主体包括公私行为主体，如个人、组织、公私机构、权力机关、非权力机构等。社区治理是一个长期过程，其目标既有完成特定的、具体的经济和社会发展的任务，也要进行社区基本要素的培育。要做到社区公共事务的治理与善治，必须最大限度地挖掘和整合社区内外资源⑤。治理理论视角下的社区治理较为注重政府、企业、社区组织等不同治理主体的协作与配合。根据不同主体间协作的方式，可将治理理论视角分为元治理理论视角、多中心治理理论视角、新公共管理理论视角。

支持元治理理论视角的学者认为，元理论是运用一种新手段和工具来黏合独立的治理模式，目的是明确将政府、市场和社会等治理主体的定位有机结合，充分整合各治理主体的资源和力量。元治理是适合中国社区治理现实的治理方式，与中国的政治现实和历史传统一脉相承。在城市社区治理中，“一核多元”的治理结构是其主体结构，“一核”即中国共产党的领导，在众多参与主体中，党是唯一的领导核心，是唯一的元治理主体。“多元”

---

① 朱健刚．论基层治理中政社分离的趋势、挑战与方向．中国行政管理，2010（4）：39－42.

② 姚华，王亚南．社区自治 自主性空间的缺失与居民参与的困境：以上海市J居委会“议行分设”的实践过程为个案．社会科学战线，2010（8）：187－193.

③ 赵秀梅．基层治理中的国家-社会关系：对一个参与社区公共服务的NGO的考察．开放时代，2008（4）：87－103.

④ 王汉生，吴莹．基层社会中“看得见”与“看不见”的国家：发生在一个商品房小区中的几个“故事”．社会学研究，2011，25（1）：63－95，244.

⑤ 史柏年．治理：社区建设的新视野．社会工作，2006（7）：4－10.

即囊括政府、居民自治组织、社区社会组织、居民等主体，强调党委和政府的领导作用，不同主体间起协作作用[①]。但是“元治理”过分强调政府的作用，忽视了社区治理中的社会力量。

许多学者更关注多中心治理理论，该理论视角下的社区治理强调多元主体的互动协作。“一核多元”的社区治理结构突出社区党组织和社区居委会的作用，但这种“元治理”模式并未关注业主委员会和物业公司这两个利益相关方的作用，在现实的治理中，业主委员会和物业公司均扮演着重要的治理角色，是社区居民利益表达的重要渠道。现有的制度体系并没有考虑给予这些新兴社区行动者参与社区治理的权限，所以，从合作治理理论的视角出发，社区治理既要重视业主委员会等利益相关者的治理观念和作用，也要注重构建社区多元主体协商决策的合作机制、合作关系等[②]。

此外，有学者从“新公共管理”理论视角提出改进中国社区治理的路径，即强调社区治理要特别重视居民参与，注重使用合同外包，鼓励社区建立竞争机制，使用私人部门的管理方式和管理技术等。多元治理模式表现为治理主体多元化，形成上海模式、沈阳模式和武汉模式等多种治理模式，但城市社区治理仍然存在严重的失灵，对中国社区治理的转型价值有限，而新公共管理所提倡的政府再造原理则为社区的重建提供了启示，“社区再造”为其进一步改革提供原则与指南，未来的社区治理向授权型社区、居民参与型社区、协作型社区、企业型社区与竞争型社区转变，实现社区治理再造[③]。中国的社区治理在“有限授权”和“外生性自治”的逻辑下，始终维系着自上而下的推进方式，社区治理存在内生发展动力不足的问题。借鉴新公共管理理论，中国社区治理应朝充分授权、内在生成型自治的方向发展[④]。

三、社会资本视角

社会资本是一种重要的理论概念和分析维度。信任、社区参与力和社会凝聚力是衡量社会资本高低与否的重要指标。社会凝聚力越高，公共事业水平就越高。社区的管理机构影响着社会资本的增加，而社会资本的培育和增长也直接影响着社区治理的绩效。社会资本的重建在社区治理中具有重要地位，因此，学者们往往从社会资本的视角来分析社区治理的路径。社区治理的最高目标是实现社区的善治，目前社区治理最大的问题在于公共精神的缺乏，重建社区公共精神的最佳路径则在于提升社区的社会资本存量，通过提升社区的友爱、互助、合作和信任等关系网络，实现社会资本的提升和公共精神的重建[⑤]。

社会资本对于社区治理至关重要，影响社区社会资本的因素和培育与提升社会资本的

① 张平，隋永强．一核多元：元治理视域下的中国城市社区治理主体结构．江苏行政学院学报，2015（5）：49－55.

② 陈家喜．反思中国城市社区治理结构：基于合作治理的理论视角．武汉大学学报（哲学社会科学版），2015，68（1）：71－76.

③ 陈炳辉，王菁．“社区再造”的原则与战略：新公共管理下的城市社区治理模式．行政论坛，2010，17（3）：8－13.

④ 付诚，王一．新公共管理视角下的社区社会管理创新研究．社会科学战线，2011（11）：161－166.

⑤ 王永益．社区公共精神培育与社区和谐善治：基于社会资本的视角．学海，2013（4）：101－106.

路径值得关注。现代社会巨大的流动性促进了社区的异质性程度，这种社区内部异质性的增大会抑制整合性的社会资本，但有可能促进链合性的社会资本①。另外，社区群体面临的共同压力也可能导致社区社会资本的产生。社区成员面临共同压力所产生的集体合作需求、志愿者组织、正义感以及人力资本等都可能产生社会资本，即社区中的集体行动容易产生社会资本，社区社会资本“存量”即发展程度的变化与集体行动的情势有明显的相关关系。国家层面的政策和政府行为对社会资本也有重要影响②。

国家介入所提供的组织资源及其制度化方式，对居民内部的社会交往和人际关系产生了不同的影响，基层组织的网络化为增加社会资本提供了制度空间和激励机制，国家介入在一定程度上是社区社会资本发展的必要条件，国家介入的形式和力度影响社会资本发展的程度和质量。但是，社会资本对于社区治理的作用是一把双刃剑：那些具有包容性和开放性的、具有积极意义的社会资本，在社区治理中能够有效促进社区的善治；然而，那些封闭的、具有人际关系局限性的社会资本，则对社区治理产生较为明显的消极作用③。社会资本可分为共通性社会资本和特定性社会资本，其中共通性社会资本包括包容性的社会信任与开放性的社会网络两个维度，特定性社会资本则包括局限性的人际信任和封闭性的社会网络两个维度。共通性社会资本对社区治理产生了显著的积极影响，在社区治理中有效地促进了善治，但特定性社会资本却对社区治理产生了明显的负面作用，不利于社区治理稳定有序地推进④。

第四节 城市社区的治理模式

一、城市社区治理转型：从威权式治理到参与式治理

社区是国家权力功能实现的一个部分，是国家概念下的“单位”。社区治理现代化是国家治理现代化的重要内容，国家治理体系的现代转型面临的是体制性、结构性问题，即如何实现体制改革，推进制度建设与社会建设。这是突破旧体制的改革和创新，对中国社区治理而言，就是从威权式治理到参与式治理的现代转型，从行政权力主导社区治理的模式变革为社区居民参与社区治理的多元民主共治模式。

威权式社区治理下，社区公共事务和公共生活由行政权力主导，治理方式是渗透到社会方方面面的管控和服务，治理的目标是社区的稳定、和谐和秩序。威权式治理绩效的追求有一个无法克服的悖论：它驱使政府不断地承诺将给民众带来更美好的生活，甚至“逼迫”它做出类似“在没有河流的地方许诺建造桥梁”的虚妄之举，而民众则养成依赖政府的习惯，永远要求政府做得更好，反过来说，民众永远不会满足于政府的当下许诺和所作

---

① 李洁瑾，黄荣贵，冯艾．城市社区异质性与邻里社会资本研究．复旦学报（社会科学版），2007（5）：67－73.

② 石发勇．社会资本的属性及其在集体行动中的运作逻辑：以一个维权运动个案为例．学海，2008（3）：96－103.

③ 刘春荣．国家介入与邻里社会资本的生成．社会学研究，2007（2）：60－79，244.

④ 陈捷，卢春龙．共通性社会资本与特定性社会资本：社会资本与中国的城市基层治理．社会学研究，2009，24（6）：87－104，244.

所为。

社区是一个社区居民互动的场域。在威权式治理下，政府与社区民众的互动方式是科层执行加上协商。前者要求行政化、职业化和专业化，比如网格化管理、一站式服务等；后者的协商实质上是一种说服，说服民众接受政府的政策要求和管理服务方式，比如冠以各种名目的恳谈会、民主协商会等。诸如此类的所谓协商或参与，实质上是一种如谢里·安斯汀（Sherry Arnstein）所说的“假性参与”，即形式上的参与，是政府通过让公民参与以“教导”公民的方式。这种参与要求公民必须“在场”，而公民的表达与政府的决策是脱节的①。

现实发展条件决定和推动社区从威权式治理转向参与式治理。参与式治理是一种新型的社区治理模式，旨在重塑政府与居民的合作共治关系，并推动居民自治发展和社区共同体的凝聚力。第一，价值多元化。市场经济的发展和市场经济体系的形成促进了社区利益主体和利益诉求的多元化，这也促使人的价值观和社会价值取向日益多元化，并不断发展和强化，而社区公共领域共享价值的形成需要经由沟通和参与，进而达成共识和协作关系。第二，社区异质化。这主要体现在两个层面：其一是熟人社区不断进入外来社会成分，比如，人口流动在逐渐改变着社区成员结构；其二是体制外的资源发展和资源分散化，利益群体日益分化。社会异质化导致参与需求不断扩大。第三，社会自治空间不断扩大，社会成员的自主性、异质性、依赖性及流动性都发生了显著变化，这些使社区整合或社区协作关系必须建立在利益共享与价值共享的基础之上。

传统威权式治理的社会背景和社会基础已经发生变化，尤其是利益分化和价值多元化使公民权利意识和权利主张诉求日益增强。也就是说，当今的公共政策是一系列涉及多种团体和多重利益的复杂互动的结果。从社区的本质属性上看，社区不需要权威的集中管理，居民自治是社区居民的“本质意志”。传统威权式治理需要做出改变，问题的关键在于如何将有效的政府公共管理过程与公民积极参与的热情和行动有机地平衡或结合起来，即如何将有序的公民参与纳入政府公共管理过程中来，在公共政策制定与执行中融入积极、有效的公民参与②。

二、传统的城市社区治理模式

自社区治理兴起以来，不同国家和地区根据自身发展状况，对社区治理进行了持续实践探索，形成了形态各异又具鲜明地域特色的社区治理模式。尽管各地呈现出多种创新模式，但基本可划分为四种社区治理模式：政府主导模式、市场主导模式、社会自治模式、专家参与模式。

（一）政府主导模式

政府主导模式指依靠政府的行政力量，提供社区公共服务、完善社区治理架构、培育社区自治组织、发展社区公共参与的治理模式。

在威权体制下，作为社会公权力的代表，政府是社区发展的主导者，社区治理方式以

---

① ARNSTEIN SHERRY R. A ladder of citizen participation. JAIP，1969，35（4）：216－224.

② 周庆智．论中国社区治理：从威权式治理到参与式治理的转型．学习与探索，2016（6）：38－47，159.

行政管理手段为主，政府通过对社区组织与社区资源的控制来达到治理的目的。这种社区治理模式拥有更多的社会资源，具有更强的资源动员及整合力量，可以在短期内迅速改善社区治理状况，提升居民的满意度。所以由基层政府推动的政府主导模式，具有效率高、能力强、资源投入大的特征，展示出十分明显的制度优势。

但由于政府在社区治理中具有浓厚的主导色彩，该模式也存在弊端：一是基层政府的社区协调能力不够。在城市管理体制机制中，政府的社会管理职能应在社区层面优化整合，但因缺乏制度保障，协调和管理权力难以落实，“条块结合、以块为主”的社区管理机制有待优化升级。另外，一些社区因政府部门责任模糊、激励机制缺失，导致社区其他治理主体参与不积极，社区发展动力不足。二是居民自治组织发展缓慢。政府主导的社区管理模式会影响居民自治组织和社会组织的发育，尽管政府做了减负、创新机制、探索“政府购买服务”等工作，但在社区治理中仍难以引入并强化活力要素，与实现社区治理市场化、社会化的目标有较大差距。三是社区居民对社区事务参与不积极、不主动，需要将自治意识转化为实践。居民参与程度决定了社区治理的力度和效度。社区居民参与不积极是我国社区治理的普遍问题。一些商品化的新建社区，虽然居民文化素养高、自治意识强，但没有很好地行动起来，在运行中缺乏激励机制。

（二）市场主导模式

市场主导模式是指依靠市场力量（如房地产企业、物业公司等）提供小区物业服务，乃至社区公共服务，培育居民自治组织、发展社区公共参与的模式。市场主导模式是住房商品化改革以来诞生的新模式。

市场主导模式的社区治理实现了“建设、服务、管理”的统一，有效整合了社区内外治理资源，互补了行政与自治功能，实现了社会力量和政府力量的双向互动。这种社区治理模式采用市场化管理，减弱了政府管理的色彩，以企业为主导，发挥了市场在资源配置中的优势，保证了社区公共服务质量的提高，特别是居民自治规范、能力的提高。

市场主导的社区治理存在以下问题：一是难以解决市场失灵的困境。社区企业的发展前景取决于其社会责任感，但企业往往以利益为先，难以保证社区居民的服务质量。目前，法律制度和监督机制还不完善，无法约束企业的行为。二是社区服务供给不足。社区企业的社会资源有限，难以满足社区居民的多样化需求。三是社区非政府组织缺乏活力和影响力。由于制度建设和资源支持不够，社区非政府组织在社区治理中发挥不了应有的作用，不利于社区治理的可持续发展。

（三）社会自治模式

社会自治是指由社会力量，尤其是社区居民自发组织起来的居民自治模式。社区居民依靠自己的力量和相关社会资源，建立居民自治组织，推动其成长发育，处理社区发展中的相关公共事务，助推社区服务和社区参与的不断完善。

居民自治模式的优势在于符合居民自治原理，体现了制度设计的初衷和共建共享的特征，培育了居民自治能力。但是，这一模式的形成主要靠有公共理念的社区领袖推动，尤其需要政府的认可和支持。这一模式的实现方式就是通过扩大社区居民的自发参与，激发社区活力。在我国这样一个中央集权、地域广阔的国家，居民自治模式有着政治合理性。

社区或居民自治最大的优势在于治理者熟悉身边的事物、了解老百姓的诉求，拥有其他治理者难以获得的“地方性知识”，因此，其治理方式、治理内容也更符合实际需要和情况。

（四）专家参与模式

专家参与模式是指专家们通过提供咨询，或者直接参与到社区事务之中，为社区治理创新提供合法性论证、变革动力，并为社区发展带来诸多体制资源和社会资源。无论是出于现实研究需要，还是出于具有长期历史传统的“士大夫精神”，或者近代以来逐渐形成的社会改造和社会干预传统，专家参与的社区治理模式在中国有着深厚的价值感召力和一定程度上的资源动员力。

专家参与模式的优势在于：专家掌握社区治理的趋势和理论，可以选择适合的治理方式，做出长远规划和顶层设计。同时，专家不受社区利益影响，立场客观，处事公正，且专家的声望能够赢得管理者和居民的信任。专家参与模式还有利于总结基层治理的经验教训，探索改革方向和推广可能。因此，专家参与模式在政策研究、政策咨询方面有明显优势。

但专家参与模式的弊端也很明显。首先，专家和社区居民在关注的问题和立场上有差异，社会自治模式需要专家能够理解居民意愿。由于专家并非直接的利益相关者，专家关心的往往是学术和治理模式，这与社区居民直接利益相关者的立场有所区别。社会自治模式最大的优点是自治者最理解自己社区的问题与居民意愿，专家是否能够设身处地理解居民意愿也存在疑问。其次，外部力量的介入是否具有长期运行的动力也是重要问题。一般而言，专家不是专职而是兼职，一旦专家退出社区，专家所创建的模式是否可以持续就成为问题。尽管专家可以组织、指导社区工作，专家也具有较强的外部资源动员能力，但是一旦专家撤出社区治理实践和干预，社区就会面临外部资源输入困境、治理动力不足等严重问题，社区治理实践的可持续性也就大打折扣。

三、城市社区治理模式的创新

新时代的城市社区治理模式已经跳出传统的四种模式，社区治理模式改革的重构，一方面，按党的二十大精神要求，对现有的社区治理结构进行重塑，包括社区不同主体之间的权力重新配置、职能重新确定、活动边界重新划定，破旧立新，打破社区治理旧格局，建立“党委领导、政府负责、社会协同、公众参与、法治保障”的新格局；另一方面，以互联网为核心的现代信息技术的广泛运用为社区治理重构创造了有利条件，强大的技术支持使社区治理组织结构扁平化、社区治理功能优化、社区治理流程再造成为可能。

（一）社区治理多元主体模式创新

社区是不同利益的交汇点，我们必须加强社区治理体系建设，充分发扬社会组织在体系建设中的作用，达成政府治理和社会调节、居民自我治理间的良好协作。新时代的发展对社区治理提出了新要求，强调社区利益相关方在社区治理中的作用，需构建以社区党组织为治理核心，以居民自治为前提，政府、社区组织、企业、居民等多方交流、多元参与的“一核多元”社区治理模式。

“一核多元”的社区治理新模式强调在上级政府组织的指导支持下，构建以社区党组织为治理核心，各居民自治组织为治理主体，驻社区单位参与服务，社区企业提供帮助的“一核多元”社区治理模式。

一是厘清“一核多元”不同主体的地位，协调各方合作。上级政府组织，主要指街道党委和政府，承担制定宏观规划、提供指导和财政支持、组织协调以及培育社会组织等职责。社区党组织是社区治理的核心，承担宣传和贯彻党的方针政策，履行上级机构决议的职责。同时，社区党组织引导、支持和监督居民自治组织的工作，协调各方利益矛盾，与群众保持密切联系，反馈居民的意见和需求，保护居民的合法权益，提供社区服务等。居民自治组织包括居委会、业委会等协商议事机构，以及参与社区治理的社会团体和志愿者团队等服务性团体。它们是居民自治的重要力量，负责召集业主或业主代表参加社区大会，听取居民意见和建议，协助街道和社区党组织处理社区的日常事务。驻社区单位与居民自治组织相互帮助、相互监督，共同处理社区的各项事务。双方互相促进，相辅相成。一方面，居民自治组织为驻社区单位创造良好的工作和经营环境；另一方面，驻社区单位为社区提供人力、物力、财力和智力资源的支持。社区企业则促进社区发展，为社区和居民提供相关法规政策咨询、场地共享、金融服务等支持。

二是拓展社区治理的参与渠道，建立议事平台以促进各主体的参与。这需要坚持民主协商的原则，建立相应的议事机制和协商平台，确保社区组织和居民等能够畅通参与社区治理。为此，应制定并颁布民主议事的相关规定。首先，建立党建联席会议机制，使社区党组织、居民自治组织、共建单位和驻区单位等能够就共同驻扎和共同建设展开协商和互动。社区党组织应充分发挥引导和调解的作用，并根据各参与社区共建组织和机构的不同职能，充分发挥各自的特点和优势。同时，结合社区和群众的实际需求，明确工作职责和服务内容，并签订共建协议。其次，应建立矛盾调处和解决机制，以调整和解决各种冲突和纷争。此外，还需要建立自治协商机制，以社区、业主和物业管理方代表为主体，就社区物业管理、环境卫生等事项进行商议。通过明确分类和界定议事范围，确保各项民主议事能够有条不紊地进行。

三是推进协调联动，汇聚治理合力。为了推进协调联动，需要依靠并加强社区党组织的领导作用，提高居民自治组织在筹划、协调和指导社区内重大事务方面的能力，实现信息平台的互联互通、信息资源的共享，确保组织意图与群众利益的有机统一。在社区民主议事方面，党组织负责统一领导，各类会议由党组织书记或指定人员召集和主持，讨论成果和执行情况由党组织进行考核和监督，社区居委会等相关机构和责任主体根据各自职能进行分工和协作。同时，建立议事团队和志愿者团队，以完善社区治理的机构体系①。

（二）社区治理智能化创新

在大数据时代，学者基于互联网、人工智能以及大数据等背景下提出社区治理模式创新，新技术的发展为社区治理模式的创新提供了相应的技术支持。社区治理智能化创新是在现代治理理念的基础上，将互联网、云计算、大数据等信息化技术与基层社会治理内容相结合，形成集智能化、信息化、数据化为一体的，以凝聚居民意见与诉求，推动多元力

① 姜秀敏．社区治理：典型模式及“一核多元”新模式构建．天津行政学院学报，2019，21（1）：38-45.

量参与，整合多方治理资源，对接城市基层社会各种需求为主要内容的新治理模式。社区治理智能化建设不仅需要建立激励机制，探索建立居民区层面的信用信息平台，也需要建立居民的线上反馈与评价机制，促进社区治理的精细化水平，全面提升社区治理能力。

随着“智慧城市”的提出，“智慧社区”建设也提上日程。在各地纷纷推进智慧社区建设的背景下，为了指导和规范全国智慧社区的建设工作，2014 年 5 月住建部发布了《智慧社区建设指南（试行）》，明确了智慧社区建设的适用范围、总体目标、指导思想、发展原则、评价指标体系、总体架构与支撑平台、基础设施与建筑环境、社区治理与公共服务、小区管理服务、便民服务、主题社区、建设运营模式、保障体系建设等内容①。

当然，当前的社区治理智能化仍处于探索阶段，在发展中也存在着一些问题②。

一是建设理念不统一，缺乏规划协调。由于对“智慧社区”这一新兴概念的理解并不统一，政府部门、企业界、学术界、社区和居民在推动智慧社区建设的动机和目标上有差异。这种理念上的模糊性使得我国的智慧社区建设缺乏一致的规划和实施方案，至今还未能制定出一套完全统一且成熟的智慧社区框架和标准。各种建设实体各行其是，缺乏有效的协调，这导致我国智慧社区建设难以形成整体推进的态势。

二是基础设施相对落后。我国社区的智能网络硬件基础设施建设相对滞后，包括宽带网络、无线网络、广播电视网络和物联网等，此外，各地区和社区之间的发展也存在明显的不平衡。同时，由于缺乏统一的智慧社区建设标准、行业标准和评估标准，智慧社区建设缺乏必要的约束和指导。不同系统之间的接口复杂，导致系统难以实现互通互联和信息共享。因此，社区服务系统的集成程度较低，分布较零散，整体智能化应用水平不高。此外，缺乏一个强大、统一、广泛应用的社区综合信息服务平台，许多便民应用无法得到推广。这导致社区服务的智能化水平较低，难以在社会治理和公共服务中发挥切实有效的作用。

三是“信息孤岛”阻碍资源整合。“信息孤岛”是指计算机应用系统之间在功能上缺乏关联、信息不进行共享，以及业务流程和应用相互脱节的现象。在管理层面上，我国城市部门存在行政分割和管理分治的普遍现象，各部门之间的横向沟通和协作相对困难，这不利于统一的信息化管理平台的建设。在建设层面上，当前的智慧社区项目由于党政部门和各类企业等系统的独立建设，存在条块分割的情况，长期积累的海量数据和信息无法有效共享，从而形成大量的信息化孤岛。这对于建立智慧社区相关基础数据库是不利的。

四是缺乏合适的运营模式与专业服务人才。我国智慧社区建设的历史相对较短，迄今为止尚未找到特别适合的建设和运营模式。目前，政府在智慧社区建设项目中仍占主导地位，需要加强企业参与、政企合作以及政府、企业和居民之间的合作程度。多元化的社会参与机制仍需进一步完善，同时亟须建立社会资本投入的渠道。随着我国物联网、云计算等新一代信息技术的迅速发展，北京、上海、宁波等城市相继成立了研究机构，并启动了物联网等专业人才培养计划。然而，我国目前智慧社区建设的技术和服务人员仍相对不

① 住房和城乡建设部．智慧社区建设指南（试行）（建办科〔2014〕22 号）．https：//www.mohurd.gov.cn/gongkai/zhengce/zhengcefilelib/201405/20140520_217948.html.

② 李国青，李毅．我国智慧社区建设的困境与出路．广州大学学报（社会科学版），2015，14（12）：67－71.

足。随着智慧社区建设的深入推进，参与者在核心技术掌握、相关决策与管理能力方面的不足逐渐显露出来，阻碍了智慧社区建设的进一步发展。同时，社区工作者和居民运用信息化技术的意识和能力也将成为智慧社区有效运营面临的严峻考验。

城市社区智能化治理要想切实取得成效，必须在深入认识当前面临的困境的基础上，理清思路，采取切实措施，走出困境。第一，确立合作治理理念。政府应形成开放与合作思维，在大数据支持下与其他治理主体合作，大数据的应用最终是优化治理，在社区治理实践中始终要以居民利益为中心。第二，建构合作行动系统。政府内部明确各层级的权责，明确界定街道办与企事业单位以及各社会组织的权限，推动形成开放、多元的治理体系，通过大数据保障不同主体的参与方式，实现信息资源共享。第三，提升大数据治理能力。既要从物资资源上推动大数据技术和虚拟平台的发展，也要培养大数据技术人才。第四，开展差异性、情境性的数据治理①。

四、城市社区治理的现状、问题和挑战

社会服务、居民自治和社区协商是中国城市社区治理的重点②。目前，随着中国城镇化进程不断加快，城市的物理空间不断拓展延伸，城市的社会结构与发展模式也在不断变更，为城市社区治理带来了新的困境与挑战。

（一）社区治理主体结构失衡

现代社区治理是区域社会成员的共同行为，与社区公共事务、社区公共利益相关的各方理应成为治理的主体。共建共治共享的社区治理新格局强调社区、党委、政府、企业、社会组织和公民等多元主体通过结构性整合构成“共同体”，共同参与社区建设、共同治理公共事务、共享社区发展成果。但实际上，城市社区治理中各类主体的角色仍存在偏差③。

首先，政府机关在城市社区治理中过于强势，几乎包揽了社区的所有事务，控制了大部分的社区公共资源，限制了市场组织和社会组织平等参与社区治理的机会，抑制了市场和社区的内生活力。社区治理行政化仍十分突出，社区治理主体的多元性仍然不够，主要体现在社区居委会的行政化④。社区公共事务具有复杂性、繁重性，单靠政府治理主体已经无法满足社区治理需求，在社会治理共建共治共享的背景下，构建多元主体共同参与的治理体系已成为社区治理的新趋势。虽然社区居委会是基层自治组织，并不属于政府部门，但由于社区居委会的行政化，居委履行部分街道办政府的行政职能，成为街道办事处的附属机构。在实践中，一方面，社区居委会的工作与政府的工作不可避免会出现交叉。

---

① 向玉琼，汪业强．城市社区大数据治理的困境及其优化路径：以深圳市坪山新区为例．福建行政学院学报，2019（3）：51－60.

② 黄晓星，蔡禾．治理单元调整与社区治理体系重塑：兼论中国城市社区建设的方向和重点．广东社会科学，2018（5）：196－202.

③ 陈燕，郭彩琴．中国城市社区治理：困境、成因及对策．苏州大学学报（哲学社会科学版），2016，37（6）：36－41.

④ 殷红霞，刘智勇．我国社区居委会行政化倾向的现实必要性研究．四川行政学院学报，2016，100（4）：20－22.

在现阶段，大部分社区的力量仍比较薄弱，社区的发展建设离不开政府的扶持与政府资源的投入，客观上导致了社区居委会不得不主动靠近街道政府，无论是出于自愿或者不自愿承担行政性的工作，接受街道政府的指导甚至直接领导，表现出一定的附属性与服从性，从而在角色与职能上居委会成为街道政府的下属机构，具有“准政府”的性质。另一方面，社区居委会所处的最基层地位具备某些优势，从而能协助街道政府开展工作。居委会能够直接与社区居民联系，掌握实时、详细的社情民意，反映社区居民的诉求，成为街道政府连接社区居民的桥梁。城市社区居委会行政化倾向使其在社区中占据重要地位，成为政府及其基层政权组织的“附属物”，其结果必然是牺牲社区居民自治，强化政府职能权威。

其次，虽然社区社会组织在我国社区建设与治理中发挥着越来越重要的作用，但由于部分社区社会组织缺乏政策扶持、财政支持等，现有的社区社会组织建设与参与社区治理还存在以下不足：

一是社区社会组织独立性较弱。当前，官办色彩过浓的“准政府”性社会组织依然存在，即使没有官办色彩的，也受到政府行政权力的过度干预，使组织的民间性大打折扣，失去其独立发展的条件，造成“非官非民，官民不分”的尴尬状况。这类带有政府行政色彩的社会团体或协会分为三种：第一种是按照上级政府部门系统要求，上下对口，由政府有关部门直接或间接组建；第二种是由政府职能转变过来，国家定编、定级、拨经费，成为名副其实的“二政府”；第三种是为了部门职能的行使和安排剩余人员，结合行使职能成立的，其名为“自收自支”单位。

二是社区社会组织自身发展能力不强。社区社会组织大多数规模小，职能内容比较单一，且运营成本较高，无法争取到社会捐助，导致其发展举步维艰，只好采取收取培训费、咨询费等维持生存，造成工作无法正常开展，作用也无从体现。同时，社区社会组织的很多成员是政府的精简人员或离退休人员，管理能力缺乏，结构老化，又没有固定的人才获取渠道，无法吸引专业管理人才。部分社区社会组织还存在着内部制度建设不健全、社会公信力不高、资金筹措和市场开拓能力较弱等问题。

三是社区社会组织的发展缺少资金。目前，社区社会组织日常管理及开展活动的资金主要来自政府资助和补贴、服务性收入和接受捐赠。然而在现实中，除了政府资助和补贴，依靠服务性收入和接受捐赠方式来筹集资金的社区社会组织运转十分困难。由于我国社区社会组织发展参差不齐，大量因注册登记而造成的身份模糊性的组织，难以取得信任和认同，因此从服务性收入和接受捐赠角度募集资金难上加难。如何解决资金短缺，有效筹集资金是我国社区社会组织发展的一大难题。

最后，社区居民自主参与不积极，治理边缘化困境明显。社区治理的主体是社区成员，他们是社区建设与治理的主要力量和成果的享用者。尽管近年来的社区治理日益重视社区居民的参与度，但居民对社区的认同度偏低、参与热情低下等“老大难”问题依旧存在，造成居民参与的主体地位边缘化趋向明显。(1) 居民缺乏参与社区建设的动力。居民对社区的归属感不强，这是经济转型、权力分裂造成的利益多元化和人际疏离的结果，也是社区中职业群体忽视社区共同问题的表现。在实际生活中，大多数居民认为社区建设是政府、街道和居委会的责任，依赖和领受的心态强。即使有少数参与行为，也不是真正的民主参与，而是社区动员下的“执行任务”式的被动参与，真正基于自愿的主动参与很少见。(2) 居民参与社区建设的结构不平衡。目前在我国的很多社区中，主要参加社区活动的有三类人群：一是想利用社区平台发挥余热、消除孤独的老年人群体；二是有爱心和热情，需要实践学习的中小学生群体；三是需要定期领取低保，与社区有一种近似“交换关系”的低保户群体。而能力强、技术高、能够为社区建设提供更有效支持和帮助的中青年等社会中坚力量却很少涉足社区治理。(3) 居民参与社区建设的层次较低。城市社区治理的理想模式是将社区建成一种基于民主自愿的公共领域。在这种领域中，居民能够积极地参与到共同关心的社区事务的决策、管理和监督等过程中。但是目前我国社区治理的现实与这种理想模式相差甚远，主要表现在居民的社区参与仅仅局限于服从和执行层面上。这类参与往往是在决策已经形成后才进行，居民参与只是为了支持、配合社区工作，例如听取部署、参加各类活动等，而更具有民主意义的决策、管理和监督等环节上的社区参与行为十分缺乏①。

（二）社区公共服务供给失调

长期以来“单位制”的惯性和经济利益格局，对未来社区的公共服务供给内容和方式产生影响，导致供给偏好由政府和参与社会建设及运营的企业主导。社区居委会、社会组织和居民缺乏积极性和动机参与社区公共服务供给和治理，导致社区公共服务供给主体仍然单一。政府在这一过程中追求利益最大化，满足管理和服务需求，并形成供给惯性，难以割舍已习以为常的垄断地位。另外，随着社会经济的发展和人口向大中城市聚集，社区居民的教育、医疗、养老、文化、交通等非基本公共服务需求呈现多样化和差异化。基于政府公共服务供给的有限性和市场公共服务供给的规模化和营利导向，政府和市场往往忽视个性化、小众化的公共服务需求，导致供需匹配程度不高，无法满足居民需求，形成公共服务产品覆盖面广和差异性低并存的尴尬局面。

目前城市社区公共服务发展存在一些问题，如政府财力、能力和精力有限，单靠政府自身无法满足居民多层次需求，导致供需不平衡。具体来讲，这些问题包括：

一是政府与社会组织在社区服务领域角色定位不明，缺乏合作，导致社区服务整体不足。虽然部分社会组织已经逐渐被引入到社区服务的主体范畴，并承担了一些政府职能部门触及不到的社区服务，但由于完善的多元化社区服务供给体制机制尚未形成，政府与社会组织在社区服务领域的角色定位尚不明确，影响社区公共服务供给。

二是社区缺乏自我服务能力。第一，居委会、业委会以及社区议事监督委员会等居民自治组织的服务功能尚未完全凸显；第二，社区社会组织未能较好地提供社区服务；第三，社区医院、社区活动中心、社区体育场、社区图书馆等社会服务机构尚未形成足够的提供非营利服务的能力；第四，志愿者队伍的志愿服务水平亟待提高。这些现象主要是由于资金上的不独立、政府扶持力度不够、缺乏法律保障等原因造成的。

三是由于社区服务的提供者多样化，相关职能机关和社区组织在社区服务监管的职权范围存在不清晰的问题，导致监管出现死角或混乱的情况。同时，监督的法律法规和制度

---

① 贾志科，罗志华．新时代城市社区治理的现实困境与发展路径．晋阳学刊，2020 (3)：106－112.

体系还不完善，街道办事处在自身行政服务和管理的范围上缺乏明确的制度规范。由于社区居民的监督权利未能有效行使，往往导致街道办事处无权管理或越权管理的情况。因此，需要改善社区服务监管的机制，加强法律法规和制度的建设，明确街道办事处的职责范围，并确保社区居民能够有效行使监督权利，以避免监管缺失和混乱的问题发生①。

（三）社区治理技术与文化之间不协调

国家在推进自身管理与现代化建设的过程中，在实现国家治理目标的过程中，相关的治理手段、管理技术和行政职能越来越走向技术化，技术治理取代总体支配成为国家治理的重要新趋向②。在现代化、城市化、信息化的推动之下，城市社区信息化建设成绩显著，社区公共服务信息平台覆盖率不断提高，社区设施配套和技术更新不断推进，城市社区中的技术化治理效果越来越彰显。但是，伴随城市社区治理的技术化色彩越来越浓、信息平台建设越来越多，现代技术运用不断走向深入，智慧社区建设却未见明显提升。而且，因为城市社区治理中过于依赖技术，对传统的社区工作方法相对重视不足，导致现代城市社区治理文化生成不足，最终使得社区治理技术和治理文化出现了不协调，使得一些地方的城市社区治理工作出现“技术有余、文化不足”的现实困境③。

（四）社区公共价值创造失灵

创造社区公共价值是依托于公共资源投入的社区治理的主要目标，城市社区公共价值的主要内容包括社区服务价值、社区空间价值和社区治理关系价值。

威权制度下，科层制的运作逻辑渗透社区治理网络的运转，公共管理者往往倾向于以自己的方式推行或强力主张公共价值目标，而社区居民也养成了“坐享其成”的心态，失去了参与社区公共价值创造的意愿，社区公共价值创造过程被扭曲，公共价值失灵问题随之出现。公共价值表达和聚合机制扭曲、利益囤积以及协作不畅通被视为当前社区公共价值创造的主要困境。

社区公共价值表达与聚合机制扭曲是指合法、公平与透明等被视为衡量社区服务和社区空间价值的要素在不同程度上被忽视或者出现价值坍塌现象。社区公共价值规划本应注重居民参与和集体偏好的表达与聚合，在缺乏适当制度支撑的情况下，理念表达与实践通常是背离的，透明、参与、回应被封闭、垄断、漠视替代。在效率逻辑引导下，政府倾向于简约公共价值规划过程，在实践中出现“需求”对“需要”的替代。在权力、信息和专业知识等方面拥有更多资源的社区治理主体主导了公共价值规划过程。他们以社区公共价值代言人自居，将政府价值、私人价值和专业利益渗透进居民对社区美好生活的追求中，这些价值往往与社区居民的期望存在冲突。社区公共价值表达和聚合的扭曲导致社区公共资源的浪费，制造了公共管理者与社区居民之间的对立和冲突。

利益囤积主要指公共价值创造的成本与收益分配的非公平性，公众承担了创造公共价

---

① 陈燕，郭彩琴．中国城市社区治理：困境、成因及对策．苏州大学学报（哲学社会科学版），2016，37（6）：36-41.

② 渠敬东，周飞舟，应星．从总体支配到技术治理：基于中国30年改革经验的社会学分析．中国社会科学，2009（6）：104-127，207.

③ 何绍辉．政策演进与城市社区治理70年（1949—2019）．求索，2019（3）：79-87.

值的主要成本，收益却被少数人独占享有。在社区公共价值创造中，公共权力的隐蔽行使和非正式运用起到了重要作用。这主要体现在两个方面：首先，公共管理者将公共权力作为谋求自身利益或政府价值的工具，包括追求社会控制的可见性、扩展地盘和自主性，甚至进行腐败交易等。他们巧妙地将这些利益诉求包装成公共价值的形式，让社区居民或公众承担可能出现的资源浪费或资产流失等代价。这种隐蔽行使公共权力的情况在当前的社区网格化管理和项目制中有着明显体现。尽管各级政府在推行社区网格化管理中投入了大量公共资源，但管理的重点却是维护社会秩序而不是满足社区居民的需求。社区居民被简化为社区秩序中的“网格”，这对社区协作关系的整合并没有帮助。在网格化实施方案、总结汇报和领导讲话中，关键词如“稳定”“监控”“综治维稳”“治安”等被频繁使用，而“服务”这个词却很少出现。研究发现，一些项目的资金分配主要基于民政部门的意愿，按照既定的安排进行。此外，一些基层政府通过“行政发包”来借道社会组织发展自身的灵活性和弹性化。其次，公共权力也可能被商业资本或少数利益集团所控制，使公共价值创造成为少数人利益囤积的工具。在社区空间生产中，这一现象尤为明显。空间资源的配置往往不是基于社区居民集体偏好的考虑，而是受到商业资本和公共权力的深刻影响。这种逐利性导致空间资源配置不均，造成城市社区中心空间的繁荣与城市社区边缘空间的衰落，违背了空间正义原则。

为了构建良好的社区治理关系，公共管理者需要转变观念，自觉约束权力，并建立社区治理主体间长期相互依存和合作的关系。然而，这种观念的转变对公共管理者来说是一项挑战。许多习惯于对员工实行等级控制的公共管理者可能对网络中更为间接和谈判式的控制感到不舒服。治理网络的动态性、复杂性以及价值基础的分散性也增加了管理网络的难度。信任被视为实现网络有效运转的催化剂，但信任的培养需要时间。在时间压力下，公共管理者倾向于通过命令-服从关系来掌控社区治理网络的运作。当前关于购买社区服务的制度规定往往更注重“竞争”和“效率”，而对“信任”和“关系规范”的强调较少。出于规避和防范不确定性的考虑，公共管理者追求控制幅度的最大化，导致政府内部的隔离和非协同治理现象，也导致公共管理者与其他社区治理主体之间的猜疑和对抗。社区业委会在备案中遭受的拖延和刁难是明显的例证。此外，组织边界的模糊使得行政逻辑渗透进其他社区治理主体中，居委会、社会组织等也不同程度地被同化，缺乏包容性。居委会借助行政权力对社会组织发号施令，抑制了社会组织的自主性和活动空间，出现了一种不断“去社会化”的趋势。这种协作困境体现在社区治理主体的分化和不信任关系上。社区空间的封闭性和排他性导致社会关系的分裂和衰退，尽管邻居之间还保持着表面的礼貌，但实际上存在着不同程度的疏远。同时，社区业委会在社区公共价值创造中的作用也受到质疑，被蒙上了不信任的面纱。由于业委会运作透明度低等因素的影响，业主更加信任带有国家权力印记的居民委员会[①]。

① 定明捷，徐宛笑．城市社区公共价值创造：内容、困境与出路．华中师范大学学报（人文社会科学版），2019，58（4）：28－37.

思考题

1. 简述社区的概念。
2. 我国城市社区可以分为哪些类型？
3. 新时代我国城市社区治理展现出怎样的特征？
4. 城市社区治理研究有哪些主要的理论视角？
5. 传统的城市社区治理模式可以分为哪些类型？它们有哪些不足？
6. 在进行社会治理模式创新时一般要注意什么？

第八章　城市社会组织

城市社会组织是城市社会的重要组成部分，是城市社会治理和公共服务供给的重要主体，也是城市社会和文化生活的重要制度安排，对于城市发展意义重大。

第一节　城市社会组织的定义、类型与功能

一、社会组织的定义与分类

社会组织，国际上通常称为“非营利组织”“志愿者组织”“非政府组织”，是指具备民间性、非营利性、公益性或互益性、志愿性和自治性五个特征的组织。民间性是相对于国家公共权力部门而言的，强调社会组织不是政府的一部分，也不具备政府的权威。社会组织可以接受政府的资金、与政府合作，但在身份上独立于政府。非营利性是相对于市场化运作的企业而言的，指的是社会组织不以营利为目的。特别需要注意的是，非营利并不是说社会组织不能盈利，而是所得利润必须用于社会组织的章程使命所规定的工作，不能在组织发起人、经营者和出资人中进行分配。公益性或互益性描述社会组织的使命和目标。公益性指的是社会组织致力于实现社会上不特定多数人的利益（或社会全体的利益），互益性指社会组织服务于某一特定群体内的互助性利益。志愿性指的是社会组织是志愿发起，对组织的捐赠或参与是志愿而非强迫的；同时，组织在实际工作和管理事务中有志愿者参与，如由志愿者组成的理事会进行治理，或者由志愿者开展活动。自治性指的是社会组织拥有自主性，可以自主管理组织事务，不是政府和企业的附庸。以上特征使社会组织明显区别于政府部门及市场化运作的企业，因此，在国际上，社会组织也被称为“第三部门”，成为促进经济社会进步和发展的重要力量。

社会组织的五个特征是对其一般意义上的描述，但在实际运作中很难完全具备。从我国国家政策角度看，社会组织主要指在民政部门登记注册，具有法人身份的社会团体、社会服务机构和基金会三类组织。社会团体是互益性组织，是由中国公民自愿组成，为实现会员共同意愿，按照其章程开展活动的非营利法人，主要包括协会、学会、联合会、研究会、联谊会、促进会、商会等类型。社会服务机构又称民办非企业单位，是利用非国有资产举办、从事公益性社会服务的非营利性组织，主要包括各种民办的学校、医院、福利院、社区服务中心、职业培训中心、研究院所、文化馆、体育设施等。基金会是指利用自然人、法人或者非法人组织捐赠的财产，以从事公益事业为目的的非营利性法人。在我国，基金会分为公募和非公募两种类型，公募基金会可以向公众募捐，非公募基金会不得面向公众募捐。在国际上，基金会一般是资助型机构，为其他社会组织提供资金，本身不

运作项目。在我国，许多基金会选择自己运作项目，或资助和项目运作兼有。

在我国，广义的社会组织还包括如下类型：一是群团组织，包括参加中国人民政治协商会议的八个人民团体和由国务院机构编制管理机关核定，并经国务院批准免予登记的团体①。二是不具备法人身份，由机关、团体、企业事业单位、社区内部经本单位或者基层群众性自治组织同意设立，在本单位、本社区内部活动的团体，包括在街道乡镇、社区（村）备案的社区社会组织和在学校登记注册的学生社团、校友会等。三是境外非政府组织在中国的分支机构。四是未登记、未备案的民间结社，如基于共同兴趣爱好、价值观形成的社群和互联网虚拟社区。一些学者把城乡居民委员会和事业单位也纳入广义的社会组织范畴。

二、城市社会组织的定义与分类

城市社会组织是以活动场域集中在城市内的社会组织。根据社会组织在社区中的不同功能和定位，城市社会组织主要包括服务型机构、自治组织、资金支持机构、枢纽型社会组织、宗教团体。

（一）服务型机构

服务型机构是直接为城市社区居民提供一线服务的社会组织，主要分为如下几种类型：(1) 公益慈善类，指在城市社区针对弱势群体，开展扶贫、济困、扶老、救孤、恤病、助残、优抚、救灾、助医、助学、环保等公益慈善活动的社会组织。(2) 生活服务类，指从事养老、医疗保健、托幼、文化教育、家政维修等便民服务的社会服务机构。(3) 社区事务类，指在城市社区开展社区发展、治安巡逻、心理健康、法律服务、社区矫正、纠纷调处等活动的组织。(4) 文体活动类，指城市社区中开展书画、球类、棋牌、舞蹈、健身、武术、戏曲、乐器等活动的志愿组织。这种分类并不是互斥的，许多城市的社会组织同时提供不同类型的服务，例如城市社区普遍存在的社工机构往往兼顾公益慈善、社区发展和生活服务。

（二）自治组织

自治组织开展成员间的互助、维权和自我管理工作。在城市社区，业委会是重要的居民自治组织。业委会是在物业管理区域内，由住宅小区业主选举产生，代表全体业主对物业实施自治管理的组织。此外，城市中的自治组织还包括行业协会商会、消费者协会、学会、同乡会等组织。

（三）资金支持机构

城市社会组织的资金支持机构主要是基金会。在企业和公众捐赠以及政府购买服务之外，基金会为城市社会组织提供必要的资金支持。在国外，基金会一般拥有资产雄厚的保本基金，不花本金，每年的投资理财收益用于基金会支出，如有结余，则继续放入保本基

① 八个人民团体是中华全国总工会、中国共产主义青年团、中国科学技术协会、中华全国工商业联合会、中华全国妇女联合会、中华全国归国华侨联合会、中华全国台湾同胞联谊会、中华全国青年联合会。免予登记社团是：中国文学艺术界联合会、中国作家协会、中华全国新闻工作者协会、中国人民对外友好协会、中国人民外交学会、中国国际贸易促进会、中国残疾人联合会、宋庆龄基金会、中国法学会、中国红十字总会、中国职工思想政治工作研究会、欧美同学会、黄埔军校同学会、中华职业教育社等。

金滚动。保本基金由党政机关、企业、家族和社区成员捐赠设立，捐赠形式包括现金、资产、股权等，并通过资本运作使其不断增值，为基金会提供稳定的资金流。

（四）枢纽型社会组织

枢纽型社会组织在政府和社会之间起到桥梁和纽带的作用，包括各种类型的社会组织联合会和工会、共青团、妇联等群团组织。枢纽型组织的功能包括协助开展政府购买社会组织服务工作、培育社会组织、开展社会组织相关政策的研究、对社会组织的第三方评估和自律监督等。

（五）宗教团体

宗教团体指的是由我国各宗教的教职人员和信教群众参加的爱国爱教的联合组织或教务组织。

三、城市社会组织的功能

城市社会组织在城市社会中具有三个方面的功能：供给公共服务、参与公共治理和培育社会资本。

（一）供给公共服务

根据与政府提供的公共服务的关系，城市社会组织的公共服务主要分为补充性服务与辅助性服务两种类型。补充性服务指城市社会组织可以提供政府和市场不能提供的差异化服务，理论基础是市场失灵和政府失灵理论。辅助性服务指城市社会组织通过政府购买和政社合作协助政府提供基本公共服务，相关理论是新公共管理和志愿失灵理论。

1. 市场失灵、政府失灵和补充性公共服务

亚当·斯密的市场理论强调，只要给予公民追求利益的自由，看不见的手会自动调节资源配置，达到社会福利最大化，政府只需要起到“守夜人”的作用。但是，市场也存在失灵问题，它可以有效提供私人物品，却无法有效提供公共物品。一方面，公共物品的非竞争性和非排他性使得公共物品的使用出现“搭便车”行为。非竞争性是指该物品增加一个使用者不会减少任何一个人对该产品的使用，非排他性是指在技术上不可能将不付费的人排除在公共物品的受益范围之外。例如国防就是典型的非竞争性和非排他性的公共物品。这些公共物品很难由市场提供，因为组织或个人无法向使用者收费，从中获取利益。另一方面，市场存在契约失灵。有效的市场交换要求契约双方完全掌握信息，如果消费者与生产者存在信息不对称，就会产生机会主义行为，降低资源配置的效率。

在市场失灵的情况下，需要政府“有形的手”的介入。但是公共物品的需求是有差异的，人们的价值观、兴趣和利益高度多元。政府决策只能依据大多数人的需求。有学者提出政府倾向于满足中位选民的需求，即在所有选民的偏好中位于中间位置的选民，以最大化选票数量。这就使政府供给的公共服务无法照顾到差异化的、局部性的需求，难以通过有形的手达到资源配置的最优。

在市场失灵和政府失灵下，社会组织就有必要提供补充性的公共服务。社会组织不以营利为目的，没有利润导向，可以生产市场和政府提供不了的个性化、差异化的公共服务。例如在城市中，存在大量无法完全被现有政策照顾到的弱势群体，如罕见病患者、自

闭症儿童和流动儿童，这些人群通过市场化的方式获得服务成本高昂，需要社会组织的帮助和服务。同时，面对信息不对称和契约失灵，由于社会组织无法把利润分红，可以一定程度上减少牟利和欺诈行为，提高商品质量，保护消费者利益。但社会组织纠正契约失灵的作用，在经验层面仍缺乏充足证据。缺乏利润激励可能会导致社会组织的低效率，而且难以完全杜绝牟利行为，社会组织是否真正比商业组织诚信有效仍存在争议。

2. 新公共管理理论、志愿失灵和辅助性公共服务

新公共管理（New Public Management，NPM）是市场导向的公共管理模式，是对福利国家高额财政赤字、政府机构臃肿庞杂的回应。新公共管理改革包括精简政府机构、削减政府职能；吸收商业管理理论，实行绩效导向的管理。在公共服务供给方面，新公共管理改革要求转变政府角色，从公共服务的直接提供者变成规则制定者、资助者和监管者。

公共服务的市场化，意味着将服务生产外包给商业组织和社会组织等第三方，引入竞争机制，以降低成本、提高效率。与政府相比，社会组织免去了官僚机构的繁文缛节，更有灵活性和弹性，能够根据不同需求及时做出反应。但是社会组织作为基本公共服务的供给方也存在局限，这些局限被称为志愿失灵，主要包括四个方面：

（1）慈善供给不足，即社会对慈善的需求大大超过了社会组织的供给能力。社会组织普遍面临资金短缺的问题，很多人希望“搭便车”，不花成本而享受他们提供的公共服务。而且，慈善资源的地区分布极不平衡，最贫困的地区往往是最缺慈善资源的地区。在经济危机来临时，财富阶层自顾不暇，难以雪中送炭提供慈善救助。慈善供给的逻辑，使社会组织难有稳定可靠的资源来充分满足公众对公共物品的需求。

（2）特殊主义，即社会组织有自己服务的特定群体。他们倾向于帮助特定种族、宗教或地域的人群，容易忽视最需要帮助的人群。例如在20世纪60年代的纽约，儿童福利主要通过天主教和犹太教机构供给，而最贫困的非裔美国人多是新教徒，他们常常找不到救助的渠道。而且，许多社会组织偏好帮助勤奋上进、“值得帮助”的穷人，而扶贫的难点恰在于帮助那些陷入贫困陷阱、丧失改善动力和能力的社区。另外，社会组织在解决社会问题时往往选择单打独斗，缺乏系统性。他们或是提供重复的服务，或是缺乏规模效应，无法带来质变。

（3）家长式作风，即社会组织的控制者根据自己的偏好决定服务的内容和对象，不要求经过民主程序。慈善组织享受税收减免，属于公共资源，但这些资源的使用实际上掌握在社区最有权力、最富有的精英手中。因此，精英喜欢的科学、艺术类社会组织得到了较多支持，而关注边缘群体和贫困问题的组织却得不到足够支持。社会组织的家长式作风还体现在没有给予受助者充分的话语权和尊重。一些社会组织甚至在道德和人格上贬低和伤害受助者，为筹得善款贩卖苦难，进行以牺牲受助者尊严换取自身荣誉的暴力慈善。

（4）业余性，即社会组织的工作依靠业余的志愿者完成，降低了服务质量。社会组织的理事会是决策机构，理事是志愿者，常常没有足够的精力和专业性进行决策。一些社会组织缺乏足够的资金聘请专业的专职人员，服务的数量和质量也缺乏稳定性。

因此，在公共服务供给中，政府和社会组织需要通过合作来取长补短。针对社会组织的志愿失灵，政府可以通过税收弥补慈善供给不足，通过决策的民主程序纠正慈善的狭隘性与家长作风，以政府购买资金推动社会组织人员的专职化。

但是，政府与社会组织的合作也带来诸多的风险和弊端。第一，对政府资金的依赖伤害了社会组织的独立性。社会组织以政府的行政意志为导向，形成单向度的资源依赖。政府购买服务成为一种变相的行政扩张，以满足地方行政目标为首要需求。社会组织难以在社区服务中彰显其社会性与专业性。第二，政府购买可能导致社会组织使命漂移，投机性地去迎合政府项目需求。一些社会组织的核心目标在于“盈利”，仅仅关注与政府合约中涉及的服务，专注于完成活动和留痕，不在乎受益者的感受和解决问题的实际效果。第三，政府购买项目的审计和合规要求导致了社会组织的官僚化和过度职业化，社会组织不得不花费大量时间准备材料文书，挤占了服务受益人的时间和精力。政府购买项目对专职人员和机构规模的要求也伤害了志愿精神。社会组织成为少数专业人士掌控的机构，缺乏与本地社区居民的连接和公共参与。因此，在政府与社会组织的合作中，应建立平等互惠的合作关系，尊重社会组织的专业性和自主性。在政府购买服务项目中充分考虑社会组织需求，给予社会组织充足的行政管理经费支持、灵活预算，避免组织陷于文牍工作，将资源用在提升服务的质量上。

（二）参与公共治理

作为多元利益表达的载体，社会组织在公共治理中发挥着重要作用。治理理论提出，治理是一个多方主体的互动过程，政府不是管理公共事务的唯一主体，不能只靠政府单方力量解决社会问题。政府、企业和公民应分享公共权力，共同管理公共事务。治理不同于统治，统治来自政府的命令和权威，以强制为主，而治理的权威来自不同主体的互动和协商，建立在认同与共识之上。

治理具有如下特点：(1) 治理不依赖政府权威，而基于多元主体构建的行动网络；主体间是相互依赖的关系，不是垂直的命令服从关系。(2) 在治理过程中，政府、商业组织和社会组织之间的界限和责任变得模糊。(3) 治理网络中的主体持续互动，为了实现共同目标进行资源的交换。(4) 多元主体间存在信任关系，受到共同协商认可的规则的约束。(5) 治理拥有不受国家权力控制的高度的自主权。总之，治理体现了多元性、透明性和参与性。

治理的成功离不开自主自治的社会，这就要求政府放松对社会的管制，逐步授权给社区、公民，大力发展社会组织，增强公民参与意识。在治理过程中，社会组织可以在政府和公众之间搭建沟通的桥梁，表达公众利益，传递政策意图。良好的政社互动，可以使政策制定更为公正，提高政策的社会认同度和接受度，减少政策执行的阻力。

在治理理论中，埃莉诺·奥斯特罗姆（Elinor Ostrom）的多中心治理理论广泛应用于公共事务和公共资源的管理。多中心治理理论以自发秩序为基础，认为人们可以通过集体协商建立秩序，开展自治。多中心治理理论挑战了传统的公共事务管理理论。传统公共事务管理理论认为，从私利出发的理性个体难以有效管理公共事务。例如，哈丁（Garret Hardin）提出“公地悲剧”，他以牧场为例，指出个人利益最大化的结果是过度放牧，造成公共资源的过度使用和不可持续。奥尔森（Mancur Olson）提出集体行动的困境，他以消费者维权为例，指出相比于厂商，消费者虽然在数量上占优，却难以有效开展集体行动。因为消费者个体组织集体维权的成本很高，而所有消费者都能从中获益，包括那些没有分担集体行动成本和风险的成员。这种不对等的成本-收益模式导致了“搭便车”的问题，使理性自利的个体没有动力采取集体行动。根据这些理论，公共事务的治理似乎只能依赖强有力的中央集权或是将公共资源彻底私有化。但奥斯特罗姆另辟蹊径，通过理论推演和案例研究论证了公共事务管理中自发秩序形成的可能性。社区可以通过集体行动的方式订立契约，解决制度供给、承诺和监督的问题，治理公共资源。在多中心治理中，政府不应过度干预和扩张，而应借力社区组织开展治理。在这个过程中，政府可以发挥提供基础的法律和规则框架、明确权责、监督治理过程等功能，而社会组织起到整合集体利益、协调各方行动、化解集体行动困境、保证治理的可持续性等作用。

（三）培育社会资本

城市社区的善治依赖公民共同体的建立。在共同体中，人们关心集体利益，互相信任，平等包容，具有利他精神。但是，公民共同体和公民精神如何培育?

帕特南通过对意大利不同地区开展长达25年的研究，探究为什么有些地区发展成功、政府高效，而另一些地区经济落后、政府无能。他的研究发现，预测地区发展和政府水平的关键指标是一个地区内合唱团、足球俱乐部以及其他形式的社会组织的总数量。他进而提出了社会资本的概念，指代社会关系网以及与此网络相伴而生的互惠和信任的交往规范。富含社会资本的地区有更强的公民精神，紧密的联系和彼此的信任会降低合作和集体行动的成本。社会组织是培育社会资本，建立互惠互信的社会关系的重要载体。在社会资本和社会组织发展良好的地方，更容易形成善治。

在中国，随着经济和社会改革，单位制逐步解体。在城市社区中，基于单位关系的熟人社会被市场化的商品房住宅小区取代。市场化倡导工具理性的行为逻辑，人与人之间的交往更多基于功利性的考虑，邻里关系冷漠疏离，社会资本流失。面对中国当下城市社区的危机，如人口老龄化、居民利益分化，需要重建社会资本，形成新的社会保护机制。

城市社会组织对培育社会资本发挥了重要的作用。各种文体社团以及志愿者组织为社区居民的持续互动提供了条件，是社会资本的重要来源。居民通过这些组织结成紧密的网络，发展人际信任与合作经验。同时，一些社会组织因社区成员面临共同压力而产生，也可促进社会资本形成。早期成立的业委会往往源自业主维权的集体行动：在与政府、开发商和物业公司争取权益的过程中，业主们形成了紧密联系的团体。

但帕特南也指出，社会资本并不总是带来正面影响。小团体内的紧密联系可能会导致排外倾向，造成社会分割和冲突。他区分了结合型社会资本和桥接型社会资本。结合型社会资本存在于同质的群体中，能够促进团结，达成一致目标。桥接型社会资本则是在异质群体间的连接，它的强度可能弱于结合型社会资本，但对社会整合十分必要。社会组织如果要在社区治理中发挥更大作用，应具有更多桥接型社会资本，广泛连接社区居民、居委会、政府和辖区企业，成为多元共治的润滑剂。

第二节 国外城市社会组织的发展

不同国家城市社会组织的发展既有相似点，又有显著的差异。其中，美国是社会组织最发达、最成熟的国家，其社会组织规模庞大、类型丰富、在诸多领域发挥着重要作用。

因而，本节首先详细介绍美国社会组织的发展情况，然后简要介绍英国、德国、日本这三个具有代表性的发达国家的社会组织发展情况。

一、美国城市社会组织的发展

在美国，社会组织被称作“非营利组织”。在法律上，非营利组织指税务登记中满足一组特定条款的组织，又被称为“免税组织”。非营利组织的范围很广，包括慈善机构，政治游说组织，工会、农会、商会、行会、兄弟会等互助组织，教会等宗教组织，非营利殡葬服务机构，政府授权的信用社和合作社，退伍军人组织等。在非营利组织中，税号501（c）（3）的组织被称为“慈善组织”。慈善组织的使命是实现公共利益，活动领域包括扶贫助困、教育、科学研究、儿童和动物权益保护、维护公共安全和宗教发展等，但慈善组织不能开展政治游说。美国国税局不仅减免慈善组织所得税，也对慈善组织的捐赠人实行税收减免。501（c）（3）慈善组织分为“公募慈善机构”（Public Charity）和“私募基金会”（Private Foundation）两种类型，区别在于前者的资金来源于公众，后者的资金来源于少数个人、家庭或企业。相比于公募慈善机构，私募基金会面临更严格的税收监管。私募基金会的资金可以用于投资增值，但每年须支出不低于资产规模5%的资金用于支持慈善事业。

（一）第二次世界大战前的美国城市社会组织

美国的建国历史是先有社会，后有国家。1620年，“五月花号”载着英国清教徒到达北美，船上41名成年男子在登岸前签署了《普利茅斯联合协议》，俗称“五月花号公约”。他们订立誓约，自愿结成民众自治团体，开启了不依赖强权，而以契约和志愿结社为基础管理公共事务的传统。在1789年美国联邦政府成立之前，英殖民地社会基本依靠民间自治的方式维持秩序、提供社会服务。美国联邦政府成立之后，乡镇、州郡仍是高度自治的社区。法国社会学家托克维尔在《论美国的民主》中对此进行了详细的分析。在社会自治中，以教会为代表的宗教机构发挥了重要作用。至今享誉全球的哈佛大学、普林斯顿大学和耶鲁大学最初都是由宗教领袖创立的宗教教育机构。

19世纪末20世纪初的第二次工业革命改变了美国的社会结构，也促成了社会组织的世俗化和现代化发展。工业化导致大量失地农民涌入城市，资本主义生产方式又造成了周期性的经济危机和失业问题。在城市里，一方面是资本家财富的迅速积累，另一方面是严重的贫富分化和突出的社会矛盾，在这一背景下，社会改革家寻求通过变革传统慈善救助机构解决社会问题。他们认为，传统慈善救助机构效率低下，存在重复救助和浪费，需要向专业化和科学化的方向转型。社会组织要从“授人以鱼”进化到“授人以渔”，并且关注社会问题产生的根源，寻求系统性解决社会问题的方法。这一时期被称为“进步时代”。受到科学主义和管理主义的影响，城市社会组织变得更加组织化、专业化、规模化。慈善组织会社（Charity Organization Society）是进步时代的代表性慈善机构之一。传统的社会救助机构很少去探究贫困的原因、开展预防工作，不同救助机构互不关联、各自为政。慈善组织会社尝试将分散的救助机构整合起来。慈善组织会社成立了一个中央管理机构，对救助对象进行统一登记管理，避免重复救助。慈善组织会社将城市划分为不同片区，每个片区由一个志愿者组成的委员会进行管理，负责救助工作的分配和协调，在不同救助机构间建立联络渠道。在确定救助名单时，慈善组织会社会派调查员去了解申请者的家庭背景、生活环境、受教育程度和工作情况，确认申请者的实际需求。同时，慈善组织会社致力于消除贫苦，倡导勤俭、自助，鼓励申请者掌握谋生技能。

扶贫救助的改革推动了社会工作的专业化。英国牛津大学毕业生丹尼生（Edward Denison）在调研贫困社区之后发现，仅仅依靠慈善救助难以解决社会问题，而要通过好的教育。受到丹尼生的影响，伦敦东区的巴涅特（Canon Samuel Augustus Barnett）教士呼吁剑桥大学和牛津大学帮助贫困社区。在他的倡议下，1884年大学生们在伦敦东区建立了"睦邻之家"。睦邻运动很快传播到英国、欧洲和美国的大城市，"睦邻中心"在贫民区广泛建立。知识精英进入睦邻中心，与贫民共同生活，成为专业社会工作者。他们详细调研社区情况，了解当地人口结构、生活情况和需求，并通过与当地居民平等讨论的方式提出解决社会问题的方法。睦邻中心的工作方法强调邻里互助、志愿结社和社会支持。中心为贫困人口提供教育机会和技能培训，帮助他们提高生活水准。在美国，睦邻运动推动了公共卫生、工作环境、住宅和教育的改善，并拓展了盲人阅读服务、小额贷款、社会联谊、贫民法律服务、儿童俱乐部等活动内容。建立非营利的社区中心、派驻专业社工也进而成为世界通行的扶贫方式。

在社会服务机构向专业化和现代化发展的同时，城市社会组织的支持系统也逐步形成。一是坐拥巨额财富的资本家成立了慈善基金会。基金会作为资助者，为社会组织提供稳定的资金源。面对劳资冲突和贫富分化等社会问题，也为了更好地保护私有财产、实现财富传承，富豪们通过基金会进行温和的社会改良，并按照自己的意愿促进社会进步。1907年成立的赛奇基金会、1911年成立的卡内基基金会和1913年成立的洛克菲勒基金会是其中的代表。在卡内基所著的《财富的福音》一书中，他强调聚财和散财一样需要高超的经营能力，慈善资金不应助长懒惰和不劳而获。他资助了3 000余座图书馆，支持大学和科学研究。二是城市枢纽型社会组织发展，主要包括联合劝募机构和社区基金会。联合劝募机构改变了各个慈善组织独立分散开展募捐活动的模式，将慈善组织的项目整合打包，开展联合筹款，再把筹来的资金分配给各慈善组织。联合之路（United Way）是规模最大的联合劝募机构之一，它与企业、学校等机构合作，在工作场所开展募捐活动。社区基金会负责管理慈善资产，个人、企业和社会组织都可以在社区基金会设立专项基金和慈善信托，由社区基金会进行投资理财，并根据设立者的意愿使用资金。这些枢纽型组织与社会组织形成合作伙伴关系，成为政府、企业和社会组织沟通的桥梁。一些枢纽型组织拥有很强的跨界整合能力，能够集结社区意见领袖形成资源网络，在解决城市社会问题方面发挥领导作用。

（二）第二次世界大战后的美国社会组织发展

第二次世界大战后，美国出现了短暂的经济复苏，但几年后就陷入经济发展乏力、种族对抗加剧、贫富差距扩大和公共服务缺失等矛盾。美国城市在1955年到1968年掀起了民权运动，社会组织通过自下而上和自上而下的方式开展政策倡导和集体行动。

自下而上的社会运动组织包括全美有色人种协会、全国城市同盟、南方基督教领导大会、学生非暴力协调委员会，它们在运动过程中发挥了宣传、动员和组织的作用。同时，面对激烈的社会矛盾，联邦政府也借助社会组织，通过自上而下的方式改变地方权力结构。约翰逊总统继续肯尼迪“向贫困宣战”的事业，于1964年发表了“伟大社会”演讲，明确表达全力以赴消灭贫困，消除种族歧视，追求社会平等和改善人民生活质量的决心。围绕着这些目标，约翰逊发动了全面改革，提出了社区行动计划（Community Action Program）。考虑到宗教、家庭、学校等传统的维系社会稳定的力量难以应对当前的冲突，联邦政府资助成立了非营利的社区行动机构（Community Action Agency），动员地方资源，坚持“最大限度参与”（Maximum Feasible Participation）的原则，让不同种族、不同收入的社区成员都有机会参与到社区议事中，开展集体行动和政策倡导，解决社会问题。这一计划将黑人吸纳进政治议程，提升了有色人种对民主党的支持。但联邦政府的这一策略也导致了地方政府与社区行动机构的冲突，社区行动机构触动了既得利益，引发了白人精英与黑人领袖的矛盾。1967年，随着社区行动机构的主要资助方从联邦政府改为地方政府，社区行动机构从政策倡导组织变成了城市社区发展的服务和咨询机构，人事决策权也掌握在地方政府手里。

20世纪70年代末80年代初，撒切尔夫人和里根先后在英美两国胜选后，开始实施新自由主义改革。美国政府大幅削减社会福利和公共事业开支，并将社会福利的主要责任由联邦政府下放给各州政府。政府放松市场管制，削减税率、刺激供给。政府对公共服务进行了市场化改革以提升效率、缩减政府规模，将公共服务外包给社会组织和企业。这一时期，许多城市服务弱势群体的社会组织依赖政府购买资金，成为政府提供服务、施行政策的辅助机构。它们的独立性和对抗性有所削弱，更多通过政治体制内的社会运动方式来推动政策变革。

市场化的浪潮也带动了商业与公益的结合，以非营利的社会组织为商业手段解决城市问题。从20世纪60年代起，在政府和基金会的支持下，许多城市社区成立了非营利的社区发展公司。80年代，社区发展公司数量遍布全国，为低收入者提供长期稳定和廉价居所，开展基础设施建设、城市更新，提供就业机会。一些社区发展公司承接地方政府改善性住房资金，管理改善性住房资产。公司把房子修整之后租给低收入人群，收取租金作为主要收入，并以住房发展为基础，提供广泛的社区和经济发展服务，包括儿童日托、信用社和就业培训、少数族裔基础教育等工作。社区发展公司由本地人或本地社会组织运营，强调民主决策。公司召集社区居民和商户参与社区议事，共同制定发展策略。以社区发展公司为代表，许多城市的公共服务项目结合慈善捐赠和商业资本，以非营利的社会组织为载体，采用商业工具开展城市更新。

总之，美国的城市社会组织发展体现了“小政府、大社会”的理念。正如托克维尔在《论美国的民主》中所述，独立自主的社会组织可以对抗资本主义国家的暴政。结社有助于培育独立自由的个体，使个人在参与公共生活中相互合作、商议和妥协，克服利己主义、培育公共精神。在美国城市，社会组织发展的成熟度较高，形成了较为良好的发展生态，这是建立在多种社会条件和制度基础上的。公众捐赠、政府购买、基金会资助、投资理财和经营性收入为社会组织提供了较为多元和稳定的收入来源。城市社会组织与政府和商业的广泛合作使政府、市场和社会形成合力，共同推动社会问题的解决。美国城市社会组织也存在不少问题，如大量慈善资金流向富人和精英偏好的艺术、科学等领域，对贫困问题关注较少。慈善维护了资本家的财富和社会地位，它依赖资本主义体系发展，难以从制度根源上解决社会不平等问题。社会组织往往基于不同的种族、宗教和意识形态成立，代表各自的利益和价值观，难以弥合美国社会越来越严重的社会撕裂问题。

二、英国、德国、日本城市社会组织的发展

（一）英国城市社会组织的发展

英国的社会组织具有悠久的发展历史，55 年左右就诞生了互助组织。中世纪时期，罗马天主教会创办了大批慈善机构，并成为社会组织的主要管理者。16 世纪，教会的大量财产被剥夺，开展的慈善活动因此呈现萎缩态势。与此同时，圈地运动导致大批农民成为失业贫民。在这种背景下，英国政府于 1601 年颁布《伊丽莎白济贫法》，开始大规模参与到慈善活动中来。此外，随着 14 世纪英国工商业中资本主义萌芽的出现，行会等世俗的社会组织开始出现。18、19 世纪，英国的社会组织持续发展，率先开展了社区睦邻运动，为弱势人群提供服务，指导社区居民建立睦邻中心。

20 世纪初期，随着工业化和城市化的发展，英国的社会问题日益严重。第二次世界大战后，英国政府成为社会福利供给的核心主体。20 世纪 70 年代，福利国家面临严重的财政危机，撒切尔夫人领导的保守党政府将社会组织引入公共服务领域。此后，社会组织与政府之间的合作日益密切。20 世纪末，工党提出了“第三条道路”，强调政府与社会组织良好合作的重要性，极大地推动了英国社会组织的发展。21 世纪以来，社会企业、社会投资等社会创新推动英国社会事业发展。社会企业是指运用商业手段解决社会问题、实现社会目的的机构。社会企业通过商业手法运作，其所得利润盈余用于扶持弱势群体、促进社区发展并维持自身的可持续发展。社会企业可注册为社区利益公司等法律形式，政府对社会企业的投资和税收予以支持，也对社会企业的资产锁定和分红比例做出规定，保证社会目的的实现。

（二）德国城市社会组织的发展

德国社会治理的核心原则是自治。按照自治原则，德国地方政府可在属地范围内处理大部分公共事务，并在提供公共服务时强调广泛的社会参与。社会组织负责提供具体的公共服务，而政府则主要负责制定法律框架和对服务质量进行监管，不过多干预社会组织内部事务。地方政府将公共服务分为两大类：一类是志愿性质的服务，比如博物馆和剧场，另一类是地方政府核准的强制性服务，如婴幼儿照护、青少年教育、房屋补贴等。强制性服务在全国范围内有统一的服务标准，社会组织需要达到一定准入条件才能提供，这些条件包括具备提供相关公共服务的必要能力和设施，确保资金使用效率等，地方政府也会对社会组织的管理团队、服务标准、资金和质量管理、服务对象反馈进行监管。德国社会组织与政府关系密切，许多组织的大部分收入都来自政府补贴。德国宪法强调保护公民的结社权益，任何一个公民都有权参加任何一个社会团体。

德国社会组织具有很强的统合性，在 20 世纪初就自发形成了六个伞形组织（Umbrella Organization），用于协调社会组织。各伞形组织下的组织定期分享社会服务经验，共同

交流所需要的专业和法律信息，几乎所有社会组织都是这六大伞形组织的会员。为了提升服务效率和话语权，六大伞形组织在二战之后又联合注册了“联邦志愿福利组织联合会”，统合全德国数量众多的社会组织。

（三）日本城市社会组织的发展

日本有着深厚的民间互助和公益慈善传统，不同宗教组织也在日本建立了各类慈善机构，此外，以天皇为背景的慈善活动也是日本早期社会组织发展的一大特色。日本现代社会组织的发展可以追溯到明治维新时期，但长期以来日本政府都对社会组织采取严格限制的发展策略，导致20世纪90年代中期以前日本社会组织发展缓慢。

20世纪80年代末和90年代初，随着日本经济高速增长的终结和少子老龄化现象的日益严峻，家庭养老和社会养老有机结合在一起的居家养老，作为对传统家庭养老模式的补充与更新，成为未来日本养老发展的趋势。居家养老的实现，要依靠政府和企业的作用，社会组织和志愿者的力量也不容忽视。20世纪90年代以后，受全球化以及产业结构的影响，日本的地方社会发生了很大变化，经济停滞、邻里关系淡漠、社会活力不足、地方教育水平和福利水平下降。面对这些问题，政府承担的公共服务难以满足社会发展的需要，民众呼吁社会组织与政府在新关系基础之上加强构建。

1995年的阪神大地震是日本社会组织发展的重要契机。社会组织在救灾与灾后重建过程中的优异表现促成了1998年《特定非营利活动促进法》的诞生，该法有效弥补了公益法人制度的不足，降低了社会组织的准入门槛，将原先的审批制改为认证制，并给予税收优惠，极大地促进了日本社会组织的发展。此后，日本社会组织进入快速发展阶段。特别是在养老和社区营造方面，由地区居民构成的“地缘团体”町内会、自治会等与专业社会组织合作，在地区福利、社区营造、养老护理、青少年培养、环境保护等方面开展多样的活动，对于凝聚社区共识、增进地区居民之间的感情起到了积极作用。

第三节　我国城市社会组织的发展

一、我国古代的城市社会组织

我国有悠久的社会组织发展历史。春秋战国时期诞生了学术和政治社团以及行会组织。东汉佛教传入中国，带动了宗教团体和慈善机构的兴起。在唐代，佛教各宗派通过施舍救济来吸纳信徒，依靠寺院经济，建立悲田养病坊等慈善机构。在宋代，以义庄为代表，形成了组织化的宗族互助形式。例如范仲淹在苏州吴县购置田产，创立了中国最早的义庄——范氏义庄。他订立义庄规矩，规定义庄所置庄田不许出卖，所得租米供给衣食及婚嫁丧葬之用，并开展义学、义塾，奖励科举人才，使范氏家族累世簪缨，而及第者又捐赠资产反哺宗族，扩充义庄。

伴随着城市经济和商业的繁荣，城市社会组织的数量和形式不断发展。明清时期，民间士绅或商人创办以同善会、清节堂、栖留所、养济院、育婴堂等为代表的各类善会善堂。明末的善会善堂主会者包括高攀龙、陈龙正、杨东明等大儒。例如，高攀龙等人于

1614年创立的无锡同善会，以济贫为手段，实现“劝善”的教化功能，具备完善的管理制度和救助标准。在清代，伴随着商品经济的进一步发展，善会善堂遍布中国的城市。这些善会善堂依靠商人的捐助，并在雍正时期获得政府的支持和认可。与大儒创立的明代善会善堂不同，清代善会善堂的主会者常常是地方仕途受阻的儒生，他们通过善会善堂维护自己的社会地位和道德规范，照顾清贫儒生的利益。

同时，明清商品经济较为繁荣的城市普遍设立会馆、公所等行会组织。尤其是康熙年间海禁放松后，促进了从东北到华南的沿海商船贸易，带动了商帮和行会组织的发展。行会组织以地域和血缘为纽带，一方面组织管理商业活动，另一方面也具备慈善功能。他们救济同族和同乡，设立义冢，为去世同乡收敛骸骨；创办义教，为在外的同乡子弟提供教育。清代中期以后，善堂逐步打破地缘和血缘限制，不只救济同乡同族，而且回馈其所在的城市，为一般市民提供援助。例如，广州十三行的商人在1805年协助翻译了介绍英国发明的种牛痘技术的手册，在行商公所实施免费种牛痘的善行。

二、我国近代的城市社会组织

鸦片战争以来，中国城市开始了现代化转型，社会精英群体寻求变革图强。戊戌变法之后，知识分子结社如雨后春笋，仅在1895—1898年间，就出现了六七十家学会，这些学会创办报刊，翻译出版图书，传播现代新思想。一些社团发展为政治团体，提出了革命纲领，形成现代政党的雏形，其中知名的有康有为等人组织的强学会、保国会，孙中山在海外发起的同盟会。在推动政治变革的同时，具有新思想的社会精英重视开启民智，他们发起新式教育学堂，设立戒烟会、不缠足会，改良社会风俗。

在民族资本主义发展和清末新政的双重背景下，各地商人创办了现代商会。相比于传统会馆和公所，新诞生的商会由所在城市不同籍贯和不同行业的商人共同组成，不再简单屈从官方意志，而是积极捍卫自身利益。它们承担了联络商人、调查商情、发展商学、举办展销会、调解纠纷、协调捐税等功能，并且深入参与到爱国救亡运动中。资本主义工商业的发展也带动了工会组织的发展，有孙中山中华革命党领导和帮助成立的工会，有工人自发组织的工会，还有由中华民国工党、无政府党和资产阶级政客组织的工会。但这些工会组织缺乏社会基础，影响有限。1927年，中国共产党成立后，向工人宣传马列主义，帮助工人组织工会。1925年5月中华全国总工会成立，在中国共产党领导下发动和领导罢工斗争，掀起了中国工人运动高潮。

受西方教会和慈善机构的影响，本土精英推动了公益慈善机构的现代化。在日俄战争中，国人意识到红十字组织在战争救助中所具有的不可替代的作用，1904年，富商沈敦和联合洋务运动代表人物盛宣怀，邀请中、英、法、德、美五国人士于中国上海租界成立上海万国红十字会，为中国红十字会的前身。近代实业家张謇参观了上海教会的慈善机构后深有感触：“复与同人力去普通婴堂腐败之陋习，参用徐汇教会育婴之良法，开办一载，活婴千余，成效照然矣。”他对南通包括育婴堂和栖流所在内的传统慈善机构进行改造，并借鉴国外经验创办近代慈善机构，包括养老院、贫民工场、济良所、聋哑学校等。张謇认为“救亡之策莫急于教育”，自筹资金创办了师范学校和职业学校。

总之，近代的城市社会组织呈现了传统与现代交织的局面。传统的善会善堂、同乡会、行会和帮会仍然存在。同时，具有现代特征的知识分子团体、商会、学堂、工会、妇女组织、职业团体诞生，推动了新思想的传播和城市社会的现代化。

三、新中国成立初期的城市社会组织

为巩固新生的人民政权，党对社会组织进行了清理整顿。1950 年，政务院颁布了新中国第一个关于社会组织的行政法规《社会团体登记暂行办法》，对民国时期遗留的社会团体进行取缔、重新登记和改造。政府打击取缔危害政权和人民利益的反动团体，对帮会、会道门等民间秘密结社采取从团结稳住到镇压取缔的策略。对同乡会、同学会、旧式学堂、研究会等民间社团通过要求重新登记，不予支持，促成其自行淘汰。对旧有慈善救助团体或是让其自行解散，或是进行改造，将其纳入国家救助体系。政府接管了旧式官办的文化和教育机构，将受外国资助的文化教育机构国有化，建立了党对思想文化工作的领导。

在取缔和国有化旧有社会组织之外，中国共产党通过建设工会、青年团、妇联、科协等人民团体，形成全国统一的组织体系，将不同职业、年龄、性别的群众组织起来，替代了旧有民间社团的功能。经过清理整顿和改造，重新登记的社团包括人民群体团体、社会公益团体、文艺工作团体、学术研究团体和宗教团体五类。

在城市基层社会，党建立单位制和居委会，实现对社会的全面组织和管理。单位是国营经济的基本组织单位，但又超越了其经济功能，具备政治动员能力，全面管理职工的生老病死、住房分配、子女入学，实现了社会管控的高度组织化。对单位体制之外的城市社会成员，党主要通过居委会进行管理。居委会是在废除旧中国的保甲制度中逐步形成的。新中国成立初期，曾对基层群众自治组织进行了多种形式的探索，例如北京市居民组织以冬防队和防盗队为主，南昌市试行坊代表会议制，广州市推行街坊人民代表会制。1954 年第一届全国人大常务委员会四次会议通过《城市居民委员会组织条例》，定名城市居民委员会，并规定其性质为基层群众自治性组织。该条例颁布后，所有城市按照中央要求重新建立了居委会，规范了组织架构，设置社会福利、治安保卫、调解、文教卫生四个常设工作委员会，完善了居委会的制度建设。

四、改革开放后的城市社会组织

1978 年十一届三中全会，党中央提出“解放思想，实事求是”。市场经济改革使社会各阶层发生了深刻变化。在“文化大革命”期间受到破坏的群团组织和城市居委会恢复建立，国务院机构改革将部分工业专业经济部门撤销并转型为行业协会。政府对社会领域的放松管制，对外开放，以及民营经济的发展，使城市中涌现出各种各样的民间社会组织。

国家政策层面对社会组织的称谓也经历了数次变化。从 1950 年到 1998 年，社会组织统称社会团体。伴随着事业单位体制改革和社会福利服务社会化，一种新的社会组织形式“民办非企业单位”开始出现。1996 年，中共中央办公厅、国务院办公厅《关于加强社会团体和民办非企业单位管理工作的通知》正式提出了“民办非企业单位”的概念，将自收自支、没有国家财政拨款的事业单位命名为“民办非企业单位”，由民政部门进行统一归口登记。1998 年颁布并施行的《民办非企业单位登记管理暂行条例》第一次从法律上定

义了民办非企业单位。利用国有资产举办的从事教育、科技、文化、卫生等社会服务的组织是事业单位，利用非国有资产举办的、从事非营利社会服务活动的是民办非企业单位。2004年，《基金会管理条例》颁布，将基金会这一组织类型从社会团体中分离出来，鼓励企业家、名人等先富起来的人群使用私人财富举办公益基金会回报社会，缩小贫富差距。2004年，官方将具有法人独立地位的社会团体、民办非企业单位统称为“民间组织”。2016年，民政部民间组织管理局正式更名为社会组织管理局，“社会组织”成为正式的称谓。

在社会组织发展的过程中，相关法律法规和政策不断完善。改革开放后，社会组织大量涌现，1950年制定的《社会团体登记暂行办法》无法适应社会组织管理的需要。当时，各个政府部门都有权审批和管理社团，甚至有些社团也在审批和管理社团。1988年国务院发布了《基金会管理办法》、1989年出台了《社会团体登记管理条例》和《外国商会管理暂行规定》等相关管理条例。其中，1989年颁布的《社会团体登记管理条例》形成社会组织的双重管理体制。社会组织统一在民政部门进行归口登记，同时又需要找到业务对口的党政部门或群团组织作为业务主管单位进行登记资格审查和日常管理。设立双重管理体制是考虑到社会组织涉及各个部门和行业的业务，难以仅仅靠民政部门进行管理。1998年修订的《社会团体登记管理条例》进一步明确了登记管理机关和业务主管单位的职责。

基于市场经济发展和社会转型的需要，党和政府开始有意识地引导社会组织发展。1992年，邓小平发表南方谈话，全面深化市场经济改革。市场经济的改革要求与之相应的社会改革与社会转型。此后，民政部于1992年8月召开了新中国成立以来首次全国社会团体管理工作会议。在1993年的《中共中央关于建立社会主义市场经济体制若干问题的决定》中，明确强调要发展市场中介组织，发挥行业协会、商会等组织的作用。1996年7月，中共中央政治局常委会专门研究了民间组织工作。1997年10月，党的十五大报告提出要培育和发展社会中介组织，并以此作为促进经济和政治体制改革的一项重要措施。

2006年党的十六届六中全会报告明确提出“健全党委领导、政府负责、社会协同、公众参与的社会管理格局”，系统阐述了与社会组织相关的理念，要求健全社会组织，增强服务社会功能，坚持培育发展和监督管理并重。2007年，党的十七大报告再次确认了社会组织的地位和目标，提出要“发挥社会组织在扩大群众参与、反映群众诉求方面的积极作用，增强社会自治功能”。这表明政府逐步转变职能，将社会组织作为社会管理和提供公共服务的重要主体。通过向社会组织转移职能和购买服务，政府与社会组织开展了广泛的合作。

2012年，党的十八大报告提出建构社会治理的新格局，要求“加快形成政社分开、权责明确、依法自治的现代社会组织体制”，逐步解除制约社会组织发挥作用的体制机制障碍。20世纪90年代以来，党和政府出台多项政策推动政社分开和社会组织去行政化改革，增强社会组织的自主性。① 2014年，中组部发布《中共中央组织部关于规范退（离）

① 1998年7月，中共中央办公厅和国务院办公厅印发《关于党政机关领导干部不兼任社会团体领导职务的通知》，2007年国务院办公厅发布《关于加快推进行业协会商会改革和发展的若干意见》。

休领导干部在社会团体兼职问题的通知》，限制离退休干部在社会组织兼职，规定离退休干部不得从社会团体获取薪酬、补贴等利益。这一政策促进专业人才进入社会组织担任领导职务，提升了社会组织的公益性和有效性。为了鼓励社会组织发展，政府放松了双重管理体制，降低了社会组织的登记门槛。2013 年出台的《国务院机构改革和职能转变方案》，提出科技类、行业协会商会类、城乡社区服务类、公益慈善类这四类社会组织可以不需要业务主管单位，直接向民政部门申请登记注册，这极大促进了社会组织数量的增长。

2015 年之后，社会组织进入规范有序发展阶段。2015 年，中共中央办公厅印发《关于加强社会组织党的建设工作的意见》，全面推进社会组织党建工作，要求社会组织中党的组织和党的工作有效覆盖，发挥社会组织党组织的政治核心作用。2016 年，中共中央办公厅、国务院办公厅印发《关于改革社会组织管理制度促进社会组织健康有序发展的意见》，对社会组织严格管理和监督，加强民政部门和业务主管单位对社会组织的登记审查。2016 年，全国人大通过《中华人民共和国境外非政府组织境内活动管理法》，规定境外非政府组织在中国境内开展活动，应当依法登记设立代表机构，未登记设立代表机构需要在中国境内开展临时活动的，应当依法备案。境外非政府组织在中国境内开展活动应在国务院或省级公安机关登记备案，由国务院或省级政府有关部门担任业务主管单位。同年，《中华人民共和国慈善法》通过，填补了我国在公益慈善领域的法律空白。2017 年 12 月，民政部印发《关于大力培育发展社区社会组织的意见》，加强对社区社会组织的引导扶持、落实登记备案。

截至 2021 年，全国在民政部门登记的社会组织有 90 余万家。根据民政部的统计，截至 2020 年年底，我国社区社会组织数量已达百万个，超过现有登记注册的社会组织数量。在民政部 2020 年发布的《培育发展社区社会组织专项行动方案（2021—2023 年）》中，虽然未对社区社会组织数量进行明确要求，但各地政府部门一般都根据自身情况制定了社区社会组织的三年行动方案及量化指标，这将进一步促进社区社会组织的发展。

五、当前城市社会组织的管理特征和发展趋势

（一）管理特征

本部分探讨的社会组织不包括广义的社会组织，只包括在民政部门登记注册，具有法人身份的社会团体、社会服务机构和基金会三类组织。根据《中华人民共和国民法典》的规定，社会组织属于非营利法人。非营利法人是为公益目的或者其他非营利目的成立，不向出资人、设立人或者会员分配所取得利润的法人。非营利法人主要包括事业单位、社会团体、基金会、社会服务机构等。为了加强对社会组织的管理，规范其运营，法律和政策规定了社会组织的内部治理和外部监督机制。

1. 内部治理

内部治理主要包括章程、组织的决策机构和执行机构。社会团体作为会员制的互益型组织，它的治理结构不同于社会服务机构和基金会。社会团体的决策机构是会员大会或者会员代表大会，理事会是执行机构，理事长或者会长等负责人按照法人章程的规定担任法

定代表人。社会服务机构和基金会的决策机构是理事会，执行机构一般被称作秘书处，同时还需设立监事会作为监督机构。

社会组织的理事会是内部治理的关键机构。社会组织的理事会与企业的董事会不同，企业的董事是股东，可以享受分红，社会组织的理事会没有所有权，不能从中获利。社会组织的理事大部分是志愿者，他们需要对会员和公众负责，通过民主程序决策组织的战略和人事，推动社会组织使命的实现，并监督资金的使用。

2. 外部监督

外部监督主要包括以下几个方面：

（1）司法部门监督。社会组织的监管涉及多部法律。《中华人民共和国民法典》定义了非营利法人，规范了社会组织的治理架构。《中华人民共和国公益事业捐赠法》《中华人民共和国企业所得税法》《中华人民共和国个人所得税法》规范了社会组织的税收和财务制度。根据2016年颁布的《中华人民共和国慈善法》，社会组织可以申请认定为慈善组织，其活动受到《中华人民共和国慈善法》的约束。

（2）政府部门监督。政府部门对社会组织的管理依据是《社会团体登记管理条例》《民办非企业单位登记管理暂行条例》《基金会管理条例》三部行政法规，对社会组织的登记注册和监督管理实行登记管理机关和业务主管单位双重负责的制度。社会组织的登记管理机关是各级民政部门，业务主管单位是业务对口的党政部门或群团组织。其中，行业协会商会、科技类、公益慈善类、社区服务类的社会组织可以不需要业务主管单位，直接在民政部门登记注册，但近年来，由于加强社会组织的登记审查，直接登记较为困难。

在双重管理制度中，民政部门负责社会组织成立、变更、注销的登记，对社会组织实施年度审查。业务主管单位负责社会组织的登记审查、日常管理和年检的初审。社会组织的重大事项需要向业务主管单位报备或报批。重大事项的内容由业务主管单位确定，包括组织机构和人事变更、重大活动、涉外和涉军活动等。社会组织不得设立地域性分支机构。

（3）社会组织党建。中共中央办公厅于2015年颁布的《关于加强社会组织党的建设工作的意见》要求推进社会组织党的组织和党的工作有效覆盖。社会组织可依托单位、行业、区域建立党组织，实现党组织的全覆盖。街道社区党组织要加强对城市社区社会组织的领导和指导。社会组织党组织书记应参加或列席管理层有关会议。

（4）利益相关方监督。社会组织的出资人、行业组织、公众、媒体的监督对社会组织的发展十分必要。基金会在资助社会组织的过程中会追踪项目进展，在结项时邀请第三方机构开展评估。社会组织的行业组织可以发挥行业自律功能，制定行业自律公约，推动信息公开。例如，中国的基金会中心网和美国的慈善导航对社会组织信息进行整理和披露。公众和媒体可曝光社会组织的丑闻，要求社会组织提升公信力。

（二）发展趋势

当前，我国社会组织已步入发展的快车道。党和国家在宏观政策层面持续释放支持社会组织发展的积极信号，为社会组织的发展持续提供制度保障与激励。在此背景下，地方政府与民间社会纷纷开始在微观实践层面创新社会组织发展方式，涌现出诸多各具特色、有助于社会组织发展的创新行为。

一是政府购买服务。政府购买社会组织的公共服务在中国始于20世纪90年代，最初在上海、广东等发达地区试点。随后，全国各地纷纷开展政府购买服务的探索和实践，服务内容涉及医疗卫生、公共安全、教育、环境保护等诸多领域。党的十八届三中全会明确提出："要正确处理政府和社会的关系，实施政社分开，凡属事务性管理服务，原则上都要引入竞争机制，通过合同、委托等方式向社会购买。"各省市也相继出台了支持和规范政府购买服务的相关政策。

二是枢纽型社会组织的建设。枢纽型社会组织是指由政府部门认定，对同类别、同性质、同领域社会组织进行联系、服务和管理，在政治上发挥桥梁纽带作用、在业务上处于龙头地位、在管理上承担业务主管职能的联合性社会组织。这一创新模式由北京市委社会工作委员会于2008年提出，目前，枢纽型组织多为政府主导成立，形式包括各地的社会组织联合会、社会组织服务中心，它们是政府联系社会组织的纽带，为社会组织提供服务和指导。

三是公益创投。公益创投是将风险投资的理念用于公益慈善事业，为初创和中小型的公益组织提供包括综合性能力建设在内的创业及发展资助，最终目的是培育发展具有创新性的优秀社会组织。对初创阶段的社会组织而言，如果仅仅提供购买服务的资金，往往解决不了公益组织的专业能力和可持续发展问题，而公益创投能够为它们提供启动资金，提升组织的能力和效率。目前，深圳、广州、杭州等地方政府联合企业和社会组织，将财政资金和社会资金结合，设立公益创投项目，培育社会组织成长。

四是公服资金制度。城市社区公共服务和社会管理专项资金（以下简称"公服资金"），是指由财政统筹安排给城市社区专项用于定额补贴以居民为主体参与社区自治，通过协商达成共识并采取集体行动解决公共议题，满足社区成员共同需求的资金。2012年，成都市率先推行公服资金制度，颁布了《成都市城市社区公共服务和社会管理专项资金管理办法》，目前这一模式已在国内多个城市推广。

五是学者的社区营造实验。学者的社区营造实验是指专业的学者团队进入社区中，开展长期的行动社会学实验，研究者会对社区居民和社区工作者进行培力和陪伴，以期提升他们在社区治理方面的专长和能力，对实践经验进行总结和理论提升，起到改善社区现状的积极作用。

六是成立社区基金会。社区基金会是依照法律规定依法登记成立，利用自然人、法人和非法人组织捐赠的财产，为解决社区问题、促进社区发展提供资金资助的公益性、慈善性法人。中国最早的社区基金会为民间自发成立，包括2008年成立的桃源居公益事业发展基金会和2009年成立的广东省千禾社区公益基金会。2014年以来，深圳、上海、南京、成都、广州等地方政府大力推动社区基金会的发展。目前，我国已有政府发起型、企业发起型、社会组织发起型、居民发起型和混合发起型等不同类型的社区基金会。

但是，目前中国城市社会组织进一步发展仍面临诸多挑战。未来中国社会组织的深化发展需要形成与宏观政策信号适配的、清晰的、明确的社会组织发展战略，为地方政府和职能部门发展社会组织提供具体的改革预期和操作逻辑。需要在政策层面推行基层民主改革，加强基层自治，使自下而上的公共讨论与政府决策密切互动，改善社会组织发展的整体环境；提高社会多元参与水平，推动更具公共性的部门预算和公共财政制度改革，使行政部门的服务外包等行为更加符合公众的真实诉求，推动社会组织嵌入多元治理网络并服务于社会治理转型的战略目标。

思考题

1. 什么是城市社会组织？城市社会组织分为哪些类型？
2. 如何理解中外城市社会组织的发展阶段和特点？
3. 城市社会组织有哪些功能和价值？

第九章　城市文化

对一个城市来说，文化是其灵魂，也是城市发展源源不断的动力源泉。城市文化既可以是有形可见的，又可以是无形而潜移默化、耳濡目染的软实力。城市的运行和发展并非孤立的，而是在城乡互动进程中展开的，从城乡关系中，可以把握城镇化进程及城市发展的脉络和意义。

第一节　城市文化的内涵

一、文化与城市文化

（一）文化

"文化"一词，中国自古有之。比如，《说苑》中有"文化不改，然后加诛"。这里，文化的概念是与"武功"的概念相对应，指的是文治教化的意思。近现代中国学者对文化的概念进行了进一步的研究。梁漱溟认为，文化乃是人类生活的样法，人类生活的样法分为精神生活、物质生活和社会生活三大内容。梁启超提出，文化者，人类心能所开释出来之有价值的共业也。蔡元培认为，文化是人生发展的状况，并列举了人们衣食住行、医疗卫生、政治、经济、道德、教育、科学等事项。由此来看，文化一词内涵丰富，既包含了人类生活的方式，也涵盖了多领域的内容。

西方的文化一词主要来源于拉丁文"cultura"，意思是耕作、培养、教育、发展出来的事物，是与自然存在的事物相对应的，并非自然存在的。而英国文化人类学家爱德华·泰勒对文化的概念进行了进一步细化，他认为，文化是一个复杂的整体，其中包括知识、信仰、艺术、道德、法律、风俗，以及人作为社会成员之一分子所获得的任何技巧与习惯。事实上，关于文化的定义有很多，不同的学者对于文化的界定也稍有差异。人类学家克罗伯和克拉克洪曾撰写《关于文化的概念与定义之述评》，对文化的160种定义进行了论述。在众多的定义中，也有一些共识，比如，他们认为文化是社会成员所享有的一切知识、思想、价值观和物质财富，文化是在社会互动中产生的，是社会成员在社会化过程中习得的，它需要经过社会认可，用于满足生理和精神需要。

总之，我们认为，文化是与自然现象不同的人类社会活动的全部成果，既包括人类所创造的实物即物质文化，也包括人类所创造的思想等非物质文化。它是我们与过去的纽带，也是我们走向未来的向导。

（二）城市文化

在中国古代，城市的产生与国家的产生联系在一起，其发展也更多地与行政管理、军事考量等相关。中国早期的城市通常被称为“都”“邑”“城”“郡”“邦”等。比如，中国古代周朝的都，是当时最大的城市，而根据血缘或者军功对诸侯进行分封而形成的“邑”，是中国古代城市的典型形式。它们都是城市文化存在和发展的重要条件。现代城市的存在和发展则更多依赖于政治、经济、文化等多重因素。西方城市的产生更具有经济性的特征。在欧洲，城市的产生经常伴随商品经济的发展，比如古希腊时期的雅典、科林斯都是作为爱琴海地区的商业中心出现的。宗教也是欧洲城市存在和发展的另一个重要因素，比如君士坦丁堡。由此来看，城市文化是伴随城市的产生与发展而逐渐形成，它的发展也是各种因素交互的结果。帕克认为，城市绝不仅仅是个人的集合体，也不是各种基础设施的聚合体。城市，是一种心理状态，是各种礼俗和传统构成的整体，是由这些礼俗所包含并随传统而流传的那些统一思想和情感所构成的整体。

因此，我们认为，城市文化是城市社会成员在特定的城市区域内，在一定社会时间中，共同由城市社会成员创造，同时也被城市社会成员所共有的全部成果，它的产生与发展是政治、经济、宗教等多种因素交互的结果。

二、城市文化的元素

虽然城市文化的差异很大，但它们也有共同的元素。包括城市文化的符号、城市文化的语言、城市的核心价值观和城市文化的制度规范等。

（一）城市文化的符号

和所有生物一样，人类首先是通过感官去体验周围的世界，但与它们不同的是，我们试图对这个周围的世界赋予意义，符号就是人类赋予世界以意义的重要手段。符号是任何带有特定意义的东西，它们需要被共享某种文化的人们所认可。当然我们也要看到人类本身创造和操纵符号的能力，尤其随着互联网的发展，社会一直在创造新的符号。通常来说，我们也非常依赖于文化符号，以至于我们认为它们是理所当然的。只有当我们认为的文化符号被他人以非常规的方式使用时，我们才会敏锐地意识到它，这就是所谓的文化冲击，而文化冲击通常是一个双向的过程。

城市文化符号，通常体现一个城市的性格和它独有的文化魅力。它通常需要借助一些独特的资源而实现。每座城市都具有独特的资源，这种资源可以分为硬件资源和软件资源，硬件资源主要指城市中存在的一些有形的、可触碰的名胜古迹、街巷、建筑物、博物馆等。比如，北京故宫作为皇家文化集大成的文化地标，承载着深厚的文化底蕴，成为北京典型的城市文化符号的表达。而软件资源通常指那些无形的，但是可以被感知的、有一定影响的资源，可以体现一个城市的历史底蕴或者现代精神风貌。比如，上海的东方明珠塔是 20 世纪末浦东新区发展建设的象征，也是当地各种文化活动的空间，体现了城市欣欣向荣的精神内涵。而这些通常都被认为是城市的文化符号。西方国家的城市也是如此，他们通常想尽一切办法，把历史上深受老百姓喜爱的人物的具体的“形”和抽象的“神”以及现代城市的精神风貌紧密地结合起来，打造成为城市的经典符号，比如法国的巴黎被定义为艺术浪漫之都，维也纳是音乐之都等。

因此，作为城市的文化符号，凸显的是城市自身的性格，反映了城市居民的精神风貌，是这座城市最好的名片。它不仅代表过去，同时还会指导现代，并指明城市未来的前进方向。

（二）城市文化的语言

语言是文化传播的关键。在人类历史长河中，语言一直在文化中扮演着重要的角色。每个社会都有一部分文化是通过语言来传递的，这个过程被社会学家称为“口头文化传统”。语言也在一定程度上影响了我们对世界的看法和理解。比如爱德华·萨丕尔和本杰明·沃尔夫认为各种语言都有自己独特的符号，且能够作为现实的组成部分，与独特的情感融合在一起。

城市文化的语言有多种表达方式，最直接的是语言表达的形式。一般来说，一个城市文化的需要通常是一种规范性需要，它是城市文化能相互交流的前提。与此同时，城市文化的语言还体现在地方性方言。地方性方言是当地城市居民所持有的，彰显了当地城市居民的生活习惯和方式，更能表达城市文化的特色。因此，在提倡城市规范语言的同时，还应正确地看待地方方言，实现地方方言与规范性语言的和谐共生。

（三）城市文化的价值观

从广义上讲，城市文化是由相对持久和广泛分布的表征、价值观和事件组成。因此，价值观是城市文化的另一要素。城市文化的价值观是一个城市主体性文化得以形成和发展的需要，它决定了一个城市的思想取向和行为选择。它具体可以表现为一个城市的理念、信仰和理想追求。一般来说，不同的主体有着不同的利益追求和价值期待，因而形成了不同的价值取向和价值观。所以，在一个城市中往往会出现多种多样的价值体系，但值得注意的是，在众多的价值体系中，总有一个处于主导的价值观，代表成员的主体性价值期待，并引领城市朝着正确的方向前进。

城市文化的价值观通常可以是制定的或培养的，它让人们积极地参与到生产者和消费者相互交织的角色中，对人们的日常生活产生重要的作用。价值观通常居于城市文化建设的核心地位，关乎着城市的未来发展。反过来，城市文化建设就是要塑造正确的城市文化价值观，而这通常是与整个国家的价值体系连接在一起。因此，城市文化的价值观又通常具有内在统一性。它首先表现为要坚持以人为本。以人为本就是要确认人在城市中的主体地位，把城市社会成员的需求和根本利益作为城市建设的根本出发点和最终归宿，创造宜人的城市生态环境，同时还要关注人的全面发展，确保城市社会成员共享城市发展的已有成果。

（四）城市文化的制度规范

规范通常来说是用以指导其成员行为的运作规范、规则和期望，有些制度规范是禁止某种行为的发生，有些制度规范则是规定了具体的行为模式。城市文化同样也包含某种制度性的规范。这种制度性的规范被广泛遵守，具有重大道德意义，对我们的生活比其他规范更重要，也是被广泛遵守、具有重大道德意义的规范。

城市作为要素众多的复杂系统，涉及人口、环境、资源、产业、管理等诸多方面，因此如何有效地整合城市要素，推动城市的良性运转就需要依赖制度规范。也有人认为城市文化的制度规范是对城市社会关系和公共关系的规则性确认，包括正式的制度规范和非正式的制度规范两种。正式的城市制度规范指的是政治及司法规则、经济规则和合约，它是以维护城市居民整体利益为基本着眼点。而非正式的城市制度规范主要是由习俗、惯例、个人行为准则和社会道德规范构成，与正式的城市制度规范相比，它对城市生活中的影响更广泛。

三、城市文化的特征

作为社会文化的一个组成部分，城市文化具有社会文化的共同特性，即文化的超个人性、复合性、象征性、传递性及变迁性。同时，城市文化作为人类文化的一种特殊形态，也有其特有的属性。具体来说，城市文化的特征表现在以下几个方面。

（一）聚集性

任何城市都是集中过程的产物，伴随着城市化的过程，人口、资源等都集聚在城市这一区域。因而，城市文化就具有了集聚性的特性。这种集聚性也使得城市文化得以延续和凸显。一个城市只有通过文化的集聚，才有可能形成城市文化的统一体，也正是这种凝聚性建构了一个城市基本的文化底蕴，同时成为城市居民精神的力量源泉。

（二）多元性

城市的集聚性和高度发达的社会分工，造就了城市文化的多元化特征。城市分工的涵盖面积更大，凝聚力越强，这必然带来文化在城市的集聚和繁荣，进而逐步形成多民族多文化特色。大城市从来就是各种民族、各种文化相互混合、相互作用的大熔炉，新的种族、新的文化、新的风俗与新的社会形态就是从这些相互作用中产生出来的。刘易斯·芒福德曾说过："如果说，在过去许多世纪中，一些名都大邑，如巴比伦、罗马、雅典、巴格达、北京、巴黎和伦敦成功地支配了各自国家的历史的话，那只是因为这些城市始终能够代表他们民族的文化，并把其绝大部分留传给后代。"城市文化的多元性还带来城市亚文化的发展，为每个市民提供了多种选择的可能，也在某种程度上增加了城市的吸引力。当然，城市文化的多元性也使得多种文化的碰撞和交融成为可能。比如北京作为大都市，汇集了来自不同地域、不同文化背景的人，使得北京的城市文化更加丰富多元。

（三）地域性

城市本身作为地理要素、经济要素和人文要素的综合体，每个区域、每个城市都存在深层次的文化差异，而这种文化差异更多地受到了自然环境的影响，尤其是在城市文化形成的早期。因为每一个城市在形成和发展过程中，都会根据自身的地理环境、交通条件以及经济发展程度而产生自己独特的文化特质。地域条件的差异也使得城市在建筑、语言、风俗上千差万别。因此，城市文化的另一特征就是地域性。这种地域性的特征是指文化上可以认同的居民及自然历史形成的人类不得不接受的环境条件和一种历史文化空间。正是因为城市文化的地域性特征，使得城市具有了自己的特色。但不可否认，随着城市化进程的推进以及城市规划学的兴起，城市文化的地域性特征呈现出弱化趋势，尤其是对于一些新型城市而言更是如此。但也有越来越多的学者试图找到两者的平衡点，推动城市的地域性与现代性的新融合。

（四）开放性

城市文化的开放性是由城市本身的发展规律所决定的。一方面，一个城市并非完全是封闭的，它需要对外交流。另一方面，随着城市化的推进，城市本身也处于不断形成和发展的过程中。因此，城市文化也必然具有开放性的特征。城市文化的开放性一方面体现在对周围其他区域文化的辐射和带动作用，尤其是城市文化中的积极要素，包括现代化的理念对周围的乡村文化产生了重要影响。另一方面还体现在不同国家、不同城市之间的文化交流。这种文化交流使得城市文化更具有开放性和包容性，不同程度地满足了城市居民的多元文化语言，增强了城市的活力和吸引力。

第二节　城市文化的构成及功能

城市总是有自己的文化，它们创造了别具一格的文化产品、人文景观、建筑及独特的生活方式。而这些元素的具体组合方式共同构成了城市文化的基本结构。怀特具体区分了这些文化要素，将它们概括为三种形态：一是技术系统。它是由物质的、机械的、物理的和化学的仪器以及使用这些仪器的技术构成的，它与自然密切相关。二是意识形态系统。它是以清晰的言语或者其他符号表现出来，由思想、信仰和知识所构成。三是社会学系统。它主要是由人与人之间的关系所构成，通常以个人与集体的行为方式表现出来。它包括亲缘关系、社会关系、经济关系、伦理关系、政治关系、军事关系、职业关系、娱乐关系等。

一、城市文化的构成

城市文化的构成包括物质文化、精神文化和制度文化三个方面。

（一）城市的物质文化

刘易斯·芒福德认为，城市首先是作为一种地理现象而存在的，其形态是受地形条件和土地特性制约的，即使它会因为防御、工业和交通的需要而发生改变。因此，城市的物质文化是城市文化的基础，它是由城市中可感知的、有形的各类基础设施所构成，具体包括城市的建筑、道路、住宅、水源、通信设施、垃圾处理设施、市场流动的产品等物质现象。这些物质现象都有可能成为一个城市的标识，同时它们与自然环境的关系也最为密切，即使人造的环境也从未与原有的土地形态有片刻完全的分离。所以，城市物质文化根植于具体的物质实体，呈现了一个城市中最直观、最生动的一面。

除此之外，这些有形的城市基础设施背后所包含的符号和价值也属于城市物质文化的主要内容。正如凯文·林奇所说，城市的物质文化也是一个沟通和交流的媒介，它展现着明确的与不明确的符号，比如：旗帜、草地、标语、彩窗、橙色屋顶、螺旋梯、柱、门廊、锈了的栏杆，等等。这些符号告诉我们其所有权、社会地位、所属的团体、货物与服务，还有许多其他的有趣或有用的信息。最为典型的是城市的建筑或者街道，它不仅仅是由石头、水泥、钢筋等堆砌的有形物质实体，背后还体现着这个城市鲜明的地域、民族和时代特征，可能还包含美学与艺术的价值。也正因为此，它才能成为一个城市物质文化的表达。因此，城市的物质文化不仅根植于城市的各种物质设施，还包括这种物质设施背后的符号和意义。

城市的物质文化并不是一成不变的，而是会随着社会的变迁、技术的推进等发生改变，尤其是科学理论与技术体系的交互作用共同推动了城市物质文化的新创造。最为典型的是大数据的普及和人工智能算法在城市场景中的不同应用，产生了新型的城市物质文化的形态。比如，北京推出的“云游故宫”，就是用虚拟现实技术和人工智能算法与故宫博物院进行结合，创造的一种新款的数字文化产品。它不仅将传统的城市物质文化的实体，包括建筑、文物等进行线上的展示，还对其背后的历史故事和文化进行介绍，同时还融合多种互动的元素，提升用户的文化体验。与此同时，互联网也通过媒介和文化属性推动了城市文化的发展，从而逐渐成为城市物质文化的重要内容。目前，网络场景在城市空间的应用主要体现在城市政府网站、城市信息产业和网络应用、城市网络舆情和城市生活网络等方面，极大丰富了城市物质文化的内涵。

因此，我们认为，城市的物质文化内涵丰富，包含了广泛的人类物质创造。其中既有可以触及的物质实体，也有这些物质实体所涵盖的符号和意义。同时，一个城市的物质文化的形态也会随着新技术的发展而不断拓展。但我们应当注意两点：第一，城市的物质文化是城市文化的基础，反映了一个城市的价值观和具体的发展状况。尤其是在这些物质文化中产生的，被称为物质文化群的根基文化，是一个城市在一定历史时期社会生活的物质基础。过去的城市发展过多地关注物质文化的建设，甚至对城市设施进行纯粹的物质组织。可以说，城市居民的社会生活都是建立在城市物质文化的基础上。第二，城市的物质文化的发展受制于社会整体价值观的影响。也就是说，只有当城市的物质文化的发明创造及科学技术发展所提供的价值符合这个城市的整体社会价值观时，它才能被接受、采纳和应用，否则就会受到阻碍，甚至是排斥。

（二）城市的精神文化

城市的精神文化是与城市的物质文化相对应的概念，它是城市文化的内核或深层结构。正如芒福德所说，城市是一个社会活动的舞台，它的物质组织形式，其产业和市场、通信和交通的线路，都必须服从于它的社会需求。城市的精神文化是城市文化的本质，是城市发展整体纲领的核心。它是城市居民的行为方式以及指导、影响、支配城市居民行为的规范、准则和城市居民价值观念以及行为心理的总和。它具体包括一个城市的价值观念、道德规范、法律习俗、知识体系、文化追求、文化需要等精神层面的内容。

城市精神文化的内容丰富而广泛，按照存在形态的不同可以划分为两类。第一类是与具体的、有形的物质媒体相结合而展现出来，通常也更容易理解。它可以通过城市历史文化遗产、艺术雕塑、图书馆、博物馆以及学术性刊物等进行记录、保存、展现和传递，可以有效提高城市居民的思想道德和文化素养水平；它也可以借助于城市的文化产业，比如文化传媒、文化娱乐和文化休闲等多种文化产业形态所展现出来，用以满足城市居民多重的文化需要。第二类城市精神文化通常存在于城市居民内在思想中，是一种不能直观触及的无形力量，也是通常意义上的狭义的精神文化概念。它包含城市居民的价值观、精神追求、精神境界、理想信念、伦理道德、传统、风俗习惯等。与第一类城市精神文化相比，第二类城市精神文化更接近于城市精神文化的内核，也更展现一个城市的精神风貌，体现一个城市的文化发展水平。

城市的精神文化作为城市文化的核心要素，是由城市居民在长期的历史实践中所形成的，反映了一个城市的历史韵味、现实发展、价值理念和精神追求，并处于动态化的过程之中。首先，城市的精神文化是在城市历史发展过程中自然形成，具有历史的连续性和地域的延展性。城市的精神文化也不是历史资料中枯燥的数字或描述，而是在历史长河中不断积累和延续，并以此获得区别于其他城市的独特气息。因此，城市的精神文化通常需要根植于城市的历史和地域特色，只有加深对城市历史和地域特征的了解，才能准确把握城市精神文化的重要内涵。其次，城市的精神文化还应立足当下，关注城市的现实发展状况。任何一个城市的精神文化都要深入人心，反映时代特征，体现时代的要求。因此，城市的精神文化需要紧跟时代，综合考量一个城市的发展状况、市民的精神风貌和社会风气等信息，并对其进行核心的提炼和精准的概括，进一步彰显城市的时代特质。最后，城市的精神文化也应具有前瞻性，既不能脱离实际，也要有明确的目标和追求空间。城市的精神文化犹如一面旗帜，能够有效地引领城市居民，这就使得城市的精神文化建设也要着眼于未来。

（三）城市的制度文化

城市的制度文化是城市文化的制度化、规范化的表现形式。它以城市的物质文化为基础，用以满足城市居民更深层次的需要。具体来说，就是为了解决人与人、人与群体之间的关系而形成的一种制度化的文化，它包括城市的政治制度、经济制度、社会制度和文化制度。

对于一个城市来说，城市制度文化的产生与城市的特性相关。首先，城市是大量人口的集聚地，人们来源不同，社会背景不同，在生活习惯、价值观念、宗教信仰和社会习俗等方面都存在一定的差异，这都使得原有的风俗、习惯等非正式的约束机制能力下降，加剧了社会整合的难度。阿尔蒙德也认为，在传统社会中，一个首领在很大程度上是按照一套既定的风俗习惯行事的，他们的合法性取决于他们世袭的地位，取决于他们对某些宗教习俗的遵守，因而传统社会中的政治文化具有宗教化和非理性化的色彩。而在现代城市中，文化的世俗化要求决策过程的科学化、理性化，当权者的合法性将取决于他们在竞争性的选举中是否获胜，取决于他们在制定法律时是否遵守规定的宪法程序。因此，这就需要区别于非正式整合手段的新制度文化体系，于是便在城市中产生了一套统一规范化的城市制度文化体系，比如规则、制度、章程、法律、法规等，以实现城市社会的高度整合。此外，高度发达的社会分工也使得城市产生了众多的职业和产业，成立了各种专业团体，比如行业、协会、工会等组织形式，这些组织的行为规则，在这些群体中发挥着重要的作用，从而成为城市制度文化的新内容。

从现实角度看，城市社会的变迁以及新的城市问题的涌现也影响着城市制度文化的发展。现代自然科学技术的发展正在以强大的力量推动社会结构的变迁，尤其是在信息化和网络化的语境下，城市居民的生产方式和生活方式已经发生了很大的变化，而作为调节城市居民个体与个体、个体与群体关系的制度文化体系必然也需要调整。毋庸置疑，由传统文化向现代文化转变是现代城市社会的一个重要特征，而城市文化的变迁也必然通过各种制度的变迁表现出来。与此同时，城市转型与变迁也会带来新的城市问题，而城市制度文化是研究城市问题的有效突破口。亚文化理论认为，城市问题的产生是因为缺乏一定的亚文化，或者亚文化遭到了一定程度的破坏，使得一部分群体不能继续相互依赖和支持，由此触发了城市各类社会问题的产生。这些新的城市问题的产生，也促使城市制度文化不断更迭，以更好地解决城市问题，推动城市的新发展。

综上，城市的物质文化、精神文化与制度文化共同构成了城市文化结构的基本面向，它们并不是孤立存在的，而是相互影响、相互作用的。与此同时，每个部分在城市文化结构体系中扮演着独特的角色和功能。城市的物质文化是城市文化的“血肉”，它通过建筑、房屋、街道、交通、空间、市场等物质文化的要素为城市发展提供基础；城市的精神文化则是城市的“灵魂”，它通过多种思想、观念、规范、准则和价值体系等精神文化的要素为城市提供指引；而城市的制度文化则是城市的“骨骼”，它通过多种多样的制度形式将城市的物质文化和城市的精神文化穿织起来，共同构成城市文化的有机整体。

二、城市文化的功能

文化功能是城市的核心功能，也是城市竞争和可持续发展的重要动力。从全球经验看，文化功能的发展成效及对地区发展的带动受到普遍重视，各地都在积极倡导和推进文化功能的完善，以引领城市可持续发展。理论学界很早就关注到“功能”的问题。结构功能主义理论学派认为，整个社会体系和社会制度之间的关系需要从功能的角度出发，对其进行功能分析。社会生活之所以能维持下去，是因为社会找到了一种手段或者结构去满足人类的需要。文化系统也需要满足人类的需求，“一切制度、习俗和信仰之所以能够存在，概因其对社会有独特的功能”。人类学家马林诺夫斯基也关注到文化的功能研究，他将社会人类学的研究对象划分为“文化”与“人的基本需求”两大类。他认为社会人类学者的使命在于通过田野调查理解人的文化性、制度性的活动与人的基本需求之间的关系，而文化的功能指的是“文化满足人的基本需要的方式，或满足机体需要的行动”。刘易斯·芒福德则关注了城市与文化的内在关系，他形象地将城市比喻成“容器、传播者和流传者”，他还将城市的功能做了一个很形象的比喻，即“磁体”和“容器”，它们实现了“文化的贮存、文化的传播和交流、文化的创造和发展”。具体来说，城市磁体功能是指城市具有将一些非居住者吸引到城市中来进行情感上的交流与精神上的刺激的功能，而这个功能在城市兴起中发挥了不可忽视的作用。“由此可见，在城市成为人类的永久性固定居住地之前，它最初只是古人类聚会的地点，古人类定期返回这些地点进行一些神圣活动，所以，这些地点是具备磁体功能，而后才具备容器功能的。”而城市作为容器功能主要体现在两个方面：第一，城市作为贮藏器可以集中各种社会成分，并提供其相互作用的一个封闭场所。比如城墙、城堡、文字、市场和博物馆。第二，在这个封闭的场所中，将精神文化物质化，从而增强贮存城市文化的能力，提高城市价值。从更普遍的意义上看，城市的文化功能不仅对人类文化产生重要作用，还对城市居民、城市治理和城市发展产生广泛的影响。

（一）规范功能

对于文化而言，其规范的对象是人以及由人所组成的社会，包括人的物质实践活动、思想活动以及社会组织。因而，城市文化作为人类文化的重要组成部分，它对城市居民也具有重要的社会规范作用。

第一，城市文化为城市居民提供了基本的行为准则。一般来说，城市文化主要指的是城市社会中包含的风俗、道德、法律、价值观念和以城市各行各业为主体共同制定的契约、公约、公共守则等。这些都为城市居民提供了基本的行为指引和行为参考，使得城市居民能够按照具体的规范而采取行动，甚至在某种程度上对于城市居民行为的偏差行为进行及时的纠正，达到规范性的作用。

第二，城市文化为城市居民的实践活动提供价值规范和精神指引。文化对人们的物质生产活动和物质生活活动提供的规范，是为了帮助人们在实践活动中获得价值意义和精神规范。尤其是一些先进的、优秀的文化，可以有效地调整人们在实践活动中出现的异化问题，为人们提供更高层次的精神指引，而非禁锢与限制人们的实践行为。

（二）整合功能

文化的整合概念是由文化人类学提出的，它指不同文化相互吸引、融化、调和而趋于一体化的过程。文化的整合功能也是结构功能主义学派的核心概念，它包括价值整合、规范整合和结构整合三个部分。因此，城市文化的整合功能主要体现在以下两个方面：

第一，城市文化为城市居民提供主流的价值整合体系。城市由不同的社会成员组成，他们在价值方面存在一定的差异，而城市的主流文化则会对其进行文化的熏陶，使其保持大体一致的观念。城市的文化价值整合就是通过这种对主流文化的认同，渗透到城市居民的社会化行为中，使得他们能够相互感通、相互认同，以保证城市生活的有序进行。

第二，城市文化在实践中发挥着结构性和规范性整合的作用。与乡村相比，城市分化的程度较高，在人员结构和社会结构上更加多元和复杂，出现众多相互分离又相互联结的小群体和小单元。因此，需要城市文化的统一调和作用，整合社会结构和人们个体行为的差异，发挥其凝聚的力量，使城市成为一个功能协调的结构体系。城市社区也正是通过丰富多彩的文化活动，吸引城市居民的参与，从而不断增加其相互的交往和互动，凝聚共识，增强归属感，进而实现文化对城市居民行为规范和城市结构凝聚力的整合。

（三）服务功能

芒福德认为，“城市应当是一个爱的器官，而城市最好的经济模式应是关怀人和陶冶人”，城市最终的任务是促进人们自觉地参与宇宙和历史的进程。因此，城市的服务功能也主要体现在两个方面：

第一，城市文化为城市居民提供丰富的文化产品，服务并满足城市居民多层次的文化需要。城市中不同年龄、文化层次、职业的群体对精神文化生活有着不同的需求，而城市的多元包容性文化则更好地满足了人们个性化、差异化和多样化的文化需求。与此同时，城市还通过向城市居民提供公共文化服务，向城市居民提供优质的文化产品，满足城市居民日常的精神文化生活消费需求，丰富他们的精神世界，进而提升其幸福指数。

第二，城市文化帮助城市个体顺利实现社会化，激发其内在潜能。每一个社会中的人，都需要在社会化的过程中实现人的自身发展。城市文化可以为城市居民提供一套价值规范体系和交往规则，并塑造和培育个体的人格，使其具有正确的世界观、价值观和人生观。文化的发展是通过人的创造活动来实现，因此，城市文化的发展需要激发人的创造性，而这一过程就有效激发了个体的内在潜能。

（四）治理功能

从文化治理的理论和实践研究中，主要形成两种倾向：一是把文化作为治理的对象和目标，即将文化治理作为国家治理和社会治理的一个领域；二是把文化作为治理的工具和路径，强调用文化治理，突出文化在国家治理和社会治理中的作用。城市文化的治理作用也体现在两个层面：

第一，城市文化是治理城市的一个重要领域。治理城市是一个系统工程，它包含政治、经济、文化和社会等多个层面，有着丰富的内涵。文化治理作为城市治理的重要组成部分，在城市治理中具有重要的地位。目前来看，城市治理中的文化治理不仅体现在对文化领域中的问题进行破解，同时还体现在对城市文化精神的培育和打造，即从文化的角度提炼和构建城市精神和文化形象，从而更好地实现城市治理。

第二，城市文化是治理城市的重要工具和手段。城市文化作为治理城市的一种重要工具和路径，具有区别其他路径的一些优势和特点。有人将其称为城市的软实力。治理城市就本质而言，它是一种为人的治理，是为了实现城市居民更好的生存和发展而进行的，这也形成了人们的共识。但实践中常常会出现很多城市问题，而其背后就有深层的文化因素，尤其是由一些习惯、价值体系、文化素养的不同差异所引发的城市问题，需要充分发挥城市文化的系统能力和教化作用，对城市居民进行角色教化和规范引领，使其成为一个合格的社会人和道德人，并使之做出符合社会期待的行为模式，从而奠定城市治理的基础。

（五）发展功能

城市文化是城市的根基，是城市的旗帜所在。无论是塑造城市灵魂、培植提高城市竞争力、培育城市的个性，还是塑造城市形象，都需要先进的城市文化作为指导。也有人认为，21 世纪的城市竞争在很大程度上归结于文化力的较量和文化资源配置的能力。因此，城市文化在现代城市发展中占有重要的地位，并发挥着巨大的作用。

第一，城市文化的发展功能体现在为城市提供可持续发展的基本动力。城市文化是城市的内核，它能为城市提供强大的凝聚力，尤其是城市文化中的先进部分，会有效凝结城市现代化发展中的动力要素，最大限度地调动人才队伍的积极性和创造性，实现资源的最优配置，同时还能催生新兴科学技术的研发和转化，推进城市的可持续发展。

第二，城市文化的发展功能还体现在对城市发展本质的掌握。现代化城市发展中越来越重视城市的文化内涵，越来越多的地方政府试图通过文化来打造城市的新形象。而城市发展的本质特征除外在的文化形象之外，还应关注与城市的内核相关的因素，包括城市市民共同认同的价值观、城市的生态人文价值、城市的经济发展和治理水平等，而这些都需要城市先进文化的指引。只有如此，才能抓住城市发展的内核，增加城市的魅力和吸引力。

第三节 城市文化建设

城市的文化建设常常居于城市建设的核心，也是构建新型城镇化道路的必然要求。同时，城市文化建设又是一个非常广泛的概念，它既包括对人文城市的关注，也包括城市建设中的文化考量和城市文化特色构建等问题。

一、人文城市的特点

人文城市是城市文化建设的核心议题，它是以“文化是城市的灵魂”为发展理念，以文化城市为人文城市建设的理论基础，以城市是否提供一种“有价值、有意义、有梦想”的文明生活为评价标准。人文城市是一个关于城市规划、建设和发展的新理论和新模式。虽然在城市化的进程中，很多地方政策在具体的战略规划和相关政策中都涉及城市建设中的人文要素，尤其是2014年出台的《国家新型城镇化规划（2014—2020年)》，从国家的层面上明确提出“注重人文城市建设”问题，标志着我国从经济型城市向文化型城市的重大战略转型，但总体上来看，我国人文城市的建设还处于起步和探索阶段，尤其是对人文城市的独特性还缺乏共识。因此，我们要准确地梳理人文城市的特点，以此构建人文城市建设的独特性。

（一）人文城市以城市文化为基础

从理论上看，人文城市的理论渊源基于城市文化理论，城市文化理论应该成为我国“人文城市建设”的核心意识形态和主流价值观念。比如文化地理学、人本主义城市学和城市人文生态学，都将关注的焦点集中到城市的文化及其功能上，使之区别于传统城市社会学对人口要素的关注和新城市社会学对政治经济结构的关注。因此，人文城市的第一个特点就是要以城市文化建设为基础。

以城市文化建设为基础，也为人文城市建设积累了丰厚的文化底蕴，决定了它的城市品位和城市特性。随着现代化的推进，城市建设中越来越凸显现代化的要素，城市的文化外观越来越走向趋同，导致了“千城一面”，同时还存在对城市传统历史文化景观的破坏等问题。但人文城市的发展离不开文化的积淀，它的个性和特色也需要借助文化的力量来实现。因此，城市的文化和人的文化共同构成了人文城市文化的全部，也使得人文城市区别于传统的人口城市、经济城市和政治城市。

（二）人文城市以满足“人”的需求为根本目标

虽然文化是人文城市的基础，但人文城市的目标还应包含和体现“人”的需要。因为城市是人居住的中心，人自然就成为城市的中心，城市的发展和建设就是为了满足城市中人的需要。亚里士多德很早就提出“为了生活得更美好而留居于城市”的观点，因为城市承载着人们对美好生活的向往，而这也是人文城市的根本目标。因此，人文城市的第二个特点就是凸显和满足“人”的需求。

首先，人文城市要充分发挥“人”的主人翁意识，即在人文城市的规划和建设中，积极拓宽人民群众参与的路径，让人民群众积极主动地参与到城市建设的全过程中去。比如在城市的规划环节，要充分发挥人民群众的首创精神，积极引导人民群众参与和讨论，汇聚凸显广大人民群众的智慧。其次，人的需要还体现在对价值追求，对平等、舒适世俗生活的向往。城市首先是人们居住和生活的地方，因此也是最体现人文气息的领域。人文气息表达了对人的关系，尤其是那些能够促进人们生活舒适和完整性，体现人们生活的尊严、价值和平等的东西，这些都嵌入到了人文城市的肌理中。对于现实生活中的人来说，人文就体现在世俗的生活之中，要让城市居民能拥有做出选择舒适生活的能力，同时还可以有着主流的价值追求，践行着完整的生活意义体系。

（三）人文城市以城市全要素协调统一为根本

城市要素是城市形态和空间环境的现实构成元素。人文城市需要充分考量城市的全要素结构，把建筑、景观、道路交通、市政功能、地下空间、网络空间等物质空间和制度、文化、市场、价值、规范等文化要素对接起来，打造一个更为开放的全要素体系。在充分发挥各要素主要作用的同时，实现城市各要素的相互渗透、相互统一，进而推动城市的高质量发展。

城市要素是一个变动性的概念，尤其是随着城市规模的不断发展，城市用地、城市人口的增加以及新兴技术的应用，城市的要素变得多样且复杂，并出现了相互分离的趋势。比如早期城市的土地开发单纯地从土地价值的角度来设计空间和居住格局，缺乏对城市居民实际生活和生态环境需要的考量。但成功的城市建设要与这里的山岩、溪流、草地、树木、云天交织在一起，比如发展城市工业时不仅要考虑周围的土壤、地貌景观和农业等因素，还应考虑当地的历史、地理、文化等因素，以达到区域与城市的动态平衡。因为城市也必须与周边自然环境和社会经济环境建立联系，并在供求上保持平衡，才能获得持续发展。归根结底，城市是“人”的城市，只有注重城市的全要素协调，才能提高城市可持续发展的能力，才能将城市变成更适合人类居住、生产和生活的场所。

二、城市建设中的文化考量

城市建设是现代城市化进程中的重要内容，它是城市规划的实际应用过程，旨在改善和增强城市的物理空间和人文环境，进而提升城市品质，满足城市居民的新需要。一般来说，城市建设与城市规划都遵从两条线索而展开，即以旧城改造为重点的市区建设和规划以及以卫星城建设为主的新城建设和规划，包括花园城市、有机秩序、带形城市、阳光城市等理念。这些理念主要是针对城市发展中的问题而产生的。但城市问题产生的原因有很多，文化也是其中最重要的因素之一。因此，在城市的现代化进程中，不管是旧城改造还是新城建设，我们需要引入文化的考量。

（一）城市建设亟须文化的引领

文化是人类在实践活动中创造的社会现象，随着社会经济基础的发展而不断变化。但是，反过来文化又可以积极地影响人类的社会实践和社会生活，尤其是文化中积极先进的部分，包含社会进步的力量，代表着这个社会的文明程度，可以有效指引社会的未来发展。从这个意义而言，城市建设亟须文化的引领，从而使城市建设实践能够沿着正确的方向前进。

与此同时，文化对城市建设的引领作用还体现在文化对城市发展战略所具有的重要意义。首先，文化是一个城市的灵魂，只有充满文化的城市才能拥有更强大的生命力和吸引力，也才能够实现可持续的发展；其次，它能对城市的其他部分产生重要的作用。比如它赋予城市经济以更多的价值内涵，并通过与产业的融合，促进产业结构的调整，从而成为城市经济发展新的增长点。比如，它可以通过文化凝聚的作用和对城市公民素质的提升，提高社会的整合程度，并推动城市社会的和谐发展。最后，它还能对城市建设所带来的变化进行调试。城市建设涉及城市的方方面面，它不仅改变了城市居民的居住形态，还改变了城市居民的生产、生活方式，而文化能够在一定程度上对这些变迁进行调适，使居民能够适应城市的新变化和新发展。

（二）文化建设是城市建设的重要组成部分

文化是人类在特定的社会环境中发展起来，并经过创造、积累和集聚的过程而形成的，这也使其具有独特的社会意义和作用。不论是科学的发明、创造以及城市建筑、空间设计、工艺商品，还是特有的风俗习惯、信仰等，在它们被保存下来时，就具有了独立存在的社会意义。因此，在城市建设体系中，文化建设具有区别于城市政治建设和城市经济建设的独特价值和意义。

作为城市建设的重要组成部分，城市的文化建设涵盖多个领域：一是城市文化建设中的物质文化建设，包括对城市历史文化、历史古迹等的挖掘和保护，同时还包含构建一些新型的城市文化实施网络，比如城市文化广场、城市博物馆、城市图书馆等；二是城市文化建设中的精神文化建设，包括塑造城市文化形象，打造城市文化品牌，同时还要提高城市居民的文化素养，为城市发展提供文化人才等；三是城市文化建设中的制度文化建设，包括对城市文化产业和文化事业发展提供制度化规范，还包括组织和开展戏剧、舞蹈、音乐、民俗等多种文化实践活动。

（三）文化为城市建设增添活力

我们通常把文化比喻成“文化软实力”，所谓的软实力就是指它作为一种无形的力量，能够对社会发展产生巨大的影响。尤其是科学的发明创造和智能文化的发展，在人类社会发展的历史进程中发挥了积极的影响。因此，文化是城市建设的内在动力和创造活力。

对于城市建设而言，文化能够为其提供重要的支撑。纵观城市发展的历史，文化一直是其中最根本、最持久的力量，一个经济发达、社会繁荣、宜居的城市必然有着强有力的文化支撑。具体来说，文化为城市建设提供的活力，主要是通过人实现的。文化往往通过对一个人的思想和观念的熏陶来影响他的生产活动。城市建设的过程首先是由人来完成的，文化可以通过对人的熏陶，培养其先进的理念和较高的文化素养，而这些人在城市建设中发挥着重要作用。与此同时，现代城市建设也离不开科学技术的作用。而科学技术的发明和创造一旦转化为实用价值，就变成一种人们生活所需要的物质文化。因此，文化为城市建设提供了更高素质的人力资本、创新性技术和先进的理念，进而成为城市建设的活力因子，推动着城市的现代化建设。

三、城市文化特色的建构

城市文化特色的建构是近些年来城市规划学和城市社会学关注的重点。城市文化特色体现了一座城市文化的区别性特征，是一个城市的身份标签和形象证明。虽然在对城市文化特色如何建构的问题上，学者们众说纷纭，但各地在探索建构城市文化特色的实践中却大同小异，比如从城市建筑风格、城市景观、城市精神、城市形象等方面进行归纳和提炼，而这又会带来“文化特色危机”的问题。因此，如何更好地建构城市文化特色成为我们需要不断反思的话题，以下一些思路可以参考。

（一）从城市发展历史中挖掘

众所周知，城市的形成和发展首先是基于某一地域，并经过一个漫长的历史发展过程。芒福德专门论述了欧洲城市的发展历史，他所论述的城市史涵盖了城市的建筑和形态规划、建筑的穹顶和塔楼、宽广的大街和庭院等。而这些都是城市文化发展的重要组成部分。与此同时，他还认为，城市的发展历史是一部文明史，城市凝聚了文明的力量与文化，保存了社会遗产。因此，如何构建城市文化的特色就需要从城市自身的发展历史中找寻答案。

城市的发展历史展现了城市文化的特色。一般来说，城市的发展历史根植于一定的地域文化，在早期的城市形成过程中，城市所处的地理区位直接影响着城市文化的形成和发展。比如江南城市的临水而建、平原城市的平坦开阔、西北城市的傍山布局以及沿海城市的随海就势。这些地理区位的不同造就了别具一格的城市地域文化，这也是城市文化特色的根源。但这种城市文化的特色在城市发展进程中不断遭到人为破坏。这主要体现在两个方面：一是城市发展历史中发生的一些特殊性的重大事件，在一定程度上破坏了一个城市的历史文化。比如近现代时期帝国主义列强的侵略、一些地方在城市化过程中对历史文化遗迹的破坏等，在一定程度上破坏了城市历史文化，使得城市中原有的历史文化古迹、古建筑、古物、特色街道、特色民居等不断地消解，带来城市历史文化的断裂，进而影响到城市文化特色的建构。二是现代化的单一思维模式造就了千篇一律的城市风格，严重挑战了城市的历史文化基础。在秉承现代化理念的人看来，现代的每个城市都应该拥有发达的、兼具美学价值和便捷程度的城市“零件”，比如高耸入云的摩天大楼、大型的购物中心、发达的交通体系等。甚至有人认为，传承城市历史文化的建筑、街道等本身并不适应城市发展的新需要。这些都带来了对城市历史发展文化的挑战。因此，我们要在城市的历史发展与现代化思维中找到平衡。

（二）从城市人文中吸收养分

城市文化特色的建构还需要汲取城市中的人文养分。所谓人文养分就是城市居民所拥有的，与他们的思想观念、民族文化、风俗习惯、生活习性、精神状态、性格特征等分不开的精神层面的东西，也被称为一个城市的人文精神。

首先，城市的人文精神与民族精神是分不开的。与外国城市相比，中国城市的文化特色与中国人的人文精神和价值体系是分不开的。比如中国人通常认为，人与社会、自然是一个有机的整体，也就是所谓的天人合一理念，这种思想通常在一个城市的选址和古建筑中体现最为明显。中国的城市在选址和建造中通常要依山傍水，庭院设计中也要凸显田园风趣。其次，城市的人文精神还体现在同一国家中风土人情的多样性，而这些又通常与城市居民的民族文化和生活习性分不开。比如，不同地区人们所举行的民俗活动有很大的差异，而这些差异也同样可以成为建构城市文化特色的人文要素。

（三）从时代特征中呈现价值

城市文化特色的建构还可以结合时代特征，呈现时代特色与价值。不同的时代有着特殊的时代命题，而不同的时代命题影响着城市文化的发展。城市特色文化作为一种意识形态的表达，受制于这个时代的物质生活发展水平。这就意味着构建城市的特色文化必须结合时代命题，彰显时代价值。只有结合新的时代特征，才能保持城市特色文化的活力，也才能推进城市特色文化建设。

具体来说，构建城市文化特色需要以新时代的科学文化为引领。一般来说，城市文化中的科学文化是具有普遍性和超越性的，它体现着时代的特性。不同的发展时代，科学文化也具有不同的时代特征。人类历史上经历的三种经济时代，即农业经济时代、工业经济时代和数字经济时代催生了三种不同的科学文化，即农业经济时代的科学文化、工业经济时代的科学文化、数字经济时代的科学文化。在数字经济时代，科学技术对社会的影响越来越大，成为人类文化中最重要、最有活力的元素之一。它对新时期城市文化特色的建构发挥着重要的作用。因此，我们可以借助科学技术的方法和手段，对城市文化的各要素进行重新排列组合，从而建构新的城市文化特色。

思考题

1. 城市文化具有哪些特征？
2. 城市文化包括哪些元素？
3. 城市文化具有哪些功能？
4. 城市建设中如何构建城市文化特色？

第十章　城市社会问题

社会问题是普遍存在的，存在于任何社会、任何时期、任何制度中。不过，因城市的特殊性，城市与社会问题似乎有着更为紧密的联系。与农村相比，城市中的社会问题更加复杂、更加突出。事实上，社会问题贯穿于城镇化发展的全过程，也嵌在城市社会生活的各方面。

城市社会问题是社会经济发展到一定阶段的产物，不同的经济发展阶段会产生不同的社会问题；在不同的社会制度下，社会问题的表现形式不尽相同。改革开放以来，随着我国社会转型的不断推进，社会结构发生深刻变革，在急剧变迁的社会过程中，社会问题也出现了多发状态，社会中出现了大量的失调现象。尤其是随着城镇化进程的加速推进，城市社会问题日益凸显，各式各样的城市社会问题层出不穷。有些是城市中的老问题，有些是城市中的新问题；有些是城乡二元结构变迁中出现的社会问题，有些是现代城市系统内形成的社会问题；等等。同时，城市社会问题具有复杂性、多样性、突出性等特点，治理难度大大增加，不仅影响着人们的生活体验，同时也制约了我国全面建设社会主义现代化国家的进程，成为我国现阶段亟须解决的事项。

第一节　城市社会问题概述

社会问题一般是由人与人之间复杂的关系所引起的。城市的一个最显著特征就是人口高度聚集，人与人之间的关系也更为复杂，因此社会问题也集中地发生在城市里。任何城市都不同程度地存在着各式各样的社会问题，并对城市发展、城市生活产生影响。城市社会问题，不仅因城市的特殊性而具有一些社会问题的独有特征，也因城镇化发展的不同阶段而呈现一些新的发展趋势。

一、城市社会问题的含义及特征

城市社会问题一直是城市社会学研究的焦点，社会学界的众多学者都对城市社会问题进行过研究，并取得了丰富的研究成果。不过，究竟什么是城市社会问题，迄今为止学界尚未形成普遍一致的认识。

（一）城市社会问题的含义

城市社会问题是社会问题的一种特殊表现形式。要认识城市社会问题，首先需要了解什么是社会问题。对于什么是社会问题，郑杭生在其《社会学概论新修》一书中是这样定义的：社会问题是指在社会运行过程中，由于存在某些使社会结构和社会环境失调的障碍因素，影响社会全体成员或者部分成员的共同生活，对社会正常秩序甚至社会运行安全构成一定威胁，需要动员社会力量进行干预的社会现象。一般认为，社会问题由以下四个要素构成：首先，有一种或者多种社会失调情况；其次，这种失调影响了许多人的生活；再次，这种失调引起了社会多数成员的注意；最后，这种失调必须运用社会力量才能解决。换言之，如果某个问题靠个人或一小部分人就可以解决，则不应当属于社会问题。[①]

所谓城市社会问题，也称“都市社会问题”，简言之是城市中的社会问题，存在广义和狭义之分：广义上的城市社会问题，是指城市中产生的所有问题，它不涉及任何价值判断和感情色彩，主要强调的是“城市”的概念；狭义上的城市社会问题，是指城市在其生存、发展过程中出现的，影响城市正常生活的一些失调、冲突现象，带有一定主观上的价值评判，主要强调的是“问题”的概念。这些问题影响城市居民的正常生活，阻碍城市的协调发展。因此，有学者将城市社会问题称为城市社会的“阴暗面”，或称“城市病”。

综上，城市社会问题是指城市运行发展过程中出现的人与自然、人与社会以及人与人之间关系的失调或冲突情况，影响居民社会生活，阻碍城市协调发展，需要动员社会力量进行干预的社会现象。众所周知，随着我国城镇化的持续推进，大量农村人口向城市迁移，城市中也出现了大量社会问题，影响城市居民的正常生活，阻碍城市的健康发展，但并非所有的问题都属于城市社会问题。

城市社会学所研究的城市社会问题具有以下四个方面的内容：首先，从城市社会问题的起源来讲，大规模的人口聚集是城市社会问题产生的根源，所以城市社会问题主要是涉及大多数人的问题，而非少数人。其次，从城市社会问题的发展过程来看，少数人的失控导致问题已经开始蔓延到公共问题，并对其他社会成员造成影响。再次，从城市社会问题的结果来看，它对大多数人产生了不良影响，甚至威胁到了城市的发展。最后，从城市社会问题的解决手段来看，对于城市社会问题，单靠少数人或社会组织的力量无法解决，必须动员各种社会力量共同解决。

（二）城市社会问题的特征

城市社会问题复杂多样，千差万别。但是，各式各样的城市社会问题往往也有一些共性。可以说，正是城市社会的特殊性，决定了城市社会问题的一些特殊性。具体而言，城市社会问题具有以下特点。

1. 复杂性

复杂性体现在城市社会问题的归因、形式及效应上。首先，归因的复杂性。城市社会问题的形成是多种因素相互作用的结果。例如，城市住房问题既受到城市人口膨胀的影响，又受到城市资源紧张的影响。其次，呈现的复杂性，即各种城市社会问题往往相互交织、相互作用，从而一同构成综合“病症”。例如，伴随着城市人口膨胀，往往出现生态环境恶化、就业困难、交通紧张、住房紧张、人际关系冷漠、社会心理失调等问题。再次，后果的复杂性。城市社会问题不仅多因，而且多果。城市社会问题会引起一系列的连锁反应，这些反应再继续作用，引起更多的反应，造成恶性循环，使城市社会问题的影响

① 郑杭生．社会学概论新修．5版．北京：中国人民大学出版社，2019.

面扩大，社会危害加深。例如，人口增长率过高必然引起交通、就业、工资、福利等方面的社会问题。

社会是一个有机系统，社会系统内的各组成要素变化都会引起其他要素乃至整个系统的变化。如果把城市看作一个有机系统，那么政治、经济、文化、教育等各个领域都是维持系统运转的动力来源，具有密不可分的关系，其中某一个环节出现问题，其所引发的城市社会问题就会接踵而至，引发连锁反应。以“学区房”问题为例，由于城市教育资源的分配不均使得很多家长争相让自己的孩子进入重点小学，为此不惜花费重金购买学区房为孩子取得入学资格，但由此导致城市“学区”乃至全市的房价越来越高，购房变得越来越困难，随之而来的就是一系列的社会保障、社会公平问题。由此可见，城市每一个领域的问题都可能延伸到其他领域，从而衍生出一系列其他社会问题。

2. 差异性

城市社会问题的多样性包含两层含义：一是从时间的角度来看，社会问题具有鲜明的时代特征。城市问题随着城市的产生而产生，随着城市的发展而发展。不同的历史时期，有着不同的城市社会问题。例如生态环境问题、就业问题、住房问题都是人们进入工业社会之后才出现的。此外，有些城市社会问题，在某一时间节点内不构成社会问题的要素，但在另一时间节点就可能成为影响城市发展的主要问题；在某一时间段内已经解决的社会问题，有可能在以后的某一时间段再次出现。二是从空间的角度来看，不同规模、不同类型的城市，其社会问题也不尽相同，呈现出不同的表现形式。例如，大城市存在人口规模大、住房紧张、交通拥堵等城市问题；中小城市则存在综合能力弱、经济发展水平较低等问题。即使同一问题，在不同的城市也会有不同的表现形式、作用范围和影响程度。

3. 集中性

相较于农村社会问题，城市社会问题的表现形式往往不是单个独立地出现，而是成群成串地出现，这使得社会问题的破坏性更强，治理难度更大。首先，时间上的集中性。城市社会问题往往在某个时间段或时间点集中爆发。众所周知，农村社会问题往往是慢性的，某一个问题的形成往往要经过很长一段时间的发展，且具有独立性，而在城市社会中，社会问题则集中出现，并且发展迅速，造成的社会影响十分强烈。例如改革开放初期，一些特大城市迅速发展，常住人口数量急剧膨胀，由此在城市中导致了住房紧张、交通拥堵、教育公平、社会治安等一系列问题集中出现。转型时期的社会是一个社会结构不断调整的过渡性社会，往往也是社会问题集中性爆发的社会；社会中的每一个结构的变动，都会引起其他结构甚至整个社会系统的变革，其所引发的社会矛盾、社会问题也会集中出现[①]。因此，城市社会问题的治理是一个系统工程，切忌“头痛医头、脚痛医脚”，而应该根据社会问题产生的原因和特点进行综合治理。其次，空间上的集中性。由于城市中不同区域的发展程度、产业布局、人口密度等因素存在差异，因此城市社会问题在不同区域空间的表现形式和程度也会有所不同，在空间分布上往往出现集中趋势。一些地区可能因为产业布局集中、人口密集等原因，成为城市社会问题的集中区域，如城中村、棚户区、城乡接合部等。这些地区往往存在着较为严重的社会治安问题、基础设施问题、环境

① 张荣洁．社会问题消解方式初探．广西大学学报（哲学社会科学版），2001 (1).

卫生问题等，成为城市治理的难点。因此，在解决城市社会问题的过程中，需要针对城市不同区域的特点采取相应的措施，促进城市的协调发展。

4. 破坏性

“破坏性”是城市社会问题的一个基本特征。城市社会问题的破坏性是指城市社会问题在其暴露出来之后，给人们的社会生活、城市的运行发展带来的威胁、阻碍作用。这种破坏性既生成于城镇化，又作用于城镇化，直接或间接地对人类生活、城市发展构成威胁。其具体表现为：一是威胁居民生活，即城市社会问题的大量存在，直接影响居民的生活质量，威胁居民的生命财产安全。二是阻碍城市发展，即城市社会问题的存在影响城市运行效率，可能导致城市社会经济发展滞后，进而制约整体城市发展。三是影响社会稳定，即城市社会问题可能导致社会分化加剧，贫富差距扩大，引发居民不满，影响城市社会的稳定和谐。四是增加社会代价，即城市社会问题对居民乃至城市的破坏不仅直接增加社会代价，同时解决城市社会问题也要投入大量的人力、物力和财力，投入社会资源，增加社会成本。

二、城市社会问题的成因

城市社会系统是一个巨大的、复杂的有机体，在它的内部，各种要素不断作用、互相影响；在它的外部，城市又与其他系统处在广泛联系之中。城市社会问题的产生既有来自城市内部的原因，如生产力发展水平、构成要素的变化、科学技术状况、人口的变迁等；也有来自城市外部的原因，如区域经济条件、城乡关系等。导致城市问题产生的原因是错综复杂的，城市问题的类型也是林林总总。从社会学角度来讲，导致城市社会问题产生的主要原因有三个：人口的高度聚集性、居民的高度陌生化、城市的高度碎片化。

（一）人口的高度聚集性

现代意义上的城市化起源于18世纪中叶的工业革命，因工业大规模生产需要人口的集中，于是大量以工业为主的城市开始出现，西方国家早期城市化也随之兴起。由于人口在城市里大量集中，这个阶段的城市化伴随着非常严重的“城市病”。到19世纪中叶，随着第二次产业革命的兴起，人口再一次大规模地涌入城市，城市布局走向成熟，进而开启了西方国家的全面城市化进程，由于人口的高度聚集，此阶段的城市问题更加严峻，环境污染、犯罪率飙升等问题成了城市的顽疾①。在快速城镇化的背景下，城市人口呈现快速增长和高速流动两种趋势。人口的流动不仅是从农村流向城市，也表现为从小城市流向大城市。城镇化的本质就是“人”的城镇化，大量外来人员涌入城市，一个直接结果就是城市人口高度聚集。首先，人口的高度聚集会带来城市的资源紧张，如住房、教育、医疗等资源都势必受到影响，也为日后城市出现的交通拥堵、住房紧张、教育公平等社会问题埋下了隐患，在未来的某一时期必然会爆发。其次，城市流动人口大多聚集在“城中村”等一些管理较为松散的地方，由于这些地方狭小且管理混乱，常常成为矛盾纠纷的发生地。最后，城市的流动人口在为城市的发展做出巨大贡献的同时，其自身的各种权益很难得到

① 吴建华，潘光伟．论西方国家城市化的历史经验教训．西南师范大学学报（哲学社会科学版），1998（6）．

有效保障，也很难真正融入城市社会之中，因而难免会与城市社会中的各项规则存在冲突。

（二）居民的高度陌生化

费孝通在《乡土中国》一书中提出了“熟人社会”的概念，这是一种由血缘和地缘缔结的社会网络，具有显著的“乡土性”特征。在这种社会关系下，人们的活动范围和交往广度受限于地域，人与人之间彼此熟悉。同时，一个人从出生开始就无法摆脱宗族和家乡的影响。因此，亲情、交情成为人们行为的准则和关系调解的工具。然而，随着城镇化的快速发展，中国社会正在从“乡土中国”向“城市中国”迈进，从“熟人社会”向“陌生人社会”转变。在城市中，社会关系的一个显著特征就是陌生化，邻里之间往往互不相识，彼此陌生。类似的情况在国外的城市中同样存在。德国社会学家格奥尔格·齐美尔（Georg Simmel）就认为“陌生人”具备两个基本特点：第一，空间上的“接近”（Nearness）特点。“接近”是成为陌生人的一个必要条件，没有空间距离上的接近，也就不会存在心灵上的距离。第二，心灵上的“距离”（Distance）。陌生人从一开始就不属于现在的社区，即便他生活在这里，在身份上却保持了与所处社区的疏离。芝加哥学派代表人物帕克（Robert E. Park）在吸收齐美尔的“陌生人”（Stranger）概念的基础上对城市中的“陌生化”现象进行研究。20世纪初，在第二次产业革命推动下，美国工业化程度大幅提高，都市化进程加速，大量的移民从乡村、东部地区涌向芝加哥城，他们成为城市中的“陌生人”，原先建构的社会秩序和价值体系荡然无存，因此，如何适应新的城市生活成为最大的问题。其实，城市里的陌生人都面临着一个特别普遍的问题：如何处理新旧自我的关系，即一个来自传统乡村、带着旧的生活印记的自我，和一个在更开放的城市中获得了新的生活状态的自我的关系。这种新旧自我的撕裂可能发生在现代社会的每一个人身上：任何人在进入一个新环境时，都需要设法应对这种新旧自我的撕裂和矛盾。城市社会的陌生化以及高流动，又进一步加剧了城市社会中的不确定性。陌生人社会导致的不仅仅是人与人之间的社会联系逐渐减少，而且也容易导致社会关系的冷漠；一旦遇到某些问题，解决难度大，往往容易诱发各种社会问题，成为城市社会问题滋生的重要原因，也是城市治理的重要难题。

（三）城市的高度碎片化

法国社会学家涂尔干在《社会分工论》中指出，现代社会是高度分工的社会，高度分工带来高度的社会分化。[①] 在城市中，社会分工更加精细化，其带来的一个直接结果就是城市社会分化更加明显，“碎片化”现象日益突出。“碎片化”是社会从传统向现代转型过程中的一个典型特征，表现为原有的社会关系和结构、市场结构、社会观念等的统一性被打破，形成分散的社会群体、差异的社会文化以及区隔的社会成分等[②]。城市社会的碎片化可以分为以下四类：一是城市空间碎片化。空间碎片化是城市社会碎片化的一种外在具象，表现为城市功能区分散、城市居住区零散等。二是社会成分碎片化。城市社会是高度

① 埃米尔·涂尔干．社会分工论．渠敬东，译．上海：生活·读书·新知三联书店，2017.

② 杨跃锋，徐晴．社会碎片化视角下的政府社会管理体制建设．华南师范大学学报（社会科学版），2013（3）.

分工的社会。高度分工必然带来社会的高度分化。在城市中，社会分工越来越细致化，社会网络也越来越复杂化，社会组织越来越多样化，这些既是社会成分碎片化的表现，同时也加剧着社会成分碎片化。三是社会利益碎片化。社会利益碎片化主要指群体之间、群体内部、个体之间的利益分散化、多元化和个体化，包括经济利益、政治利益甚至是文化利益。当前中国正处于社会转型期，利益格局经常面临着再调整和再分化的局面，这就导致社会利益、群体利益、个体利益之间可能存在互相排斥的情形，难以形成一个有机整体。四是思想文化碎片化。思想文化碎片化是社会成分碎片化和利益碎片化的必然结果，成分和利益的差异必然导致思想观念的差异，从而产生不同的群体文化。城市的碎片化会推动社会专业化分工，从而加速推进社会变迁，有助于社会现代化。从社会学的角度来看，阶层利益的碎片化、社会利益的碎片化减小了社会震动，有利于社会稳定[①]，但是不可否认的是，这种碎片化也给城市社会带来了诸多消极影响。

三、当前我国城市社会问题的变化趋势

当前，我国城镇化已进入快速发展阶段。根据国家统计局数据，我国城镇化率于2011年首次突破50%，达到51.3%；到2023年，我国城镇化已经攀升到66.16%。可以说，当前中国社会已经实现从“乡土中国”向“城市中国”的迈进。中国的“城市时代”已经来临，相应的，我国城市社会问题也出现了一些新的发展趋势。

（一）城市社会问题高发、频发

城镇化快速发展阶段也是城市社会经济急剧变迁时期，同时也是城市社会问题高发的时期。[②] 从历史经验来看，城市化率达到50%是“城市病”集中爆发的警戒线[③]，各种各样的城市社会问题会集中爆发，例如土地问题导致的社会冲突加剧、产业形态转型、生活成本上升、城乡关系紧张等问题。城镇化率是衡量城镇化程度的重要指标；当城镇化率大于50%，就意味着社会的重心逐渐由农村转向城市。在此之后“城市病”问题愈发严重，逐渐活跃在社会视野。城市区间不断扩张，规模日益扩大，城市处于加速发展期和重要战略机遇期，在惯性作用的推动下，“城市病”问题逐渐蔓延开来，对城市治理和发展带来巨大挑战。

（二）城市社会问题更加复杂

城市社会问题涉及的主体多、范围广、事项杂，解决的难度大。首先，有些问题是社会本身的问题并且有利有弊，从古至今一直存在，只是严重程度有所变化，如犯罪问题是从古代就一直存在的社会现象。其次，城市社会问题的发展是社会性的，少数人无法控制其走向，更没有办法解决，如城市污染问题、就业问题等，这些问题牵扯到国家、社会、个体等多个层面，需要共同商议方能获取解决之道。最后，城市社会问题是由许多人引起的，具有社会性。如城市交通问题是由城市中大多数人引起的，靠单个的社会组织难以解决，需要动员社会力量，依靠城市各方面的努力。

---

① 李强．从“整体型社会聚合体”到“碎片化”的利益群体．新视野，2008（5）．

② 王懂礼．城乡融合背景下中国“城市病”及其治理研究．武汉：武汉大学，2019．

③ 程晶．20世纪80年代以来巴西城市化的转型．世界近现代史研究，2021（10）．

（三）城市社会问题新旧交织

城市社会问题在某一时期内可能反复出现，一些城市问题在某一段时间内得到缓解、遏制，在另一段时间又会重新抬头、加剧，并且在两个时期的中间可能会出现新的社会问题，即原有的社会问题还未得到解决，新的社会问题又出现，呈现出新旧交织的状态，其主要原因是由于近些年我国城镇化加速推进，城市社会秩序难免受到急剧变迁带来的冲击；并且我国过去的城镇化是以“物的城镇化”为主，而“人的城镇化”相对滞后，人们的生活习惯、文化习俗还未完全融入城市生活之中，两者之间存在一定的冲突，也就爆发出更多的社会问题。例如，城镇化进程中城市规划滞后、建设质量不高、生态环境破坏等老问题依然存在；同时，随着城镇化的加速和技术的进步，出现了很多新的问题，如城市扩张过度、城市更新滞后、智慧城市建设不足等。城市中的新旧问题互相交织，严重影响着我国新型城镇化[①]的进程。

（四）城市有机更新十分迫切

城市就像一个生物有机体，随着时间的推进，也会不断“老化”。城市的“老化”不仅是“物的老化”，也包括“人的老化”即“老龄化”。尤其是当前中国社会已进入老龄社会，人口老龄化问题不断加剧，城市人口老龄化问题将更加突出。城市老化是指城市在某个时期内，基础设施、经济、人口结构等方面发展停滞或退化的过程。首先，城市老化最为直观地表现为城市基础设施的老化和破损。例如，道路、桥梁、管道等基础设施可能出现老化、腐蚀、损坏等问题，从而影响城市的交通运输系统和公共服务。其次，城市老化还可能伴随着人口流失或老龄化现象。青年人离开老化的城市寻找更好的机会和生活条件，导致老化的城市的年轻人口减少，老年人口比例增加，进而导致社会经济活力下降，社会负担加重。最后，城市老化还将导致经济衰弱和社会压力增加。老旧的工业结构、缺乏新兴产业和创新动力可能导致老化城市的经济停滞，就业机会减少，企业和投资者流失等问题，而失业率上升、社会保障需求增加等问题又可能引发社会紧张和不满情绪，影响城市的社会和谐。因此，城市有机更新在很多“老牌”城市就显得十分迫切。所谓城市有机更新，是指对城市中已不适应一体化城市社会生活的区域作必要的改造或改建，使之重新焕发生机、繁荣发展。城市有机更新应该按照城市发展规律，采用适当的规模，按照合理的尺度，进行科学改造，在可持续发展的基础上探求城市更新发展，使城市重新焕发生机。

第二节　城市社会问题与治理对策

城市社会问题不仅存在于城乡二元结构及其变迁的过程中，而且存在于现代城市系统内。城市是一个有机整体，城市中各个要素相互影响、相互作用，共同构成一个集生产、生活、生态于一体的复杂系统。城市中的任何要素出现问题，都可能引发社会问题。本节

① 1998年，我国学者何传启系统提出了“第二次现代化”理论与战略，认为中国在基本实现第一次现代化的同时，可以在21世纪中叶实现第二次现代化，从工业经济向知识经济、从工业文明向知识文明转变，而城镇化的完成要注意多样化、分散化、生态化。

我们着重从现代城市系统的角度，着重讨论城市系统内部存在的各种社会问题，如人口问题、住房问题、教育问题、就业问题、贫困问题、环境问题、交通问题、城市犯罪问题、城市生态环境问题等，分析成因，进而探寻未来城市治理的方向。

一、城市人口问题

从人口学角度来讲，城市的发生与发展本质上是人口迁移的产物，而社会中的一系列问题则是人与人之间的接触所产生的。人是组成城市的主体，城市的人口数量和人口结构必然会影响社会生活的各个方面，随着城市的不断发展，大量的农村人口开始涌入城市，给城市的教育、交通、住房等领域带来了更大的挑战。可以说，人口问题是一切城市社会问题的根源。城市人口问题是指由于城市人口在数量、结构、素质等方面的迅速变化，导致城市人口与城市经济、城市社会、城市资源环境之间出现的不协调、不合理现象。城市人口问题主要表现在以下几个方面：一是人口规模问题。人口数量增长过快，引起“人口爆炸”。二是人口结构问题。人口的年龄、性别、文化水平等参差不齐，如老龄化问题等。三是人口素质问题。例如，大量流动人口的涌入，使得城市人口素质参差不齐等。

（一）城市人口规模问题

城市人口容量是指一个城市能够承载的人口数量，也即城市的人口上限。城市人口规模是指城市中居住的人口数量。当城市人口规模大于人口容量，即突破了城市生态资源和经济资源对人口的最大承载力，将会造成自然生态供给系统的永久性破坏，甚至引发一系列的不良连锁反应。因此，科学预测城市人口容量，采取适宜的手段使城市人口的容量与城市规模保持在相对稳定的状态，保持适度的人口规模，是城市健康发展的一项十分重要的任务。

随着经济的发展，我国的大中型城市，尤其是东部沿海地区的一些城市人口规模持续扩大，城市人口规模问题凸显。根据国家统计局数据，2022 年我国城市的常住人口共有 17 座城市人口突破了千万规模，是名副其实的超大城市，分别是：重庆、上海、北京、成都、广州、深圳、天津、武汉、西安、苏州、郑州、杭州、石家庄、临沂、东莞、青岛、长沙。

目前在这 17 座千万人口城市中，重庆人口最多，高达 3 213.34 万人。人口突破两千万的城市有 4 座，分别是重庆、上海、北京和成都。以北京市为例，第七次全国人口普查的数据显示，北京常住人口数为 2 189.3 万人，人口总数比 2010 年增长 210 万，平均每年以 21 万人的速度递增。北京人口规模的迅速扩大，使城市人口数量接近或超过了城市人口容量，出现一定程度的“超载”现象。相反，对于一些中小城市，尤其是一些经济水平落后的城市，其人口规模小于城市人口的容量，则一定程度上限制了当地的经济、文化、旅游等行业的发展。

（二）城市人口结构问题

人口结构也称“人口构成”，是指人口在不同年龄、性别、民族、教育程度、职业等方面的分布特征。它反映了一个国家或地区的人口组成情况。人口结构的特点会随着时间推移和社会变迁而发生变化，因此对于制定政策和规划社会发展具有重要的参考价值。了解人口结构特点可以提供基础数据和信息，帮助国家更好地应对人口变化和社会需求。

城市人口结构问题表现在很多方面，其中最突出的问题就是年龄结构问题，即城市人口老年化的问题。据调查研究发现，我国 60 岁以上的人口呈现持续增长的态势，在未来的一段时期内，人口老龄化将成为困扰我国城市发展的重要问题。城市人口老龄化会带来一系列的社会问题：一是劳动力资源相对减少，年龄结构出现老龄化趋势。随着人口的老龄化，老年人在社会中的比例不断增加，使得劳动力资源变得越来越稀缺。二是家庭与社会负担增加。社会整体人口的老龄化势必会影响到大多数家庭，家庭中的劳动力相对减少，但财政支出却逐渐增多，随着夫妻双方的父母年龄的增长，势必会由夫妻双方承担起双方父母的赡养职责，这就给本就要负责下一代开支的家庭带来更多的负担。另外，老年人发病率高、生活自理能力差，不仅需要家庭的帮助，还需要社会的帮助，这使得老龄化问题超出了家庭范围而成为社会问题。三是国民收入分配受到影响。随着人口老龄化的加快，离退休职工的人员数量逐渐增多，相应的退休金、养老金和医疗保障的费用增多，这些费用在消费基金中的比重不断增多，不但会影响国民收入的合理分配，也会影响我国在其他方面的支出占比。

低生育率会导致人口老龄化加剧和劳动力稀缺，加剧劳动力成本和市场竞争，进而影响城市的经济发展。为缓解人口老龄化，我国的人口政策经历了从“双独二孩”“单独二孩”到“全面二孩”再到“三孩”的转变，但是据调查研究发现，我国人口出生率依旧走低，其中 2019 年为 10.41‰、2020 年为 8.52‰、2021 年为 7.52‰、2022 年为 6.80‰、2023 年为 6.40‰。2020 年中国总和生育率①为 1.3。而据推测，未来一段时间，我国生育率仍将持续下降②。在此大环境下，城市生育率也将持续下降，其原因可能是城市年轻人因房价过高、工作压力过大和子女抚养成本过高而降低了生育意愿。也有观点认为，经济发展水平提升带来的“养儿防老”必要性的降低是导致生育率走低的重要原因。③

（三）城市人口素质问题

城市人口素质指的是城市居民的综合素质，包括教育水平、文化品位、健康状况、道德观念、职业技能等多个方面。现阶段，我国城市人口的素质问题主要是因为外来人口尚不习惯或不符合“市民”的身份，其素质无法匹配城市“市民”的要求，无法融入城市生活。一方面，由于外来流动人口通常来自经济欠发达地区或农村地区，这些地区的教育资源可能不如城市地区充足。因此，他们的受教育水平和文化素质整体不高。另一方面，外来流动人口可能在出生地或家庭环境中受到社会经济地位、文化传统、家庭教育等因素的影响，导致他们在文明素养、适应能力等方面难以达到城市社会需要。而这些不利条件又使得外来流动人口在城市可能面临就业机会不足或低收入岗位的情况，

---

① 总和生育率是指假设一批同时出生的妇女按照某一时期的年龄别生育率度过整个育龄期，且在育龄期内无一死亡的情况下，平均每个妇女所生的孩子数量；一般用一定时期内各年龄别妇女生育率相加计算，是衡量生育水平最常用的指标之一。人口学家普遍认可，总和生育率达到 2.1 即为生育率更替水平，出生和死亡将趋于均衡，在没有国际迁入和迁出的情况下，人口将停止增长，保持稳定状态。总和生育率低于 1.5 为很低生育率，低于 1.3 为极低生育率。

② 李建伟．中国生育政策与生育率趋势研究．发展研究，2023（40）.

③ 赵廷辰．中国人口老龄化：现状、成因与应对．清华金融评论，2022（4）.

从而限制了他们在城市生活中获取更好生活条件的可能性，影响了他们的素质提升。

（四）城市人口问题的解决对策

1. 控制城市人口规模

首先，制定和执行人口政策。政府可以制定人口政策，包括生育政策、移民政策和居住政策等，根据城市的发展规划和资源承载能力，控制人口规模的增长。其次，促进城乡之间、城市之间的协调发展。政府可以通过政策措施和优质的基础设施建设来让其他地区更具吸引力，引导人口向其他地区或中小城市疏散，从而减轻大城市的人口压力。最后，控制土地使用和城市扩张。限制城市的无序扩张，注重城市的质量而非规模，从而避免过度依赖外部城市人口的流入。

2. 优化城市人口结构

现阶段，我国优化城市人口结构，主要是要克服老龄化带来的不利影响。对此，首先是要优化生育政策，不断提升生育率，从而有助于延缓人口老龄化趋势。政府可以尝试通过提供生育补助、延长产假、提供托儿服务、减轻教育负担等政策，降低生育成本。同时，为了解决生育意愿较低的问题，政府可以积极推介家庭友好政策，并提供各种形式的家庭支持，减轻家庭负担。其次，为减轻老龄化对家庭与社会的负担，政府需要加强老年人服务，通过改善老年人的医疗、养老等服务体系，建立更健全的长期护理和养老保险制度，提供更多的老年人护理服务，同时鼓励社会和民间力量参与老年人服务的提供，以此满足老年人的实际需求，促进老年人的健康和幸福。最后，要重视青年人才和劳动力资源，吸纳更多优秀的青年人才进入城市。政府可以加大对教育的投入，提高教育质量，培养多样化的人才队伍，为人口结构的优化提供人才支持。各个城市可以通过制定灵活的就业政策，鼓励创业和技能培训，提高年轻人的就业率和劳动生产率，从而为城市乃至整体社会经济发展和社会稳定做出贡献。

3. 提高城市人口素质

城镇化，最重要的是要实现“人的城镇化”，亦即市民化。市民化的一项重要内容，就是形成符合现代市民身份的文明素养。因此，提高城市人口素质也是解决城市人口问题的又一对策。首先，政府可以增加对教育的投入，提高教育质量，扩大教育覆盖范围，确保每个城市居民都有接受良好教育的机会；鼓励终身学习和技术培训，以适应城市经济的变革和发展需求。其次，政府可以通过制定就业政策和鼓励创业创新，提高城市居民的就业机会和收入水平，同时提供更多的职业发展机会和职业培训，以提高城市居民的就业竞争力。再次，丰富城市居民的文化娱乐生活，提供更多的文化活动和场所，鼓励居民参与文艺、体育等方面的活动，培养积极向上的精神风貌。最后，开展普法教育，提高居民的法治意识和公民素质，营造和谐、文明的城市环境。

二、城市住房问题

住房是人类生活的基本需求之一，住房问题不仅对个人影响巨大，对国家的政治社会经济整体也会产生很大的影响。城市住房问题，是指城市发展过程中出现的住房数量、住房质量、住房管理、住房环境等方面问题的总称。世界各国普遍面临住房这一社会问题，但不同国家由于基本国情的差异，住房问题的具体内容也不尽相同。在发达国家，虽然城市居民的人均居住面积较高，但是仍然存在中低收入人群住房短缺、城市居住缺乏规划、房地产泡沫化等问题。在国外一些发展中国家，由于受到社会经济发展水平的限制，以及人口增长较快、城镇化进程加速等因素的综合影响，住房矛盾普遍突出，特别是住房短缺问题比较严重。在我国，随着“住房商品化”制度改革的完成，城市住房问题也日渐突出，成为当前中国社会的重大问题。

（一）“住房商品化”的背景及发展

自新中国成立至20世纪80年代前，我国城市住房政策主要采取的是“福利分房”的制度。分房制度虽然让职工的住房有了保障，但其弊端是政府和企业建房投资的费用、住房补贴越来越多，包袱越背越重，且福利分房制度收窄了住房投资建设渠道，使我国的住房建设长期处于停滞状态[①]。1980年国务院成立住房制度改革领导小组，住房制度改革正式开启。90年代初，我国“房改”工作开始加快。到1993年底，各地都相继出台了房改方案。1998年，国务院发出《关于进一步深化城镇住房制度改革 加快住房建设的通知》，提出停止住房实物分配，逐步实行住房分配货币化。至此，中国的住房商品化制度改革基本完成，也标志着过去“福利分房”为主的住房政策时代随之终结。住房商品化的改革客观上革除了传统分房制度的多种弊端，但同时也推动了房地产行业的高速发展，使得城市住房价格不断攀升，房价与居民收入比持续走高，住房供应结构不合理矛盾突出。2017年，党的十九大报告明确提出“坚持房子是用来住的、不是用来炒的定位”，“房住不炒”成为解决城市住房问题的战略指导[②]，并且出台了一系列房地产市场改革措施，有效抑制了“房价过高”的问题。当前，虽然政府正根据城市住房的供需问题，着力推进城市住房制度的改革与完善，但是我国城市住房问题依然突出并呈现新的特点。

（二）当前中国城市住房问题

1. 大城市房价过高，中低收入人群难以负担

21世纪以来，随着城镇化的加速发展，我国城市的房地产市场日益繁荣，房价也在节节攀升，尤其是在一些大城市，房价居高不下。年轻人往往需要付出几代人的财富才能勉强买房，许多城市居民沦为“房奴”，而对很多低收入家庭来说，购房更是难上加难。许多年轻人由于难以承受高额房价，最终只能选择离开大城市。

2. 房屋租赁制度不健全，房屋租赁市场混乱

由于难以负担大城市的高额房价，租房成了更多人的选择。在我国，住房租赁市场已经逐渐成为房地产市场的重要组成部分。房屋租赁市场繁荣发展的同时也呈现出诸多问题。当前我国城市住房租赁市场仍存在法律法规体系建设滞缓、专业化机构发展不充分、市场秩序不规范等一系列问题[③]。例如，很多地方的租户和业主在权利的享受上并不平等。又如，目前我国还没有建立针对互联网长租公寓运营商及住房租赁贷款平台的监管法规，间接导致承租人的居住权无法得到有效保障，而且租赁市场存在着违规收取租金差价、

① 李国庆，钟庭军．中国住房制度的历史演进与社会效应．社会学研究，2022（4）.

② 王振坡，宋嘉卓，王丽艳，等．我国城市住房问题演变与求解．学习与实践，2021（7）.

③ 邵挺．中国住房租赁市场发展困境与政策突破．国际城市规划，2020（6）.

“租金贷”规模快速扩大、“二房东”“黑中介”猖獗等乱象，导致房屋租赁市场混乱。

3. 住房保障制度不健全，特定群体住房问题突出

住房保障制度是国家为低收入者或特殊群体提供的满足其基本生活需求的住房，以保障其基本居住权利的制度安排。尽管各国在制定住房保障制度的基本理念、制度定位和发展程度上存在一些差异，但都将住房保障制度视为各国公共政策和社会保障体系的重要组成部分。我国已形成廉租房、公租房、共有产权房等多种保障性住房类型，但其模式尚处于探索阶段，优势和潜力尚未充分发挥。另外，目前我国住房保障对象以城市户籍的住房困难家庭和低收入家庭为主，非城市户籍的常住人口很难获得保障性住房机会。由于住房保障体系未能有效覆盖到流动人口，导致城市外来人口、非户籍人群的城市住房问题更加困难。

4. 住房质量问题突出，影响城市居民生活品质

住房质量问题表现在三个方面：一是住房老化带来的房屋质量问题，主要是指一些年久失修的住房，常年风吹日晒，存在房顶或墙面渗透、隔音隔热效果差、水电暖气设施老化等问题，导致城市内存在相当数量的危房。二是“豆腐渣”工程导致的劣质住房，城市内一些新修建的房屋，尤其是一些为拆迁人员准备的安置社区，还有一些城乡接合部、城中村、棚户区的住房，建筑质量较为劣质，存在一定的安全隐患。三是住房周围的环境质量，人们现在不仅追求住宅内的舒适，也开始追求住宅环境的舒适和宜居，对住宅周围公共服务设施、绿化环境等的要求更高，而很多地方的住宅存在楼宇间隔过小、绿化不到位、地处偏僻、噪声过大等问题。

（三）城市住房问题的治理对策

1. 坚持“房住不炒”，保持房价合理稳定

“房住不炒”是促进房地产市场平稳健康发展的一项总原则，须长期坚持。一方面可以通过增加城市住房供应，持续缓解供求矛盾，使房价保持稳定，房价收入比保持合理。另一方面政府可以通过多种政策手段控制房价。例如，加强对房地产市场的监督和管理，规范房地产交易行为，控制房地产市场的无序发展。又如，通过完善房地产税制度，增加购房者的投资成本，降低其购房热情，减少其投机行为。

2. 规范住房租赁市场，缓解城市住房压力

发展住房租赁市场是解决城市流动人口问题、买不起房等问题的有利举措。其中，如何保证房客的权益是规范住房租赁市场发展的关键。例如，一些房东和中介机构为了追求更高的利润，常常会采取一些不正当的手段来欺骗房客。因此，需要制定更加严格的法律法规和监管措施来保障房客的权益，对租房市场进行严格的规范和管理，适当发布租房支持政策，鼓励有需要的群体租房居住。住房租赁企业要以审慎态度强化精细化运营、拓展业务模式，让“长租”始终遵循“住”的本质，推动整体市场进入高质量发展阶段。此外，政府还应当通过科学规划保障性租赁住房的规划建设，吸引各方投资，加大保障性租赁住房的有效供给。只有在政策扶持、监管力度和市场参与者的共同努力下，住房租赁市场才能实现健康、稳定和可持续的发展。

3. 健全住房保障制度，体现房屋居住功能

住房是人的一项基本权利，房屋最主要的功能就是居住。党的二十大报告提出“加快

建立多主体供给、多渠道保障、租购并举的住房制度”。当前，健全城镇住房保障体系，实现人民安居乐业是重中之重。一是要完善制度，着力解决关键群体住房难题。年轻人是城市中的关键群体，但是由于他们刚刚参加工作，有些人甚至还没有找到稳定收入的工作，没有足够的积蓄买房，租房的支付压力也很大，因此，将他们纳入住房保障体系非常必要。二是要因地制宜，增加保障性住房供给。例如，利用集体经营性建设用地、老旧小区改造等项目，扩充保障性住房。三是要转变公租房保障方式，实行实物保障与租赁补贴并举。一方面，通过提高房屋租赁的货币补贴，积极引导城市住房困难群体在市场上租赁住房，以更好地满足保障对象的不同住房需求；另一方面，政府可将建设资金用于租赁补贴，提高住房保障效率。

4. 加强房屋质量监管，保障房屋建筑品质

加强对建筑工程质量的监督，是政府的重要责任。政府要建立完善的法律法规和质量监督体系，依据法律法规进行住房质量监督，并制定“违反规定必严惩”的措施。住房质量也是房地产企业发展的重要基础，企业应当建立自我监督体系，主动监督住房建设项目，保证房屋质量良好。对于城市中的“老破小”房屋，应当加大排查力度，推进整治改造工作。房地产企业在开发建造住房的时候，应当充分考虑周边环境的安全与舒适问题，健全基础设施，加大绿化区域。

三、城市教育问题

城市教育问题，即城市教育领域出现的教育资源供给、教育公平、教育质量、教育环境等各方面问题的统称。“国势之强由于人，人材之成出于学。”教育是国之大计，事关国家发展，事关民族未来。不可否认，由于城乡二元结构的存在，目前我国优质的教育资源主要聚集在城市。城市教育的资金投入明显高于农村，使得城市教育较之农村具有绝对优势。然而在教育资源总体占优的情况下，城市内部也存在着教育公平和教育焦虑两大问题。因此，我们应当认识到，政府不仅要加快乡村教育发展，缩小城乡教育差距，也要重视城市教育问题，只有两者齐头并进，才能更好地践行新时代教育强国、科技强国、人才强国战略。

（一）城市教育供给问题

教育资源供给问题是教育问题的核心问题。城市教育供给问题，本质上是城市中的教育资源与城市人口日益增长的教育需求之间的供求矛盾，集中出现在人口庞大的特大、超大城市。按照《国务院关于调整城市规模划分标准的通知》的规定，城区常住人口 500 万人以上 1 000 万人以下的城市为特大城市，1 000 万人以上则为超大城市。由于特大、超大城市享有聚集效应的优势，其基础设施、公共资源与生活质量较高，因此对人口的吸引力较大，但是其有限的资源往往难以满足人口急速膨胀的需求，以致引发各种城市社会问题。尤其是在优质教育资源供给不足的情况下，人们往往为了争取优质教育资源的机会而出现各种“择校”乱象。

（二）城市教育公平问题

1. 城市之间的教育资源差异

第一，不同规模的城市存在着明显的教育资源差异。一般而言，大城市的教育资源要

优于中等城市，中等城市的教育资源又优于小城市。城市规模与城市教育资源是两个相互影响、相互作用的因素。一方面，大城市往往作为一个地区的政治、经济和文化中心而存在，享有聚集效应的绝对优势，其基础设施、公共资源与生活质量处于领先地位，所以对外来人口的吸引力较大，而人口的增长则无疑需要城市加大资源投入以满足教育需求，从而使城市教育资源进一步雄厚；另一方面，大城市的优势教育资源又能吸引人口流入，促使城市规模进一步扩大。

第二，不同区域的城市存在着明显的教育资源差异。教育资源的差异不仅受到城市规模的影响，也与城市的经济、历史和地理等因素相关。例如，城市经济反映了城市的繁荣程度，从而与城市的吸引力直接挂钩。虽然目前大部分城市都有足够的经济实力办学建校，但是经济较好的城市无疑能够在薪资待遇、公共设施、生活质量等方面提供更好的条件，从而能够吸引充足的师资和生源。我国城市教育资源的“东强西弱”正是这一因素的有力体现。

2. 同城学校的教育资源差异

第一，重点院校和普通院校之间的教育资源差异。全国各地几乎都有重点院校和普通院校之分。这种区分最直接的体现就是教育资源的差异。重点院校在教育资源各个方面都有着相当大的优势。一方面，政府在人力、物力、财力上对重点院校的支持远超于普通院校，在招生方面也尽可能地提供优惠政策；另一方面，在我国现行的升学制度中，重点院校的学生有机会获得保送直升的资格，而且重点学校的教师授课经验更为丰富。

第二，老牌名校与新建学校之间的教育资源差异。一方面，当政府为了缓解教育压力而大量新建、扩建学校来加大教育供给时，新学校的师资力量和办学经验的欠缺往往难以让家长满意，因此存在“老牌名校抢破头，新建学校无人问”的情况；另一方面，教师的引进与教师工资待遇、学校名誉等因素有关，财政拨款越多，教师工资待遇越高，学校名誉越好，对教师的吸引力就越大，师资力量就越强，进而学校的教学质量和知名度就高。而受学校知名度影响，大部分家长尤其是城市家长，往往会通过各种途径争取子女能够进入名校学习，从而名校生源爆满，而教学质量较差的学校则生源很少，导致教育资源分配的两极化现象。

第三，学校内部的教育资源差异。即使是处于同一所学校，学校对教师资源的安排、教师的教学方式也有可能存在不公平的现象。比如，学校根据学生的成绩将班级分为“创新班”和“普通班”，为前者分配最优师资；又如，教师可能对学习成绩优异的学生较为关注，而对成绩普通的学生则应付了事。

3. 不同群体之间的教育资源差异

第一，弱势群体与强势群体之间的受教育差异。弱势群体与强势群体的根本差异在于经济条件的悬殊，而在当前的义务教育入学政策下，这一差距将延续至教育领域，最为突出的表现就是学校教育资源与学区房价格所呈现出的强正相关关系。在房价持续上涨的背景下，由于教育在阶层再生产、阶层流动中扮演着极为重要的角色，再加上现阶段优质教育资源的稀缺性、空间分布的差异性，导致学区房溢价过高的问题日渐突出。因此，这就导致高质量的教育资源只能是强势群体的私有物，弱势群体的教育资源则相对一般，而教育的延续性又将导致两个群体之间的受教育差异会被进一步放大。

第二，流动人口子女与城市人口子女之间的受教育差异。随着城镇化的加速推进，大批农村人口前往城市务工，引发城乡人口的流动浪潮，但随之而来的是流动人口子女的教育问题，具体体现在教育机会、教育资源和教育融入等方面。在教育机会上，虽然目前我国奉行“两统一”① 的流动人口子女教育政策，但是，流动人口薄弱的经济基础与较低的社会地位使得其子女仍然在教育机会上处于劣势。同样，在教育资源上，城市户籍孩子的受教育质量要明显优于流动人口子女。城市户籍孩子大多就读于师资雄厚的名校，并且大多接受各类“兴趣班”“拓展班”的训练，综合能力占有优势。在教育融入上，由于环境和人际关系的重置，流动人口子女无法在短时间内融入已经较为稳固的同伴群体，因此存在难以适应新学校、新班级的问题。

（三）教育焦虑问题

教育焦虑原本是指人们对教育过程及教育结果带来的不确定性所产生的紧张、不安、忧虑、烦恼等复杂情绪状态②，这种焦虑在独生子女政策的大背景下不断蔓延，最终演变成为一种社会现象，即使目前“三孩”政策已经实施，教育焦虑却早已深入人心。教育焦虑的产生，是因为社会、学校、家长给予学生们的期望过高、要求过多，并形成一种巨大的压力，以至于学生们不得不努力竞争。

1. 来自社会的教育焦虑

自媒体时代，每个人都是传播者，每个人都能成为发声者。不难发现，在形形色色的自媒体内容中，“制造教育焦虑”成为有的人谋取利益的主要手段。就主体而言，发布人多为教育行业从业者；就内容而言，大多先是强调教育资源的重要性或是介绍某领域的严峻形势，然后介绍某种“教育资源”，最后附上购买链接。在这些内容中，其强调教育的重要性固然是值得肯定的，但是过分夸大竞争压力来制造焦虑，达到推销“教育商品”的目的则过于功利。实际上，这种基于自媒体的营销方式确实取得了不错的销售效果。为了让孩子能“赢在起跑线上”，部分家长是愿意为教育消费的，其他家长则有可能受此压力而进行模仿。如此一来，教育焦虑便被人为地制造而成。

2. 来自学校的教育焦虑

一方面源于社会对学校的教学评价、教学考核，另一方面源于学校对教师们的工作考核。两类考核分别关乎学校的发展和教师的前途，两类考核又都有一项共同的核心指标，即学生成绩，因此学校和教师便形成利益共同体，而学生成绩则无疑会被视为重中之重。在这种情况下，学校和教师则极有可能在一定程度上将考核压力移植到学生们的学习上，形成一种较为紧张的学习氛围，迫使大家“内卷”。

3. 来自家长的教育焦虑

这些焦虑源自家长“望子成龙”“望女成凤”的殷切，特别是当“别人家的孩子”较为优秀时，这种焦虑就会在比较中一步步升级。原本的激励、鼓舞可能首先会转化为唠叨、批评，然后各种辅导班可能随之而来，最后甚至会出现“虎爸狼妈”式教育。

---

① “两统一”，即统一以居住证为主要依据为随迁子女提供义务教育服务，统一随学生流动携带“两免一补”资金和生均公用经费基准定额资金。

② 陈华仔，肖维．中国家长“教育焦虑症”现象解读．国家教育行政学院学报，2014（2）．

现实中，上述三种教育焦虑通常是同时存在、相互交织的，这给学生造成了极大的压力，不利于学生心理健康发展。因此，我们要思考如何层层减压，降低学子们肩负的学业压迫感。

（四）城市教育问题的治理对策

1. 促进城市之间教育资源均衡

教育的均衡发展，需要在城市与乡村之间、城市与城市之间促进教育资源的相对均衡，甚至对落后地区给予适度的教育资源倾斜和相应的教育政策支持。对此，在不同城市之间，政府可以通过调整教育资源分配策略，向教育资源较为匮乏的城市进行倾斜性投入，推动教育资源公平配置，减少家长对于优质教育资源的过度竞争；在不同地区之间，可以鼓励优质师资和教育资源向较为落后的地区倾斜，帮助解决不同地区教育资源分配不均衡的问题。

2. 优化城市内部教育资源配置

首先，合理规划城市学校布局。对城市内部的学校进行规划和布局，确保学校的分布均衡，避免某些区域学校资源过剩而其他区域学校资源匮乏的情况。其次，调整教育资源配置。动态调整学校的资源配置，增加优质教育资源的投入，提升教学质量，确保每所学校既能够提供良好的教育条件，又不出现一家独大的局面。例如，平衡师资队伍，在城市内部进行师资队伍的合理分配，确保优质教师资源能够覆盖到各个学校，提高教学质量，并通过政策鼓励优质师资到教育发展水平落后的地区支教，以弥补师资资源的不足。最后，创新教育管理模式。推动教育资源共享和协同发展，鼓励学校之间的资源共享和协作，形成教育资源的网络化和整合化，提高资源利用效率。

3. 保证不同群体教育机会公平

教育公平的关键在于教育机会的公平。为此，城市中要保障每一个孩子都有接受教育的平等权利和公平机会，尤其是保障农民工子女在城市接受教育的平等权利和公平机会。首先，政府可以出台相关政策，保障农民工子女在城市能够顺利就读，并享受与城市户籍学生同等的义务教育资源，从而充分保障农民工子女的入学权利，防止因户口、学费等问题而被拒之校门外。其次，针对农民工家庭经济困难的情况，政府可以提供学费减免、生活补助等经济资助和补贴政策，确保农民工子女在城市教育中不因家庭经济条件而受到歧视或影响学习。最后，推动城市学校和教育机构建设更加包容的文化环境，消除对农民工子女的歧视和偏见，使他们能够在尊重和平等的环境中学习成长。

4. 推动教育观念转变，缓解教育焦虑

首先，政府和教育机构可以开展大规模的教育宣传活动，倡导以学生的全面发展为核心的教育理念，强调尊重学生的个性和兴趣，鼓励家长和社会以开放的心态对待学生的发展和教育选择。其次，开展面向家长和家庭的教育培训和指导活动，帮助家长正确理解教育的本质和目标，关注学生的身心健康发展，引导家长积极参与和支持学生的学习与成长，避免过分功利化和过度竞争。再次，在教师教育培训和学校教育管理中，注重培养教师的教育理念和教育方法，鼓励多元化的教学模式和评价体系，支持学校开展素质教育和兴趣拓展课程，满足学生多元化的发展需求。同时，适度调整课程设置和评价方式，注重培养学生的综合能力和创新意识，鼓励学生的自主学习和实践能力，减少应试教育的负面影响。例如，为了有效缓解教育焦虑问题，我国开始推行“双减”政策，即有效减轻义务教育阶段学生过重作业负担和校外培训负担，取得了良好效果。最后，借助媒体等渠道，引导社会各界转变教育观念，推动社会公众关注学生的全面成长，减少功利性的教育评价标准，加强社会对素质教育的认同度。

四、城市就业问题

随着社会经济的不断发展，当前我国经济已经从过去的“经济高增长”阶段向“高质量发展”阶段转变，在这一新的经济形势下，我国城市就业问题进一步凸显。

（一）就业问题是城市发展的核心问题

就业问题是民生之本。城市就业问题是指具有劳动能力的人口在城市内无法从事劳动或进行有效劳动，从而产生不利于个人生存和社会发展的状况，究其根本是城市劳动力的供求矛盾。在农村，由于有土地这一生产资料的保障，农民可以耕地务农、自给自足，因而不会被就业问题所困扰，而在城市，市民必须通过就业来获取收入来源，维持生计，所以就业问题对城市市民至关重要。因此，从一定意义上说，就业问题是城市特有的问题。

在城镇化进程中，城市凭借更优质的经济活力、收入水平、基础设施等条件，吸引着外来人口，使得农村人口不断流向城市，既缓解了农村富余劳动力的压力，又解决了城市劳动力不足的问题。当前，城乡就业问题的核心在于农村劳动人口的技能水平难以匹配现代产业转型发展要求。城市就业问题不仅事关城市劳动力的生存生活，也与城市发展呈现出共生的关系。首先，保障城市就业对城市发展是至关重要的。充分的就业机会可以吸引更多的人口涌入城市，促进城市人口增长和人口结构的优化。其次，丰富的就业机会将提升居民的收入水平，增加居民的消费能力，增加税收收入，从而为城市提供更多的资源和资金，用于改善城市的基础设施、教育、医疗等公共服务，进一步促进城市的发展。最后，城市发展也会影响城市就业。城市的发展水平、产业结构和政策环境都会影响就业机会的数量和质量。一个发展迅速、经济结构多元化、政策开放的城市，通常会有更多的就业机会，吸引更多的企业和人才前来投资和生活；相反，发展滞后、产业单一、政策不利的城市，可能面临就业困难和人口流失的问题。

（二）产业结构转型对城市就业问题的挑战

当前，随着人口结构和消费形态的变化，城市居民对于消费、文化、教育、医疗等服务的需求日益增加。中国城市的经济结构正在从以重工业和制造业为主的传统产业向现代服务业和高技术产业转型。然而，转型过程中也存在着一些挑战。首先，制造业仍然是中国城市经济的支柱产业，而且产能过剩和环境污染问题依然存在，淘汰老旧产能、调整产业结构、提高制造业的技术水平和质量是一个复杂而长期的过程。其次，服务业发展相对滞后，特别是高端服务业和知识密集型服务业的发展还不够充分，需要加大政策支持和投资，培养更多具备专业技能和创新能力的人才。

因此，城市产业结构必须转型，以适应中国式现代化发展的要求，其原因有：第一，经济发展规律的作用。随着经济的不断发展，不同阶段的经济发展需要不同类型的产业来支撑。在初期阶段，重工业和制造业通常是经济增长的主要推动力。然而，随着经济的成熟和人口结构的变化，现代服务业和知识经济的需求逐渐崛起，成为经济增长和就业的新引擎。第二，技术的进步和创新。科技进步和创新是经济结构转型的重要推动力。新技术的出现和应用，如信息技术、人工智能、生物技术等，不仅改变了产业生产方式，也催生了新的产业形态和商业模式。这促使经济从传统的劳动密集型和资本密集型产业向技术密集型和知识密集型产业转型。第三，市场需求和消费形态的转变。随着收入水平的提高和生活方式的变化，人们对产品和服务的需求也在不断演化。人们对于高品质、个性化、绿色环保等方面的要求越来越高，这推动了经济结构向更加服务型和创新型的方向转变。第四，国际竞争和全球化影响。经济全球化使得国际贸易、投资和技术传播更加便捷。随着中国经济的开放和参与全球价值链的深度融合，中国的产业结构必须与国际市场相适应，提高国际竞争力，这推动了中国经济结构的升级和转型。

然而，城市经济结构的转型也给城市就业形势带来了巨大挑战，带来了诸多城市就业问题。第一，技能型人才缺口大。当前，科学技术的进步正在推进产业转型升级，对技能型人才的需求不断增加，一些低技能就业岗位正在不断优化升级，相应地对技能转换能力的要求也越来越高。与此同时，一些新业态、新职业不断涌现，技能更新和终身学习变得越来越重要。在现阶段，我国技能型人才需求缺口不断加大。如果这种技能人才的缺口不能得到较好的弥合，将会阻碍产业转型升级，不利于高质量发展。第二，青年就业压力大。青年就业问题一直是世界性难题，青年人是就业工作必须高度关注的重点群体。近年来，我国青年就业形势十分严峻，解决青年就业问题依然是未来就业工作的重中之重。青年人就业困难，除工作经验不足、缺乏职业技能、就业结构性矛盾等因素外，也与我国高校毕业生规模不断增加、就业竞争压力加剧紧密相关。第三，劳动力市场化程度还不高。劳动力市场作为要素市场的重要组成部分，其发展状况及市场化程度是要素市场化改革的重要方面。当前，影响中国劳动力市场配置效率最主要的非市场因素有两个：一是户籍制度导致的城乡以及城市之间的分割；二是部门性质导致的单位之间的分割。当前，尽管中国劳动力市场化指数呈现稳步提高趋势，但总体水平还比较低，劳动力市场化指数的增长主要归功于劳动力数量配置效率的提高，而劳动力数量配置指标增长的主要动力来自户籍开放度的提高。此外，当前劳动力价格指数出现下滑，也影响了劳动力市场化总指数的提升，表明劳动力价格机制还有待进一步理顺。①

（三）城市就业问题的治理对策

1. 大学生就业问题及治理对策

就业已经成为当代中国大学生的一大难题，其原因是多方面的：一是高校毕业生数量不断增加，导致就业市场供给过剩。随着高校招生规模的不断扩大，大学生毕业人数逐年增加，然而就业机会的增长速度难以与毕业生数量相匹配，使得毕业生的就业市场面临激烈竞争，就业难度增大。二是专业结构与就业需求不符。一些专业的供给量相对较大，但市场需求却有限，导致相应专业毕业生就业困难。同时，一些新兴行业和高技术领域对人

① 周灵灵．数量压力与结构矛盾：新发展阶段的就业特征、挑战与应对．行政管理改革，2022（4）.

才的需求相对较高，但相关专业的培养却与市场需求之间存在脱节。三是缺乏实际工作经验和职业技能。许多毕业生在大学期间过于注重理论学习，缺乏实践经验和职业素质的培养，使得他们在就业市场中面临竞争劣势；而一些企业更偏好具有实际工作经验和职业技能的应聘者，这对缺乏相关经验的大学毕业生造成了一定的就业压力。四是地区发展不平衡。经济相对发达的地区提供了更多的就业机会，而一些经济欠发达的地区就业机会较少。这使得大学毕业生在就业选择上面临一定的地域限制，增加了就业的难度。

大学毕业生找不到工作不仅是人力资源的巨大浪费，也是对人才培养质量的警醒。因此，解决大学生就业问题迫在眉睫：一是要提高人才培养质量，重视创新人才培养，注重实践锻炼，提高实用技能，使其更好地适应市场需求。二是要加强职业教育，推动校企合作，建立产教融合、校企共建的就业培养模式。三是要完善就业创业政策，鼓励支持大学生创业就业，提供税收优惠、创业孵化基地等扶持政策。

2. 农民工就业问题及治理对策

农民工是当前就业问题的又一重要群体，他们面临着缺少就业机会和缺乏就业保障两大问题。首先，在就业机会方面，随着科技的发展和产业结构的升级，我国正从劳动密集型向资金密集型和技术知识密集型过渡。因此，一些传统行业和劳动密集型岗位会逐渐减少，简单的体力劳动者将被机械化和智能化机器所取代，而新兴的行业和岗位则要求劳动者具备一定的学习能力和技能素养。农民工通常是简单的体力劳动者，往往无法胜任技术水平要求较高的岗位，在劳动力市场上不具备竞争优势，故而农民工极易陷入就业困难的窘境。其次，在就业保障方面，农民工在城市就业时往往面临户籍限制，如享受城市公共服务的权益和居住条件的限制等，这增加了他们就业的不确定性。同时，农民工在城市的劳动权益保护相对较弱，他们面临着劳动合同不明确、被拖欠工资、劳动环境不安全和劳动保护法律知识匮乏等问题，这增加了他们在城市就业的不稳定性风险。

农民工是城市的重要建设者，为城市的建设和发展作出了巨大贡献。目前，我国城市中有近 3 亿农民工，如此庞大的群体，如果就业出现了问题，将是城市中一个巨大的不稳定因素。因此，解决农民工就业问题是当前十分紧迫的任务。其措施主要有：一是推动户籍制度改革，逐步削弱城乡二元的户籍制度制约，使农民工在城市享有平等的就业和社会保障权利。二是加强职业培训和技能提升，提高农民工的职业素质和技能，增强农民工的就业竞争力。三是加强对农民工的法律保护和劳动监管，保障其合法权益，预防和打击拖欠工资、违法用工等现象。

3. 灵活就业问题及治理对策

随着“互联网＋”平台的快速发展，在平台经济、共享经济等新业态推动下，形成一大批灵活就业人员。所谓灵活就业人口，就是指那些无固定职业、无固定工作时间、无稳定收入的劳动者，他们可能从事零工、临时工、合同工、自由职业等形式的工作，如外卖员、快递员、微商、网约车司机以及网络主播等。由于劳动关系归属模糊，加之新业态管理较为滞后，导致灵活就业人员劳动风险问题突出，劳动权益保障不足。首先，灵活就业人员并非正式员工，雇佣关系模糊，因此他们往往无法像正式员工那样享受完整的社会保险福利，如医疗保险、养老保险、失业保险等。其次，灵活就业人员在劳动权益保障方面也存在一些难题。他们往往面临工资低、工时不稳定、劳动条件差等问题。最后，灵活就业人口通常面临较高的不确定性和失业风险。

可以预见，未来灵活就业人群规模将会越来越大，因此解决灵活就业问题势在必行。其具体措施有：一是建立适应灵活就业群体的社会保障制度，包括医疗保险、养老保险、失业保险等，保障其基本权益。二是完善相关法律法规，加强对灵活就业者的劳动权益保护，确保其合法劳动条件和报酬。三是支持灵活就业者的再就业培训和职业转岗，提升其就业能力和市场竞争力。

五、城市交通问题

在城镇化进程中，我国在综合交通运输领域取得了一定的成果，城市交通快速发展，但是，由于城市人口的急剧扩张和机动车辆的快速增加，目前我国的城市正面临着巨大的交通压力和交通污染。城市交通问题，是指由于城市人口的急剧扩张和城市机动车辆的快速增加，导致城市交通资源与城市人口、城市环境等不相适应的现象，例如交通压力和交通污染等。

（一）交通压力

1. 交通拥堵

交通拥堵是许多现代化城市共同面临的难题。城镇化的过程中有大量流动人口涌入城市，人流、物流的不断增长，致使人们对机动化出行的需求增加。然而，由于城市交通发展速度往往无法匹配人口增长速度的需求，因此城市经常出现交通流量骤增与交通供给滞后而引发的交通拥堵问题。造成交通拥堵的具体因素很多，本质原因是交通供求关系的不平衡。一方面从供给上看，城市道路交通缺乏科学系统规划。目前，我国部分城市的道路交通规划存在不科学、不合理的问题，如“断头路”、畸形交叉路口多，红绿灯设置不合理，停车设施供给水平低，综合交通枢纽一体化程度低，公共交通换乘烦琐、耗时过长等问题。此外，部分城市在建设道路时过于聚焦在主干道路上而疏忽了次干道和支路，导致主次干道的比例严重失调，主辅路衔接的道路节点的路段通行能力较低。另一方面从需求上看，城市土地利用模式和人们的交通选择行为决定了城市的交通需求，然而部分城市设置的“职”与“住”相距较远，人们上下班、接送孩子无法采用共享单车、步行的出行方式。此外，随着经济的快速发展，人们的生活条件得以改善，有越来越多的小汽车进入家庭，因此在通勤上，机动车出行逐渐取代以往乘坐公共交通工具的出行方式。机动车占用道路资源效率虽低于公共交通工具，但人均占用道路面积却又高于公共交通工具。

2. 通勤不便

城市通勤不便是超大城市和特大城市特有的现象。由于人口聚集在城市中心，而就业和居住地点分散在城市的不同区域，导致大量通勤流量集中在有限的道路和交通枢纽上，造成交通拥堵，延长了通勤时间，增加了出行成本。《2023 年度中国主要城市通勤监测报告》显示，通过对全国 45 个主要城市的通勤调查，单程通勤时间超过 1 小时的人口在超大城市中的占比达 17%，在特大城市中的占比达 11%。通勤问题是一个较为复杂的问题，包含了多种因素。首先，房价和人口密度的影响。在一些发达城市，由于居住成本较高，部分人不得不选择在城市之外的郊区或远离工作地的地方居住，导致通勤距离增加。其次，缺乏多样化的工作机会。在城市就业的劳动者能择业择岗的范围极其有限，因此，为保证就业，一些劳动者就不得不牺牲通勤上的便利。再次，公共交通不足。城市公共交通系统的覆盖范围和服务质量往往无法满足通勤需求，公交车、地铁和轻轨等公共交通工具可能面临运力不足、站点分布不合理、不够便捷等问题，使得大部分通勤者只能依靠私人车辆进行通勤，进一步加剧了交通拥堵。最后，缺乏科学的交通系统规划。一些城市的交通规划可能没有充分考虑到通勤需求和人口分布情况，导致交通网络不完善、交通枢纽缺失、交通模式单一等问题，限制了通勤的便利性。

3. 车位紧张

车位紧张，即停车位数量无法满足日益增长的车辆数量的要求，这是由于城镇化进程和汽车普及率的快速增长导致的又一突出问题。第一，城镇化进程使得人口集中在城市中，居民数量急剧增加，而城市基础设施的建设和规划未能跟上需求的增长，导致城市中的道路和停车设施难以满足日益增长的车辆数量。第二，随着城镇化进程的推进，人们对私家车的需求也在增加，进一步加剧了停车位的紧张问题。经济的发展和人们生活水准的提高，使得更多的人能够购买私家车，城市中汽车数量快速增长，然而停车设施的建设未能跟上汽车增长的速度，导致停车位供不应求的局面。

（二）交通污染

交通对城市环境的污染主要表现在尾气污染与噪声污染两个方面。机动车尾气排放的污染物种类众多，包括一氧化碳、碳氢化合物、氮氧化合物、铅等。一方面，尾气污染会危害人们的身体健康，例如：一氧化碳会引起慢性中毒，碳氢化合物会增加支气管炎和肺气肿的患病率，氮氧化物增强了肺毛细血管的通渗性而导致胸闷、气喘、咳嗽、肺炎甚至肺水肿，铅会引发血压升高以及心血管系统疾病。另一方面，尾气污染也影响着人们的日常生活，比如尾气大量排放引起空气中 PM2.5 指数超标，甚至达到重度污染程度，形成雾霾天气。除尾气污染外，交通流量的增加还会带来噪声污染。特别是居住在交通干线周围的居民，长期处于噪声环境中，会出现听力损失、失眠、交感神经紧张等不良反应。

（三）城市交通问题的治理对策

1. 科学规划城市结构

首先，在城市空间结构上，引导城市与周边城市形成功能互补，消除单一的城市中心极化趋势，发展多中心的网络城市；同时，可以考虑建设主干道围合、次干道分割、路网密集的开放街区模式，以及在大型交通枢纽旁建设集办公、购物、娱乐于一体的中央商务区。其次，加大对交通基础设施的投资，改善道路和公共交通网络，提供更多的交通选择，同时加强交通规划和管理，提高交通效率，减少交通拥堵和事故的发生。最后，加大城市停车设施的建设力度，增加停车位的数量。这包括建设地下停车场、建立多层停车场和提高道路边停车位的规划和设计。采用智能停车系统和共享停车模式，提高停车位的利用率和效率。

2. 鼓励绿色出行方式

绿色出行不仅能缓解交通压力，也是一种更加健康的出行方式，因此应当积极鼓励人们绿色出行：第一，积极倡导步行、骑行和使用电动代步工具等非机动出行方式，鼓励人们减少对汽车的依赖。倡导绿色出行理念，鼓励人们选择共享出行方式，如共享汽车、拼车和租赁服务，减少汽车拥有量。同时，推广绿色燃料和混合动力汽车，减少尾气排放和能源消耗。第二，加大对公共交通系统的投资和建设，发展大容量快速公交系统和快速轨道交通，提供更多的车辆和路线选择，降低人们出行成本，使公共交通成为人们出行的首选。同时，提高公共交通的便捷性、准时性和舒适性，增加人们使用公共交通的动力。

3. 支持新能源汽车发展

鼓励和推动车辆的新能源化，减少尾气排放，可以为新能源车主提供补贴和减免税收等方面的优惠政策，同时扩大新能源汽车充电补能设施的建设，提高新能源汽车的使用便利性和充电效率。另外，政府还可以与相关产业合作，加大对新能源汽车和相关技术研发的支持力度。

六、城市贫困问题

2021 年，我国脱贫攻坚战取得全面胜利，经过全党全国各族人民的努力，解决了农村人口绝对贫困的艰巨任务，创造了又一个彪炳史册的人间奇迹。脱贫摘帽不是终点，而是奋斗的新起点。尽管农村人口绝对贫困问题得到全面解决，但城市的贫困问题依然存在，应当加以关注。根据《中华人民共和国 2022 年国民经济和社会发展统计公报》的数据，2022 年末共有 683 万人享受城市最低生活保障，这部分人是城市的主要贫困群体。我国城市的贫困问题主要是一种相对贫困，即虽然能够满足衣、食、住、行等基本需求，但是收入水平相比社会的整体收入水平仍处于劣势地位。

（一）城市贫困人口的类型

现阶段，我国的城市贫困群体大致有以下几类：

1. 城市中的低保人员和特困供养人员

这类群体只能勉强通过社会保障、社会救助来维持最基本的生活需求，而无法自食其力过上最基本需求得到满足的生活，其经济水平处于相对贫困人口的底端。

2. 低收入家庭和临时困难家庭

低收入家庭，是指家庭的收入水平较低，无法满足基本的生活需求。通常，低收入家庭的收入低于国家或地区规定的贫困线或最低生活保障标准。然而目前我国对低收入家庭的认定标准尚不完善，尚未建立针对性的社会救助制度。临时困难家庭，是指因各种急难性事件而陷入严重经济困难的家庭。比如突发灾难性事件导致家庭成员的生命、健康、财产严重受损，或者家庭主要劳动力失业下岗，这些问题反映了风险社会中部分家庭应对突发灾难的能力不足，需要得到社会的帮助。

3. 容易陷入贫困的脆弱群体

首先是城市中生活困难的流动人口。由于他们的教育程度和技能水平不高，又缺乏足够的社会资源，因此工资待遇不尽如人意，只能维持基本生活需求，一旦突发疾病或被迫失业则会沦为贫困群体，加之目前城市政府并未建立针对流动人口的社会救助体系，这使得他们的处境更加危险。其次是城市中生活困难的失业人口。在世界范围内，失业都是导致贫困的一大因素，而相比经济和生活方面的救助和补贴，失业者更需要社会提供的就业机会。最后是城市中的特殊困难人群，包括残疾人、精神病患者、刑满释放人员等。一方面生活护理和监护的需要加大了家庭的经济压力，另一方面这些特殊困难者又面临着就业、经济和生活各方面的压力。

（二）城市贫困的致因

1. 政策调整的原因

制度与政策的变迁会影响城市生活中的不同群体，诸如经济体制改革推进、国有企业改制，其中一些跟不上时代潮流或者不能够适应新制度的群体就有可能陷入贫困。在20世纪90年代，国有企业占据经济的绝对比例，但是因为管理不佳等诸多原因一直效率低下，面临着改革开放后带来的一系列冲击，所以国有企业的改革和重组成为必然，大量员工下岗，出现“下岗潮”。然而，当时政府没有及时出台配套政策帮助失业人员解决就业问题，导致陷入贫困。因此，我国必须延续精准扶贫的理念与方式，建立针对性的扶贫政策。

2. 经济转型的原因

随着经济的转型升级，一部分人往往因不能适应新的产业转型而失去工作。例如，随着人工智能的不断发展，一些传统产业的就业机会将逐渐被机器与人工智能代替，虽然新兴产业和高技术行业的就业供给将大幅度增加，但是要求劳动者必须具备更高水平的劳动水平和知识技能，因此对部分劳动者而言，就难免会面临就业难题和失业困境。

3. 保障不足的原因

疾病和贫困联系密切，一方面，疾病有可能会给家庭带来较大的开支，导致家庭经济水平下降，另一方面，高额的医疗费用又导致该群体的营养健康得不到保障，从而形成恶性循环。我国为应对“因病致贫”问题，自1998年以来相继建立城镇职工医疗保险、新型农村合作医疗、城乡居民养老保险，基本上实现了“全民医保”，但由于医保报销有起付线、报销比例、三大目录和封顶线等医保政策限制，很多药物与疾病并不在医保的报销范围内，居民的医疗保障水平有限。为减轻医疗负担，形成稳定的医疗体系，国务院办公厅颁布的《关于加快发展商业健康保险的若干意见》《关于做好保险业助推脱贫攻坚工作的意见》，明确了商业医疗保险是医疗保险体系的重要组成部分。当下，如何完善商业医疗保险产品、合理定价并提高覆盖率值得思考。

（三）城市贫困问题的治理对策

1. 大力发展城市经济

解决贫困问题，发展是前提。通过经济发展，创造更多的就业机会和就业岗位。首先，支持中小微企业和创业项目，提供更多的就业机会。引导外资和民营资本进入劳动密集型产业，扩大劳动就业市场；同时，加大对传统行业的改造升级，提高企业技术含量和附加值，创造更多的高薪就业机会。其次，政府可以投入资金，开展针对失业人员和低收入家庭成员的职业技能培训计划。培训内容可以涵盖就业热点行业的专业技能、软技能、创业能力等。再次，政府可以组织劳动力资源的调配和转移，促进跨领域、跨地区的合作，引导和支持优势产业和劳动力资源对接，推动资源因地制宜、优势互补，出台有利于就业的政策，鼓励企业吸纳更多的就业人员，提高灵活就业和新型就业形式的比重。最后，建立和完善就业服务体系，如就业信息咨询、职业指导、职业介绍、就业培训等服务，为失业人员和就业困难人员提供帮助，并鼓励引进紧缺人才，为优质就业资源提供更多机会。

2. 完善社会保障体系

首先，扩大社会保障范围，不断完善最低生活保障制度，确保社会保障覆盖更广泛的人群，包括低收入家庭、失业者、特殊困难群体以及老年人等，建设一个包容性的体系，确保每个有需要的人都能够得到应有的保障。其次，提高社会保障水平，适当提高社会保障金和标准，确保覆盖人群的基本生活需求。再次，完善医疗保障制度，建立更加普惠和公平的医疗保障制度，确保低收入家庭和特殊困难群体能够获得基本医疗保障，包括建设更多的社区医疗机构，扩大基本医疗保险的覆盖范围，提高报销比例等。

3. 完善社会救助体系

首先，建立完善的社会救助体系，建立健全的应急救助机制，为遭遇自然灾害、重大疾病和意外事故等突发事件的人员提供紧急救助，加大对特殊困难群体的临时救助支持力度。其次，开展城市贫困人口和困难群体的精确识别，分类施策，采取有针对性的扶贫措施，通过建立完善的社会救助信息管理系统，实行动态管理和追踪帮扶对象，确保扶贫政策和帮扶措施能够精准到位。最后，聚焦产业发展和就业扶贫，通过发展产业扶贫、就业扶贫等项目，帮助城市低收入家庭增加收入来源，减少贫困。

七、城市犯罪问题

当前我国正处在城镇化加速阶段，也是社会急剧变迁阶段。城市社会在急剧变迁的过程中，往往也是社会问题多发高发时期。在众多城市社会问题中，犯罪问题因关系每一个人的生命财产安全，受到社会各界的高度关注。

（一）城市犯罪问题的突出类型

1. 白领犯罪

白领犯罪是指白领阶层利用职务所进行的犯罪行为，这些行为包括金融欺诈、贪污、受贿、偷税漏税等，主要涉及经济领域。由于公司、企业几乎都设立在城市，白领也主要工作和生活在城市，因此白领犯罪的主体条件基本上决定了它是城市特有的一种犯罪。从原因上看，城市为白领犯罪的滋生提供了土壤。首先，城市里的经济关系更为复杂、经济活动更为频繁，因此白领阶层在其职务和资源分配中拥有更多的机会可以利用。其次，城市的生存压力和竞争压力。城市中的白领阶层普遍面临着激烈的竞争和巨大的工作压力，为了保持自身的地位、获得更多的资源和回报，一些人可能会选择违反道德和法律规定的行为，以获取不公平的竞争优势。再次，城市中的文化与道德观念的削弱。城市现代生活的快节奏和物质主义的价值观可能削弱了一些白领阶层的道德观念，使他们更容易追求个人利益，甚至不择手段。

2. 流动人口犯罪

流动人口是另一类城市犯罪的特殊群体。就流动人口犯罪的形式而言，以犯罪团伙为主体的犯罪比例较高。流动人口在城市中缺乏社会基础和经济基础，因此其交往的对象往往也是具有同质性的流动人口，久而久之就有可能扩大为一个团体。

与白领犯罪相似，流动人口犯罪也具有“城市性”的因素。从根本上说，流动人口犯罪是“市民化”失败的一种极端结果。首先，劳动水平与就业机会的矛盾增加了他们在城市生活的经济压力。流动人口由于劳动水平不足，就业条件较差，收入水平低，生活较困难，而为了满足基本生活需求，一些人可能选择从事非法活动来获取经济利益。其次，由于流动人口在城市中的社会地位较低，他们往往缺乏稳定的社会支持和帮助网络，容易感到孤单和无助，这使得他们更容易受到犯罪团伙的蛊惑和操纵。再次，由于受到教育水平和社会环境的影响，一些流动人口对法律的认识和遵守意识比较薄弱，对犯罪的危害和后果缺乏足够的了解和认识。

3. 新型犯罪问题

随着社会的进步和科技的发展，城市中的新型犯罪问题日益突出，类型多样。一是网络犯罪。随着互联网的普及和便利性，网络犯罪日益增多，包括网络诈骗、网络欺诈、网络暴力等形式。这些犯罪通过网络传播手段进行，给个人、企业、国家和社会造成经济损失和社会负面影响。二是电信诈骗。电信诈骗是通过电话、短信或网络等通信方式进行的一种犯罪行为，诈骗分子通常冒充公务员、银行职员、公安干警等身份，骗取受害者的财产。目前，电信诈骗已成为当前最主要的犯罪类型之一。三是数据犯罪。大数据时代的到来使得数据安全问题日益突出，个人信息倒卖、关键数据泄露等问题对个人隐私和网络安全造成威胁。

（二）城市犯罪问题的成因

城市犯罪问题产生的原因是多方面的，既有宏观的社会因素，又有微观的个体因素，更主要的还是“城市性”的产物，尤其是在急剧变迁的城市社会中，犯罪问题难免出现多发频发。

1. 社会解组的原因

社会解组是指社会上公认的行为规范与制度对个人与群体的约束力处于瓦解或削弱状态。法国社会学家迪尔凯姆认为，当出现社会解组现象，个体行为失去规范标准时，即会在不知所措的状态下出现越轨及犯罪行为。美国社会学家默顿认为，失范是社会目标与实现这些目标之间出现断裂或不平衡状态；因新旧规范、制度之间的断裂，或因规范冲突而未建立与整个社会要求相一致的规范与制度，社会解组状态也易在急剧变化的地域和多民族聚居地产生，导致违法犯罪行为的发生。社会解组理论认为，贫困、人口流动性和人口异质性是造成社会解组的三大结构原因，也是引起犯罪的原因。急剧的社会变迁、人口流动等造成社会的迅速多元化，使文化背景各不相同的人们不自觉地共同生活在一起，文化上的差异使人们感到不适应，特别是文化上的冲突往往导致犯罪的产生。该理论很好地解释了我国城市流动人口的犯罪问题，流动人口来到城市主要就是为了实现获取财富和融入城市的目标，但是却又面临着制度阻碍、文化歧视和个人能力不足的窘境，导致其在社会竞争中往往处于不利地位，进而诱发越轨、犯罪行为。

2. 文化冲突的原因

文化冲突，是指不同社会价值、利益、规范和文化准则在接触的过程中产生的竞争和对抗状态。美国社会学家塞林（Sellin）认为，“文化冲突是社会变迁过程的自然结果，社会变迁导致产生无数的社会群体，每个社会群体对于生活情景都有自己的定义，对社会关系也各有各的解释，而对其他群体的社会价值却全然无知或每有误解”[①]。在城镇化进程中，一方面社会转型与社会变迁会引发文化冲突；另一方面人口向城市流动的同时往往会携带自身原本的文化，从而可能与城市的当地文化产生冲突，进而容易引发城市中的越轨行为和犯罪问题。

（三）城市犯罪问题的治理对策

刑法学家李斯特曾说：“最好的社会政策就是最好的刑事政策”，说明了社会与犯罪之间的关系。因此，必须完善各项社会政策和社会制度以回应社会关切，解决社会问题，进而抑制和减少犯罪问题。

1. 加强社会建设

第一，加强社会建设，着力解决民生问题，不断完善社会服务，改善居民生活，提升生活品质，让人们看到实现抱负的希望，尽量消除个人的紧张因素。第二，完善收入分配制度。政府需要调整收入分配，扩大中等收入群体比重，增加低收入者收入，规范收入分配秩序，规范财富积累机制，促进社会更加公平，防止贫富差距增加。第三，保护弱势群体，重视流动人口的社会融入。一方面，应当树立常住人口与流动人口管理并重的观念，引导城市消除对流动人口的歧视，打破制度障碍。另一方面，应当出台相应的法律来完善流动人口的就业保障、社会保险、医疗保障、住房保障等，在社会福利方面给予流动人口特别的帮助。

2. 创新警务模式

首先，构建现代警务机制，优化警力资源，提高警务效能，快速有效地打击城市各类犯罪问题，切实巩固城市社会治安。其次，坚持科技强警战略，推动智慧警务建设，包括建设智能化监控系统、大数据分析系统等，提升警务信息化水平，提高警务处置效率。最后，重视社区警务建设，提高社区警务覆盖率和见警率，加强对社区治安问题的监管和打击，同时加强社会治安警力的预防性巡逻，加强对治安薄弱环节的巡查和盘查，及时掌握社会治安动态，防范犯罪行为。

3. 重视犯罪预防

面对新型犯罪的高发，犯罪治理理念应逐渐从犯罪打击向犯罪预防迈进。一是重视普法教育，提升防范意识。通过学校教育、社区宣传、媒体宣传等加强法律宣传，提高公众法治观念和法治意识，增强公众对法律的尊重和信任，减少违法犯罪行为。二是提升社会道德水平，加强公民道德建设，倡导诚信、守法、和平、和谐的社会价值观，培养社会成员良好的道德风尚，减少犯罪行为。

八、城市生态环境问题

城市既是人类聚集的场所，又是一个地理环境空间，是人与自然和谐共生的复合生

① 马林诺夫斯基．犯罪：社会与文化．桂林：广西师范大学出版社，2003.

态系统。然而，随着城市人口与日俱增，城市发展蒸蒸日上，人口持续增加、加速工业化、粗放城镇化、消费的扩张等导致城市环境问题愈发尖锐，出现“垃圾围城”、空气污染、水污染等城市生态环境问题。城市生态环境问题，是指由于城市化进程中人类的不合理活动所导致的城市区域内的环境污染、生态破坏、资源浪费以及居住环境质量下降等一系列问题。

（一）城市生态环境问题的具体表现

1.“垃圾围城”现象

目前，全国有三分之一以上的城市深陷“垃圾围城”困局，三分之二的城市处于垃圾包围之中。可见，“垃圾围城”是城市面临的一个重大难题。

从根本上说，“垃圾围城”是现代化的结果。首先，在城镇化进程中，人口的迅速膨胀导致城市垃圾生产量快速增长，而城市的垃圾处理能力无法将其消化，因此为了不影响市容市貌，垃圾往往会被运输至城市周边的垃圾场或荒地，久而久之就会形成“垃圾山”。其次，人们的消费方式发生转变，现有的消费模式以大量制造和消耗为特征，导致大量包装物和一次性用品的使用，加剧了垃圾的生成和积累。再次，城市缺乏有效的垃圾处理能力，无法高效地实现垃圾的回收和再利用。

2. 空气污染

空气质量与人体健康息息相关。根据《2023中国生态环境状况公报》显示，2023年全国339个地级及以上城市，空气环境质量达标城市比例为59.9%，超标城市比例为40.1%。总体上看，近年来我国空气污染指数逐步下降，空气污染治理取得一定成果，但是目前空气质量改善的技术难度在增加，末端治理减排成本提高。

城市空气污染主要来源于工业排放、交通排放和燃煤排放。首先，城市产业结构尚处于转型期，重工业、轻工业仍占有一定比重，而工厂和企业排放的大量二氧化硫、氮氧化物、挥发性有机物等物质会对空气质量造成显著影响。其次，人口的聚集和家庭经济条件的改善使得城市机动车辆激增，汽车尾气中的颗粒物、一氧化碳、氮氧化物等污染物对空气质量有很大的影响。特别是在交通拥堵的情况下，车辆的停滞和怠速会导致更多的尾气排放。最后，燃煤是城市供暖和电力生产的主要能源，燃煤排放的二氧化硫、氮氧化物和颗粒物等污染物是城市空气污染的重要来源。煤燃烧排放的烟尘和二氧化硫等污染物可在大气中形成细颗粒物（PM2.5），对空气质量和人体健康造成严重威胁。

3. 水污染

当前城市中的水污染主要来源于生活废水与工业污水。生活废水不仅影响城市的水域美观程度，也影响水域周边居民的居住环境。一方面，生活废水中包含大量的悬浮物，如一些食物残渣、生活垃圾等，这使得生活废水的颜色往往比较深，甚至变成“黑水”。另一方面，生活废水中又存在大量的有机物，有机物发生腐烂后会发出刺鼻的臭味，严重影响居民的生活。此外，生活废水还存在大量的病毒、细菌及寄生虫卵等病原体，威胁着居民的健康。工业废水则源于工业生产，部分工厂为提高收益，在污水处理环节降低成本，违反排放标准，对燃料残渣、工业废料及粉尘等工业废物未作处理，直接排入水体，严重影响水质。

（二）城市生态环境问题的成因

1. 人口聚集

城镇化的核心之一就是人口的迁移，由于人口规模扩大过快，而城市的环境承载力在短时间内却是相对稳定的，因此容易形成环境压力。人口规模与城市整体环境污染呈正相关关系。人口密集将带来更多的生产和消费，污染也更严重。因此，在城镇化进程中，既需要提前测量当地的环境压力，科学地研究人口迁移和合理分布机制，又要警惕企业污染对人口密度的负面影响，防止盲目地进行城镇化“大跃进”。

2. 经济集聚

经济活动的集中会导致城市拥挤，拥挤程度越高，污染就越严重，而不断恶化的城市环境又对经济发展具有负面的反作用。首先，经济集聚通常带来工业活动的集中，而这些工业活动需要大量的资源和能源，并且会释放废气、废水和固体废弃物，从而对空气、水体和土壤产生污染。其次，经济集聚会导致人口密集和交通拥堵问题。大量人口涌入城市中心，增加了汽车和公共交通工具的使用，从而增加了尾气排放和交通噪声。车辆排放物中的氮氧化物和颗粒物对空气质量有负面影响，交通噪声污染对居民的生活质量和健康也有不利影响。再次，经济集聚往往伴随着城市扩张和土地利用的变化。城镇化过程中，农田和自然生态系统被转变为城市用地，这可能会导致生态系统破坏、生物多样性减少和土地资源浪费。不仅如此，城镇化还会增加建筑和基础设施的需求，导致能源消耗和碳排放的增加。最后，经济集聚意味着对资源的更高需求，这会导致资源的过度利用和开采，增加了对环境的压力。同时，高密度人口集中在有限的土地上也会增加对基础设施、水资源和垃圾处理设施的需求，进一步增加了环境管理的困难。

（三）城市生态环境问题的治理对策

自古以来，中国就追求天人合一、人与自然和谐统一。中国式现代化也是人与自然和谐共生的现代化。绿色发展已经成为中国式现代化的显著特征。我国城镇化和城市发展必须坚定不移地走生态优先、绿色发展之路，采取切实有效的对策措施治理城市环境问题，建设生活宜居的绿色城市或生态城市。因此，城市环境问题治理是一项系统工程，需要在党和政府的领导下，强化政府环保部门的职权，依靠多元社会力量，运用各种手段，从各方面共同努力，综合防治城市环境污染。

1. 树立绿色发展的理念

绿色发展是当今世界发展的主旋律，也是未来城市发展的新思路。城市发展过程中应当坚持绿色发展的理念，坚持人与自然和谐共生，积极践行绿色生产生活方式，才能从源头上解决城市环境问题。首先，要重视城市生态空间建设。目前，在城市发展过程中，过度开发、侵占生态空间、破坏生态环境等现象还时有发生，发展与保护的矛盾依然突出。城市发展必须把生态优先理念落到实处，开展绿色城市建设和空间规划，合理确定开发建设的密度和强度，积极改善城市人居环境，努力保护城市良好生态系统。其次，要构建绿色产业体系。加快推动传统产业绿色改造升级，构建绿色低碳循环发展的产业体系，大力发展绿色经济，是城市绿色发展的重要基础和不竭动力。尤其在当前“双碳”战略深入实施的背景下，加快推进绿色能源、绿色交通、绿色建筑等绿色基础设施建设，是实现城市绿色发展的关键环节。最后，要完善绿色发展政策。在充分尊重市场规律的基础上，不断完善绿色发展的促进政策和激励机制，充分发挥“有为政府”与“有效市场”的协同作用，通过完善政策来引导市场预期，激励经营主体优化资源配置，推动各类经营主体走绿色发展道路。

2. 坚持多元合作治理

城市环境问题错综复杂，解决难度极大，很难由政府单独完成。因此，城市环境治理必须全社会参与、多元化合作，强化政府、市场以及社会力量的协同共治，共建共享。多元化主体合作治理城市是环境治理能力提升的主要路径和基本方向。多元化主体合作治理并不否认政府在城市环境治理中的主要地位，而是强调治理主体不仅有政府，还包括企业、社会组织、社区和公众，这是由城市环境问题的复杂性决定的。一是政府当好城市环境保护的捍卫者，完善环保政策，优化环保设施，进行环保宣传，强化环保监管。二是企事业单位当好绿色发展的践行者，把“生态优先，绿色发展”的发展理念贯穿到企事业单位发展建设各个方面、产品生产各环节，最大限度地控制各种污染物排放，最大限度地压缩资源消耗，创新绿色产品，发展绿色技术，实践并延续“绿色、低碳、循环利用资源”，投身绿色发展浪潮，争做绿色城市卫士。三是社会公众做好绿色发展的参与者，增强环保意识，坚持绿色消费、低碳出行，开展绿色生活创建活动，推广简约适度、绿色低碳、文明健康的生活理念和生活方式。

3. 完善环境保护监督

城市环境治理需要强化多元监督机制，加强监督的可操作性，发挥监督的反馈作用，督促多元监督主体认真履职，谋求城市环境治理的良好效果。一是强化政府监督，建立企业污染排放监督检查制度，加强对公共环境设施项目的监管力度，建立生态环境容纳力、承载力评估检测体系，对突破生态环境质量底线的行为进行督促整改，建立健全环境责任终身追究制。二是强化法律监督，完善环境治理的相关法律法规，加强环境保护执法，同时加强环境司法监督。三是强化舆论监督，发挥新闻媒体尤其是新媒体对城市环境治理的公共监督职能，探索构建完善的环境治理预警机制，约束政府、企业在环境治理中的非法行为、不当行为，及时发现并排除环境风险隐患。四是强化社会监督，发挥环保组织的专业机构作用和中立作用，提供客观公正的环境治理监督。五是强化公众监督，在城市环境设施建设前充分听取公众意见，发挥公众事前监督的作用；在城市公共环境设施建设过程中吸纳公众参与，发挥公众事中监督的作用；在城市环境设施建成后畅通监督渠道，发挥公众事后监督的作用。

此外，针对城市环境中的垃圾围城、空气污染、水污染等突出环境问题，应采取有针对性的措施进行治理，切实保护城市环境，建设宜居城市。第一，做好垃圾分类。一是要推动生活垃圾分类工作。垃圾分类是垃圾运输和终端处理的基础，在科学分类的基础上，建立对应的运输体系、处理体系与回收体系，提高垃圾利用率。二是要研发、引进、应用新技术，出台优惠政策，鼓励企业加大环保科研投入并促进科技成果商业化，以技术力量推动环保能源产业进步，加快推进生物质资源利用行业发展。第二，大力治理空气污染。为了治理城市空气污染，需要采取综合的对策。一是要加强空气污染治理的法律法规和政策措施，建立健全的监管体系，同时加大投资力度，改善环境监测和数据收集能力，及时发布空气质量信息，提高公众的环保意识。二是要加强工业企业的污染治理，推动绿色生产和清洁技术的应用。政府可以通过提供财政支持和税收优惠等方式，鼓励企业进行环保技术改造和节能减排。三是要加大清洁能源的发展和利用，减少对化石燃料的依赖。政府应鼓励可再生能源的开发和利用，推动能源结构向清洁能源方向转变。第三，大力治理水污染。一是建立水环境保护意识，了解水污染的危害，提高对水环境的重视程度，为保护水环境共同努力。二是加强对水污染的监管，完善污水治理的监管机制，严厉防范打击水污染行为。三是提升污水处理技术。我国在污水处理中，技术水平相对落后，仍有部分城市采用传统的污水处理技术，导致无法满足现代社会水资源发展的需要。提高污水处理技术，可以有效地减少水资源的消耗，并且能够降低处理成本，对保护环境和可持续发展至关重要。

早在2015年，习近平总书记在党的十八届五中全会上就提出了创新、协调、绿色、开放、共享的发展理念，对破解发展难题、增强发展动力、厚植发展优势具有重大指导意义。多年以来，我国秉承“绿水青山就是金山银山”的理念，坚定不移走生态优先、绿色发展之路，促进经济社会发展全面绿色转型，建设人与自然和谐共生的现代化，美丽中国建设迈出重大步伐。绿色发展已经成为中国式现代化的显著特征。城市发展也应当坚持走绿色发展理念，采取切实有效的对策措施治理城市环境问题。

思考题

1. 城市社会问题的主要特征有哪些？
2. 城市社会问题的主要成因有哪些？
3. 当前我国城市社会问题有哪些变化趋势？
4. 城市住房问题主要有哪些，有哪些治理对策？

第十一章　城乡关系

第一节　城乡关系概述

一、城市与乡村

城市和乡村是城乡社区连续体的两极。以空间特征划分的城市-乡村社区连续体也一直是社区研究的主要分析单位。

（一）城市社会学中的城市

城市社会学家很早就关注到城市和乡村的区别。19世纪末，德国社会学家费迪南德·滕尼斯（F. Tonnies）发现城市生活和乡村生活有很大的不同，并从二者的对比中，发展了社区和社会两个概念，这两个概念成为社会学学术话语中的重要概念。在他看来，社区主要指乡村，人们聚居在一个单一的群体中，通过亲属关系和地缘联系在一起。而社会则是由城市化所造就。在这种组织中，人们只以个人利益为基础而走在一起，城市居民也没有什么共同意识，只有在需要的时候才会找别人。

法国社会学家埃米尔·迪尔凯姆（Emile Durkheim）认同滕尼斯对城市的大部分论述，但是他不同意"城市居民缺乏社会联系"的观点。迪尔凯姆将传统的农民生活描述为机械的团结，是基于共同情感和共同价值观的社会纽带。城市化确实侵蚀了机械团结，但它也产生了一种新型的联系，他将之称为有机团结，即一种基于专业化和相互依存的社会联系。在迪尔凯姆看来，城市社会破坏了乡村社会的一些东西，也收获了其他东西，比如，城市社会提供了比农村更多的个人选择、道德宽容和个人隐私。

后来，美国社会学家也加入对快速发展城市的研究，以罗伯特·帕克（Robert Park）和路易斯·沃思（Louis Wirth）等人为代表的芝加哥学派开始走出象牙塔，研究真实的城市。帕克认为，城市是由各具特色的民族社区、商业中心和工业区组成的有组织的马赛克，城市是一个活生生的有机体——一个人类的万花筒。沃思以城市生活的综合理论而闻名，他提出"城市性"的概念，认为城市性是城市化的后果之一，是生活在某一特定地方的社会和行为的具体反映。他在《作为一种生活方式的城市性》中，具体阐述了城市性的概念，即与城市中生活相关的，与人们的价值观、传统习俗、习惯、行为方面的变化相联系的生活模式和行为，它的特征包括竞争、追求成就、专业化、肤浅、匿名、独立、易变的关系。沃思还认为，城市具有三种生态学上的特质，即众多人口、高密度和异质性。这三种特质，使得城市形成了不同于农村的生活方式，并带来许多社会问题，比如社会解组、越轨行为、精神疾病等。因此，滕尼斯早期所讲的社区在城市已不复存在。沃思认为，分析城市生活可以从以下三个相互关联的视角来进行考察：第一，作为人口、技术与社会生态秩序的实体结构；第二，作为一种包含某种特殊的社会结构、一系列社会制度和一种典型的社会关系模式的社会组织系统；第三，作为一套态度、观念和众多以典型的集体行为方式出现并受制于社会控制的特殊机制的个性。

后期城市社会学家把社会空间引入马克思主义研究中，并以马克思主义为指导思想进行城市研究，比如大卫·哈维（David Harvey）、曼纽尔·卡斯特（Manul Castells）等人。他们认为，早期的城市问题研究只关注心理和社会，忽视了政治经济学的倾向，因而总存在一些令人困惑的问题，需要转换理论模式，从更广泛的社会背景——政治经济关系中寻求问题的答案，并关注城市政治经济资源配置机制的问题。还有学者关注到城市社区的权力问题，这方面的研究有亨特（F. Hunter）的声望分析、米尔斯（W. Mills）的职位分析和达尔（Robert Dahl）的决策分析，这三种理论又可进一步分为两大阵营：精英论和多元论。精英论认为，城市社区的政治权力掌握在少数社会名流手中，精英通常在地方重大的政治方案中发挥主要作用；而多元论认为，社区政治权力是分散的，它存在于多个团体或者个人集合体中，而每个群体也有自己的权力中心。

新时期城市社会学对于城市的关注则更多地体现在城市中的具体领域。例如，雷斯克和摩尔关注到城市中有住宅和无住宅的居民，认为他们之间存在一定的阶级差异，并因住宅而产生斗争，造成持续不断的社会冲突。埃米泰·埃兹奥尼具体探讨了如何在城市中构建一个“好的社会”，因为在社区主义者看来，在现代社会，社区仍然大量存在于小城镇、郊区和大城市中。城市社区中的志愿者组织和公民社会等也是他们关注的焦点。

整体来看，城市社会学首先关注到城市的问题，并且研究领域非常广泛，包括城市的起源和发展、城市的历史和文化、城市的居民和礼俗、城市的空间与规划、城市的权力与社区等。他们对于城市本身的界定也达成了共识，他们认为城市社区具有一些自身的特点：第一，人口集中，异质性较强；第二，经济、政治、文化和其他活动较为频繁且相对发达；第三，具有各种复杂的制度、信仰、语言和现代化的生活方式；第四，具有结构复杂的各种群体和组织，血缘关系淡化，人际关系松散等。

（二）人类学和社会学家视角下的乡村

与以上学者对城市社区的研究相对立的是雷德菲尔德对于乡村社区的研究。雷德菲尔德认为，到底什么是乡村社会，它有着怎样的性质与功能，与城市之间的关系如何，这些问题都应当被人类学家所关注。首先，雷德菲尔德认为，人类学应当关注乡村社会，它与原始型的小群体社会研究、城市研究相结合，构成一个递次接续而连贯的内部有机整体，从而丰富和拓展了人们对不同形态社会的认知程度。其次，雷德菲尔德认为，乡村社会的主要成员是“务农人口”，他们是一群可以自己生产并自己消费的小生产者，具有一定的密闭性、独立性和自主性，他们的发展水平处于城市和原始的小型社区之间，并在其中扮演着桥梁的作用。最后，雷德菲尔德认为乡村社会具有自身的功能，它为城市提供生活必需品和劳动力。

受人类学研究影响的中国早期社会学家们也将关注的焦点放到中国的乡村，比如吴文藻、费孝通、李景汉、晏阳初、杨开道等都关注到中国的农村及其发展问题，形成了诸如社区学派、乡村建设学派等中国化的社会学认知和话语构建路径。当然，学者们也关注到乡村社会中的农业和农民的问题，比如斯科特、舒尔茨和黄宗智等人就深入分析了农民这一群体，提出了农民的“生存伦理”的概念、“经济理性”和“理性小农”等概念。现阶段中国乡村社会学研究越来越关注现代化背景下乡村社会的变迁，比如陆益龙提出后乡土中国的学术概念，并关注到新时期村民自治与乡村治理、乡村文化与乡村振兴、数字乡村等重大问题。

事实上，对于乡村社区的研究，学者们也达成了共识。他们认为，乡村社会与农业生产活动的特点相适应，具有以下几个主要的特征：第一，自然生态方面，乡村社会的地域广阔，农民的生产和生活对自然的生态环境依赖性大，且大多数农民以广义的农业为基本职业；第二，人文生态方面，乡村的人口密度较小，同质性较强，社会整合程度高，具有较强的社区意识和归属感，以传统道德和礼俗为社会控制的主要手段。伴随着工业化和城市化的进程，乡村社会也处于变迁之中，尤其是随着互联网等新技术的普及，乡村社会在政治、经济、社会和文化等领域都开始了新的变化。

根据以上有关城市和乡村的研究，我们可以获得乡村和城市两级社区的详细特质以及各自所涵盖的主要议题，因而获得了对城市和乡村的全面认识。

二、城乡关系的主要模式

城乡关系是社会学研究中的核心概念和重要议题之一。费孝通在《乡土重建》中具体探讨了“城乡相成”与“城乡相克”两种城乡关系的概念范畴。城乡相成论认为，整个城乡系统的关键在于都市的输入和输出功能，都市具有工业技术，能够将输入的农产品作为经济而使其升值然后输出，而乡村又源源不断地向都市提供不能自消的剩余农产品。在城乡互动过程中，城市实际上对乡村进行了双重反哺：一方面城市作为农产品市场，在购买乡村剩余农产品的同时，也对乡村进行了资本输入，并且这一资本的输入量与城市的市场规模成正比；另一方面，经过城市升值后的工业制造品最后也反馈给农村。由此来看，城乡互动的繁荣重点在发展城市的商业，城市的农产品市场如果在良性运行的基础上扩大，那么乡村自然资本积累也就自然得以提升。然而，费孝通认为，过去的历史证明中国城市的发达并未促进乡村的繁荣。城市的输入和输出的双重功能也转变为单向的，由乡村向城镇的输入，原有的输出也不再指向乡土社会，而转向提供商品的大城市。这就出现了“城乡相克”的图景。但乡村和城市作为人类聚居的两种主要形式，城乡关系是社会经济发展中的重要关系之一，它直接关乎国家未来的发展。与此同时，在现代化变革的浪潮中，城乡关系也处于不断的变迁之中。一方面，中国的乡村发生着深刻的变革，这包括 20 世纪上半叶费孝通发现的经济瘫痪、行政僵化和社会损蚀等问题，也包括经历不断改革之后出现的乡土文化的断裂问题；另一方面，城市发展本身也需要实现包容性发展，即实现城市和乡村、东部与西部、经济和社会、人和自然携手并进的共同发展。因此，如何正确看待城乡关系，需要对城乡关系的模式进行归纳和梳理。

（一）革命时期的城乡对立关系（1921—1949 年）

帝国主义的入侵，打破了传统的小农经济和农业社会的均衡结构。由帝国主义和本国买办资产阶级统治的城市以极其野蛮的方式掠夺了乡村，加剧了乡村的衰败，乡村处于最严重的被剥削阶段，城乡关系也呈现最为紧张和对立的特征。

中国共产党成立之初，就关注到城乡关系，将农村问题置于突出的位置，并认为，农民是中国无产阶级的最广大和最忠实的同盟军。在这一时期，中国共产党确立了两种基本方针政策：一方面依靠农村和农民建立革命根据地。比如在中国共产党成立之初就认识到了农民的重要性，中共一大提出，要把军阀官僚土地归贫困农民；中共二大提出，中国三万万农民，乃是革命运动中的最大要素；中共三大通过第一个关于农民问题的决议，就是把农民最为中国无产阶级的最广大和最忠实的同盟军。另一方面，在农村推进土地革命。事实上，在1925年的《告农民书》中，中国共产党就第一次提出革命的根本问题是土地问题。土地革命时期，中国共产党开始践行这一理念，实行农村包围城市的革命路线。全面抗战时期和解放战争时期，中国共产党也一直抓住“土地”这一根本要素，并在解放区实施土地改革，为革命的胜利奠定了群众基础和物质基础，最终夺取了反动势力所盘踞的城市，结束了城乡对立的局面。

（二）改革开放前的城乡二元关系（1949—1978年）

新中国成立后，中国社会进入一个新的发展阶段，城市和乡村的对立关系逐渐得以瓦解，与此同时，城乡关系呈现二元发展的状态。城乡二元指的不仅是城乡二元的经济结构，也指城乡二元的社会结构，是对城市和乡村二元分割关系的概括性表达。从某种意义上来说，二元体制是从1958年后逐渐形成并得以巩固，它代表了特定历史时期下国家发展策略的一种选择，这种选择隐含通过农业来支持和保障工业化战略目标的实现。1949年3月，党的七届二中全会提出了使中国稳步地由农业国转变为工业国，把中国建设成一个伟大的社会主义国家，并指出党的工作重心必须由乡村转移到城市。1953年，我国开始实施第一个五年计划，明确提出工业化的目标，开始了国家的工业化战略。事实上，中国与其他的发展中国家一样，在这一阶段，随着国际环境的变化，出于民族主义和对外防御的责任以及渴望本国尽快通过工业发展而赶超先进国家的愿望，必须选择重工业优先发展的战略。这就意味着，在这样的环境下，国家选择了农业养育工业的政策。当时还实行了严格的户籍制度、统购统销和人民公社等制度，以此建构了城乡二元结构。尤其是户籍制度，对中国社会城乡二元结构的形成，以及城市等级差别现象的出现产生重要影响。由此中国在经济、政治和社会管理上形成了城乡二元的局面，城市和乡村变成两种完全不同的生活模式。

事实证明，国家通过以农业养育工业的政策选择，很快实现了国家工业体系的建设和发展，为后来中国经济的腾飞打下了坚实的基础。但与此同时，城乡二元的关系也引发了城乡发展的不平衡，城乡差别的问题非常突出，相较于城市居民，农民的生活水平相对较低。

（三）改革开放至21世纪前十年的城乡互动关系（1978—2011年）

1978年12月党的十一届三中全会的召开，拉开了中国改革开放的序幕。这场改革始于农村，直接指向农村的本质问题，即如何通过发展农村生产力来解决农村发展落后的问题。城市的改革也紧随其后，从经济体制到社会体制的全面改革。由此，城市和乡村都处于一个新的历史变革时期，城乡关系出现了新的变化，更多体现了双方之间关系的调整与互动。整体来看，这一时期的城乡关系又可以以2006年全面取消农业税费和建设社会主义新农村为标志划分为两个时期。

第一阶段是从1978年改革开放到2006年。这一阶段国家的总体政策还是农业养育工业，但与此同时也开始强调农业的发展，强调农民的积极性、创造性。国家通过在农村实行家庭联产承包责任制，极大地调动了农民的能动性和积极性，农民的生活水平有了明显提高。与此同时，随着改革开放的推进和工业化的发展，城市逐渐富裕起来，虽然乡村也得到一定程度的发展，但是城乡差距还是很大，如何通过工业化的发展模式来发展乡村成为当时的重点。因此，1983年和1984年中央一号文件明确指出，要发展搞好农村的工商业。由此，20世纪八九十年代，乡镇企业"异军突起"，极大地推进了乡村经济的发展，也推动了乡村面貌的提升，甚至占据了当时工业经济的"半壁江山"。费孝通曾经对乡镇企业经济发展的模式进行研究，提炼出苏南模式、温州模式和珠江模式。相对于乡村社会的变革，城市的变革则体现在市场化领域。尤其是1993年党的十四届三中全会通过《关于建立社会主义市场经济体制若干问题的决定》，全面推动和深化了国有企业的经营体制改革，开始了向各种非公有制经济开放的时期。因此，从这个角度看，城乡发展在这一时期实现了"两条腿"走路，城市和乡村都取得了较快的发展，城乡关系有了互动的基础。但随着乡镇企业在对抗风险、技术、资金、管理和环境污染等问题上出现困难，大部分乡镇企业开始破产。而社会开放的程度也带来了人口流动的加剧，更多的农民走出了乡村，流向城市，城乡关系的互动开始有了新的变化，也需要在新的语境下进行新的思考。

第二阶段是从2006年到2011年。进入21世纪，特别是党中央决定自2006年全面取消农业税费后，农村发展由此迈入了工业"反哺"农业、城市"反哺"农村的新阶段。2007年，中央一号文件明确提出工业"反哺"农业，城市支持农村和"多予""少取""放活"的方针。所谓"多予"就是承认现在农业的短板，所以要加大"三农"投入，包括粮食和农资的补贴，社会保障制度（包括农村最低生活保障制度），以及新农村的五通建设；"少取"就是正视过去的问题，在过去的几十年中，农业为国民经济发展做出了巨大的贡献和牺牲，历史欠账很多，所以要减轻农民负担，开始取消农业税；"放活"就是取消户籍限制，尤其是开放中小城市的户籍管理，确保农民的合法权益。由此，乡村发展进入"后税费时代"。它不仅推动了农村社会治理体制的变迁，也推动了农村社会结构的变迁和转型。这就意味着国家和农民的关系发生了根本性的变化，由农民向国家交税变成了国家投资乡村建设，乡村的基础设施和公共事业等都有了很大的改善，农民的收入水平也有了较大的提高。与此同时，后税费时代的城乡关系也发生了根本性的变革。工业化的推进不再依赖于农业，相反，工业化取得的阶段性成果可以反哺到农业领域。因此，城乡关系开始进入良性互动的时期。

（四）新时代的城乡融合关系（2012年至今）

党的十八大以来，中国特色社会主义进入新时代，以习近平同志为核心的党中央高度重视城乡关系，多次强调推进城乡发展一体化，要走城乡融合发展之路。党的二十大报告指出，要坚持城乡融合发展，畅通城乡要素流动。实践中，户籍制度改革、城乡公共资源配置制度、土地制度，精准扶贫、精准脱贫的实现，乡村振兴国家战略的实施，都使城乡关系得到历史性的改善，城乡关系也进入新阶段。

21世纪以来，为解决城乡发展的不均衡不充分问题，我国开始推进新一轮改革，破解制约城乡发展的体制机制，直面乡村发展的焦点和难点问题，优先发展农业农村，取得了一定的成果。首先，加大对农业的支持，着重提出要加快高标准农田、农产品仓储物流设施等重大项目建设，发展现代农业，给农业赋能，提升其现代化的生产水平，形成更多乡村增长点和增长极，奠定了乡村发展的基础。其次，高度重视乡村基础设施建设，保证乡村公路、乡村电网、乡村供水保障、乡村人居环境整治等基础设施的投入力度，促进乡村建设向更高水平推进，努力建成更多美丽宜居的新乡村，缩小城乡居民基本生活条件的差距。再次，着重于城乡基本公共服务的均等化建设，尤其注重城乡居民在医疗保障、义务教育、基本养老保险等方面实现全覆盖。最后，不断探索和健全城乡融合发展的体制和机制问题。建立健全城乡要素平等交换、双向流动政策体系，促进要素更多向乡村流动，增强农业农村发展活力，成为新时代城乡融合发展的指引，促进农村建设与城市化发展有效融合。

与此同时，我们也应看到，目前我国在城乡融合的实践中也存在一些障碍，比如城乡融合的程度不高，城乡在基础设施和公共服务方面还存在一定的差距；受城乡二元体制的影响，人、财、物等要素在城乡之间的自由流动受到限制，影响到城乡融合的进一步深入；受区域发展差异的影响，各地区在城乡融合的过程中存在显著的区域差异，尤其是偏远地区的限制性因素较多；等等。因此，我们需要对城乡融合的进一步发展进行新的思考与实践。

第二节 我国城乡二元结构问题

城乡二元结构指城市与农村之间存在明显的社会和经济差异，造成城市和农村之间的不平等和不均衡现象，它是以城乡二元经济结构为基础而形成的城乡二元社会结构的一种简约表达①。其中，“城乡二元经济结构”表现为以社会化大生产为主要特点的城市经济和以小生产为主要特点的农村经济并存的经济结构。“城乡二元社会结构”一般是指城市居民和农村人口因为户籍或居住地制度的区别，通常表现为城市地区相对于农村地区在经济、资源、教育、就业、收入、福利等方面的优势地位②。城乡二元结构的存在造成诸多社会问题，长久以来成为社会现代化发展的阻碍，也带来诸多城市社会问题。

一、城镇化与城市发展问题

在中国城乡二元结构的背景下，城镇化的进程一方面推动着城乡二元结构问题的破解，另一方面城镇化的发展也受到城乡二元结构所伴生的系列难题的掣肘。城镇化过程中出现的问题本身就是城市社会问题的重要内容。

① 蓝海涛．我国城乡二元结构演变的制度分析．宏观经济管理，2005（3）．

② 陈迪平．对我国城乡二元社会结构的反思．湖南社会科学，2004（4）．

（一）城镇化中的突出问题

在过去很长一段时间里，为适应工业化发展的需要，我国城镇化发展主要是一种以政府为主导，以产业投资为驱动，进行低成本、外延式扩张的传统城镇化道路，其核心是“物的城镇化”[①]，这种城镇化更多的是物质形态在地理空间上的集中，土地、资金、劳动力等要素不断向城市聚集，乡村土地变为城镇，城市地域面积由小变大，以及与之相伴随的资源消耗不断增加[②]。“物的城镇化”往往导致城镇化过程中出现“求快求大”现象，甚至出现“摊大饼”式的无序扩张，这容易导致城市规划不够合理、城市环境破坏、城市资源紧张等“大城市病”的出现，以及城市社会问题的滋生。

1. 城市规划问题

城镇要发展，规划要先行。但从我国城镇化的现状来看，规划严重滞后于城镇的发展。这种缺乏科学系统规划的“摊大饼”式的无序扩张，一味“求大”“求快”“求高”，忽略了诸多现实问题，是一种重数量、轻质量的城镇化道路。这导致城镇用地粗放，城镇建设杂乱无章，使得城镇发展的空间受到限制，城镇内部资源遭到浪费。

2. 发展失调问题

目前，我国的城镇化建设仍然存在区域发展协调不足，大中小城市发展失调的问题。很多大城市自身发展尚可，但无法兼顾和带动周边中小城市；而中型城市对大城市和小城市、小城镇的纽带作用也未能完全发挥，难以实现区域间资源的优化配置；小城市和小城镇更是面临尴尬的发展局面，人口尤其是人才流失严重，并与周边联系松散无序，难以发挥自身优势。我国的城镇化发展伴随着严重的区域不平衡，东部地区依靠地理环境优势、政策优势迅速发展，但一些西部偏远地区发展缓慢，这种发展的不平衡带来的是全方位的发展“鸿沟”，涉及教育、医疗、环境等各个领域，影响辐射社会方方面面。

3. 土地财政问题

在我国城镇化的进程中，一些地方政府往往出现依赖土地拍卖来获得财政收入的“土地财政”现象，这可能让政府在短期内得以富裕。然而，随着时间的推移，“土地财政”的“后遗症”逐渐显现。“土地财政”不仅容易导致政府财政过度依赖“卖地”，还容易引发一系列其他问题。首先，易出现土地资源粗放式开发现象，甚至出现过度开放的问题。其次，易增加地方政府的债务风险，财政可持续性受到挑战。最后，易导致城市房价过快上涨，出现房价过高的问题。从长远来看，这些问题往往会给城市长期健康发展埋下隐患。

4. 产业支持问题

可持续的城镇化需要产业支撑。与西方发达国家“先产业聚集，后人口聚集”的城镇化进程不同，我国过去的城镇化注重城镇人口的发展，而忽视了对产业支撑体系的构建和培育，从而导致城镇产业支撑能力不足，进而制约着城镇的可持续发展，同时使得城镇化进程中的地区面临着巨大的就业压力。城镇化过程伴随着农民工进城，他们的就业稳定性难以得到保障。一种比较理想的城镇化模式应当是以优势产业集群为起点，商贸物流与之

① 胡宝荣．新型城镇化：从“物的城镇化”到“人的城镇化”．学术评论，2013（4）．

② 周加来，周慧．新时代中国城镇化发展的七大转变．重庆大学学报（社会科学版），2018（6）．

配套发展，进而带动产业技术升级，实现农村到城镇的转变，最后实现城镇化高质量发展。

5. 征地拆迁问题

城市发展需要大量的土地，这就带来征地拆迁问题。然而，征地拆迁的过程往往并不顺利，尤其是征地拆迁政策的不完善、补偿标准的不一致等会带来诸多问题。首先，征地拆迁过程中，补偿标准与群众诉求之间是否协调一致，是征地拆迁的关键问题。当两者一致时，拆迁会比较顺利；但有时候会出现补偿标准难以满足被拆迁者利益诉求时，就容易导致拆迁过程中的各种矛盾纠纷和利益冲突。其次，征地拆迁后农民生活保障问题，是征地拆迁的核心问题。房屋和土地可以说是农民的“命根子”，一旦被拆迁或征收，对农民来说往往意味着失去了基本生活来源。所以，征地拆迁必须解决农民的后顾之忧，切实解决农民拆迁之后的生活保障。不过，有些地方也出现了“农民被上楼”的现象及由此引发的一系列问题。农民搬出平房，搬到楼房住，有时候还需要补差价购置“楼房”，而且存在产权不明、质量不高等问题，导致很多农民并不愿意“上楼”。甚至有农民“上楼”后的生活、就业等方面得不到保障，从而产生许多社会不稳定因素。

（二）城镇化问题的解决对策

1. 坚持科学理念，重视人的城镇化

物的城镇化是手段，而人的城镇化才是目的。党的二十大报告指出，“推进以人为核心的新型城镇化”。“新型城镇化”是在“城镇化”概念的基础上进一步展开的，是以民生、可持续发展和质量为内涵，以追求平等、幸福、转型、绿色、健康和集约为核心目标，以实现区域统筹与协调一体、产业升级与低碳转型、生态文明和集约高效、制度改革和体制创新为重点内容的崭新的城镇化过程。新型城镇化及城乡融合发展对中国式现代化具有重要的推动作用。新型城镇化的首要任务就是促进有能力在城镇稳定就业和生活的农业转移人口实现市民化。也可以说，新型城镇化的核心是市民化。所谓市民化是指作为一种职业的“农民”（Farmer 或 Cultivator）和作为一种社会身份的“农民”（Peasant）在向市民（Citizen）转变的进程中，发展出相应的能力，学习并获得市民的基本资格、适应城市并具备一个城市市民基本素质的过程①。坚持以人为核心的城镇化，加快推进市民化，不仅是提升城镇化质量、促进社会公平正义与和谐稳定、不断增强人民群众获得感幸福感安全感的客观要求，也是稳定城市产业工人队伍、扩大中等收入群体规模、支撑我国经济保持中高速增长的现实需要，还是破解城乡二元结构、畅通城乡循环、构建新发展格局的必然选择②。

2. 坚持合理规划，实现高质量发展

城镇的发展必须合理规划、科学布局。城镇化是一个系统性工程，需要从中央到地方各级政府、各业务部门坚持系统观念，凝聚力量、协同推进。城市扩张的过程中必须充分考虑和把握本地区实际情况，包括人口的居住情况、城市的经济状况、城乡之间的发展情况等，制定适合本地的城镇化发展规划，避免出现盲目建设。城镇化不应一味求快、一味

① 郑杭生．农民市民化：当代中国社会学的重要研究主题．甘肃社会科学，2005 (4).

② 李强，胡宝荣．户籍制度改革与农民工市民化的路径．社会学评论，2013 (1).

求大，更重要的是要保证城镇化的质量。因此，各地政府应当注重城镇建设的考察和规划，加大资金投入，完善各项保障制度，推动城镇化高质量发展。要完善土地管理体制，加强土地资源监管，促进土地资源优化配置，提高土地利用率。总之，通过各种空间资源要素的合理分配，促进城镇经济产业、基础设施、公共服务、人居环境和治理体系的协同发展，最终实现城镇化的高质量发展。

3. 坚持产业先行，重视主动城镇化

城镇化和产业振兴是相互促进的。只有产业发展了，城镇化才有保障和动力。产业发展不仅能为城镇化提供坚实的物质保障和经济基础，推动城镇化稳步前进，而且能为当地居民提供更多稳定的就业机会。有了坚实的产业基础，居民的经济生活稳中向好，城镇化的进程自然会向前推进，即所谓的“主动城镇化”[①]。主动城镇化是高质量的城镇化，符合我国新型城镇化的发展战略。总之，高质量的新型城镇化对产业振兴具有推动作用，最终形成产业振兴与城镇化之间的良性互动和协调发展的局面。

二、农民工与人口市民化问题

改革开放以来，我国工业化和城镇化的进程加速推进，拉动了大量农村劳动力向城市的不断转移。家庭联产承包责任制的施行在促进农业生产变革和发展的同时，也产生了大量的农村剩余劳动力，单纯的土地耕作已经难以满足农民的生活需要，这一部分富余劳动力不得不走出农村、走向城市寻求生存与发展。在城镇化和农村资源不足的一拉一推之下，大量农民涌入城市从事非农业生产活动，由此便逐渐形成了“农民工”这一兼具农民和工人双重身份的特殊社会群体，他们是我国经济发展和社会进步的建设者和见证者，也是我国城市建设和发展的重要力量。

（一）农民工的含义

一般来说，农民工是指拥有农村户口并在城市务工的劳动者。从身份上看，他们是农民；但从职业上看，他们是工人。这种“亦工亦农”的身份，在既有城乡利益分配格局固化的情形下，极有可能持续存在，而它作为我国城乡二元结构长期存在的必然结果和具体表现，反过来又影响着城乡二元结构[②]。

我国农民工的发展主要经历了以下几个阶段[③]：一是离土不离乡、进厂不进城阶段（1979—1983 年），这个阶段的乡镇企业是农民工的主要去向。二是向小城镇流动发展阶段（1984—1991 年），这个阶段我国的农村剩余劳动力在国家号召下开始进入小城镇务工，鲜有人进入城市。三是涌入城市民工潮出现阶段（1992—2001 年），这一时期是“离土又离乡”式的流动，而且具有远距离、长时间的特点，其流向主要是从中部内陆省份到东部和沿海地区。四是平稳规范有序流动阶段（2002—2011 年），这个阶段，国家解决了

① 胡宝荣，李强．城乡接合部与就地城镇化推进模式和治理机制：基于北京高碑店村的分析．人文杂志，2014（10）.

② 刘祖云，周家明．我国城乡二元结构破解之道：基于包容性发展的视角．南京工业大学学报（社会科学版），2012（1）.

③ 常遇春．城乡一体化背景下我国农民工发展问题研究．辽宁工业大学，2019.

一些关于农民工的突出问题，农民工的身份地位比原先大幅提高，社会公众认知也有所提升。五是进城务工与返乡创业双向流动阶段（2012 年至今），在脱贫攻坚和乡村振兴战略的推动下，我国城乡融合发展成效显著，农民工的流动也出现了新的变化，一部分农民工选择返乡创业。

总的来看，我国农民工数量持续增长，并且新生代农民工占比越来越大。根据国家统计局 2024 年 4 月份发布的《2023 年农民工监测调查报告》显示，2023 年全国农民工总量 29 753万人，比 2022 年增加 191 万人，增长 0.6%；农民工平均年龄 43.1 岁，80 后、90 后逐渐成为农民工群体的主力军。这个数量庞大的农民工群体在推动我国城乡融合发展的同时，也凸显出许多亟待解决的社会问题。

（二）农民工面临的主要问题

随着城镇化的不断推进，新生代农民工群体对融入城市的需求越来越迫切，农民工市民化问题已成为突出问题。市民化问题的难点在于农民工普遍面临“城市留不下，农村回不去”的困境。“城市留不下”客观方面来说是因为农民工面临着买房困难、融入难等诸多方面的困境；主观上来说老一代农民工多抱有赚够钱就回家的思想，留在城市的意愿相对薄弱，新生代农民工相比老一代农民工在价值取向和行为规则上已经发生了很大变化，他们留在城市的意愿更加强烈，但是由于客观因素的存在，他们依然难以在城市扎根。同时，他们又普遍不愿意从事老一代农民工所从事的纯体力劳动，使得农民工“接棒”成为难题。农民工市民化问题主要表现在就业、住房、教育、医疗这四个方面。

1. 就业问题

一是就业选择少，薪资水平低。目前，农民工从事第二产业的人员居多，以建筑业、制造业、基础生活服务行业等职业为主，这些职业的体力负荷较高、工资水平相对较低。除支撑家庭日常基本生存消费外，农民工所剩余的收入不足以支撑其他个人发展类消费。二是缺乏就业保障。农民工在城市中大多只能从事临时性的工作，比如现在有大量的农村户籍人口在城市从事建筑、外卖、快递以及网约车等行业，虽然这些行业总是能提供大量的就业机会，且就业门槛较低，但是却缺乏应有的社会保障，他们不得不自己承担失业、工伤等风险。三是农民工工资拖欠问题，投诉无门、维权效率低下等现象依旧存在。

2. 住房问题

在中国人的传统观念中，拥有房屋才算是拥有完整的家。农民工收入相对不高，且往往一人打工供养一家人，家庭人均收入较低，而城市较发达地区的住房成本较高，农民工往往难以负担高昂的租房价格，更不用说买房。同时，农民工受户籍制度下的政策限制，暂时无法像城镇居民那样可以享受住房福利政策待遇。在这种情况下，农民工往往选择在城市偏远地区租房，居住环境简陋、拥挤，卫生和安全状况差，且稳定性也较低，这与农民工对城市发展的巨大贡献形成强烈反差。总之，在住房上面临的这些问题无形中增加了农民工融入城市的物质成本，阻碍着农民工的市民化进程。

3. 教育问题

农民工子女教育问题一直以来都是社会关注的问题。城市在外来人员子女教育资源分配方面存在不足，由于落户问题和城市学校的招生政策等原因，农民工子女往往难以在城市接受优质的教育。此外，农民工子女从农村到城市中求学还面临着环境适应问题，生活方式的不同以及文化的差异可能导致他们难以真正融入城市学校生活。发达城市就学成本较高，相当多的农民工只能让孩子留在家乡就学，但这又导致留守儿童关爱问题、身心发展问题、自我保护问题等一系列问题的出现。除社会普遍关注的农民工子女教育问题外，还涉及农民工自身的教育问题。农民工相对来说学历较低、工作技能较为缺乏，要想更好地融入城市，自身的再教育也是非常重要的，但是存在着农民工再教育观念薄弱以及相关政策支持不足的困境。

4. 医疗问题

由于缺乏稳定的工作，农民工群体大多难以享受城市医疗保障体系中的福利。农民工的农村医保报销标准和范围较为有限，城市医保的保障相对来说更优，理论上来说，长期在城市生活的农民工选择城市医保更为有利，但是城市医保的缴费标准也在逐年上涨，这对收入较低的农民工来说是一个很大的负担。此外，由于观念的原因和经济压力，很多农民工觉得医保的存在并不划算，面对小病，很多农民工不愿意去医院就诊，而是选择收费更低的小诊所。这种没有保障的医疗现状，是农民工市民化的一大难题。

（三）农民工问题的解决对策

1. 加强农民工就业保障

政府相关部门要加强与本地、外地各类型用工企业的对接能力，创建并监管相关信息平台，为返乡农民工获取就业信息、提升职业技能提供渠道。提高农民工整体素质不仅有助于他们更好地市民化，而且有助于他们自身的职业发展。政府应当加大对农民工教育资源的投入，建立完善的农民工培训系统，让农民工有机会接受更好的教育，提升工作技能。此外，应当关注大龄农民工面临的就业难问题，提供更多就业保障，例如开拓各种公益性岗位，支持中高龄农民工进入物业管理、家政服务等社会服务岗位，组织专场招聘会等。为返乡创业农民工群体提供必要的服务，加大创业扶持力度，在资金、技术、劳动力和市场服务等方面予以支持。

2. 强化农民工住房保障

各地政府应当出台相关政策法规，加大保障性住房建设和供给力度，鼓励在农民工聚集的工业园区等地建设保障性租赁住房，并将所有符合条件的农民工纳入保障性住房范围。此外，由于城市闲置过剩的商品房较多，政府可以先行购买这些房屋，并将其转化为农民工的保障性住房。这一举措可以有效解决农民工的住房需求，提高其居住条件和生活质量。此外，政府可以根据当地的租金水平和农民工的工资水平为农民工提供租金补贴，也可以鼓励企业为农民工购买住房保险，让农民工住得更安全放心。

3. 增强教育政策支持

一方面让农民工子女跟城市居民的子女一样拥有同等的教育机会，能够享受同样优质的教育资源，这需要放宽农民工子女入学的户籍限制。学校应该重点关注农民工子女的融入问题，帮助他们尽快融入城市学校生活。另一方面针对农民工家庭的特殊情况，可以给其子女教育提供更多政策支持，从而使农民工在城市中的工作生活没有后顾之忧，让他们愿意且能够将子女留在城市接受教育，也能减轻农村留守儿童数量。此外也应当注重农民工的再教育，政府应当提供各种渠道，鼓励和引导农民工接受再教育，提升个人文化素养和工作技能，有助于农民工的职业发展。

4. 建立健全农民工医疗保障体系

为农民工提供全面的医疗保障是社会公正和社会发展的必要条件。为农民工提供充足的工伤保险是至关重要的。工伤保险能够确保他们在工作中受伤时得到及时的经济补偿和治疗，减轻因伤致贫的风险。同时，应加大对农民工的工伤保险宣传力度，提高他们的保险意识，鼓励他们积极参保。医疗保险是解决农民工看病难、看病贵问题的关键。应积极推动农民工参加医疗保险，确保他们在生病或受伤时能够得到及时、经济的医疗治疗。此外，对于有特殊疾病的农民工，应提供针对性的医疗保险政策，确保他们能够得到足够的医疗保障。同时，政府、企业和社区等各方都应积极参与，共同努力，确保农民工的医疗权益得到充分保障。

三、城中村与基层治理现代化

城中村是城镇化进程中出现的一种新的社会问题，是我国特有的土地制度和文化背景下所产生的问题，常常是由于城市规划与发展不均衡而产生的。虽然城中村作为城市低收入阶层的低成本生活区，对社会固然有积极的影响，且城中村作为农村向城市转变的过渡带，一定程度上也有助于城镇化和城乡融合发展，但是不可否认的是，城中村问题已发展成一个棘手的城市社会问题。

（一）城中村的含义

城中村是城市中存在的一种特殊社区类型，是着落于城市的农村，“亦城亦村”。从建筑上来说，城中村是由城镇化过程中原来农村村庄中杂乱无章的建筑群落演变而成的，房屋建设质量、基础设施条件、居民生活环境都比较差的城市社区形态。从体制上来说，城中村是在城市建成区内仍然保留和实行农村的集体所有制的一部分区域。可以说，城中村是在我国城乡二元体制和改革开放的特殊背景下，城市在快速扩张时出现的一种城市包围农村的现象。首先，在地理位置上，城中村通常位于城市边缘地带，往往是原有农村居民改建或占用的城市地块。其次，在居住条件上，城中村的房屋多为自建房、简易房、小型出租房或自行搭建的临时性住所，居住条件相对较差。再次，在人口结构上，城中村的居民主要由农村外来人口组成，他们通常是为了工作机会而流入城市，缺乏城市正式居住身份。最后，在服务设施上，城中村的社会服务设施相对较少，如医疗、教育、文化等公共服务设施的供给不足，社会福利支持相对有限。

从社会学的角度来看，城中村不仅是一种居住形态，更是一种社会形态，在本质上是一种由血缘、亲缘等社会关系网络联结的“大家庭”。[①] “城中村”主要有以下四个特征：一是城中村的土地依然归集体所有；二是城中村的经济摆脱了单一的农业生产，房产出租、分红和经营性劳动等成为村民的主要经济来源；三是城中村的人口构成相对复杂、异质性强，有较多外来流动人口；四是城中村村民的生活方式与城市居民的生活方式比较

① 李培林．巨变：村落的终结：都市里的村庄研究．中国社会科学，2002（1）．

相似。

城中村的产生是多方因素共同作用的结果。首先，土地产权的模糊。我国的土地所有权主要包括国家土地所有权和集体土地所有权。一般而言，城市土地归国家所有，农村土地归集体所有。由于农村在城镇化过程中不断被城镇扩张吞并，原本属于农民集体所有的土地被转变为城市用地，使得农村集体经济组织失去对土地的控制权和经营权，农民也无法有效享受到土地增值的收益。此外，城郊接合部稀缺的土地资源使其价值激增，但农村土地集体产权制度是一种模糊的产权安排，因此容易造成对土地资源的不合理使用，形成“公地悲剧”。“城中村”的形成是这种土地集体产权模糊的典型表现。其次，城市的无序扩张。一方面，城市盲目扩张导致大量耕地被占用，失地农民不得不迁入城市。由于就业、社保等配套措施未能同步跟上，这些农民往往无法在城市中找到合适的住所，只能选择在城市边缘或城乡接合部建造房屋，形成城中村。城市在扩张时往往偏向于只占用农村土地资源，而忽略村镇人口和村镇社区的城市融入，从而导致原有的村镇转为城建区后，村镇人口和社区仍然保留着原有的生活秩序和管理模式，村镇和城市之间逐渐隔离。另一方面，一些城市发展不均衡、管理不规范，在扩张过程中有意绕开开发成本较高的城市周边村落，选择开发成本较低的地块，导致一些地区未能及时纳入城市规划中，成为城市中的“死角”。这种盲目、无序的城市扩张使得城中村逐渐形成。再次，流动人员的聚集。流动人员的聚集是促使城中村产生的重要因素。随着城市的发展，流动人员大量涌入城市，其中很多人由于各种原因无法在城市中找到合适的住所，而城中村成为他们的选择。类似北京的“浙江村”“新疆村”等区域，并不是自然村落，也不是行政区划，而是来自同地的务工人员自发形成的聚居区。这些村逐渐扩大和发展成了“城中村”，成为外来务工人员工作和生活的落脚点，也是他们融入城市的重要过渡地带。

（二）城中村的突出问题

城中村在建筑规划、环境卫生、居住环境、社会治安等方面的问题较多，与城市整体的繁荣景象显得格格不入，给城市建设和发展带来困扰和挑战，严重影响城市的整体形象，阻碍城市的健康发展①。

1. 居住环境较差，安全风险较高

首先，城中村在规划管理上往往因滞后于或未纳入城市统一规划、建设和管理，导致自身发展容易陷入极大的盲目性、自发性、无序性，集中体现在为通过收房租获得收益而进行违章搭建。其次，由于城中村内土地产权模糊，容易导致其建筑物建设无序扩张，住宅、工业、仓储各种用途的用地混杂，常常存在各种安全隐患，给居民的生命财产安全以及身体健康带来极大的威胁。最后，城中村内部建筑过密，建筑设计陈旧落后，用电用水杂乱，存在着极大的消防隐患。

2. 人口构成复杂，治安状况较差

由于租户较多，许多城中村中的外来流动人口已经远远超过原来本地居民数量，

---

① 张怡晨．协同治理视角下城中村问题治理研究．山东农业大学，2019.

城中村成为村民、市民和外来流动人口的混合居住社区，多元的社会文化与多样的生活方式在此交流、冲突和融合。同时，由于大量外来人口的存在以及缺乏有效的管理，导致城中村成为城市治理的难题，也是城市治理的“洼地”。正因为城中村这种混乱的特质，也带来“破窗效应”，社会治安较差，违法犯罪行为高发；甚至很多违法犯罪分子将其选做“窝点”，意图逃避侦查和抓捕，这导致城中村往往成为城市社会治安问题的“重灾区”。

3. 产业支撑欠缺，社区发展乏力

城中村的发展必须要有内驱力，然而，目前很多城中村缺乏有效的产业支撑，缺乏稳定的收入来源，主要依靠“房租”来支撑，导致社区发展乏力。有些城中村虽然有产业，但产业结构往往比较单一，大多以低附加值的制造业为主。这种单一的产业结构不仅导致城中村的经济发展缺乏可持续性，也给城市的经济转型升级带来很大的困难。由于缺乏有效的产业引导和政策支持，城中村的经济转型升级也面临着很大的挑战。此外，城中村由于不是城市发展的重点，往往被政府忽略，从而缺乏长远的规划，而城中村的投资吸引力不足，缺乏足够的资金支持也是城中村产业转型发展困难的原因。

（三）城中村的治理

1. 改善环境，减少安全隐患

首先，重视城中村规划布局。合理规划建筑和道路布局，优化城中村布局结构，提高空间利用率和管理水平，为村民创造安全舒适的生活环境。其次，推进城中村升级改造。在政府有关部门的引导和督促下，开展对城中村房屋尤其是违建出租屋的消防检查，敦促进行达标改造。再次，加强城中村基础设施建设。增大安全设施投入，提高城中村的安全防范能力和应急处理能力。最后，重视城中村公共卫生环境。政府应加大投入力度，改善公共卫生环境，加强公共卫生管理，确保居民的健康安全。

2. 专群结合，强化治安管理

城中村的人口流动性大，容易出现管理疏漏，因此对城中村人口尤其是租客进行严格的登记管理是非常有必要的，入住房屋可以参照宾馆“租前审批、人来登记、人走注销”的管理模式，掌握人口入住详情。公安机关应当提高城中村的巡逻数量和频率，以便及时发现并制止危害治安的行为。公安机关应当加强与村民的联系，建立规范有效的联系制度，随时掌握治安情报线索。此外，应当加强城中村社区自治组织的建设，发挥社区居民的自我管理作用。通过社区自治组织，加强居民联系，促进居民互助，形成自我防范和管理的机制。同时，社区自治组织可以协助公安机关开展治安管理工作，提供线索和信息。

3. 发展产业，突出特色优势

产业是城中村发展的基础，也是城中村发展的关键。一是制定产业发展规划，明确各产业的发展方向和重点，引导企业合理布局和转型升级。二是加大对新兴产业的扶持力度，吸引更多的投资和企业进入新兴产业领域，提高产品的附加值和市场竞争力。三是努力发展特色产业、优势产业，推动产业与当地的历史文化、风土人情融合发展，建立产业的集群优势、规模优势，挖掘城中村产业发展的内在驱动力，形成城中村快速发展的经济增长点。

第三节 城乡一体化与融合发展

构建新型城乡关系，实现城乡融合发展是新时代中国城乡发展的新目标。站在“两个一百年”的历史交汇点，在开启全面建设社会主义现代化国家的新征程和向第二个一百年奋斗目标进军的重要历史时期，必须更好地处理城乡关系，走城乡融合发展之路，确保广大人民群众共享改革发展的成果。

一、城乡融合发展的含义

所谓城乡融合发展，是为了解决城乡发展水平的差距，不断缩小甚至消灭城乡对立的过程。恩格斯曾指出，“城市和乡村的对立的消灭不仅是可能的，而且已经成为工业生产本身的直接需要”①。但值得注意的是，这种消灭并不是消灭城市和乡村的具体样态，而是消灭两者之间的对立关系。目前来看，城乡融合发展主要有三种理论模式。第一，优先发展乡村社区的理论模式。优先发展乡村的理论认为，要缩小城乡差别、消灭城乡对立，应当优先发展落后的乡村，使乡村向城市接近，这种接近即是乡村发展的方向。第二，重点发展城市社区的理论模式。重点发展城市，以城市的发展来影响并促进乡村的发展，从而缩小城乡差别。这种理论的社会背景是在世界城市化的大趋势下，期望通过选择合理的城市化方式来解决城乡发展问题。第三，城乡一体化协调发展的理论模式。这种理论是把城市和乡村放在一个系统中加以考量，全面规划城乡的协调发展，协调好大中小城市及集镇和乡村的发展。

因此，城乡融合绝不是单纯依靠城市发展带动乡村，也不是单独发展乡村，而是将城市和乡村当作有机整体的两个部分，扬长避短、各取所长、相互促进。但城乡融合又是一个长期的实践过程，需要有步骤地推进两者之间的融合发展。

二、城乡融合发展的路径

（一）强化城市辐射带动作用，将城市群、区域中心城市周边以及县域社会作为城乡融合的主战场

目前来看，城市比乡村具有更多的优势和资源，因此城乡融合首先就是要发挥城市对乡村的辐射和带动作用。而城市群和区域中心城市的周边是最具有城乡融合发展的基础条件。在这里，城市对周边乡村的辐射带动作用较强，乡村也在长期的历史实践中满足着城市发展的需要，并保持与城市发展之间的良性互动。因此可以将其作为现阶段城乡融合发展的主战场。

第一，可以通过城乡一体规划，将城市社会经济发展和乡村规划统一纳入城市规划管理，重点打造城乡融合发展的示范工程。重点推进城市基础设施和公共服务向周边乡村的有效延伸，真正实现城乡公共服务的均等化。与此同时，还可以通过规划，将乡村地区特

① 马克思，恩格斯．马克思恩格斯全集：第 26 卷．2 版．北京：人民出版社，2014：314.

有的生态价值和田园风貌延展到城市地区，实现城乡空间的相互“借景”，即用乡村的田园风光点缀城市，用城市的优势发展促进乡村的发展，进而实现城乡的真正融合。

第二，以都市圈发展的思路，协调推进城镇化和农业现代化进程，不断激活城乡融合的新动能。城市群和区域中心城市周边的近郊区具有较好的区位优势和交通连接，城乡互动得较为频繁，因此可以充分利用都市圈发展的思路，合理定位周边农业发展的特色。可以通过培育农业新业态，发展都市型、现代化农业，满足城市的多样化需求。与此同时，还可以利用都市圈的区位优势，推动农业生产经营和城市部分产业的相互契合，打牢城乡融合的产业基础。比如，积极培育和拓展乡村服务功能，将休闲农业和乡村旅游结合，实现新产业和新业态下的产业联结。

第三，以县域经济发展为重点，撬动城乡融合发展的新基点。县域位于大城市和小乡村的过渡地带，具有天然的区位优势。与此同时，县域社会中的县城与乡村之间的差距较小，落户成本和生活成本较低，城乡联系也最为频繁，自然成为城乡融合的重点区域之一。2022年中共中央办公厅、国务院办公厅印发的《关于推进以县城为重要载体的城镇化建设的意见》提出，要以县域为基本单元推进城乡融合发展，发挥县城连接城市、服务乡村的作用，增强对乡村的辐射带动能力，促进县城基础设施和公共服务向乡村延伸覆盖，强化县城与邻近城市发展的衔接配合等要求。因此，大力发展县域经济，为连接和促进城乡融合发展提供坚强支撑，使其成为城乡融合的主要基点。

（二）高度重视发展农业农村，增强乡村发展的内生活力

城乡融合从发展思路上不同于城乡统筹和城乡一体化，它更强调城乡作为一个有机整体的联系和相互促进。因此，它不仅需要城市外部资源的进入，还要实现乡村的自我发展。只有在此基础上，才能实现城乡的相互促进、共同繁荣和全面融合。因此，需要我们关注乡村内部的发展。从实践的角度看，城乡融合的短板在乡村，尤其是一些偏远地区。它们虽然拥有较强的资源优势，但城市辐射带动作用较弱。因此，需要优先发展农业农村，优先满足农业和农村的发展需要。但这里的优先发展农业农村，并不是忽视和否定城市的发展，也不是农业“剥削”工业，而是要激活乡村内部发展的潜能，最大限度地缩小城乡差距，并为城市发展提供可借鉴的要素，打牢城乡融合的基础。

事实上，许多学者很早就关注到乡村社会未来发展的问题。学者们对乡村未来发展的道路也存在着多种理论之争，有社会主义和资本主义之争，有集体经济和个体经济之争，有形式主义和实体主义之争，也有学者提出了“第三条道路”。但任何一种道路模式都不能普遍适用于中国的乡村，因此需要一种多元化的思维和模式。在众多的模式和道路中，我们都不能否认城镇化和新农村建设对于乡村社会的影响。因此，具体来说，优先发展农业农村可以从以下几个方面来进行。

第一，实施乡村振兴战略，构建新型乡村。2006年中共中央正式提出建设社会主义新农村的口号，并把“生产发展、生活宽裕、乡风文明、村容整洁、管理民主”作为新农村建设的基本目标，这就是要改善乡村面貌，实现乡村自身的发展。新时代背景下，我们又进一步延展了这一论述，提出了乡村振兴的国家战略。乡村振兴主要包含产业振兴、人才振兴、文化振兴、生态振兴和组织振兴。这涉及乡村生活的方方面面，通过系统化的思

维，重新激活乡村发展的内在动力，促进乡村自身的发展，进而实现乡村的全面振兴。与此同时，还可以在推进乡村振兴的实践中提炼积极的要素，为城市建设和发展提供可参考的经验。

第二，利用城镇化的要素，实现乡村的发展和转型。城镇化是乡村发展的另一种思路。但这里的城镇化并不是西方狭隘的城市化的概念，更多的是一种有中国特色的城镇化的概念。从现代化的理论看，城镇化是当今社会发展的现实状况和发展趋势。它是农村发展不可回避的一个基本问题，在解决农村剩余劳动力、对农产品和资源形成巨大需求、推进乡村发展等方面发挥重要作用。与此同时，新时期广大农村和农民要得到新的发展，也不能完全局限在乡村，如果完全局限在乡村，则很难实现乡村的新发展。因此，城镇化对于乡村未来发展具有举足轻重的作用。但城镇化并非乡村发展的唯一路径，更不能从静态的、二元对立的角度来看待城市和乡村的发展，而是要在一种联动和相互作用的动态过程中，推进城镇化。具体来说，就是要借助城镇化的一些积极有效的方法、手段和要素，应用到乡村中，推动乡村的新发展，而不是直接将乡村转化为城镇。比如进一步提高乡村人口的劳动力资本，改造传统农业和乡村的产业结构；构建先进的文化、法治观念和现代化的生活方式，带动乡村社会结构的转型；等等。

第三，探索多元化的乡村经营模式，发展新型乡村经济。农民大多数的收入来自农业经营，但目前来看，以小农户为主的家庭经营是我国农业经营的主要形式，而小农户家庭经营的模式也有自身的传统和优势，需要重新激活小农发展的潜力。另外，分散的农户也可以通过劳动联合或者资本联合的方式组织起来，进一步提升家庭经营的竞争力，适应市场经济和规模经济，从而推动农业农村现代化转型，最终实现农业持续发展和农民持续增收，为乡村社会发展和城乡融合提供经济基础

（三）坚持政府引导和市场机制相结合，推动城乡资源要素的自由流动和良性互动

长期以来，我国城乡要素流动不畅通直接表现为城市对乡村的要素虹吸效应，导致乡村发展要素保障不足，带来城乡发展的不平衡。因此，需要坚持政府引导和市场机制相结合的方式，即通过市场机制实现资源要素的有效配置，同时还要发挥政府的积极干预，弥补城乡差异和城市虹吸效应所带来的城乡要素流动不均衡的问题。

第一，有序引导城市的资本、人才、信息、技术、数据等要素下乡，扭转城乡资源配置不均衡的问题。首先，通过政府引导的方式，鼓励企业和社会资本以多种投资方式建设农村生产生活基础设施，促进土地增值收益更多地用于农村公共服务建设，积极培育特色优势产业，实现一、二、三产业的融合发展，引导更多优质要素有效配置到农业农村发展的重点领域和薄弱环节。其次，还要充分考虑农民熟悉农业农村的优势，发挥农民的主体性，让农民及其拥有的农业知识和技术、土地权益等作为重要生产要素参与到乡村发展中去，在坚持农民受益的基础上，做到各类主体利益的兼顾，从而稳定和强化城市要素持续流入乡村的动力机制。

第二，激活农村的市场化，促进乡村市场要素的形成与发展。市场对乡村发展的促进作用主要表现为三大类市场的开放：一是农村农产品市场的开放。农产品市场的开放意味

着农民在为家庭生计进行农业生产的同时，还可以为市场拓展自己的生产范围。比如农村集市的繁荣和发展。二是农村工业品市场的开放。20世纪80年代，一些乡村地区取得了质的飞跃和发展是农村工业品生产市场开放的结果，即乡村走出了亦工亦农或者乡村工业化的道路。三是城市劳动力市场的开放。较多的农村地区利用城镇劳动力市场获得了新的发展机会，大量的农民工进城所依靠的便是城市劳动力市场的开放，他们通过打工、就业、经商等多种方式，增加了家庭经济收入，获得新的发展。因此，新时期，我们要进一步激活乡村的要素市场，尤其是实现包括乡村土地流转市场、乡村新技术市场、农产品交易市场和乡村金融资本市场等在内的新兴市场要素的培育和发展，从而带动乡村社会的新发展。与此同时，还要充分发挥乡村绿色优质生态环境和地方特色文化资源等特色要素对城市的影响。乡村不仅是保障农产品供给的重要来源，还在自然生态产品供给、农耕文化体验、休闲康养度假等方面具有特殊的功能。因此，需要把乡村的优势要素引流到城市，实现城乡要素的良性互动。

总之，实现城乡融合发展是一项系统性综合工程，各地在实践探索中没有固定的模式，需要考量多重因素，包括区域之间、地方之间的差异性和优势，在实践中循序渐进地推进城乡融合发展。除此之外，在推进城乡融合发展的过程中，我们还需要坚持以下两个基本原则：第一，坚持整体和互益原则。整体原则就是要从系统论的角度出发，对城乡发展进行通盘规划，使得城乡社区有机地匹配组合，发挥它们的整体优势。互益原则认为，城乡融合发展需要以增益其他社区为前提，城市的建立和发展要考虑它对周边乡村的辐射和带动作用，而乡村的发展也要更有益于城市的发展。第二，坚持优势发展和地区平衡原则。中国地大物博，一个地区总有自己的自然资源、人文历史、经济、技术等方面的优势和特色，需要基于特色和基础，寻求优势，因地制宜地推动城乡融合。地区平衡原则，是指实现城乡融合需要考量不同地区政治、经济、文化、环境与人口等方面的平衡与协调，在承认城乡差别的基础上实现最大的平衡。

思考题

1. 乡村社会有何特征？
2. 我国城乡关系模式经历了怎样的变迁？
3. 我国城乡二元结构主要表现为哪些方面，带来了哪些问题和挑战？
4. 城乡融合发展的含义是什么？在推进城乡融合发展上有哪些路径可以考虑？

主要参考文献

1. 保罗·诺克斯，琳达·迈克卡西．城市化．北京：科学出版社，2009.

2. 蔡禾．城市社会学：理论与视野．广州：中山大学出版社，2003.

3. 蔡禾．城市社会学讲义．北京：人民出版社，2011.

4. 顾朝林，刘佳燕．城市社会学．2 版．北京：清华大学出版社，2013.

5. 刘珊，等．城市社会学．北京：清华大学出版社，2013.

6. 马克·戈特迪纳，雷·哈奇森．新城市社会学．4 版．上海：上海译文出版社，2018.

7. 马克思主义理论研究和建设工程教材．城市社会学．北京：高等教育出版社，2022.

8. 王颖．城市社会学．上海：上海三联书店，2005.

9. 夏建中．城市社会学．北京：中国人民大学出版社，2010.

10. 向德平．城市社会学．北京：高等教育出版社，2005.

11. 约翰·J. 马修尼斯，文森特·N. 帕里罗．城市社会学：城市与城市生活．北京：中国人民大学出版社，2016.

12. 张嵩，城市社会学．大连：大连理工大学出版社，2011.

13. 张钟汝，章友德．城市社会学．上海：上海大学出版社，2001.

14. 郑也夫．城市社会学．北京：中信出版社，2018.

后记

经全国高等教育自学考试指导委员会同意，由公共管理类专业委员会负责高等教育自学考试《城市社会学》教材的审定工作。

《城市社会学》自学考试教材由中国人民大学社会学院陈那波教授、冯仕政教授担任主编，李丁副教授担任副主编。参加本教材审稿讨论会并提出修改意见的专家有南京大学孙亚忠教授，中山大学蔡禾教授，华中科技大学向德平教授。

编审人员付出了辛勤劳动，特此表示感谢。

公共管理类专业委员会最后审定通过了本教材。

全国高等教育自学考试指导委员会
公共管理类专业委员会
2024 年 1 月

图书在版编目（CIP）数据

城市社会学 / 陈那波，冯仕政主编. --北京 ：中国人民大学出版社，2024. 8. --（全国高等教育自学考试指定教材）. --ISBN 978-7-300-33137-9

Ⅰ. C912. 81

中国国家版本馆 CIP 数据核字第 2024C8V491 号

全国高等教育自学考试指定教材

城市社会学

（含：城市社会学自学考试大纲）

（2024 年版）

全国高等教育自学考试指导委员会　组编

主　编　陈那波　冯仕政

副主编　李　丁

Chengshi Shehuixue

出版发行	中国人民大学出版社		
社　　址	北京中关村大街 31 号	**邮政编码**	100080
电　　话	010－62511242（总编室）		010－62511770（质管部）
	010－82501766（邮购部）		010－62514148（门市部）
	010－62515195（发行公司）		010－62515275（盗版举报）
网　　址	http：//www. crup. com. cn		
经　　销	新华书店		
印　　刷	北京密兴印刷有限公司		
开　　本	787 mm×1092 mm　1/16	**版　　次**	2024 年 8 月第 1 版
印　　张	19 插页 1	**印　　次**	2024 年 8 月第 1 次印刷
字　　数	430 000	**定　　价**	56. 00 元
